beck'sche **reihe**

Horst Fuhrmanns allseits hochgelobtes Buch *Einladung ins Mittelalter* vermittelt Einblicke in das Lebensgefühl der Zeit: Es vergegenwärtigt Glanz und Elend des Ritterlebens, die Feste und Feiern im Jahreslauf, inszeniert Begegnungen z. B. mit Karl dem Großen oder Papst Gregor VII. und erläutert die besondere Bedeutung der Fälschungen des Mittelalters. Horst Fuhrmann gelingt es, auf allgemeinverständliche und zugleich höchst kenntnisreiche Weise «neue Einblicke» *(FAZ)* in das Mittelalter zu eröffnen.

«... der Band ist eines der Bücher, bei denen man tatsächlich etwas versäumt, wenn man es nicht gelesen hat». *FAZ*

Horst Fuhrmann, langjähriger Präsident der «Monumenta Germaniae Historica» und em. Professor für Geschichte an der Universität Regensburg, war bis 1997 Präsident der Bayerischen Akademie der Wissenschaften. Bei C.H. Beck ist zuletzt von ihm erschienen: *Überall ist Mittelalter* (³1998) und *Die Päpste* (1998).

Horst Fuhrmann

Einladung ins Mittelalter

Verlag C.H. Beck

Mit 20 Abbildungen

Die ersten fünf Auflagen dieses Bandes sind in gebundener Form
in den Jahren 1987 bis 1997 im Verlag C. H. Beck erschienen.
Die erste überarbeitete Auflage in der Beck'schen Reihe erschien im Jahr 2000.

Zum Umschlagbild. Die Silvesterkapelle bei der römischen Basilika SS. Quattro Coronati (die Vier Gekrönten) ist 1246 mit einem Freskenzyklus ausgemalt worden, der die Silvesterlegende und die Konstantinische Schenkung, eine Fälschung wahrscheinlich des 8. Jahrhunderts *(s. S. 125 ff.)*, in Bilder umsetzt. Eine zentrale Szene: der sich zum Knien anschickende barhäuptige Kaiser Konstantin († 337) überreicht dem mit Mitra und Heiligenschein geschmückten und ihn segnenden Papst Silvester (314–335) das «Phrygium», die «kaiserliche Paradehaube», d. h. er überträgt ihm die weltliche Herrschaft über das Abendland. Die Fiktion hatte Geltung bis zum Beginn der Neuzeit.

Zweite Auflage in der Beck'schen Reihe 2002

© Verlag C. H. Beck oHG, München 1987
Satz: Fotosatz Otto Gutfreund, Darmstadt
Druck und Bindung: Druckerei C. H. Beck, Nördlingen
Umschlagfotos: G. Vasari (Vorderseite); Walter Haberland (Rückseite)
Umschlagentwurf: +malsy, Bremen
Printed in Germany
ISBN 3 406 42157 1

www.beck.de

Inhalt

Was den Leser erwartet 9

I
Lebenssicht und Lebensweise

Über das Mittelalterliche am Mittelalter 15
Der Name «Mittelalter» 15 Historie als Heilsgeschichte 17 Die Vorstellung vom Raum 18 Die Vorstellung von der Zeit 19 Die Vorstellung vom Menschen 20 Gelebter Raum 21 Gestundete Zeit 22 Geplagter Mensch 24 Bevölkerungsdichte und drohende Krankheiten 25 Hungersnöte 27 Ernährung und Landwirtschaft 27 Wohnung und Kleidung 29 Vom Wert des Lebens 30 Die Obrigkeit: Deutscher König und Römischer Kaiser 31 Das deutsche «Reisekönigtum» 33 Die «beiden Gewalten» auf Erden 35 Amtskirche und «wahre» Kirche 36 Von der Größe des Mittelalters 37

«Lebensqualität» im Mittelalter 39
«Über das Elend menschlichen Daseins» 39 «Von der Aufzucht des Kleinkindes» 41 Der «dargebrachte Knabe» 42 Heimsuchungen und ihre Gründe 44 Geistliche Fürsorge für Arme und Hungernde 45 «Versorgungsqualität» bei Reich und Arm 47 Guter Tod – schlechter Tod 48

«... stehen Burgen stolz und kühn». Vom Elend des Ritterlebens 51
Der Ritter als berittener Kämpfer 52 Die Ausrüstung des Ritters 53 Der Ritter als Stand 54 Rittertugend und Ritterleben 56 Die selbstmörderische Antiquiertheit des Ritters 57 Turnier und Ritterlichkeit jenseits der Zeiten 59

II
Große der Zeit

Kaiser Karl der Große. Geschichte und Geschichten 65
Das Erscheinungsbild Karls des Großen 66 Der Eroberer und Gestalter des Reiches 68 Partner des Papsttums 70 Die Kaiserkrönung 71 Wächter des Glaubens, der Sitten und der Bildung 73 «... denn die Welt klagt um das Hinscheiden Karls» 75

*Papst Gregor VII., «Gregorianische Reform» und
Investiturstreit* 77

Aufbruch zur Moderne? 78 Die gregorianische Epoche als «zweite Christianisierung» 81 Der «Mensch Hildebrand» 84 Alle Macht der Papstkirche 89 Der sendungserfüllte Hierokrat 92 Der unvermeidbare Zusammenstoß: Canossa 93 Ohnmächtiger Papst – gespaltenes Reich 96 Das Ende des «Gerechten» 98

*Herzog Heinrich der Löwe. Sein Evangeliar und die
Frage des «gerechten Preises»* 100

Heinrichs Herkunft, Kindheit und Jugend 101 Heinrich als Doppelherzog und «Übervasall» 104 Heinrichs Sturz und Selbstbehauptung 107 Das Herrschertum des Welfen in Darstellung und Selbstdarstellung 108 Heinrichs Evangeliar und das Problem des «Krönungsbildes» 110 Die Sonderstellung des Helmarshausener Evangeliars 113 Zum Kaufpreis des Evangeliars 115 Vom «gerechten Preis« und vom Erwerb zum Zwecke eigener Nutzung 117

III

«Ich bin über das Haus Gottes gesetzt,
damit meine Stellung alles überrage»

*«Der wahre Kaiser ist der Papst.» Von der irdischen
Gewalt im Mittelalter* 121

Gang und Träger der Diskussion 121 Kaiserliche Macht und päpstliche «Zweigewaltenlehre» 122 Der päpstliche Anspruch auf kaiserliche Insignien 124 Der Austausch der Herrschaftszeichen 126 Die «Zweischwerterlehre» oder der päpstliche Kaiser 128 Tiara und Mitra – herrscherliches und priesterliches Symbol 131 Die Rückkehr zum Priesteramt 132

Die Wahl des Papstes. Ein mittelalterliches Verfahren 135

Die «Erennung» der ersten Petrusnachfolger 136 Papstwahl unter kaiserlicher Aufsicht 137 Zwischen abendländischem Kaisertum und stadtrömischem Parteienkampf 138 Auf dem Wege zum heutigen Verfahren: die wählenden Kardinäle 140 Die Zweidrittelmehrheit 141 Das Konklave 143 Die Papstwahl im Nationenstreit 146 Wahltaktiken und Wahlarten 147 Moderne Zusätze zum mittelalterlichen Kern 148

Über die «Heiligkeit» des Papstes 151

Der offizielle Titel des «Heiligen Vaters» 152 Der Gang der Heiligsprechung 153 Was ist ein Heiliger? 155 Gregor VII.: das Amt macht den Papst heilig 156 Der Petruserbe ist unantastbar und unabsetzbar 159 Der Papst – der einzige «aktive» Heilige auf Erden 161 «Verbrechen nehmen den Päpsten nichts von ihrer Amtsheiligkeit» 163 Ist «Seine Heiligkeit» gottgleich? 164 Die Sehnsucht nach einem heiligmäßigen «Engelpapst» 165 «So geht der Ruhm der Welt dahin»: Vom Ende päpstlicher Amtsheiligkeit 166

Das Ökumenische Konzil und seine historischen Grundlagen 169

«Ökumenisches Konzil»: überhöhte Erwartungen historisch zurückgenommen 169 Der «ökumenische» Rahmen in Recht und Geschichte 170 Der Charakter der 21 ökumenischen Konzilien der katholischen Kirche 172 Die allgemeinen Konzilien des ersten Jahrtausends: die Einheit von Ost und West 173 Auf dem Wege zum päpstlichen Generalkonzil des Mittelalters 175 «... keine Synode ohne Genehmigung des Papstes» 176 Die päpstliche Generalsynode als Fortsetzung der alten ökumenischen Konzilien 181 Der Konziliarismus: Das Konzil steht über dem Papst 184 Die Rückkehr zur päpstlichen Generalsynode 185 Das Erste Vatikanische Konzil als verwirklichtes Mittelalter 187 Das Zweite Vatikanische Konzil als Öffnung zu bischöflicher Kollegialität? 190

IV
Fälschungen über Fälschungen...

Mittelalter. Zeit der Fälschungen 195

Der «Fälschungsbefund» 195 Mangelte es dem Mittelalter an Moral? 198 «Gott ist der Quell der Gerechtigkeit» – nicht das Gesetz 199 Fälschungen im Dienste der Gerechtigkeit 200 Fälschungen im Dienste der Heilsordnung 202 Mangelte es dem Mittelalter an kritischem Vermögen? 203 «Mittelalterliche» Kritik 205 Folgenlose «moderne» Kritik 206 Der Umbruch der Reformation: die Kritik folgt dem Glauben 208 «Weder Seele noch Gehirn des Menschen haben in historischen Zeiten zugenommen» 209

«Mundus vult decipi.» Über den Wunsch der Menschen, betrogen zu werden 211

«Mittelalter – Zeit der Fälschungen» 212 Echtes und Falsches und wie man es zu bestimmen trachtete 214 Gläubige Kritik und kritischer Glaube 216 Moderne «Entzauberung» und postmoderne «Wiederverzauberung» der Welt 217 Lehrstück «Mittelalter»: die Wahrheit bestimmt das System 219 «Pax exsuperat omnem sensum» 220

Die Sorge um den rechten Text 222

Jakob Grimm oder gelebte Philologie 222 Vom antiken Dichterwort zum christlichen Gotteswort: Über den Wandel des Wortwertes 223 Die Sorge gegenüber heilsnotwendigen Texten 226 Die Sorglosigkeit gegenüber der Überlieferung 228 «Zurück zu den Quellen»: Vom Humanismus zur kritischen Philologie 231 «... die Aufgabe des Historikers sei Verstehen» 234

V
Freude, Wissen, Neugier:
Begegnungen mit dem mittelalterlichen Anderssein

*«Jubel». Eine historische Betrachtung über den Anlaß
zu feiern* 239
Beim Jubel gibt es nichts zu lachen 240 Unziemliche Freuden 242 Die Feste im Jahresablauf 243 Vergessener Geburtstag – erinnerter Todestag 245 Staufische Feste – Burgundische Bankette – Barocker Pomp 247 Heutige Anlässe zu «feiern» 250 Vom Sinn des Jubiläums 251

*Der Laie und das mittelalterliche Recht. Darf ein
Nichtjurist Rechtsgeschichte treiben?* 253
Über Nutzen und Nachteil der Juristen für das Leben 253 Mittelalterliche Unbekümmertheit – auch in der mittelalterlichen Rechtswissenschaft 255 Der Laien-Jurist des frühen Mittelalters 257 Der «juristische Spezialist» und die Verdrängung des Laien 260 Antwort auf die eingangs gestellte Frage: Der Nichtjurist sollte dürfen 261

*Das Interesse am Mittelalter in heutiger Zeit.
Beobachtungen und Vermutungen* 262
Die Frage nach dem Publikum 263 Die Einbußen des «deutschen» Mittelalters 265 Geschichtsverdrossenheit und Wissensdefizit 268 «... schwere Forschung hinter lieblicher Hülle verbergend»: der Experte und der Laie 270 Ein Fall für sich: Ecos Roman «Der Name der Rose» 273 Der «wahre» historische Roman 276 Probleme der Darstellungsform und des Darstellungsinhalts 277 Im Rückblick: «Die Geschichte ist über die Historiker gekommen» 279

Literaturhinweise 281

Text- und Bildnachweise 299

Namen- und Sachregister 303

Bildteil nach Seite 160

Was den Leser erwartet

In dem Friseurladen meiner oberschlesischen Geburtsstadt, in den mich als kleinen Jungen meine Eltern zum Haarschneiden zu schikken pflegten, hing über der von vielen Fliegen heimgesuchten Spiegelwand neben dem Meisterbrief ein vergilbtes Pappschild, das ich auf dem in schwindelnde Höhe geschraubten Kindersitz besonders nahe vor Augen hatte: «Sind Sie zufrieden, sagen Sie es anderen; sind Sie es nicht, sagen Sie es mir.» Beherzigen auch Sie, werter Leser, diesen Spruch: Sind Sie mit dem Buch zufrieden, sagen Sie es anderen; sind Sie es nicht, sagen Sie es – dem Verleger.

Verlegerischer Zuspruch, immer wieder geäußert, hat diesen Band zustandegebracht. Wenn der Autor auf die Heterogenität der Gegenstände hinwies, die unterschiedliche Tonhöhe der Einlassungen, die uneinheitliche Distanz zum Stoff, die leichte, um nicht zu sagen: leichtfertige Behandlung als Hinderungsgrund für einen solchen Band angab, hieß es, das sei gerade das Positive: das Verschiedenartige wirke nicht ermüdend, und das unsystematisch Zufällige habe etwas ungezwungen Plauderhaftes; zudem biete das riesige und unübersichtliche Gebäude des europäischen Mittelalters so viele Wohnungen, daß ohnehin nicht alle aufgesucht werden könnten: das Bunte und das Zufällige seien geradezu Wesensausdruck jener Zeit. Mit solcherart Reden wurden die Bedenken des Autors überwunden, der sich vor der Sachverantwortung keineswegs drücken will und der dem Vorwurf der Leichtfertigkeit mit dem Argument glaubt begegnen zu können, daß er seine Seriosität durch einige schwer lesbare Bücher, durch diffizile Texteditionen und durch die Behandlung abseitiger Themen in fachwissenschaftlichen Organen hinreichend bewiesen habe.

Um dies vorweg zu sagen: In dieses Buch sollte eine Vorrichtung eingebaut sein, die es sofort zuklappen läßt, wenn ein Berufshistoriker hineinschaut. Für ihn ist es nicht gedacht: Es ist gedacht für meine Nachbarn und Freunde, die mich als Historiker schlechthin betrachten und mich nach prähistorischen Knochen ebenso fragen wie nach meiner Meinung «als Fachmann» über die Fälschung der Hitler-Tagebücher. Dieses Vertrauen der von mir geschätzten Menschen macht mich verlegen, und ich komme mir wie ein Hochstapler vor, wenn ich, wie es in mittelalterlichen Urkunden so schön heißt, «pro posse et nosse meo» (nach meinem Können und Wissen) Auskunft zu geben versuche, aber Auskunft wird gegeben: denn – um ein Scherzwort Theodor Mommsens aufzunehmen – «von Rechts wegen müßte der Historiker alles wissen, und die eigentliche Kunst desselben besteht darin, daß er sich das Gegenteil nicht merken läßt.» In einer Art Vorwärtsverteidigung sei dieses Buch den Fragenden angeboten.

Aber das Buch sucht den Nichthistoriker auch aus einem anderen Grund. Geschichte sei, so schrieb kürzlich der in Frankreich lehrende italienische Historiker Ruggiero Romano, eine zu ernste Sache, als daß man sie den Fachhistorikern allein überlassen dürfe: «Geschichte darf nicht das Ergebnis liebenswürdiger Unterhaltungen unter Historikern sein, sondern muß herauswachsen aus dem Dialog der Historiker mit der Welt»; Geschichte habe beizutragen «zu einem besseren Zusammenleben der Menschen, zu einer lebendigeren Kultur, zu einem konkreteren Bewußtsein unserer Zeit»; alles andere seien akademische Spielereien. Vielleicht hat Romano mit seiner Aufgabenbeschreibung etwas hoch gegriffen, aber ohne Zweifel sollte sich der Historiker dem allgemeinen Interesse für Geschichte stellen und sich als Träger einer geistigen Kultur verstehen, für deren Gestaltung er mitverantwortlich ist, ob er will oder nicht, jenseits aller fachwissenschaftlicher Esoterik.

Die hier zusammengestellten Beiträge sind aus sehr verschiedenem, aber nie aus rein fachwissenschaftlichem Anlaß entstanden. Die Rücksichtnahme auf das jeweilige Publikum erklärt die Unterschiede in Sprache und Stofferschließung: Rundfunkvorträge sind darunter, Festreden vor Akademien und vor geschichtsinteressiertem Publikum, Aufsätze in einem «Geschichtsmagazin», Übersichtsartikel in Sammelbänden und anderes mehr. Ich hoffe, daß es der Sache und dem Autor nicht zum Nachteil ausschlägt, wenn er gesteht, daß es ihm Spaß gebracht hat, sich vor einem nichtwissenschaftlichen Publikum zu erklären: ihm sein Mittelalter zu entwerfen.

Alle Beiträge sind überarbeitet worden, denn Wiederholungen und Ungleichmäßigkeiten mußten behoben, einige Artikel – wie der über die Papstwahl, der 1958 zur Erhebung Johannes' XXIII. entstand – aktualisiert werden. Es sollte jene zur Zeit verbreitete Gattung von Bänden gesammelter Aufsätze, bei denen die Antiquiertheit eines Beitrags mit der Bemerkung entschuldigt wird, zwar sei das Gebotene weitgehend überholt, aber zum Zeitpunkt der Jahrzehnte zurückliegenden Niederschrift habe es der Autor nicht anders wissen können, nicht durch ein weiteres Exemplar vermehrt werden. Das Albert

Einstein zugeschriebene Wort, Wissenschaft sei der augenblickliche Stand unseres Irrtums, mag zwar übertreiben, aber wissenschaftliche Beiträge sind eben nicht unveränderbar wie klassische Literatur, und seien sie noch so geistvoll formuliert. Der Leser hat einen Anspruch darauf, den augenblicklichen Stand der Forschung kennenzulernen, und nicht einen wissenschaftsgeschichtlich vielleicht bedeutsamen, aber inhaltlich überholten Artikel. Um den Band thematisch abzurunden, waren hie und da inhaltliche Lücken auszufüllen.

Wie jeder Gelehrte lebt auch der Historiker zu einem guten Teil von dem Wissen und den Leistungen anderer. Dieses «Wissen anderer» ist in den Literaturhinweisen am Ende des Bandes angedeutet (S. 281 ff.), aber der Autor würde es bedauern, wenn man seinen Ausführungen ansähe, wo er – um Bernhard von Chartres aus dem 12. Jahrhundert zu zitieren – als «Zwerg auf den Schultern der Riesen» steht: das historische Gebäude sollte als Geschehniseinheit wirken, nicht in seinen Bauabschnitten vorangegangener Forschungen und Diskussionen.

Manches wird sich beim ersten Durchlesen nicht leicht erschließen, zumal sich das heutige Geschichtsverständnis, bereits durch die Schule vorgeformt, weitgehend an der Gegenwartserklärung orientiert, so daß die Ansicht aufkommen kann, es sei ja alles schon einmal dagewesen. Das uns Fremde, das Andersartige wird hier betont, um dem heutigen Menschen deutlich zu machen, daß die eigene Lebensform durchaus nicht die einzig mögliche ist und daß es andere gab und gibt, die den Menschen mehr erfüllen. Eine sich geschichtlich begreifende Anthropologie hat vorgeschlagen, dem Kantschen kategorischen Imperativ einen «historischen Imperativ» gegenüberzustellen, der zu Distanz und Respektierung des Andersseins auffordert: Sei das, was nur du sein kannst, und laß auch die anderen das sein, was nur sie sein können (Max Müller). Zugleich gilt selbstverständlich Jacob Burckhardts Mahnung: «Freilich handelt es sich nicht darum, uns ins Mittelalter zurückzusehen, sondern um das Verständnis. Unser Leben ist ein Geschäft, das damalige war ein Dasein.» –

Über den letzten Satz lohnt sich nachzudenken.

I

Lebenssicht und Lebensweise

Über das Mittelalterliche am Mittelalter

Heute über das Mittelalter zu sprechen, hat seine eigenen Schwierigkeiten. Gerade den Deutschen ist der Blick für den sich vom Mittelalter herleitenden Wirkungszusammenhang vielfach verstellt. Während zum Beispiel die Präambel der Weimarer Verfassung noch selbstsicher verkünden konnte: «Das deutsche Volk, einig in seinen Stämmen» – eine Formulierung, die auch ein mittelalterlicher Autor hätte gebrauchen können –, heißt es im Vorspruch zum Grundgesetz für die Bundesrepublik Deutschland umständlich, die «Deutschen in den Ländern Baden-Württemberg, Bayern, Berlin, Brandenburg, Bremen» und so weiter «haben» (so nach dem Einigungsvertrag von 1990) «in freier Selbstbestimmung die Einheit und Freiheit Deutschlands vollendet.» Das Wort von dem in seinen Stämmen einigen deutschen Volk ist aufgegeben, obgleich die föderalistische Struktur der Bundesrepublik sich durchaus an eine im Mittelalter ausgebildete stammesmäßige Gliederung anlehnt, trotz der künstlich klingenden Doppelnamen-Länder Baden-Württemberg, Mecklenburg-Vorpommern, Rheinland-Pfalz, Nordrhein-Westfalen usw.

Es ist mehr als ein Aperçu, wenn man sagt: Für die Geschichte der Neuzeit brauche man Intelligenz, für die des Mittelalters Methode. Die Declaration of Rights, Bismarcks Reden, Hitlers «Mein Kampf», die Watergate-Papers kann fast jedermann lesen und mit der nötigen Hintergrund-Information auch verstehen. Aber wer begreift ohne umständliche Einübung eine mittelalterliche Urkunde? Die Schrift ist anders, die Sprache tot, selbst um nur die Datierung aufzulösen, braucht man Hilfen. Die mittelalterliche Welt ist uns fern, in ihrem Alltag ebenso wie in ihren Zielen, Gedanken und Gegebenheiten. Aus gutem Grund bemüht sich die internationale Mittelalterforschung immer stärker um das Erfassen der «Mentalität», der Geisteshaltung jener Epoche, oder besser: des Selbstverständnisses mittelalterlicher Menschen. Zunächst aber: Was ist und was heißt Mittelalter?

Der Name «Mittelalter»

In einem besonderen Sinne hat die Zeit, die wir heute Mittelalter nennen, selbst behauptet, sie sei die mittlere Zeit innerhalb der Heils- und Weltgeschichte, die nach Gottes festgefügtem Plan abrolle. Auf das Zeitalter des Vaters folge das des Sohnes, dem sich das des Heiligen Geistes anschlösse: so der kalabresische Abt Joachim von Fiore um 1200. Man befinde sich in der «media aetas» des Gottessohnes, in der mittleren Zeit zwischen der Menschwerdung Gottes und seiner Wiederkehr am Jüngsten Tag. Das Mittelalter sah das Geschehen unter endzeitlichem, unter heilsgeschichtlichem Aspekt, während der profane Historiker der Neuzeit die Weltgeschichte betrachtet, ohne einen ihr immanenten göttlichen Plan vorauszusetzen.

Unsere Bezeichnung «Mittelalter» leitet sich denn auch nicht von der heilsgeschichtlichen Selbsteinschätzung jener Zeit her, sondern von der Etikettierung humanistischer Philologen seit der Mitte des 15. Jahrhunderts. Sie bezeichnen die Zeit zwischen der Antike und ihrer zur Antike zurücklenkenden Gegenwart als «mittlere Zeit». Mittelalter: das war die dazwischenliegende Nicht-Antike. Für die Geschichtsschreibung hat sich diese Einteilung allerdings erst im 17. und 18. Jahrhundert durchgesetzt, Voltaire (1694–1778) zum Beispiel hat sie noch nicht gekannt. Den Durchbruch schreibt man dem späteren Hallenser Professor der «Beredsamkeit und Geschichte» Christoph Cellarius († 1707) zu, einem wissenschaftlich unbedeutenden, aber didaktisch interessierten Mann, der in seinem zuerst 1688 erschienenen Kompendium unter «Mittelalter» die Zeit zwischen dem Tod Kaiser Konstantins des Großen (306–337) und der Eroberung Konstantinopels durch die Türken (1453) verstanden hat.

In neuerer Zeit sind zahllose Überlegungen über die Angemessenheit der Bezeichnung «Mittelalter» angestellt worden, und je nach Standpunkt wurde zum Beispiel vorgeschlagen, von einem Zeitalter des «Feudalismus» zu sprechen oder von einer noch stark mit Antike und Vorzeit verklammerten «archaischen» Epoche, an die im 11. und 12. Jahrhundert das bis zur Französischen Revolution reichende «alteuropäische» Zeitalter anschlösse. Als schematische Konvention hat sich der Name Mittelalter jedoch weitgehend gehalten, zumal dem Begriff bestimmte Wesensmerkmale (z.B. die Feudalstruktur und die Adelsgesellschaft, die Einheitlichkeit eines Weltgefühls und die Anfänge eines Städtewesens) zugeschrieben und idealtypisch bei verschiedenen Kulturkreisen beobachtet wurden.

Das europäische Mittelalter wird traditionsgemäß meist von ca. 300/500 bis ca. 1500 angesetzt, wobei Anfang und Ende, auch manche Unterteilungen, von Land zu Land und selbst von Historiker zu Historiker nicht unbedingt einheitlich datiert werden. Rund tausend Jahre europäischer Geschichte bergen in der Tat krasse Unterschiede in sich: Um 800 Karl den Großen, den «Vater Europas», wie ihn schon Zeitgenossen genannt haben (siehe S. 68), und im 15. Jahrhundert die Herausbildung fast moderner Staaten in Frankreich und im Burgund Karls des Kühnen (1467–1477); im 6. Jahrhundert den Vermittler antiker Philosophie Boethius († 524) und im 13. Jahrhundert den «doctor angelicus» (engelgleichen Lehrer) Thomas von Aquin († 1274); zu Beginn eine primitive Natural- und Tauschwirtschaft, am Ende die Geldwirtschaft mit Kredit- und Bankwesen.

Bei solchen Gegensätzen ist es gewagt, von «dem Mittelalter» schlechthin zu sprechen. Dennoch wird man gewisse Lebensformen und Leitideen, wenn auch in zeitbedingten Veränderungen, in dem mit «Mittelalter» bezeichneten Zeitraum immer wieder antreffen. Dies soll im folgenden an einigen Beispielen gezeigt werden. Sie stammen vorwiegend aus der Zeit, in der das Mittelalter gleichsam am mittelalterlichsten war: dem sogenannten Hochmittelalter vom 10. bis zum 13. Jahrhundert.

Historie als Heilsgeschichte

Geschichte und Geschehen, so steht es in modernen methodologischen Handreichungen für den Historiker, sind durch drei Konstanten festgelegt: durch den Ort, durch die Zeit und durch den Menschen. Das ist, wie wir sehen werden, so neu nicht und letztlich selbstverständlich.

Der wegen seiner Gelehrsamkeit im Mittelalter hochgeachtete Magister Hugo von St. Viktor in Paris, wahrscheinlich ein gebürtiger Sachse, verfaßte gegen 1130 eine Schrift über die Geschichte. Er sah in ihr die «Grundlage aller Wissenschaft», und als ihre drei «Hauptumstände» – die Merkmale, durch die Geschichte festgelegt werde – nannte auch er schon Ort, Zeit und Personen. Für Hugo von St. Viktor war die «historia» freilich nur eine vordergründige, weil mit äußerlich-diesseitigen Daten arbeitende Orientierungsstütze. Sie ließ den Menschen die eigentliche Bedeutung eines Geschehens, nämlich als eines Ereignisses im Heilsplan Gottes, nicht wahrnehmen. Die heilsgeschichtliche Qualität eines historischen Vorgangs mußte auf einer höheren Stufe begriffen werden. Wie dies geschah, zeigt das folgende Beispiel.

Von den Parteigängern des deutschen Königs Heinrich IV. wurde 1080 – eintausend Jahre nach dem Tode Christi – gegen Papst Gregor VII. in Brixen ein Gegenpapst erhoben: der Beginn einer lange andauernden kirchlichen Spaltung. Für «viele Gläubige und Kluge», so berichtet der 1169 gestorbene bayerische Propst Gerhoch von

Reichersberg, erfüllte sich hier die Vorhersage der Apokalypse, daß nach tausend Jahren Ruhe «der Teufel frei käme für eine kleine Zeit». «Möge der Herr sich an sein Versprechen halten», so resümierte Gerhoch, fast als wolle er Gott an die Einhaltung eines Zeitplans erinnern; denn daß die Kirche sich fast siebzig Jahre in der Finsternis bewege, das sei als «kleine Zeit» genug.

Eine solche Denkweise war in damaliger Zeit weit verbreitet. Raum und Zeit hatten andere, stets überschaubare und im Vorwissen Gottes vorherbestimmte Dimensionen. In sie ordnete sich der Mensch als Geschöpf Gottes ein. Um die Andersartigkeit der mittelalterlichen Welt besser zu begreifen, seien die «Merkmale» Raum, Zeit und Mensch in der Sicht des Mittelalters betrachtet.

Die Vorstellung vom Raum

Wie stellte man sich damals den irdischen Raum vor? In der Mitte des Kosmos befindet sich die Erde, meist als flache Scheibe auf dem Weltmeere schwimmend gedacht. Gegenfüßler, getrennt durch das Weltmeer, kann es nicht geben, denn zu ihnen könnte Gottes heilbringendes Wort nicht gelangen, was im Widerspruch stünde zu Gottes Heilsversprechen. In der Mitte der Erde wiederum liegt Jerusalem, irdisches Abbild der himmlischen zwölftorigen Gottesstadt. Hier stoßen die drei Kontinente Europa, Afrika und Asien zusammen. Auf hochmittelalterlichen Karten, die meist das ganze Universum zeigen, sind die drei Kontinente von einem Kreis umschlossen. Oben – wo bei uns Norden zu sein pflegt – ist Osten, und innerhalb des Kreises sind die Erdteile T-förmig angeordnet: die gesamte obere Hälfte ist Asien, das rechte untere Kreisviertel ist Afrika, das linke Europa. Hatte doch auch Augustin († 430) in seinem Gottesstaat gelehrt, Afrika und Europa zusammen seien so groß wie Asien.

Die mittelalterliche Kartographie hatte bis in das 13. Jahrhundert keine praktische Absicht. Sinn und Zweck des Kartenbildes war nicht diesseitige Orientierung aufgrund einer präzis vermessenen Erdoberfläche, sondern die Aufzeichnung des entfalteten Heilsgeschehens. Fragen etwa, von wo das erste Menschenpaar vertrieben worden sei und wo Christus das Kreuz auf sich genommen habe, drängten stärker zur Darstellung als die bloße Fixierung eines «profanen» Ortes oder einer Landschaft im Kartenschema.

Wie der Makrokosmos wurde auch der Mikrokosmos gesehen. Bis in seine kleinsten Partikel sah man den Raum nach einem harmonischen, nach einem göttlichen Plan aufgeteilt. Das bedeutungsvolle Maß und die bedeutungsvolle Zahl spielten eine hervorragende Rolle. Die kirchliche Architektur wurde zum «Bedeutungsträger»: Im Kreuzgang vieler Klöster waren die Ausmaße des Heiligen Grabes festgehalten, dessen Größe und Beziehungen vielfachen Auslegungen Raum gaben. Die Maße des Alltags waren auf den Menschen, Gottes Ebenbild, bezogen: Elle, Fuß, Schritt als Strecke, die Tagesreise als Entfernung, als Pflügerleistung die Flächen von Tagwerk, Joch und Morgen usw. Die menschenferne tote Norm war dem Mittelalter fremd.

Die Vorstellung von der Zeit

Auch die mittelalterliche Zeitvorstellung suchte dem göttlichen Plan auf die Spur zu kommen. Wann war die Welt geschaffen? Wann geht sie zu Ende? In welcher heilsgeschichtlichen Phase befindet sie sich? Es wurden immer neue Berechnungen für den Weltanfang und immer neue Prognosen über das Weltende aufgestellt, trotz Augustinus' energischem Hinweis auf das Wort der Apostelgeschichte 1,7: «Es gebührt Euch nicht, zu wissen Zeit oder Stunde, welche der Vater seiner Macht vorbehalten hat.»

Stand und Gang der Weltenuhr wurden verschieden berechnet. Das Wort aus Psalm 90, daß vor dem Herrn tausend Jahre wie ein Tag seien, verlockte, sechs Jahrtausende – eine Weltenwoche – als Dauer der Welt anzunehmen, wobei man sich seit Christi Geburt in der sechsten und letzten Aetas mundi wähnte. Am Ende stand der Weltensabbat.

Es gibt beängstigende Endzeitberechnungen: Der 1420 gestorbene französische Konzilstheologe Pierre d'Ailly hatte das Jahr 1789 – es wurde das Datum der die Welt verändernden Französischen Revolution – errechnet, der Humanist Pico della Mirandola († 1494), der die Eigenverantwortung des Menschen für die Gestaltung der Welt betonte, setzte das Ende auf 1994 an.

Auch das Normaljahr nahm seinen Beginn häufig von Ereignissen der Heils- und Weltgeschichte. In der Kanzlei des deutschen Königs und in den meisten Bistümern pflegte man das neue Jahr mit dem Weihnachtstag, mit der Geburt Christi, anzusetzen; auch Mariä Verkündigung (25. März) oder Ostern – als bewegliches Fest (jeweils am Sonntag nach dem ersten Frühlingsvollmond) besonders unbequem – waren als Jahresanfang verbreitet. Ständig vergegenwärtigte man sich in nachahmender Weise die Daten der Heilsgeschichte: Am

Gründonnerstag wusch der König – gleich einem anderen Christus – zwölf Armen die Füße, am Karfreitag legte man sich – «imitatio Christi» – in das Heilige Grab, vom Mittwochabend bis Montag früh – die Tage des Leidens und der Auferstehung Christi – sollten in der Karwoche, aber auch während des ganzen Jahres die Waffen ruhen. Viele Verpflichtungen und Tätigkeiten wie Zinszahlung, Kündigung, Abschluß des Wirtschaftsjahres, Vertragsdatum waren auf bestimmte Tage des Jahres festgelegt (siehe S. 243 f.). Für mancherlei Dinge wie Aderlaß, Baden, Reisen gab es günstige Tage, umgekehrt hatte man sich vor «schwarzen Tagen», die man in Erinnerung an das Schicksal des Volkes Israel «ägyptische» nannte, zu hüten; in Kalendarien waren sie deutlich vermerkt.

Der Tag selbst, der am Vorabend liturgisch mit der Vigil (Nachtwache) eingeleitet wurde, wovon unser «Heiligabend» vor Weihnachten noch ein letztes Zeugnis ist, begann bei Sonnenaufgang mit einem Gottesdienst und war wie die Nacht in zwölf «ungleiche Stunden», die entsprechend der Jahreszeit länger oder kürzer waren, eingeteilt. Es gab meist nur zwei Hauptmahlzeiten, in der vierzigtägigen Fastenzeit vor Ostern häufig nur eine. Mit Sonnenuntergang war der Tag beendet.

Die Vorstellung vom Menschen

Was ist der Mensch im mittelalterlichen Verständnis? Gestellt zwischen Himmel und Erde ist er hier Ebenbild Gottes, dort allzumal Sünder; als «Krone der Schöpfung» vollkommen und doch durch Sündenfall und Erbsünde ausgestattet mit Begierden, die ihn an einem gottgefälligen Leben hindern. Es gab eine eigene und von vorzüglichen Schriftstellern wie Petrus Damiani († 1072) und Anselm von Canterbury († 1109) verfaßte Literatur, die von dem «Elend des menschlichen Daseins» und der «Verachtung» handelte, welche man der Welt entgegenzubringen habe, um des Heils teilhaftig zu werden (siehe S. 39 f.). «Den ganzen Tag über» solle das Kirchenvolk seine Sünden bekennen und «unter Klagen und Tränen» Bußpsalmen beten, so heißt es in einer der frühesten und am weitesten verbreiteten Predigtanweisungen (Theodulf von Orléans, † 821).

Diese Seelennot begleitet den Menschen sein ganzes Leben. Kaum war ein Menschenkind geboren, mußte man zusehen, es im rechten Augenblick taufen zu lassen, denn ungetauft gestorben kam es nach der Lehre der Kirche an einen Ort zwischen Himmel und Hölle, blieb ohne die Anschauung Gottes. Wurde es getauft, so mußte ein

Exorzist, ein Teufelsaustreiber – immerhin die dritte Stufe der vier niederen Weihen, eine Durchgangsstufe für jeden Priester – mit seinem Ritual tätig werden, damit nicht böse Geister den Taufakt störten oder gar unwirksam machten.

Die Lebensführung war ständig gefährdet: Was war, wenn unwürdige Priester die Kommunion reichten? Was geschah, wenn man, ohne es zu wissen, Umgang mit Exkommunizierten pflog, was automatisch, wie rigoristische Theologen behaupteten, den Ausschluß aus der Heilsgemeinschaft der Kirche nach sich zog? Und wenn ein Laie, um seine Seele zu retten, Mönchen eine Stiftung machte, sorgten diese dann auch wirklich durch Buße und Gebet für sein Seelenheil? Vom burgundischen Kloster Cluny erzählte man sich zwar, daß seine Fürbitte sogar Seelen aus dem Fegefeuer holen könne, doch Sicherheit gab es keine. Die bedrängende Sorge um das ewige Seelenheil gab dem Leben oft einen düsteren Ernst.

Gelebter Raum

Neben die subjektiven Vorstellungen von Raum, Zeit und menschlicher Beschaffenheit sollen die objektiven Gegebenheiten treten: Wie sahen Raum, Zeit und Menschen, «Merkmale der Geschichte», damals wirklich aus?

Der Beschreibung des Raumes ist vorauszuschicken, daß den Menschen damals die moderne, oft romantische Natureuphorie, auch die Sorgen des Natur- und Umweltschutzes fremd waren. Wohl nährte man sich von der Natur, aber der Wald, der die Rodungen wieder überwucherte, das Wasser, das sich fast ungehemmt seinen Lauf suchte und zugleich ein wichtiger Energiespender war, die Witterung, die über Erntefülle und Hungersnöte entschied, gaben der Natur etwas Unheimliches, gelegentlich Feindliches.

Die Landschaft Mitteleuropas hatte ein entschieden anderes Aussehen als heute. An der Nord- und Ostseeküste verhielt sich der Mensch gegenüber den Naturgewalten des Meeres weitgehend passiv. Sturmfluten überschwemmten und zerteilten das Land. Die Inseln an der Schelde- und Rheinmündung wurden immer kleiner, manche verschwanden. Der Meeresarm der unteren Maas und die Bucht des Biesbosch entstanden erst 1121, wobei über siebzig Dörfer untergegangen sein sollen. Um 1200 wurden Texel, Vlieland, Wieringen vom Festland getrennt, gegen 1200 das ursprünglich große Borkum in mehrere Inselteile gespalten. Der Deichbau, durch starke Anschwemmungen behindert und gefährdet, war zwar schon in karolingischer

Zeit organisiert. Doch erst im 15. und 16. Jahrhundert war der größte Teil des Marschgebiets eingedeicht, anders als bei den großen Flüssen, deren Randdeiche man zeitiger, zugleich als Verkehrs- und Treidelwege, errichtet hatte.

An das Gebiet der Nordseemarschen schloß sich südwärts ein breites Mittelstück heide- und moorreicher Geest an. Hier standen die großen Eichenwälder der nachmaligen Lüneburger Heide. Südwärts schloß sich ein breiter Saum von Sand- und Lehmboden mit Siedlungszentren um Braunschweig, Hildesheim, Hannover an.

Wie in diesen Gegenden setzte auch im übrigen Teil des Reiches eine energische Kultivierung des Bodens ein, betrieben und gefördert durch einen ebenso energischen Ausbau der Herrschaftsverhältnisse und durch das auf Benedikt zurückgehende Arbeitsideal der Mönche, das vom 12. Jahrhundert an, besonders durch die Zisterzienser, noch einmal intensiviert worden ist. Die Rodung wurde gelegentlich so ausgiebig betrieben, daß bereits im 13. Jahrhundert Rodeverbote ausgesprochen wurden.

Wenn man einer Statistik der ältesten Ortsnamen Glauben schenken darf, so läßt sich an ihnen ablesen, daß Laubwald gegenüber Nadelwäldern stark überwog: 6115 dieser ältesten deutschen Ortsnamen weisen auf Laubholz (wie das dutzendfach vorkommende Buchholz) und nur 790 auf Nadelbäume hin (wie das nicht seltene Tannenberg), die als «arbores non fructiferae», als nicht fruchttragende Bäume, für wenig wertvoll angesehen wurden. An der Spitze der Laubbäume stand die Buche.

Holzgewinnung war nur eine nachgeordnete Nutzung im sogenannten Plänterbetrieb, das heißt es wurden nach Bedarf einzelne Bäume geschlagen. Aufforstung gab es nicht. Weit höhere Bedeutung hatte der Wald als Viehweide, besonders für die Schweinemast, so daß mastfördernde Bäume wie Eichen, Buchen und Waldobstbäume eigens geschützt wurden. Wert und Größe eines Waldes bemaß sich nicht nach der Holzmenge, sondern nach der Anzahl der Tiere, meist der Schweine, denen er Mastfutter bot.

Gestundete Zeit

Die Arbeit in der Natur folgte dem natürlichen Zeitrhythmus. Eine Zeitberechnung gab es aber nicht nur im Dienste der Heilsgeschichte. Die Astronomie wurde schulmäßig betrieben. Seit dem Frühmittelalter waren Sonnenuhren in Gebrauch. Für die Tageseinteilung wurden Wasseruhren benutzt. Räderuhren, die mit Gewichten arbeiteten, sind erst vom 13. Jahrhundert an nachzuweisen. Das monastische Leben forderte die Beobachtung und Beachtung einer präzisen Tageseinteilung. Die ältesten Sonnenuhren, später auch die Gewichtsuhren, waren in Klöstern und Stiften aufgestellt, ohne daß das primitive Verfahren, die Tageszeit aus der Länge des menschlichen Schattens zu bestimmen, vergessen wurde. Als Handreichungen gab es aufmerksam geführte Zahlentafeln. In den Klöstern war ein Mönch mit der Überwachung des Stundenrhythmus beauftragt. Wenn er nachts gegen zwei Uhr die Gebetsglocke läutete, hatte er die Zeit der Nacht aus dem Aufgang von Sternen ersehen. Darauf sang er eine bestimmte Anzahl von Psalmen, bis er das Zeichen zum Aufstehen gab; die Zahl der Psalmen war in den einzelnen Monaten verschieden. Diese primitive Art der Zeitmessung wurde im Hochmittelalter durch Apparate ergänzt.

Die großen Rechenmeister des Mittelalters geben uns Zeitmaße vom Jahrhundert («saeculum») bis zur nicht mehr teilbaren kleinsten Zeiteinheit, dem «atomus» oder «ictus oculi», dem «Augenblick». Mittelalter: das war «menschliche Zeit, gemessen durch den Rhythmus der Natur und der Liturgie, hingegeben einer Geisteshaltung der Erwartung und der Sehnsucht» (Jean Leclercq).

Zeit und Naturrhythmus sind in ihrem Zusammenhang viel stärker als heute empfunden worden. Das Wort «tempestas» bedeutet die Zeit und zugleich die Witterung, das Unwetter. «Auf, zu grüßen / Lenz, den süßen: / Freude hat er wiedergebracht» (Ecce gratum et optatum, ver reducit gaudia) wird in den Liedern der Carmina Burana das Frühjahr inbrünstig ersehnt. Der Wechsel der Jahreszeiten wurde intensiv wahrgenommen, so daß jemand sagen konnte, er habe 15 Zeitumläufe durchgestanden, um auszudrücken, daß rund vier Jahre verstrichen waren.

Die Witterungsbedingungen der Jahreszeiten veränderten sich langphasig, auf Perioden feuchten und kalten Wetters folgten warme und trockene Zeiten. So lag der berühmte Winter 1076/77, als der deutsche König Heinrich IV. mit seiner Gemahlin und seinem zweijährigen Sohn Anfang Januar über den Mont Cenis nach Italien zog, um in Canossa Buße zu tun, in einer von 1014 bis 1089 anhaltenden feuchtkalten Phase. Jener Winter ließ die großen Flüsse Europas vom Martinstag (11. November) bis in den April hinein in Kälte erstarren. Loire, Rhône, Rhein, Elbe, Donau, Weichsel, auch der Po, selbst der Tiber sollen zugefroren gewesen sein. «Für Schiffe unbefahrbar, für die Menschen, Pferde, Esel und Wagen wie feste Erde gangbar», so heißt es in einer zeitgenössischen Chronik. Zeit, Jahreszeiten, das

Geplagter Mensch

bedeutete Kälte und Hitze, Hunger und Fülle: mehr und anderes, als ein Chronometer anzeigen kann.

Museums- und Rüstkammerbesucher teilen sich gern die Beobachtung mit, nach Ausweis der Rüstungen seien die Menschen im Mittelalter offenbar kleiner gewesen. Obwohl die historische Anthropologie Fragen der Körpergröße und -gestalt mittelalterlicher Menschen bei ihren Forschungen weitgehend beiseiteläßt, stimmt man in der Annahme überein, daß die Menschen zur Völkerwanderungszeit – also zwischen dem 3. und dem 6. Jahrhundert – recht groß gewesen seien. Gegen Ende des Mittelalters hat die Größe offenbar abgenommen. Dafür werden verschiedene Gründe angeführt: Pest und epidemische Krankheiten, die zunehmende Verstädterung, die unhygienischen dunklen Gassen und käfigartigen Behausungen. Allerdings ist zu bedenken, daß Angehörige der sozialen Oberschicht im Durchschnitt höher gewachsen waren als sozial Niederstehende. Die deutschen Könige Heinrich IV. und Heinrich V., die von 1050–1125 lebten, waren zum Beispiel aufragende Gestalten von 1,79 und 1,80 Metern. Ein Hochadelsgrab in Komburg bei Schwäbisch Hall aus etwa der gleichen Zeit bewahrte Skelette von Menschen zwischen 1,73 und 1,75 Metern. In den nichtadligen Bevölkerungsschichten dürfte die Durchschnittsgröße nicht unerheblich, möglicherweise um 10–15 cm, geringer gewesen sein.

Für den Menschen Mitteleuropas vom 10. bis 12. Jahrhundert hat man eine durchschnittliche Lebenserwartung von nur wenig über 30 Jahren errechnet. Aber das statistische Mittel verwischt die gruppenspezifischen Unterschiede. Betrachtet man zum Beispiel das Sterbealter der deutschen Könige von Heinrich I. (†936) bis Heinrich VI. (†1197), von denen keiner in einer Schlacht gefallen ist oder – sieht man von dem mit wahrscheinlich 68 Jahren ertrunkenen Barbarossa ab – vorzeitig durch ein Unglück den Tod gefunden hat, so kommt man auf einen Durchschnitt von nicht ganz fünfzig Jahren. Was das Mittel der Lebenserwartung hinabdrückte, war zum einen die hohe Säuglingssterblichkeit, zum anderen der im allgemeinen frühe Tod von Angehörigen der Unterschichten, die auszehrende körperliche Arbeit zu verrichten hatten und Krankheiten und Naturkatastrophen besonders ausgesetzt waren.

Eine Möglichkeit, auch die Lebenschance von Angehörigen unterer Schichten zu erfassen, bieten Skelettuntersuchungen. Eine Auswertung der Daten von etwa hundert Friedhöfen nördlich der Alpen – allerdings aus dem gesamten Mittelalter und ohne Differenzierung nach geographischen und klimatischen Bedingungen – ergibt folgendes Bild: Die meisten Toten gehören den Altersklassen 14 bis 20 und – etwas weniger – 20 bis 40 Jahre an. Trotz der deutlich erkennbaren kurzen Lebenserwartung ist festzuhalten, daß die Lebenskraft nicht geringer als heute gewesen sein dürfte. Bei Ausbleiben lebenswidriger Umstände erreichten manche Menschen ein sehr hohes Alter. Die Päpste Lucius III. (1181–1185) und Coelestin III. (1191–1198) sind gegen neunzig Jahre alt geworden.

Den Frauen erging es im Früh- und Hochmittelalter weitaus schlechter als den Männern. In der Altersgruppe der 14- bis 20jährigen Toten der erwähnten Skelettuntersuchungen stellten Mädchen einen sehr hohen Anteil. Neben den häufigen und nicht selten für die Mütter tödlich verlaufenden Geburten waren die Frauen, geschwächt durch schwere Feldarbeit (zur Frauenarbeit siehe S. 48), leichter anfällig für Krankheiten, unter denen offenbar die Lungentuberkulose besonders häufig war.

Zahlreiche Todesfälle im Säuglingsalter scheinen die Größe der Durchschnittsfamilie – mit sicherlich ständisch bedingten Unterschieden – verhältnismäßig klein gehalten zu haben. Aus Fuldaer Quellen des Frühmittelalters hat man 196 Ehepaare mit 518 Kindern errechnet, auf die einzelne Ehe entfallen also im statistischen Mittel 2,6 Kinder. Das Verhältnis der Männer zu den Frauen betrug in Fulda 318 zu 237. Bei der bäuerlichen Bevölkerung Frankreichs hat man die Beobachtung gemacht, daß die Zahl der weiblichen Geburten um so geringer war, je mehr Frauen bereits auf einer Bauernstelle lebten. Aus diesem Befund hat man den auf direkte Weise freilich nicht belegbaren Schluß gezogen, daß eine Art Geburtenkontrolle vorgenommen worden wäre: weibliche Neugeborene seien getötet worden (zur legalen Kindstötung im Germanischen Recht siehe S. 40), und das explosive Anwachsen der europäischen Bevölkerung im Hochmittelalter hinge unter anderem auch mit dem Verzicht auf dieses von der Kirche abgelehnte Geburtenregulativ zusammen.

Bevölkerungsdichte und drohende Krankheiten

Die Bevölkerung Europas scheint bis zur Jahrtausendwende in gleichmäßiger Progression gewachsen zu sein und um das Jahr 1000 rund 42 Millionen betragen zu haben. Während sie bis 1150 langsam auf circa 50 Millionen stieg, schnellte sie allein in den folgenden fünfzig Jahren um ein knappes zusätzliches Viertel auf rund 61 Millionen hoch: es war dies die größte Zunahme bis zum 15. Jahrhundert. Für das Gebiet des deutschen Reiches, geschätzt auf etwa 700000 Quadratkilometer, nimmt man für die Zeit Heinrichs III. († 1056) 5–6 Millionen Einwohner an, für die Barbarossas († 1190) 7–8 Millionen. Zum Vergleich: Um 1200 – nach dem sprunghaften Anstieg – soll Frankreich 12, England nur 2,2 Millionen Einwohner gehabt haben. Gebiete des deutschen Reiches mit starker Binnenkolonisation hatten einen besonders energischen Bevölkerungszuwachs aufzuweisen; so soll sich die Bewohnerzahl Sachsens von 1100 bis 1300 verzehnfacht haben. Selbst in der Blüte des Städtewesens lebten mehr als 90% der Bevölkerung auf dem Lande. Zu Beginn des 15. Jahrhunderts hat es zwar der Rechtsform nach 3000 Städte gegeben, aber 2800 von ihnen waren Ackerbürgerstädte und hatten nur bis 1000 Einwohner; lediglich 15 überschritten die 10000-Grenze. Die größte Stadt des deutschen Reiches war Köln mit 30000 Einwohnern, Lübeck folgte mit circa 25000.

Außerordentlich starke Bevölkerungsdezimierungen gab es im 14. Jahrhundert durch die großen Pestschübe, die durch die Brut- und Übertragungszentren dichtbewohnter Städte und eine ausgedehnte Mobilität der Bevölkerung gefördert wurden. Von der Pest abgesehen zählte im ganzen Mittelalter neben Malaria, Pocken und Ruhr vor allem die schwer zu diagnostizierende Lungentuberkulose zu den hauptsächlichen Todesursachen. Nicht wenige Opfer forderten auch die Lepra und vor allem das den Roggen befallende Mutterkorn (Secale cornutum), das das sogenannte «Heilige Feuer» auslöste, gegen das man die Hilfe des Eremiten Antonius anflehte (daher der Name «Antonius-Feuer»); es hatte in manchen Jahren epidemische Ausmaße.

Dem Menschen drohten Krankheiten aus dem Diesseits und aus dem Jenseits. Welche Leiden den einzelnen überfallen konnten, zeigt das Buch über die Wunder, die der heiligmäßige Erzbischof Anno II. von Köln († 1075) an kranken Menschen vollbracht haben soll. Er heilte dreißig Lahme und Blinde, fünfzehn Wassersüchtige und Geschwulstkranke, zehn, die an Bauch- und Blutfluß litten, jeweils neun Herzkranke, Ertrunkene und Taube, sieben Fallsüchtige und fünf vom Teufel Besessene; vierundzwanzig Verstorbene hat er in das Leben zurückgeholt. Man hat ausgerechnet, daß Anno seine Wunderkraft an fünfzig verschiedenen Leiden erprobt hat.

Hungersnöte

Neben die Krankheit trat der Hunger, von dem vor allem die sozial niederen Schichten heimgesucht wurden. Hungersnöte trieben Scharen von Menschen bettelnd durch die Lande; sie rotteten sich mitunter zu großen Banden zusammen, die sich ihre Nahrung zusammenraubten. Von einer solchen Schar notleidender Menschen wurde das reiche Kloster Fulda 1145 überfallen und total ausgeplündert (zur Armenspeisung durch Klöster siehe S. 46). Daß den Kreuzzügen 1095 und 1145–1147 Hungersnöte vorausgegangen waren, dürfte kaum Zufall gewesen sein. Der Chronist Ekkehard von Aura vermerkt nüchtern für die Jahre vor 1099, daß die «Westfranken», also die Franzosen, leicht hatten überredet werden können, ihre Äcker zum Kreuzzug zu verlassen, denn, so schreibt er, «die gallischen Lande hatten einige Jahre hindurch bald Bürgerkrieg, bald Hunger, bald große Sterblichkeit heimgesucht». Die in diesen Zeiten vorkommenden Übergriffe sind nicht Aufstände aus sozialer Spannung mit revolutionären Impulsen (siehe den Überfall auf Erzbischof Poppo von Trier S. 44 f.), sind nicht «Klassenkämpfe», sondern Mundraub, auch wenn die ersten Spottgedichte auf das dicke Pfäfflein und den feisten Mönch um 1100 aufkamen: ein gegen Ende des Mittelalters beliebter Topos.

Häufig waren es räumlich begrenzte Hungersnöte, aber es gab auch Jahre, in denen ganz Mitteleuropa – meist als Folge umfassender Mißernten – von Nahrungsmangel betroffen war. Im 12. Jahrhundert scheinen die Jahre 1099–1101, 1124–1126, 1145–1147, 1150–1151, 1195–1198 solche Hungerszeiten gewesen zu sein. Da die Agrarproduktion zum großen Teil auf den Eigenbedarf abgestellt war und wenig Interesse bestand, Überschüsse zu erzielen, ferner kaum Geld bereit lag, Lebensmittel zu erwerben, traf eine ungenügende Ernte die Bevölkerung wie ein unabwendbares Naturereignis. Selbstverständlich wurde die Notlage von Vermögenden, sogar von Geistlichen, ausgenutzt. Wie zum Lobe vermerkt der Chronist des Klosters Saint-André (bei Brügge), sein Abt habe so tüchtig gewirtschaftet, daß «der Mangel der Nachbarn ihm zur Fülle gereichte».

Ernährung und Landwirtschaft

Lebensmitteltransporte über größere Strecken gab es nicht, man lebte von den Früchten des eigenen Bodens oder der Umgebung, die im Nahhandel angeboten wurden. Selbstverständlich versuchte man, den

Ertrag zu vermehren, aber die Fortschritte in der Bewirtschaftung der Felder waren gering und änderten wenig. Die Feld-Gras-Wirtschaft war teilweise schon vor 800 in Deutschland durch die Dreifelderwirtschaft abgelöst worden, aber es dauerte Jahrhunderte, bis diese sich voll durchsetzte. Bei der Dreifelderwirtschaft wurde im Herbst Winterweizen oder Roggen gesät, im Frühjahr Hafer, Gerste, Erbsen, Linsen, Bohnen.

Gegen Ende des 11. Jahrhunderts erschienen den Menschen die Gemüsefrüchte ebenso wichtig wie das Getreide, und ein Chronist meldet zum Jahre 1094, daß wegen der großen Dürre «Kornsaat und Hülsenfrüchte» eingegangen seien, ein Hinweis auf den großen Gemüseanteil.

Während des 11. Jahrhunderts begann das Pferd das Rind als Zugtier zu ergänzen oder zu ersetzen, nachdem die Vorzüge des aus dem Osten übernommenen Kummets bemerkt worden waren. Das Pferd bewegt sich schneller als der Zugochse und zeigt mehr Kraft und größere Ausdauer, so daß mit ihm täglich ein bis zwei Stunden länger gearbeitet werden konnte. Nicht allein das Pflügen, auch die Geschwindigkeit und die Kosten der Beförderung über Land wurden durch das kraftausnutzend angeschirrte und mit Hufeisen beschlagene Pferd vorteilhaft verändert. An die Stelle des zweirädrigen Karrens trat die «caretta longa», der große vierrädrige Lastenwagen. Seit dem 11. Jahrhundert läßt sich eine Ausweitung der Siedlungen beobachten, und es ist die Frage gestellt worden, worin der Grund lag. «Die Antwort scheint im Übergang vom Ochsen zum Pferd als Haupttier der Landwirtschaft zu liegen. Bei der langsamen Gangart des Ochsen konnte der Bauer, der nur Ochsen besaß, nur Felder bewirtschaften, die in der Nähe seines Hofes lagen. Mit der Anschaffung von Pferden für Pflug und Wagen konnte der Bauer in der Zeit, die er für den Weg zum Feld einsetzen mußte, eine wesentlich größere Strecke zurücklegen. Die Verlängerung dieser Strecke wirkte sich auf die Größe der ringsum erreichbaren Ackerfläche aus... So verwandelten sich ausgedehnte Flächen, die bisher von dürftig vereinzelten Höfen überstreut waren, in wohlbebaute Rodungsgebiete» (Lynn White jr.). Die Erweiterung der Anbaufläche und deren bessere Ausnutzung, die Vermehrung der Nahrungsmittel, aber auch die Bereicherung des Nahrungsmittelangebots, dies alles mag zum sprunghaften Anstieg der Bevölkerungszahl im 11. und besonders im 12. Jahrhundert beigetragen haben.

Unter den Agrarprodukten stand an der Spitze der Roggen als Brotgetreide. Eine Auskreuzung von Zwergweizen hatte eine der

wichtigsten Getreidesorten des Mittelalters ergeben, den Dinkel (als
«Grünkern» auch noch in der heutigen Küche verwendet), der vor
allem in Südwestdeutschland verbreitet gewesen ist, während Weizen,
der an Boden und Witterung größere Ansprüche stellt, stärker im
Westen zu finden war. Außer in Form von Brot oder Fladen (Weizen,
Roggen) wurde Getreide roh oder geröstet gegessen, häufig auch zu
Brei verarbeitet.

Mit der Zunahme der Pferdehaltung wuchs der Anbau von Hafer,
der freilich schon immer, zu einem anspruchslosen Brei angerührt,
den Menschen zur Nahrung gedient hatte. Gerste war bevorzugter
Ausgangsstoff für Bier, das – anders als heutigentags – reichlich im
Norden genossen wurde, anstelle von Wein, der im Süden auch bei
sozial schwachen Schichten das Hauptgetränk abgab. Hopfen finden
wir als Arznei bereits in der Karolingerzeit; er enthält Lupulin, dem
man eine den Geschlechtstrieb hemmende Wirkung zuschreibt, und
man will beobachtet haben, daß Hopfen auffallend häufig im Zusammenhang mit Klöstern, Kirchen und Bischöfen genannt werde
(K. und F. Bertsch); für die Bierherstellung wird der Hopfen vom
11. Jahrhundert an erwähnt.

Wohnung und Kleidung

Das Leben der Menschen damals war äußerst hart. Man wohnte –
zunächst auch in der Stadt – meist in zugigen Holzhütten. Nur
manche Häuser, die wir heute öffentliche Bauten nennen würden,
waren in Stein ausgeführt: verschiedene Pfalzgebäude, Klöster, Kirchen, städtische Befestigungen usw. Erst im 12. Jahrhundert scheinen
Steinbauten häufiger zu werden, entsteht der neue Typ der Ritterburg
und des reichen Bürgerhauses.

Dichtgedrängt hockte man, zumal im Winter, um den offenen
rauchend-rußigen Herd; das Licht fiel durch die Eingangstür oder
durch die Rauchluke des Daches. Waren Fensteröffnungen vorhanden, so wurden sie, da es Glas noch nicht gab – es wurde vom 12.
Jahrhundert an zunächst nur in Kirchen verwendet –, mit hölzernen
Rahmen, in die geöltes Pergament gespannt war, zugestellt, manchmal nur mit Stroh zugestopft. Stroh diente auch als Unterlage beim
Schlafen auf dem gestampften Lehmboden.

Die Kleidung war durch Jahrhunderte gleich und mehr eine Tuchumhüllung als ein die Figur umschließendes Gewand: bei Männern
über einem Hemd ein kurzer, bis zu den Knien reichender Rock,
weite Leinwandhosen, über die mit Bändern gewickelte Beinstrümpfe

gezogen wurden; bei Frauen ein langes Unterkleid mit einem Obergewand, dessen Ärmel weit geöffnet waren.

Vom 11. und 12. Jahrhundert an kam, teilweise unter byzantinischem Einfluß, etwas Eleganz in die Kleidung. Mit der Kunstfertigkeit bei der Herstellung entstand das Schneiderhandwerk. 1156 erteilt Heinrich der Löwe das erste Gildeprivileg für Schneider. Der Überrock der Männer wurde länger und reich mit Borten geschmückt, die «Beinlinge» zu einer Art Strumpfhose verändert, so daß die Wickelung fortfallen konnte.

Die Frauen begannen die Kleidung oberhalb der Taille «hauteng» zu tragen, was sittenstrenge Geistliche zu der Beschreibung veranlaßte, die Frauen «entblößten» ihren Körper, um den Liebhabern zu zeigen, was an ihnen feil sei. Ein wärmender, womöglich pelzgefütterter Mantel war eine Kostbarkeit und häufig ein fürstliches Geschenk, das man über Jahrzehnte trug. «Schier dreißig Jahre bist du alt», bedichtete Karl von Holtei seinen Mantel, indem er ein mittelalterliches Motiv aufnahm.

Vom Wert des Lebens

Die niederdrückenden äußeren Lebensbedingungen hätten doch in den Menschen die Frage aufkommen lassen können, ob ein solches Leben in Schmutz, Rackerei, ständiger Todesbedrohung und irdischer Hoffnungslosigkeit überhaupt lebenswert sei. Warum der entnervenden Not nicht ausweichen durch den Freitod?

Ein solcher Gedanke war bis in das Hochmittelalter den Menschen so gut wie vollkommen fremd. Schlimmste Leiden wurden ertragen, war doch der Selbstmörder, der sich willentlich um die Gnadenmittel bringt, verwerflicher als der Mörder. Judas Ischarioth, der Verräter-Apostel, war der Prototyp des Selbstmörders, dessen Leib aufbarst, als er sich erhängte; der Feigenbaum, an den er den Strick geknotet hatte, verdorrte. Nur wer sich außerhalb einer heilsgewissen Lebensform stellte, war gefährdet. Der überführte Ketzer stürzte sich in einen Brunnen: ein Beweis der Verworfenheit seiner Lehre. Sieht man mit dem französischen Historiker Marc Bloch im Selbstmord ein «soziales Indiz», so war die mittelalterlich-archaische Gesellschaft bis ins 13. Jahrhundert frei von Verzweiflungstaten auslösenden Spannungen. Erst im Spätmittelalter nahm die Zahl der Selbstmorde zu.

Die Obrigkeit: Deutscher König und Römischer Kaiser

Raum, Zeit und Mensch: Wenn nach diesem Schema mittelalterliche Lebensformen angedeutet wurden, so könnten über die Schilderung der Lebensumstände die übergreifenden Ideen außer Blick geraten sein. Fragen wir zur Ergänzung nach einigen Leitideen jener Zeit. Allerdings sind auf die Frage nach den gestaltenden Ideen im europäischen und deutschen Mittelalter höchst verschiedene, zeit- und standortgebundene Antworten und Bewertungen gegeben worden.

Im 19. Jahrhundert, in der Blütezeit des Nationalgedankens, hat die deutsche Geschichtswissenschaft als zentrale mittelalterliche Idee den Kaisergedanken und das Kaisertum herausgestellt. Fast ein Jahrhundert, von der Mitte des 19. Jahrhunderts bis in die Zeit des Zweiten Weltkriegs, wurde heftig diskutiert, ob es für die Deutschen gut gewesen sei und den riesigen Aderlaß gelohnt habe, daß sich ihre Könige um das römische Kaisertum, das Imperium, bemüht hätten.

Mittelalterliches Deutschland, das ist das «Heilige Römische Reich Deutscher Nation», das ist das Kaisertum des deutschen Königs. Der erste abendländische (nicht deutsche) Kaiser war Karl der Große, am Weihnachtstag des Jahres 800 im römischen Petersdom vom Papst gekrönt (siehe S. 72 f.). Sein Kaisertum schuf eine neue Situation, denn damals gab es bereits einen Kaiser: den Basileus in Byzanz-Ostrom, der sein Kaisertum in ununterbrochener Folge vom antiken römischen Kaiser ableitete. Durch Karls des Großen neues und konkurrierendes Kaisertum, das ebenfalls beanspruchte, ein «römisches» zu sein, entstand eine eigentlich nicht zulässige Konstellation, die man in gelehrter Sprache das «Zweikaiserproblem» nennt. Daß man sich in Byzanz und in Rom an die Vorstellung eines «römischen» Kaisertums klammerte, hatte seinen besonderen Grund. Es gehörte zur mittelalterlichen Überzeugung, daß das römische Kaiserreich das letzte in der Abfolge der heils- und weltgeschichtlichen Reiche sei. Der Kirchenvater Hieronymus († 420) hatte den Traum Daniels (Daniel 7) so ausgelegt: Erst habe das babylonische Reich bestanden, dann das medisch-persische, gefolgt vom griechischen; den Schluß vor dem Jüngsten Gericht bilde das römische Reich. Kein Volk konnte eine neue Weltherrschaft begründen, das Imperium Romanum konnte nur übertragen werden. Diese «Übertragung der Herrschaft», die «Translatio imperii», ist Gegenstand zahlloser mittelalterlicher Traktate. Von den schwachen Oströmern, die Reich und Kirche nicht hätten schützen können, sei das römische Kaisertum – so wurde argumentiert – auf die Franken, auf Karl den Großen, übertragen worden. Eine von der Kurie aufgestellte Theorie behauptete, daß der Papst der Stifter dieses westlichen Kaisertums sei, denn er habe mit der Krönung das römische Kaisertum vergeben.

Am 2. Februar 962, am Fest Mariä Lichtmeß, einem Sonntag, wurde der deutsche König Otto I. in der Peterskirche zu Rom vom jugendlichen Papst Johannes XII., den er gegen italienische Feinde schützen sollte, zum Kaiser gekrönt. Man mißtraute sich gegenseitig und sicherte sich durch Eide ab. Von Otto ist ein Wort an seinen Schwertträger Ansfried überliefert: «Wenn ich heute am Apostelgrab bete, dann halte Du immer das Schwert über meinem Haupt. Ich weiß sehr wohl, welche Erfahrungen meine Vorgänger mit der Treue der Römer gemacht haben. Bete nachher soviel Du willst, wenn wir wieder im Lager sind.»

Das Bündnis zwischen Papst Johannes und Kaiser Otto hielt denn auch nur wenige Monate, aber fast ein Jahrtausend war der deutsche König Inhaber oder Anwärter des römischen Kaisertums. Der letzte von einem Papst in Rom gekrönte deutsche König war Friedrich III. (1452). So wirkkräftig die Idee eines Kaisertums auch gewesen sein mag, so hat es in den 490 Jahren zwischen 962 und 1452 nur rund 180 Jahre gegeben, da ein vom Papst gekrönter Kaiser herrschte. Der deutsche König war Aspirant auf die Kaiserkrone, aber nicht jeder Inhaber der Königswürde erschien dem Papst als geeignet, als ein «idoneus», wie es mit dem lateinischen Terminus hieß. Hatte der Papst nicht das Recht, auch die Kandidaten für den deutschen Königsthron zu prüfen, wenn der deutsche König später Kaiser wurde? Der große Papst Innozenz III. (1198–1216) erhob diesen Anspruch als päpstliches Dauerrecht, und erst das Reichsgesetz der Goldenen Bulle von 1356 wies die römische Einmischung zurück, indem sie die Königswahl allein dem Kolleg der Kurfürsten vorbehielt.

Ein Kaiser oder ein König, der ein «künftiger Kaiser» (imperator futurus) war, hatte als «Verteidiger der Kirche» die Aufgabe, über das Wohl der Christenheit und damit zugleich über die Integrität des Papsttums zu wachen. Weithin sichtbar war die Tat des deutschen Königs Heinrich III., der 1046 drei konkurrierende Päpste absetzen und einen Mann seiner Wahl einsetzen ließ. Das Kaisertum forderte Kraft und Einsatz außerhalb des näheren Herrschaftsbereichs, und viele deutsche Könige waren einen großen Teil ihrer Regierungszeit in Rom und Italien. Friedrich Barbarossa, der 38 Jahre, von 1152–1190, regierte, war etwa 16 Jahre, fast die Hälfte seiner Regierungszeit, mit italienischen Angelegenheiten beschäftigt.

Schon zu seiner Zeit aber ließen Kraft und Ansehen des Kaisertums nach: andere Nationen verbaten sich die kaiserliche Bevormundung und Oberaufsicht. «Wer hat die Deutschen zu Richtern der Nationen bestellt? Wer hat diesen plumpen und wilden Menschen das Recht gegeben, nach Willkür einen Herrn über die Häupter der Menschenkinder zu setzen?», fragte der englische Staatstheoretiker Johannes von Salisbury eben zur Zeit Barbarossas, dessen Kanzler Rainald von Dassel den französischen König in hochfahrender Weise als «Provinzkönig» einstufte. Man wehrte sich gegen diese Unterordnung und formulierte den Grundsatz: «Ein jeder König ist Kaiser in seinem Reich.» Der französische König zum Beispiel wollte niemanden über sich anerkennen – außer Gott.

Die allmähliche Aushöhlung des Kaisertums konnte durch weihevolle Formeln nicht aufgehalten werden. Seit dem 11. Jahrhundert wurde die heilsgeschichtlich wichtige «römische» Qualität des Reiches besonders hervorgehoben; man sprach vom «Kaiser der Römer» und vom «Römischen Reich». Barbarossa betonte in dem Bewußtsein, Nachfolger der antiken Imperatoren, der «divi Augusti», zu sein, es sei ein «heiliges Reich». Vom 13. Jahrhundert an kam die zusammenziehende Formel «Heiliges Römisches Reich» auf, der im Spätmittelalter der Genitiv «Deutscher Nation» hinzugefügt wurde, um die deutschen Teile des Reiches von den anderen abzuheben. Dieses «Heilige Römische Reich Deutscher Nation», dessen Kaiser nicht mehr der Krönung durch den Papst bedurfte, sondern durch die Königswahl der Kurfürsten, wie es heißt, «wahrer Kaiser wird», bestand bis 1806. Solange die Idee eines übergreifenden Kaisertums stark war, hatte es eine ordnende Macht der abendländischen Christenheit dargestellt. Im Zeitalter autonomer und sich selbst genügender Nationalstaaten war es jedoch, so hat man formuliert, zu einem «leblosen und theoretischen Schematismus» abgesunken.

Das deutsche «Reisekönigtum»

Daß das Kaisertum des deutschen Königs im Laufe der Zeit an Autorität verlor, hängt auch damit zusammen, daß das deutsche Königtum selbst nicht stark war. Nicht daß die Monarchie als Herrschaftsform angezweifelt wurde; im Gegenteil: Ihre «Naturgemäßheit» wurde in mancherlei Vergleichen – so etwa mit dem Bienenschwarm, an dessen Spitze stets nur ein einziger Führer stehe (man hielt die Königin für männlich) – als gottgegeben herausgestellt. Aber es stand unter der Spannung der Frage, ob Geblüt oder Wahl das konstitutive Element sei, und, wie bei archaischen Gesellschaften häufig, war zunächst die blutsmäßige Komponente stärker. Die Zugehörigkeit zum königlichen Geschlecht empfahl den Kandidaten. 1077 begegnen wir dem ersten allein durch Wahl erhobenen König: Rudolf von Rheinfelden, und von nun an wuchs der Wahlgedanke, der dann im 13. Jahrhundert in das feste Ritual der Erhebung durch das Kurkolleg einmündete. Die Kurfürsten hatten kein Interesse an einem starken König, und wenn nicht Gruppeninteressen die Wahl bestimmten, kam es immer wieder vor, daß sie einen «kleinen Grafen» erhoben, dem schon der wirtschaftliche Rückhalt fehlte.

Der deutsche König war ein geplagter Mann: häufig hatte er nur geringen Eigenbesitz, die Reichsrechte waren oft weitgehend entfremdet, und er entbehrte eine straffe und auf ihn zugeordnete Verwaltung. Da es bis in das Spätmittelalter keine feste Residenz gab, das Reich keine Hauptstadt besaß, übte der Herrscher «sein hohes Gewerbe im Umherreisen» aus. Mit dem König bewegte sich der Hof, zu dem auch die Königin als «Teilhaberin der Herrschaft» (consors regni) gehörte, durch die Lande. Welchen Weg dieser «Reisekönig» durch das Reich nahm, war teils eine politische, teils aber auch eine wirtschaftliche Entscheidung; es ist die Theorie aufgestellt worden, der König sei vorwiegend deshalb im Lande umhergezogen, um die Erträgnisse der Königshöfe «abzuweiden». Berechnungen über den Umfang des königlichen Gefolges reichen von mindestens 300 bis gegen 4000 Begleitpersonen, und so kann man den Rat jenes sterbenden Adligen verstehen, der seinen Sohn vor zwei Dingen warnte: Krieg zu führen und den König als Gast aufzunehmen. Neben den königlichen Wirtschaftshöfen trugen die Reichsbistümer und Reichsabteien die Hauptlast des «Königsdienstes». Eine Quelle des 12. Jahrhunderts meldet – wenn auch rückblickend für das 10. Jahrhundert – einen Tagesverbrauch des königlichen Hofes von 1000 Schweinen und Schafen, 10 Fudern (1 Fuder = ca. 600–900 l) Wein und ebensovielen Fudern Bier, von 1000 Maltern (1 Malter = ca. 130 bis 150 l) Getreide, 8 Rindern «und anderem mehr», was freilich übertrieben sein dürfte. Aus äußerem Zwang zogen die Könige Jahrhunderte hindurch ziemlich dieselben Straßen, und es gab Landschaften, die ein König nie oder selten aufsuchte; als Heinrich IV. 1071 zu einem Treffen mit dem dänischen König nach Bardowick/Lüneburg reiste, meldete eine sächsische Quelle, es sei nicht bezeugt, daß bis zu diesem Datum je ein König «in jene Gegend» gekommen sei. Sollte die Annahme stimmen, daß bis zum 11./12. Jahrhundert über 90% der Bevölkerung in drückender, häufig schollengebundener Abhängigkeit abseits der Königsstraßen lebten, so wird man sagen können, daß die weitaus meisten Menschen durch Generationen hindurch ihren König nie gesehen haben.

Die «beiden Gewalten» auf Erden

Viel stärker trat die geistliche Ordnungsmacht in Erscheinung, die Kirche, mit dem Papst als hierarchische Spitze. Weltliche und geistliche Gewalt, Imperium und Sacerdotium, waren einander zugeordnet. Bereits in der Antike ist die Formel aufgekommen, daß durch diese «beiden Gewalten» die Welt regiert werde (siehe S. 123). Der römische Bischof, der sich als Nachfolger des Apostels Petrus verstand, blieb während des ersten Jahrtausends eingeordnet in die Gesamtkirche, zwar gegenüber den anderen Bischöfen mit Vorzügen und Vorrechten ausgestattet, aber an einen gesamtkirchlichen Konsens gebunden: nicht Rom, sondern «allgemeine» (ökumenische) Konzilien bestimmten den rechten Glauben (siehe S. 169 ff.). Die allgemeinen Kirchenversammlungen von Nikäa (325) und Konstantinopel (381) beschlossen das Glaubensbekenntnis, das noch heute bei feierlichen Anlässen gesprochen wird, das «Symbolum Nicaeno-Constantinopolitanum» – ein Indiz der kirchlichen Einheit des ersten Jahrtausends, in die Rom einbezogen war.

Die Rolle Roms änderte sich kurz nach der Jahrtausendwende. Petrus, dem ersten Bischof von Rom, hatte Jesus die Binde- und Lösegewalt übertragen: was er auf Erden entschied, sollte auch im Himmel gelten (Matth. 16,18–19), und daß Petrus «im Glauben nicht nachlasse», dafür hatte der Herr selbst gebetet (Lukas 22,32). Sollte dann nicht der Papst allein als der Nachfolger Petri den rechten Glauben und damit denen, die ihm gehorchen, Heilsgewißheit vermitteln? Im Zeitalter der kirchlichen Reform – in den Jahrzehnten zwischen 1050 und 1130 – fand die drängende Frage der Menschen nach einer heilbringenden Lebensführung eine bündige Antwort: «Fest steht», so hieß es in einer damals aufgekommenen – und wie im Mittelalter häufig, einem Kirchenvater, in diesem Fall: Ambrosius untergeschobenen – Sentenz, «daß ketzerisch ist, wer nicht übereinstimmt mit der römischen Kirche.» Übereinstimmung mit Rom wurde nicht nur im glaubensmäßig-dogmatischen, sondern auch im disziplinären und organisatorischen Bereich gefordert; «Glaube wird Gehorsam» (siehe S. 78).

Amtskirche und «wahre» Kirche

Aus dem sich ergänzenden Zusammenwirken von Staat und Kirche wurde seit dem 12. Jahrhundert ein von Laien errichteter Staat einerseits und andererseits eine aus Geistlichen bestehende Kirche, die die Sakramente verwaltete und ihr Wirkzentrum im Bischof von Rom hatte. «Der Papst, der Kirche genannt werden kann», war eine von Papalisten, von bedingungslosen Anhängern des Papsttums, in Umlauf gebrachte Definition. Doch diese propagandistische Behauptung konnte die grundsätzliche Frage nicht verdrängen: Wie stellt sich die Kirche überhaupt dar? War nicht die Repräsentanz der Universalkirche auf einem allgemeinen Konzil vernünftiger als die Darstellung des Wesens der Kirche in einem einzelnen, dem Papst? «Was alle angeht, muß von allen gebilligt werden», so lautet eine der extremen Forderungen seit dem 13. Jahrhundert, und die sie erhoben, hatten häufig ein ganz anderes Kirchenbild als die Vertreter der Amtskirche. Verlor die Kirche nicht ihre heilsvermittelnde Kraft, wenn sie aus zahllosen reichen Gebäuden, Liegenschaften, Stiftungen, Pfründen, Lehen usw. bestand? Hatte nicht Jesus die absolute Armut gefordert, und war nicht jede Mark Silber eine Versuchung, von Gottes Wegen abzuweichen? Eifernd standen Bettelmönche, die streng nur von Almosen lebten, in den engen Gassen der Städte und predigten in der Volkssprache gegen den heilsverderblichen diesseitigen Reichtum, mißtrauisch überwacht von der Inquisition. Denn in der Nähe dieser monastischen Gruppen nistete die Ketzerei: Leute, die die Gnadenmittel der Kirche ablehnten, die Vollkommenheit außerhalb der Papstkirche suchten und denen, so sie solchen Irrtums überführt wurden, der Scheiterhaufen drohte.

Die Kirche selbst hatte den großen geistigen Aufbruch, die Scholastik, gefördert, jenen Versuch, den Glauben mit der Vernunft zu verbinden: «der Glaube, der das Verstehen sucht» («fides quaerens intellectum»), so hatte der Meister der Frühscholastik Anselm von Canterbury († 1109) den scholastischen Aufbruch umschrieben. Aber die von der Scholastik ausgelöste Frage nach dem, «was die Welt im Innersten zusammenhält», entwickelte ein Eigenleben: Universitäten entstanden, und der Kaiser schützte diejenigen, die «aus Liebe zur Wissenschaft» («pro amore scientiae») ihre Heimat wie Pilger verlassen hatten. Der Umgang mit den weltlichen und kirchlichen Aufgaben wurde «verwissenschaftlicht». Der Intellekt – seiner selbst bewußt geworden – konnte sich gegen die orthodoxe Kirche wenden, und er tat es auch. Verschiedene Päpste beeilten sich, bestimmte

Studiengänge zu verbieten, und manche Orden stellten ihre Angehörigen zum Studium nicht frei. Es entstand eine von der Papstkirche sich distanzierende Intelligenz.

Zwei Vertreter dieser revolutionären Gesinnung, Marsilius von Padua und Wilhelm von Ockham, starben zwischen 1342 und 1349 gebannt und als Flüchtlinge am Hofe Ludwigs des Bayern in München. Sie hatten mit dem damaligen Papsttum gebrochen. Marsilius hatte in seiner Schrift «Verteidiger des Friedens» (Defensor pacis) das Papsttum als den wesensmäßigen Unruhestifter in der Welt hingestellt und das Bild eines Staates entworfen, der durch Zusammenschluß mündiger Menschen zustandekommt und der sich zum geistlichen Dienst «Kirchendiener» und so auch einen Papst hält; Wilhelm von Ockham bestritt eine hinter den Dingen liegende transzendentale Wirklichkeit; nur das Einzelding sei wirklich, und der «Name» sei nichts anderes als eine äußerliche Bezeichnung, ein «Hauch», dem nichts Allgemeines außerhalb des Einzeldings anhaftet. Der Gedankengang des Marsilius mündet in den «laizistischen Staat», der des Ockham in einen diesseitigen und Gott ausklammernden Materialismus.

Auch hier gilt: Man kann das Mittelalter nicht uniform nennen; die farbigen, hin- und herwogenden Diskussionen hatten hohes intellektuelles Niveau. Aber in ihrem Zentrum standen nicht profane diesseitige Gegenstände, sondern Fragen nach Gott und nach der Wesensbestimmung des Menschen. Jedem einzelnen, jedem Stand und jeder Nation kam eine Aufgabe zu. Der Kölner Domherr Alexander von Roes sah Ende des 13. Jahrhunderts in der einen Welt den Willen des dreieinigen Gottes entfaltet, indem den Deutschen die Kaiserherrschaft (das Imperium), den Franzosen die Wissenschaft (das Studium), den Italienern das Papsttum (das Sacerdotium) gebühre. Alles war geordnet nach einem Weltenplan, und es gehörte zu einem nach Erlösung strebenden Leben, diesen aufzuspüren und sich hingebungsvoll nach ihm zu richten.

Von der Größe des Mittelalters

Die Welt des Mittelalters ist versunken. Über seinen «Aberglauben», seine «Rückständigkeit» und seine «Fortschrittsfeindlichkeit» sind viele abschätzige Urteile gefällt worden. Aber es gibt auch nachdenkliche Stimmen. So hat Jacob Burckhardt das Mittelalter, in welchem «unsere tatsächliche Existenz» wurzele, in Schutz genommen gegen seine «Feinde», gegen die, «welchen es pressiert mit Philosophie,

Naturwissenschaften, unbedenklichem Verkehr, materieller Ausbeutung der Welt... Das Mittelalter hat... wenigstens leben können... ohne Nationalkriege – Zwangsindustrie – Credit und Capitalismus – ohne Haß gegen die Armut... Es hatte seine eigene Größe und seine eigenen Leiden»; es könne ihm nicht wie der Gegenwart der «Prozeß» gemacht werden wegen der «vorweggefressenen Habe der Nachkommen». Burckhardt schließt seine Überlegungen mit der Bemerkung: «Die Größe einer Zeitepoche... hängt an der Quote der Aufopferungsfähigen, nach welcher Seite es auch sei. Und da besteht das Mittelalter nicht schlecht! Hingebung! Und nicht Garantie fester Besoldung! Womit beginnt die Größe? mit Hingebung an eine Sache..., mit gänzlichem Absterben der persönlichen Eitelkeit. Größe hängt nicht ab von geistiger Überlegenheit, denn diese kann mit einem elenden Charakter verbunden sein. Größe ist die Verbindung eines bestimmten Geistes mit einem bestimmten Willen».

«Lebensqualität» im Mittelalter

Der Mensch ist in seine Zeit hineingeboren, aber wer hat noch nicht mit der Frage gespielt, welche Epoche er sich als Lebenszeit aussuchen würde, so er es könnte? Am Ende ist es meist doch die Gegenwart, für die man sich entscheidet, schon der zivilisatorischen Bequemlichkeit oder wie man so sagt: der höheren «Lebensqualität» wegen, um deren stetige Verbesserung man sich bemüht. Es dürfte wohl wenige geben, die von sich sagen, sie möchten aus der Jetztzeit in frühere Zeiten entfliehen, zum Beispiel in die Scholarenwelt des Mittelalters. Diese Sehnsucht äußerte jedoch im vorigen Jahrhundert ernsthaft der berühmte englische Jurist John Austin († 1859). Angenommen, wir hätten denselben Mut wie Austin und suchten uns das Mittelalter als Lebenszeit aus: Was hätten wir zu erwarten? Ein Erdendasein, das – statistisch gesehen – nicht lange währte. Etwas über dreißig Jahre hat man als durchschnittliche Lebenserwartung für die Menschen bis ca. 1300 ermittelt (siehe S. 24), die hohe und kaum schätzbare Sterblichkeitsrate bei der Geburt und im Säuglingsalter nicht gerechnet. Begleiten wir also einen in das Mittelalter hineingeborenen Menschen bei Geburt, Erdenwallen und Tod, wobei Zeit und Raum unbeachtet bleiben mögen.

«Über das Elend menschlichen Daseins»

Geburt: Schon das Geborenwerden wurde als höchst beklagenswert empfunden. «Wer gibt meinen Augen den Tränenquell, daß ich beweine den bejammernswerten Eintritt in die Bedingungen menschlichen Daseins, beweine das schuldhafte Fortschreiten menschlichen Lebens, beweine das verdammenswerte Ende menschlicher Vernichtung?» Mit diesen Worten leitete kurz vor 1200 Lothar von Segni, der spätere Papst Innozenz III. (1198–1216), sein Werk «Über das Elend menschlichen Daseins» ein, das in den nächsten drei Jahrhunderten bis zur Reformation eine überwältigende und für den modernen Menschen schwer verständliche Beachtung gefunden hat. Aus der Zeit bis 1500 hat man rund 700 Handschriften und gegen vierzig Drucke dieser Hoffnungslosigkeit vermittelnden Schrift gezählt, wobei Übersetzungen in Volkssprachen und Auszüge nicht berücksichtigt sind. Es gibt nur wenige mittelalterliche Bücher, die eine größere Verbreitung gefunden haben als dieses niederschmetternde Buch. «Ich will das ausführlicher darlegen», fährt Innozenz fort und charakterisiert die Stufen von Geburt, Leben und Tod: «Geschaffen ist der Mensch aus Staub, aus Lehm, aus Asche, und was nichtswürdiger ist: aus ekelerregendem Samen. Empfangen ist er in der Geilheit des Fleisches, in der Glut der Wollust, und was noch niedriger ist: im Sumpf der Sünde. Geboren ist er für die Furcht, für den Schmerz, und was noch elender ist: für den Tod.» Und so fort. Als eine Einstimmung auf ihr von Erbsünde und Lastern beflecktes Leben haben die Menschen jener Jahrhunderte diese Schrift aufgefaßt, und wortgewaltige Prediger haben aus ihr zitiert.

Von diesem Traktat Papst Innozenz' III. «Über das Elend menschlichen Daseins» geht eine ungewöhnliche Trostlosigkeit aus. Und er steht nicht allein, es gab eine ganze Literatur «über die Verachtung der Welt» (De contemptu mundi). Die Welt als «Jammertal» des Psalmisten, das Freude nicht zuläßt: Von solcherart Überzeugungen umstellt kam der Mensch auf die Welt, schon im Augenblick der Geburt höchst gefährdet. Entbindungen, die mit dem Tod des Kindes oder mit dem des Kindes und der Mutter endeten, waren häufig, und war das Neugeborene lebensfähig, so stand noch nicht fest, ob es am Leben bleiben würde. Historiker haben die Vermutung geäußert, daß es, um die Zahl der Esser unter Kontrolle zu halten, legale Kindstötungen gegeben habe (siehe S. 25), und Archäologen melden den auffälligen Befund, daß auf frühmittelalterlichen Friedhöfen Kindergräber häufig gänzlich fehlen, die Leichen der Neugeborenen und der Säuglinge wegen ihrer großen Zahl wahrscheinlich also an anderem Ort verscharrt wurden.

In der Tat ließ zum Beispiel das zu Beginn des 9. Jahrhunderts aufgezeichnete friesische Volksrecht zu, daß die Mutter das «aus dem Leib gestoßene» Neugeborene erwürgte, jede andere Frau machte sich straffällig. War dem Kind erst Nahrung gereicht worden – die Brust oder zum Beispiel Honig –, war die Tötung untersagt. Aber ein Neugeborenes lebte weiterhin höchst gefährlich. Viele Säuglinge überstanden das erste Lebensjahr nicht, wurden Opfer der Krankheiten oder der hygienischen Verhältnisse. Gewöhnlich lag die Mutter mit dem winzigen Säugling gemeinsam mit der ganzen Familie in einem einzigen Bett, und nicht selten passierte es, daß Kleinkinder erdrückt, erstickt wurden. Jedenfalls wird dieser Tatbestand in Bußbüchern ausnehmend häufig und differenziert beschrieben: ob die Mutter betrunken gewesen sei oder bezechte Männer sich im Bett gesuhlt hätten usw. Auch wurde genau unterschieden zwischen getauften und ungetauften Kindern, und bei ungetauften war die Bußstrafe für die Mutter erheblich höher, hatte sie doch das Kind um die Segnungen der Kirche gebracht, so daß es nicht in die himmlische Herrlichkeit eingehen konnte. Härter war die Strafe auch für eine Frau gehobenen Standes; hier wie in vielen anderen Fällen gerade des kirchlichen Bereichs kann der simple Vorwurf nicht gelten, im Mittelalter habe «Klassenjustiz» geherrscht. In früheren Zeiten wurde übrigens nicht danach gefragt, ob der Tod versehentlich oder mit Absicht herbeigeführt war: die Strafe sühnte die Tat, nicht das Motiv und die Umstände.

«Von der Aufzucht des Kleinkindes»

Aus dem Hoch- und Spätmittelalter kennen wir viele Anleitungen für Geburt und Aufzucht der Kinder, meist verfaßt von Geistlichen und daher befrachtet mit literarischem Traditionsgut. Deutlich jedoch ist der Wille der Autoren, sich an der Wirklichkeit zu orientieren, so daß diese Schriften dennoch einen guten Spiegel der Realität abgeben. Der in Magdeburg lehrende Franziskaner Bartholomaeus Anglicus schreibt kurz vor der Mitte des 13. Jahrhunderts in seiner Enzyklopädie: «Die Säuglinge sollen nach Verlassen des Mutterleibes in gesalzten und zerriebenen Rosenblättern gewälzt werden, damit ihre Gliedmaßen gestärkt und von schleimiger Feuchtigkeit frei werden; danach soll man Gaumen und Zunge mit einem in Honig getauchten Finger bestreichen, damit das Mundinnere gereinigt ... und der Appetit des Kleinstkindes geweckt wird. Kinder soll man häufig baden und mit Myrten- oder Rosenöl salben. Alle Körperteile sollen, besonders bei Knaben, deren Gliedmaßen wegen der Anstrengungen härter sein müssen, kräftig durchgeknetet werden. Schlafen sollen die Kinder an einem Ort abgedunkelten Lichts..., denn ein greller Ort stört zu sehr den Gesichtssinn... und bewirkt häufig Schielen.»

Solcherart Anweisungen stehen meist in Schriften, denen man den Namen «Hausbuch»-Literatur gegeben hat und die in späterer Zeit häufig kunstvoll illustriert worden sind. Die Gattung geht letztlich auf die Antike, auf Aristoteles (384–322 v. Chr.), zurück. Die im folgenden zitierten Anweisungen sind dem frühesten mittelalterlichen Hausbuch entnommen, dem des hauptsächlich in Wien und Regensburg wirkenden Geistlichen Konrad von Megenberg († 1374). Konrad widmet der Aufzucht des Kindes lange Abschnitte und behandelt zum Beispiel ausführlich das Stillen. Nach einem Lob der Muttermilch gilt seine Aufmerksamkeit der milchspendenden Amme. Sie sollte das gleiche Temperament haben wie der Säugling, denn verschiedene Temperamente reiben sich. Äußerst schädlich sei es, wenn die Amme zur Flasche greife. Die Folgen wären schlimm. Die Amme würde nicht mehr auf das Kind aufpassen, so daß ein Haustier es verschlingen könnte; auch könnte es ins Feuer oder ins Wasser fallen oder im Bett von der Trunkenen erdrückt werden, «denn», schreibt Konrad, «so gehen viele Kinder zugrunde». Kind und Amme sollten ein eigenes Zimmer mit gedämpftem Licht bewohnen; in diesem soll das Kind versorgt, gewickelt, genährt und vor allem gesäubert werden, denn den Eltern und der Öffentlichkeit habe die Amme das Kind in weißen Windeln und Wickeln (bis in das 19. Jahrhundert wurden Säuglinge mit Binden fest umwickelt) darzubieten. Konrad unterbricht hier die Schilderung des Ammendienstes mit einer Überlegung über soziale Unterschiede. Ein armes Bauernweiblein habe doch keine Amme, verfüge auch über keinen eigenen Raum für das Kind. Aber diese Feststellung mündet bei Konrad nicht in eine soziale Klage oder gar Anklage ein. Im Gegenteil: Konrad hält den Unterschied für berechtigt und hat die Erklärung zur Hand, daß den Armen der Schmutz von Gott auferlegt sei, damit den Reichen Sauberkeit zuteil werde.

Der «dargebrachte Knabe»

Doch lassen wir weitere Fragen im Hinblick auf das Kleinkind beiseite (wie lange es gestillt werden soll, wie die Entwöhnung vor sich gehe, welche Spielgefährten und welches Spielzeug zu empfehlen seien und so weiter). Unser Zögling ist mittlerweile etwa sieben Jahre alt geworden: ein wichtiges Datum. In der Lebensalterlehre – sei die Lebensspanne in vier, sechs oder sieben Abschnitte eingeteilt – liegt hier der Übergang vom Kind zum Knaben oder Mädchen. Bis zu diesem Alter wurden Findelkinder und Waisen ohne Gegenleistung ernährt und aufgezogen; danach mußten sie arbeiten. Auch entschieden die Eltern zu diesem Zeitpunkt, ob das Kind einem Kloster übergeben werden sollte: als puer oblatus, als Gott dargebrachtes Kind.

Fünf Jahre alt waren Bonifatius († 754), der «Apostel der Deutschen», und Thomas von Aquin († 1274), Beda Venerabilis († 735) war sieben, Hrabanus Maurus († 856) war neun Jahre alt, als sie in das Kloster eintraten. «Die Freuden dieser Welt habe ich nie geschmeckt, und wie man spielt, wußte ich nicht und lernte ich nicht», gestand rückblickend der 1140 geborene Hugo von Lincoln († 1200), der achtjährig einem Kanonikerstift übergeben worden war. Im Frühmittelalter waren nahezu alle Mönche als Kinder in das Kloster gekommen; erst im Hoch- und Spätmittelalter nahm die Zahl der Konversen, der «Spätbekehrten», stark zu.

Die Ordensregeln und die Klosterbräuche sprangen hart mit den «dargebrachten Knaben», den pueri oblati, um, ausgehend von der Devise «Müßiggang ist aller Laster Anfang».

Zwar erhielten sie einige Erleichterungen, zum Beispiel beim Fasten und beim sich lange hinziehenden Chordienst, aber die innere Vereinsamung und die ständige Aufsicht eines Lehrmönchs mußten schwer auf das Gemüt des heranwachsenden Kindes drücken. Getrennt voneinander mußten die Knaben sitzen und durften ohne Anweisung nicht aufstehen; ein Kind durfte mit dem anderen kein Zeichen oder Wort wechseln, einer den anderen weder mit den Händen, noch mit der Kleidung berühren. Gingen sie irgendwohin, so schritt zwischen zweien der Lehrmönch. Wohl hatten sie in manchen Klöstern eigene Plätze, in Waschraum und Abort, aber selbst dorthin durften sie nur in Begleitung des Lehrmönchs gehen. Prügel konnte es reichlich geben, und wenn es zum Beispiel in den Anweisungen für die Mönche von Canterbury aus der zweiten Hälfte des 11. Jahrhunderts heißt, in Gegenwart des Abtes dürfe ohne dessen Erlaubnis keiner die Knaben schlagen, so bedeutet das indirekt, daß bei dessen Abwesenheit Prügel frei erteilt werden durften.

Irgendwann nach dem 15. Lebensjahr legte nach einer Novizenzeit der zum Jüngling Herangewachsene die Mönchsgelübde der Armut, Keuschheit und des Gehorsams ab. Die Eltern durften sagen: Er ist versorgt fürs Leben.

Daß wirklich so gedacht und gerechnet wurde, lehrt uns der Brief eines Klosterreformers aus dem 11. Jahrhundert. Der aus Regensburg stammende Ulrich von Zell († 1093) beschreibt die Klosterinsassen seiner Zeit. Hätten die Eltern ein lahmes oder ein verkrüppeltes Kind, ein taubes oder blindes, ein buckliges oder aussätziges, so brächten sie es Gott dar und entzögen sich der Erziehung. In der Tat dürften die Klöster gerade für höhere Stände Versorgungsanstalten nachgeborener oder behinderter Kinder gewesen sein. Aber auch hier konnte man vor Not und Elend nicht sicher sein.

Heimsuchungen und ihre Gründe

Heimsuchungen verschiedenster Art gehörten gleichsam zur Lebensausstattung eines mittelalterlichen Menschen: Hunger, Krieg, Krankheiten, Drangsal, Witterung. Hinter jedem Unheil wurde eine Strafe Gottes vermutet. «Wer nimmt nicht wahr», so verkündete Kaiser Ludwig der Fromme († 840) in einem Reichsgesetz von 828, «daß Gott durch unsere nichtswürdigen Taten beleidigt und zur Wut gereizt worden ist, wenn er sieht, daß dessen Zorn in dem uns anvertrauten Reich viele Jahre hindurch mit den verschiedenartigsten Plagen wütet?» Fasten und Beten im ganzen Reich wurden zur Abwendung des Unglücks durch Gesetz verordnet. Wenn die Sarazenen oder die Normannen mordend einfielen, hieß es, sie seien gekommen «als Sühne für die Sünden der Menschen».

Was den Zorn und was die Milde Gottes anzeige, wurde zuweilen katalogartig zusammengestellt. Der Mönch Otloh († nach 1070) aus dem Kloster St. Emmeram in Regensburg zählt zu den durch menschliche Sünde ausgelösten Zorneszeichen Gottes: ungünstige Witterung, Hunger, Sterblichkeit der Tiere und Menschen, aber auch die Schlechtigkeit der Fürsten. Göttliche Gunsterweise sieht er in einer reichen Ernte, in der Freude des Friedens, aber auch in der Wachsamkeit der Hunde und in der Geschicklichkeit der Katzen beim Mäusefangen. Eine schlimme Provokation von Gottes Zorn fürchtet Otloh, wenn Laien sich gegen den Brauch den Bart scheren und seltsame Kleidung tragen. Man konnte sich auch schwer vorstellen, daß ein himmlisches Vorzeichen ein Unheil nicht vorher anzeigte, zum Beispiel ein Komet, der nach den im Mittelalter weit verbreiteten Erklärungen des Isidor von Sevilla († 636) «entweder die Pest, den Hunger oder Kriege ankündigt». Die Hungersnöte hatten häufig furchtbare Ausmaße und wüteten vornehmlich, wie die Chroniken immer wieder melden, «unter Kindern und Alten». Gefährdet waren auch diejenigen, die auf Versorgung durch andere angewiesen waren, wie Städter und Mitglieder geistlicher Konvente.

Ein drastisches Beispiel, wie sehr ausgehungerte Menschen zum Alltag gehörten, wird aus der Stadt Trier aus der Zeit um 1035 gemeldet. Mit großem Gefolge ritt der Erzbischof Poppo († 1047) «auf edlem Roß», wie es ausdrücklich heißt, von seiner Residenz zum Dom, um Gottesdienst zu halten, als ihm hungernde Menschen den Weg versperrten. Er ließ seinen Säckelmeister Geld holen, obwohl manche seiner Umgebung murrten, man solle doch erst zum Gottesdienst gehen und dann den Armen Barmherzigkeit erweisen. Aber der Erzbischof machte gegenüber seiner Begleitung folgende Rechnung auf, aus der deutlich wird, wie sehr Nächstenliebe auch ein Geschäft mit der Seligkeit sein konnte: Das Gebet sei gottgefälliger, wenn man vorher Nächstenliebe habe walten lassen; er sei sicher, daß sich seine Opfergabe «göttlichem Anblick» darbiete, wenn er der Bitte einer so großen Menschenmenge willfahre. Den inzwischen eingetroffenen Säckelmeister wies er an, das Geld zu verteilen, aber die Armen schlugen das Geld aus: er, der Erzbischof, wisse selbst, daß ein Scheffel Getreide 25 Solidi koste (das ist etwa der fünffache Jahresertrag einer Mühle). Der Erzbischof beteuerte, er habe nichts anderes als das Geld zur Hand. «Da antworteten jene: Wenn du nichts anderes zur Hand hast, gib uns wenigstens von deinen fetten Pferden.» Unwillig habe er – so meldet die Quelle – sein Pferd freigegeben und seine Begleiter zu gleichem Tun aufgefordert, doch seien nicht alle der Aufforderung nachgekommen. Die Pferde seien vor den Augen des Erzbischofs zerrissen und verschlungen worden, und als sei der Vorgang normal, schließt der Chronist die Episode mit den Worten: «Danach schritt der Erzbischof zum vorbestimmten Ort (in den Dom zur Messe)».

Aber der Hunger machte auch vor Kirchen- und Klostermauern nicht halt. Immer wieder kam es vor, daß Konvente sich auflösten: Ihre Versorgung war zu knapp oder brach zeitweise zusammen. Manchmal verließen die Konventualen die Mauern ihres Klosters, um sich vorübergehend in weltlichem Dienst den Lebensunterhalt zu verdienen. Sie hofften, zu einem normalen Klosterleben zurückkehren zu können, wenn die Not vorüber war, aber häufig war der Klosterzusammenhalt nicht mehr herzustellen.

Geistliche Fürsorge für Arme und Hungernde

Die Fürsorge für die Armen und Hungernden gehörte seit der Antike zur Aufgabe der Kirche. Durch päpstliche Erlässe war festgelegt, daß ein Viertel oder ein Drittel der Einnahmen den Armen zugeführt werden sollte (die anderen Teile gingen an den Bischof, die Geistlichkeit und den Kirchenbau). Außer der Weltgeistlichkeit (Bischöfe und Pfarrer) boten vornehmlich die Konvente (Mönche wie Kanoniker) den Armen Nahrung und Unterkunft. Die einflußreichste Kanonikerregel (die sogenannte Aachener Regel von 816) verwies auf das Christuswort: «Ich war ein Fremdling, und ihr habt mich aufgenommen»; mit dem Fremden sei Christus zu Gast. Hier kam aber offenbar auch Mißbrauch vor: Die Armenfürsorge solle man einem

Mitbruder von gutem Leumund übertragen, der nicht in die eigene Tasche wirtschafte; die Prälaten sollen ihn aufmerksam überwachen, damit er «nicht als ein Judas, der den Herrn bestiehlt, der Verdammung anheimfällt».

Vor vielen Klosterpforten drängten sich Arme, die Zahl der ausgegebenen Portionen ging nicht selten in die Hunderte. Eine Vorstellung von der hohen Zahl der zu Versorgenden gibt uns ein Brief des Abtes Bern von Reichenau († 1048) aus den ersten Jahrzehnten des 11. Jahrhunderts an seinen Heimatkonvent: Man trauere um den Tod des hochverdienten Mönches Heinrich. Um Sündennachlaß zu gewinnen – Heinrich war eines plötzlichen Todes ohne kirchliche Heilsmittel verstorben –, sollen 30 Tage hindurch ohne Unterbrechung Messen gelesen werden. Am ersten Tag seien 100 Arme zu speisen, am dritten 200, am siebten 300, am dreißigsten 400: Tausend Speisungen also innerhalb eines Monats für das Gedenken eines einzigen schlichten Mönches.

Für Klöster mit starker Anziehungskraft, wo man vieler verstorbener Konventualen mit Armenspeisungen gedachte, wurde die Versorgung zum Problem, zum Beispiel für das berühmte burgundische Kloster Cluny: Am Todestag jedes Abtes wurden hier durch Jahrhunderte zwölf Arme, am Todestag jedes verstorbenen Bruders mindestens ein Armer gespeist. Der Abt Petrus der Ehrwürdige von Cluny († 1156) bestimmte um 1140, daß nicht mehr als 50 Portionen ausgeben werden sollten, und führte als Begründung an: das Kloster würde durch die Beibehaltung der alten Sitte allmählich ruiniert. Die Toten verzehrten die Lebenden.

Bei Cluny kam zu der Armenfürsorge noch die ausgedehnte Pilgerbetreuung hinzu. Gegen 2000 Betten für Pilger soll Cluny zeitweise bereitgehalten haben. Aber auch von manchen anderen Klöstern kennen wir erstaunlich hohe Zahlen von versorgten Armen, so von Fulda oder von Nonantola bei Modena, wo der Stifter bereits im 8. Jahrhundert dafür gesorgt hat, daß an jedem Monatsersten 200 Arme verpflegt wurden.

Zur Armenfürsorge der Welt- und Klostergeistlichkeit tritt die des Herrschers und der weltlichen Großen, später die Armenpflege der Städte mit ihrer Armenküche und dem Armenhaus, das sich in manchen Orten bis in das 19. Jahrhundert gehalten hat und in das später nicht selten die örtliche Feuerwehr einzog.

«Versorgungsqualität» bei Reich und Arm

Armut wurde als etwas Gottgegebenes verstanden. Sie gab den Besitzenden Gelegenheit zu tätiger Nächstenliebe und bewies den Empfangenden Gottes fürsorglichen Sinn. Armut verletzte die menschliche Würde nicht. Zu einem der angesehensten Heiligen stieg Alexius auf, der, aus vornehmer Familie, von langer Wanderschaft heimgekehrt als Bettler unerkannt unter der Treppe seines Elternhauses gelebt haben soll. Er wurde zum Leitbild des Armen, der von Almosen lebt. Das moderne Anspruchsdenken steht dem Armutsempfinden des Mittelalters kraß entgegen; was für den heutigen Menschen ein Anrecht ist, war für den mittelalterlichen Menschen eine Gnade.

Selbstverständlich versuchte man für sich und für seinen Lebensabend zu sorgen. Wir kennen viele Leibrentenverträge, und aus ihnen lernen wir die Portionen kennen, die den Menschen damals zugeteilt waren. Aus dem Archiv seiner Kirche hat der mittelalterliche Verfasser der Biographie des Bischofs Meinwerk von Paderborn († 1036) einige Verträge zitiert, und es wird deutlich, daß – je nach Abmachung – die Zuweisungen recht unterschiedlich waren. Zum persönlichen Lebensunterhalt hatte sich eine Nonne «in einer gehobenen Mittelposition» (F. Irsigler) pro Jahr ausbedungen: 36 Scheffel Roggen, 24 Scheffel Gerste, 60 Käse, vier Widder und einen Schinken. Schmaler und offenbar auf den persönlichen Bedarf zugeschnitten ist die Jahresrente für die Mutter eines Schenkers: sieben Malter Getreide, 30 Scheffel Gerste, ein Malter Käse und ein Schinken. Ihre Nahrung bestand also hauptsächlich aus Brot und Käse, nur wenig unterbrochen oder ergänzt durch Fleischkost. Ein Freier samt Gattin hatte 1118 einen Leibrentenvertrag ausgehandelt, aus dem sich der wöchentliche Essensplan für zwei Personen ablesen läßt: Sonntag, Dienstag und Donnerstag gab es zwei Roggenbrote, ein Weizenbrot, zwei Krüge Bier, zwei Stück Fleisch mit Gemüse oder Hülsenfrüchten; Montag, Mittwoch und Donnerstag sollten geliefert werden: zwei Roggenbrote, ein Weizenbrot, zwei Krüge Bier, ein Käse; der Freitag sah zwei Gerichte vor, «die dann zu essen erlaubt sind», wahrscheinlich also Fisch. Zwei Adligen, von denen gesagt wird, sie seien Almosenempfänger des Bischofs von Paderborn, wurden täglich zwei Brote, zwei Becher Bier, am Samstag ein halber Käse, am Sonntag und an allen Festtagen zwei Stück Fleisch, jedes Jahr zwei Wolltuche und fünf Denare Bargeld zugewiesen, nicht zu knappe Rationen also. An anderer Stelle wird eine etwas kargere Armenkost zitiert: ein Brot, drei Krüge «Starkbier», drei Heringe pro Tag und Person.

Aber wie sah die Versorgung der Ärmsten aus, die der Leibeigenen etwa oder jener Frauen, die in sogenannten «Frauenhäusern» («genicia», keine feministischen Einrichtungen, sondern Arbeitshäuser) tätig waren? Auch für sie wurde gesorgt, jedoch lediglich zu dem Zweck, daß sie arbeitsfähig blieben. Auf diese Frauenarbeitshäuser, die schon in der Spätantike bestanden und hauptsächlich zur Tuchherstellung eingerichtet waren, ist man erst in jüngerer Zeit aufmerksam geworden; man hat sie auch archäologisch bei adligen Herrenhöfen nachweisen können. Der Dichter Hartmann von Aue († nach 1210) läßt seinen Helden Iwein an einem Marktflecken vorbeikommen, innerhalb dessen Mauern ein solches Arbeitshaus steht. Das Gebäude «hatte das Aussehen einer Behausung armer Leute. Durch das Fenster sah man drinnen 300 Frauen arbeiten. Ihre Kleider und ihre Gestalten waren von äußerst ärmlichem Aussehen, doch keine einzige von ihnen war alt. Diese Armen waren damit beschäftigt, das zu weben, was man nur aus Gold und Seide weben kann. Viele arbeiteten am Stickrahmen, deren Arbeit war immerhin nicht schimpflich. Die sich nicht darauf verstanden, bearbeiteten den Flachs, und trotz allen Fleißes litten sie dennoch Mangel. Ihre Arbeit brachte ihnen nicht mehr ein, als daß sie jederzeit Pein vor Hunger und Durst litten, und daß sie gerade noch das Leben fristeten, das ihnen doch beinahe entwich. Sie waren abgemagert und bleich, sie litten große Entbehrungen an Körper und Kleidung. Auf ihrem Herd waren... Fleisch und Fisch eine Seltenheit, Unterhalt und angemessene Versorgung ging ihnen ab. Sie kämpften mit bitterer Not.» Soweit Hartmann von Aue. Daß unter den Arbeiterinnen, wie beschrieben, keine alten waren, dürfte damit zusammenhängen, daß bei dieser entbehrungsreichen Schufterei keine Frau alt wurde.

Guter Tod – schlechter Tod

Jeder der drei klassischen Stände des Mittelalters – der Wehr-, der Lehr- und der Nährstand: Ritterschaft, Geistlichkeit und Bauern – hatte sein eigenes Leben. Doch der Tod machte alle gleich. Tat er das wirklich?

Wenn unter dem alles gleichmachenden Tod verstanden werden soll, daß irgendwann jedes Menschen Leben zu Ende geht, so trifft der Satz zu. Aber wie verschieden können Tote behandelt werden! Sie können – vom Begräbnisaufwand abgesehen – in der Kirche neben den Altarreliquien eines Heiligen bestattet liegen, dessen «Patronat» erhofft wird; sie können aber auch abseits verscharrt sein. Eine reiche

Stiftung kann ein dauerndes Gedenken ermöglichen, das dem Toten im Jenseits zugute kommt. Wie stark die Überzeugung war, daß ein Stifter auch eine spirituelle Gegenleistung erhält, zeigen zahlreiche Dotationen. Bischof Benno II. von Osnabrück († 1088) gründete das benachbarte Kloster Iburg und scherzte kurz vor seinem Tod mit den dortigen Mönchen: Er – der Stifter – dürfe doch wohl nach seinem Tod von den Mönchen als Dank für seine Gaben, die sie gerade genössen, jeden Tag eine kleine (geistliche) Mahlzeit erwarten, so daß seine Seele durch Gebet genährt werde. Umgekehrt konnte man einen heiligmäßigen Mann, der sich zum Sterben anschickte, um Fürbitte angehen: Die Mönche von Fulda umstanden das Sterbebett ihres Abtes Sturmi († 779) und baten ihn, nach seinem Tod ihr Fürbitter im Jenseits zu sein und ihrer zu gedenken. Aber es gab auch arme Leute, denen niemand half. Wer mit kirchlichen Strafen geschlagen war, mußte nach seinem Tode mit einem Platz im Fegefeuer oder gar in der Hölle rechnen.

Wichtig war, wie man zu Tode kam, und die «Kunst des Sterbens» (ars moriendi) bildete eine eigene Gattung geistlichen Schrifttums, zunächst für den pastoralen und monastischen Bereich gedacht, später dem Laien an die Hand gegeben und häufig in Volkssprachen abgefaßt. Als «schöner Tod» gilt heute gemeinhin ein schnelles Sterben. Das Mittelalter hingegen schätzte die Einübung in das Sterben, das plötzliche Verscheiden wurde als schlimmer Tod angesehen. Morgens betete man zum heiligen Christophorus, daß man tagsüber nicht eines «üblen», eines unvorbereiteten Todes ohne die Sterbesakramente der Kirche sterbe. Ohne Heilsmittel versehen zu sterben, war ein schlechter Eintritt ins Jenseits. Wenn Abt Bern von Reichenau beim Tod jenes Mönches Heinrich so großen liturgischen Aufwand betrieb – wie S. 46 zitiert –, so deshalb, weil, wie Bern selbst schrieb, dieser eines plötzlichen Todes gestorben war und man den Übelstand durch besondere Fürbitten ausgleichen wollte.

Der Tod gehörte zum Leben. Ketzer, so erzählte man sich, überfiele ein plötzlicher und grausamer Tod: Arius († 336), der Erzketzer, oder Theoderich der Große († 526), der irrgläubige Gotenkönig, wurden als Beispiele zitiert. Zwar ist es eine Legende, daß sogar ein römischer Bischof namens Leo eines höchst schmählichen und geradewegs zur Hölle führenden Todes gestorben sei, aber sie steht immerhin in der «Goldenen Legende», einem der Hauptlesebücher des späteren Mittelalters. Dieser Papst, so sagt die Legende, sei ketzerischen Glaubens gewesen und habe den heiligen Hilarius († 367) nicht an einem Konzil teilnehmen lassen wollen, aber da geschah Furchtbares: «Der Papst mußte an einem heimlichen Ort die Notdurft der Natur verrichten; da fuhr die rote Ruhr in ihn und all sein Eingeweide ging ihm zum Leibe heraus; also starb er eines jähen Todes an einer schmählichen Statt.» Dieser Bericht machte den spätmittelalterlichen Kirchenjuristen schwer zu schaffen, schien er doch die Irrtumsmöglichkeit des Papstes und das auf dem Fuß folgende Gottesurteil zu belegen. Wer heute eine solche Geschichte aufbrächte, würde wegen Religionsfrevels belangt. Nicht so im Mittelalter: Das unerhörte Geschehen mit dem auf dem Abtritt verscheidenden Papst wurde in aller Drastik in Stein gehauen und frei von Prüderie als Relief über Kirchenportalen angebracht: als Fingerzeig, daß falscher Glaube in einen schlimmen Tod führe und in ein schlimmes Jenseits. Zur «Lebensqualität» gehörte im Mittelalter auch die Sterbequalität.

«... stehen Burgen stolz und kühn».
Vom Elend des Ritterlebens

Im heutigen Alltag tauchen «Ritter» in verwirrend mannigfachen Verbindungen auf: da bestellt sich jemand im Gasthof «Arme Ritter» und erhält ein nicht gerade zu den Luxusspeisen zählendes Semmelgericht, und wem klingt nicht der groteske Gesang Karl Valentins im Ohr von den «Armen Rittersleut'», die einen «Katarrh» hatten, als die Mittel «rarr» waren. Aber es ist auch zu lesen oder zu sehen, daß die Ritter des 1350 gestifteten englischen Hosenbandordens, fremdartig angetan mit Mantel, Barett und einer Schnalle unter dem linken Knie, in eine Kathedrale einziehen: Ritter der Ehrenlegion, Ritter vom Orden des Heiligen Grabes und was es an Ordensrittern und Ritterorden mehr gibt.

In der Literatur sind der Ritter und seine Taten lebendig: in der Weltliteratur z. B. mit Cervantes' «Don Quijote», dem Ritter von der traurigen Gestalt; im klassischen Abenteuerroman mit Walter Scotts «Ivanhoe», dem schwarzen Ritter; unter den Kiosk-Heften mit «Prinz Eisenherz», dem unüberwindlichen Superritter. In Film und Theater ist das Ritterstück ein eigenes Genre, und der Stoff von König Artus' ritterlicher Tafelrunde ist gerade in den letzten Jahren vielfältig gestaltet worden. An anderem Ort wird Ritterleben zum Anfassen geboten.

In Kaltenberg, einem Dorf bei München, gibt es jeweils im Frühsommer ein Ritterturnier, durchgeführt von einer eigenen Veranstaltungs-GmbH. Ich zitiere aus der Werbung: «Ein Tag im Mittelalter. Das erregende Kampfspiel zwischen angelsächsischen Profi-Rittern und den Rittern der Königlich Bayerischen Tafelrunde ist in der Pracht und Vielzahl der über 200 Mitwirkenden mehr als eine gelungene stilechte Wiederbelebung einer historischen Epoche». Von Schottland bis Andalusien finden solche «stilechten» Ritterspiele statt, aber es sei abgebrochen mit diesem Ritterkaleidoskop.

Die Variationsbreite von Ritter und Rittertum ist ungeheuer, so daß mit Recht gefragt werden kann: Gehen alle diese Erinnerungen, Anspielungen usw. auf jene mittelalterlichen Ritter zurück, die es gegeben haben soll? Im Kern ist mit «Ja» zu antworten, auch wenn Auswüchse hie und da kraß übertreiben oder verunstalten.

Der Ritter als berittener Kämpfer

Ritter heißt zunächst Reiter, und zwar in einem militärischen Sinne: er ist der Kämpfer zu Pferde. Durch seinen Ausstattungsaufwand und durch seine Wehrkraft hob er sich aus der Schar der übrigen Krieger heraus. Das Mittelalter drückte die Hochschätzung in dem Wort aus: «Hundert Rosse sind so viel wert wie tausend Mann zu Fuß». Wenn die Kampfkraft berittener Krieger so bedeutend war, ist es verständlich, daß die ausschwärmenden arabischen Reiterheere, die zu Beginn des 8. Jahrhunderts die Pyrenäen überwanden, für höchst gefährlich angesehen wurden. Um ihnen wirksam zu begegnen, mußten die Franken, mußte Westeuropa selbst eine schlagkräftige Reitertruppe aufstellen.

Aber die Ausrüstung eines berittenen Kriegers war teuer. Allein das Reitpferd hatte den Wert von 45 Kühen oder 15 Stuten. Man belegte damals die Kirche mit Lasten, um ein berittenes Heer zusammenzubringen, und in der Tat gelang es dann auch einem fränkischen Reiterheer, das Vordringen der Araber aufzuhalten. Der fränkische Reiter wurde danach nicht abgemustert, sondern gehörte von nun an fest zum fränkischen Heeres- und Herrschaftsaufbau. Für einen Bauern konnte es eine schwere Last bedeuten, als Reiter in das Heer einzurücken, und Karl der Große bestimmte kurz nach 800, daß Bauern nur von einer gewissen Hofgröße an den Reiterdienst verrichten mußten. Dennoch bildete der Ritter oder Reiter, obwohl sein hoher Wert sich immer wieder bestätigte, etwa bei der Abwehr der Ungarn in der Schlacht auf dem Lechfelde 955, zunächst keine eigene Kaste, die von anderen nach Lebensstil und Standesbewußtsein geschieden war. Auch gab es damals noch nicht den Berufskrieger, wenngleich sich zum Beispiel für gottesgerichtliche Duelle erfahrene Kämpfer bereithielten. Das Normale war freilich, von seinem Herrn zu den Waffen gerufen zu werden. Aber gerade hier lag das Problem.

Hatte der freie Bauer bisher als Milizsoldat genügt, so war seine Existenz in den Bürgerkriegen am Ende des 11. Jahrhunderts bedroht. Je erbarmungsloser der Kampf wurde, um so mehr war der schlagkräftige und stets zum Kampf bereite Krieger nötig. Der ständige Waffengang aber zermürbte die Bauern: die schwächeren sanken zur Knechtschaft ab, die zugleich Schutz versprach, die stärkeren gliederten sich als Lohnkrieger oder Dienstmannen ein, indem sie zu einem größeren Herrn in ein Dienstverhältnis traten. Wegen ihrer geringen militärischen Erfahrung scheinen viele freie Bauern und kleine Grundbesitzer in den Jahrzehnten um 1100 den Tod auf dem Schlachtfeld gefunden zu haben, zumal zum Kampfestraining auch ein taktisches Exerzieren gehörte.

Zur militärischen Unterlegenheit des Bauern kam der Schaden: er konnte bei Heerfahrt seinen Acker nicht bestellen; so geriet er doppelt ins Hintertreffen. «Bauer» – bis dahin ein Name für jeden, der den Acker bestellte – tauchte als Standesbegriff auf, getrennt vom neuen Typ des Berufskriegers, des bewaffneten Dienstmannen, der für seinen Herrn stritt. Selbst Geistliche umgaben sich – teilweise aus Prestigebedürfnis – mit einem Schwarm solcher Kämpen, und wie es zuweilen zuging, zeigt schlaglichtartig ein Zwischenfall in der Kirche zu Goslar Pfingsten 1063. Der Bischof von Hildesheim und der Abt von Fulda konnten sich nicht einigen, welchem von ihnen der vornehmere Platz in der Kirchenbank gebühre; ihre bewaffneten Dienstleute gerieten aneinander und brachten sich in der Kirche in großer Zahl gegenseitig um.

Die Ausrüstung des Ritters

Diesem bewaffneten und berittenen Dienstmann gehörte die Zukunft. Sein Unterhalt wurde immer teurer. Ende des 11. Jahrhunderts stellte allein schon ein Pferd den Gegenwert von 5–10 Ochsen dar, ein Kettenpanzerhemd, das das alte Lederwams ersetzen sollte, das Vier- bis Zehnfache, also 20 bis 100 Ochsen. Aber ein einzelnes Pferd genügte dem Ritter nicht, denn nach langem Anmarsch war es ermüdet und taugte nicht mehr für den Kampf. Als im Jahre 1100 der Graf von Flandern 500 Ritter aufbot, gehörten zur Ausrüstung jedes einzelnen drei Pferde. Dies scheint der Normalaufwand eines Ritters gewesen zu sein: ein Marschpferd, ein Streitroß und ein Lastpferd. Man hat errechnet, daß eine Herrschaft kaum unter 150 Hektar groß sein durfte, um die Dauerbelastung eines stets einsatzfähigen Ritters zu tragen.

Bald nach 1100 erhält der Ritter, wie wir ihn uns heute vorstellen, allmählich seine endgültige äußere Gestalt. Im Kampf sitzt er in einem schweren kastenartigen Sattel, die sporenbewehrten Füße stekken in den Steigbügeln, die wohl erst im 9., spätestens im 10. Jahrhundert im Abendland allgemein aufgekommen waren. Der Steigbügel bedeutet eine Revolution im Reiterkampf. Während vorher der mit frei schlenkernden Füßen auf dem Pferd hockende Reiter keine schwere Stoßlanze führen konnte, boten ihm jetzt die Steigbügel festen Halt. Er konnte mit eingelegter Lanze auf den Gegner zugaloppieren und ihn aus dem Sattel werfen oder gar mit der Lanze durchbohren. Normannische Ritter haben ihren ersten großen Ruhm mit dieser Kampfesweise erfochten. Die Stoßlanze brachte schwere Wunden bei, und so wurde die Schutzausrüstung verstärkt: Der Oberkörper des Ritters war mit einem Panzerhemd bedeckt, das aus zahlreichen ringartigen Maschen zusammengesetzt war; auf dem Kopf trug er einen Topfhelm, am Arm einen spitz nach unten zulaufenden Schild. Nur stämmige und ausgeruhte Pferde konnten mit dieser Last beweglich bleiben; deshalb wurde das Kampfpferd während des Marsches als Handpferd geschont. Wer in der umhüllenden Rüstung steckte, war nicht zu erkennen, so daß Wappen, Wimpel und Helmzier getragen werden mußten. Der erste, von dem wir wissen, daß er ein Wappen getragen hat, war gegen 1130 ein Graf von Anjou; er trug einen Ginsterzweig, lateinisch «planta genistae», woher später seine Familie, die berühmten Plantagenets, ihren Namen hatte. Die Angriffswaffen des Ritters, der die unehrenhaften Fernwaffen verschmähte, waren zunächst Schwert und Speer, später hauptsächlich die kräftige Stoßlanze. Der Kampf, die Schlacht folgten festen Spielregeln; schon das Anlegen der Rüstung erforderte viel Zeit, so daß Ort und Stunde des Kampfes häufig vereinbart zu werden pflegten. Einen Hinterhalt zu legen, war unsittlich und unüblich. Der Kampf war ein Kampf in Gruppen, zuweilen Mann gegen Mann, wie im Turnier. Das erste bekannte Turnier in Deutschland hat 1127 vor Würzburg stattgefunden, abgehalten von Angehörigen der Stauferfamilie. Zu dem Rüstungsaufwand und zu dem kostspieligen Lebensstil kamen die Kosten für die Burg, denn der Ritter in seiner auf Verteidigung eingerichteten Feudalburg – häufig an schwer zugänglichem Ort – bedurfte eines großen Versorgungsrückhalts. Aus der Zahl der Burgen, die von der Mitte des 11. Jahrhunderts bis gegen 1300 entstanden sind, hat man errechnet, daß die nach ritterlicher Art lebende Gesellschaftsschicht wohl nur knapp 1% der Gesamtbevölkerung ausgemacht hat.

Der Ritter als Stand

Der Aufstieg des Ritters begann in Frankreich mit seinem blühenden Lehnswesen. Der Ritterstand wurde zu einem Sammelbegriff, der nach Sozial- und Rechtsstand unterschiedliche Gruppen umschloß. Anfangs waren es häufig Leibeigene, die als Ritter verwendet wurden. Diese «Dienstmannen», wie man sie nannte, bildeten zunächst noch eine von den Edelfreien getrennte Gruppe, doch bald verwischten sich die Unterschiede. Sie zählten alle zum Kriegerstand, zum Ritterstand. Dienstmannen und Edelfreie, Grafen und Herzöge wurden – trotz ihrer unterschiedlichen Rechtsstellung – als Ritter angesprochen. Der Anteil der allmählich der Leibeigenschaft entwachsenen Dienstmannen war selbstverständlich sehr hoch. Grob geschätzt dürfte das Verhältnis der alten Adelsfamilien zu den aufgestiegenen Dienstmannenfamilien im 12. Jahrhundert etwa 1:100 betragen haben. Nach diesem großen sozialen Schub begann der Ritterstand sich von den unteren Ständen abzusetzen. Kaiser Barbarossa bestimmte um 1180, daß nur Ritter ritterlicher Herkunft zum gerichtlichen Zweikampf zugelassen werden durften, und er verbot, daß Söhne von Priestern und Bauern in den Ritterstand erhoben wurden. Einige Jahrzehnte später bildete die Ritterbürtigkeit, die Herkunft also von ritterlichen Eltern, normalerweise die Voraussetzung für die Zugehörigkeit zum Ritterstand.

Zum Bild des abendländischen Ritters gehört das Eintreten für den christlichen Glauben. Am reinsten verwirklichten das die Ritterorden: die Johanniter, die Templer und der Deutsche Orden. Bei den Johannitern überwog zunächst ganz der karitative Gedanke; seit dem 6. Jahrhundert betätigten sie sich in Jerusalem in der Krankenpflege, und erst nach der Mitte des 12. Jahrhunderts traten sie zum Schwertdienst über, im Gegensatz zu ihren erbitterten Konkurrenten, den Tempelrittern, mit denen sie ständig – meist wegen Lehnsangelegenheiten – im Streite lagen. Der Orden der Tempelritter war sogleich mit dem Ziel gegründet worden, die Pilger im Heiligen Lande mit dem Schwerte zu schützen. Ihren Namen hatten sie wahrscheinlich vom Sitz des Großmeisters, der auf dem Platz des Salomonischen Tempels in Jerusalem residierte. Johanniter und Templer rekrutierten sich weitgehend aus dem französischen und italienischen Adel. 1190 entstand vor Akkon eine deutsche Hospitalgenossenschaft, die 1198 in den geistlichen Ritterorden der Deutschen in Jerusalem umgewandelt wurde. Auch bei den geistlichen Ritterorden wurde für den Eintritt in die Gemeinschaft Ritterbürtigkeit gefordert, bei den einzelnen Orden und sogar bei den Nationen innerhalb der Orden unterschiedlich. Ein deutscher Johanniter z. B. mußte seine ritterliche Abkunft durch acht Generationen in väterlicher und mütterlicher Linie nachweisen.

Zu Waffengang und karitativem Dienst trat die Verehrung der höfischen Frau, wie sie zuerst zu Beginn des 12. Jahrhunderts in den Liedern der Troubadours vorgetragen wurde. Der älteste uns näher bekannte Troubadour ist der 1127 gestorbene Herzog Wilhelm IX.

von Aquitanien, der Großvater der ebenso leichtlebigen wie politisch begabten und literarisch interessierten Eleonore von Aquitanien. Troubadour und Minnesänger huldigen der schönen Frau, der Herrin, die einem anderen gehört und die Zuneigung nicht erwidert. Eine Art kultischer Verehrung wird ihr entgegengebracht, so daß die weltliche, ritterlich-höfische Poesie für die Frau als verehrungswürdige und in die Ferne gerückte Herrin ähnliche Worte findet wie die Mariendichtung. Der den Troubadours geöffnete aquitanische Hof ist auch einer der ersten, an dem sich ein ritterliches Zeremoniell entwickelte. Rittertum braucht höfische Pflege. Die ritterliche Kultur hatte am wandernden Stauferhof Friedrich Barbarossas ebenso Rückhalt wie in der prächtigen Braunschweiger Welfenresidenz Heinrichs des Löwen, bei den Markgrafen von Österreich ebenso wie bei den Landgrafen von Thüringen. Groß ist die Zahl der Dichter, die das ritterliche Leben und Lebensgefühl besingen – und zugleich nach einem einträglichen Gute schielen. «Ich hab' mein Lehen, hört alle Welt, ich hab' mein Lehen», jubelt Walther von der Vogelweide über ein Dienstgut, das ihm um 1220 Kaiser Friedrich II. gewährte, nachdem der Minnesänger sich an manchem Hof herumgedrückt und manches Lied für manches Herren Brot gesungen hatte.

Rittertugend und Ritterleben

Ein Gesellschaftskodex band die Wertvorstellung des Ritters. Vom Ritter waren gefordert die «mâze», das Maßhalten, und die «staete», die Treue zum Vorsatz: beide Tugenden umfaßt die «Zucht», die Selbstdisziplin. Das ritterliche Verhalten, zu dem auch der Schutz der Schwachen und die Toleranz gegenüber dem Gegner gehörten, blieb als Idee und Gesellschaftsritual erhalten, auch nachdem der Ritter als Stand und als militärische Größe abgelöst war. Es ist ein ritterliches Muster, nach dem die Bürger und ihre Frauen sich in Herren und Damen verwandeln, die sich «höfisch» benehmen und sich in Kleidertracht und Sitten am Rittervorbild orientieren. Das alte ritterliche Ideal bewahrte seine Strahlkraft bis weit in die Neuzeit: der Cortegiano, der honnête homme (der «Ehrenmann»), der Gentleman und der Kavalier gehen in direkter Linie auf den Ritter zurück.

Der militärische Wert des Ritters wurde von Jahrhundert zu Jahrhundert gemindert. Galten seine Hausburgen, an schwer zu erobernden Orten errichtet, lange Zeit für kaum einnehmbar, so wurden sie vom 15. Jahrhundert an durch neue technische Mittel wie Geschütze und Sprengpulver immer leichter überwunden. Auch scheinen die

Burgen selbst von den Herren als Wohnstatt oft gar nicht ungern aufgegeben worden zu sein, denn nur die Romantik sah in dem Leben auf den Burgen «stolz und kühn», wie Franz Kugler (1808–1858) die Ruinen der Rudelsburg («An der Saale hellem Strande») bedichtete, eine Idylle, der man wehmütig nachhing. Die Enge im Wohnturm, die grimmige Kälte im Winter, die Nahrungsvorsorge (denn die meisten Burgen fielen nicht durch Erstürmung, sondern durch Aushungern), die ständige Erneuerung, um den Bau vor dem Auseinanderfallen zu bewahren, und so weiter, verursachten eine immerwährende Plackerei.

Der Historiker Arno Borst hat den ritterlichen Alltag auf der Burg in drastischen Farben beschrieben: «Das Leben im Turm spielte sich in lärmendem Gedränge ab. Man saß dicht beieinander auf langen Bänken und griff sich das Fleisch aus der Schüssel mit den Fingern, was übrigblieb, schnappten die Hunde oder fiel ins Stroh, das den kalten Boden deckte. Lesen und schreiben konnten die Herren selten. Höchstens ließ sich einer vorlesen von gewaltigen Recken, die waren, wie er sie sich wünschte, muskelstark, tollkühn, von unerschöpflichem Appetit. Man war eher abergläubisch als fromm; die Frauen wurden wenig geachtet und viel geschlagen.»

Die selbstmörderische Antiquiertheit des Ritters

Auch vom kämpfenden Ritter läßt sich vom 13. Jahrhundert an mit fortschreitender Zeit immer weniger Erhebendes berichten. Seine schwerfällige Ausrüstung ließ ihn hilflos werden, wenn er vom Pferde fiel oder der Gegner die Regeln des duellhaften Kampfes nicht achtete. Der junge deutsche König Wilhelm von Holland brach 1256 im Kampf gegen die Friesen mit seinem Pferd im Wintereis ein. Die Friesen erschlugen den schwer beweglichen in seiner Rüstung Steckenden wie einen Hund. Und der kindliche König Konradin verlor 1268 sechzehnjährig die Schlacht bei Tagliacozzo, weil er in einen Hinterhalt fiel: eine Kriegslist, die sein französischer Gegner in den Kämpfen im Heiligen Land von den Arabern gelernt hatte und entgegen dem ritterlichen Sittenkodex einsetzte.

Furchtbar war auch die Bogenwaffe für die anstürmende ritterliche Kavallerie. Der neue, im 13. Jahrhundert aufgekommene Plattenpanzer hielt zwar den Pfeil ab, der mit dem kleinen Handbogen geschleudert wurde. Doch die Geschosse der Armbrust und des englischen Langbogens, aus bestem elastischen Eibenholz geschnitzt, den man mit dem unteren Ende in den Boden stemmte und mit der

Kraft des ganzen Körpers spannte, durchschlugen den Panzer. Die grausame Wirkung der von den ritterlichen Kämpfern verschmähten Bogenwaffen wurde in einer großen Schlacht des Hundertjährigen Krieges zwischen England und Frankreich offenbar: in der Schlacht bei Crécy (nördlich der Somme) 1346.

Die Franzosen standen den Engländern mit fünffacher Übermacht gegenüber. Die Engländer hatten, um nicht überrannt zu werden, der Kern-Reiterei gut ausgebildete Armbrust- und Bogenschützen als Flankenschutz beigegeben. Jeder dieser Bogenschützen – es waren die Kräftigsten im Aufgebot – war in der Lage, in etwa einer Minute sechs gezielte und wirksame Schüsse auf eine Entfernung von mindestens 200 Yards (= 183 m) abzugeben. Im Pfeilhagel dieser Bogenschützen blieben die Angriffe der stolzen französischen Ritter stecken, und in dem Gewirr von blutenden und sich aufbäumenden Menschen- und Pferdeleibern verfing sich Angriff um Angriff. Als offenbar wurde, daß die Schlacht für die Franzosen verlorenging – sie dauerte nur anderthalb Stunden –, ließ sich der blinde König Johann von Böhmen, der auf französischer Seite stand, aufs Pferd heben und von seinem Knappen in den Kampf führen, um getreu seinem Ritterideal zu sterben; er wurde sogleich, samt seinem Knappen, von Kämpfern aus der Umgebung des englischen Heerführers erbarmungslos erschlagen.

Niederlagen brauchten für den Ritter nicht tödlich zu enden. Ein gefangener Ritter bedeutete ein wertvolles Pfand, die teure Ausrüstung, aber auch der Ritter selbst, wenn er aus reicher Familie stammte, brachten Geld. Es entwickelte sich im Spätmittelalter so etwas wie ein Gewerbe, das von den Angehörigen gefangener Ritter hohe Lösegeldsummen eintrieb. Als Meister solcher Eintreibungspolitik hatte sich früh der deutsche Kaiser Heinrich VI. erwiesen. Der englische König Richard Löwenherz, der berühmte Kriegsheld des dritten Kreuzzugs, das Urbild eines Ritters ohne Furcht und Tadel, war 1192 von Herzog Leopold V. von Österreich gefangengenommen worden, obwohl Richard als Heimkehrer aus dem Heiligen Land so etwas wie freies Geleit besaß. Zusammen mit Leopold V. (1177–1194) betrieb der deutsche Kaiser eine unbarmherzige Erpressung und ließ den hohen englischen Gefangenen erst frei, als die riesige Lösegeldsumme voll bezahlt war: 150000 Mark Silber, was einem Schatz von 35000 kg Silber entsprach. Auf viele Jahre war die englische Krone verarmt und verschuldet, und die englischen Barone konnten dem König in der «Magna Carta» 1215 lehnsrechtliche Freiheiten abtrotzen.

Nicht immer kam der Ritter mit der Zahlung von Lösegeld davon. In einer erbitterten Schlacht, in der nicht Ritterehre gegen Ritterehre stand, wurde ein verwundeter Ritter von Fußvolk oder Troßknechten häufig grausam umgebracht; sein geschundener Leib versprach kein Überleben und damit kein Geld, wohl aber die kostbare Rüstung. Da die meisten Körperteile durch die Rüstung geschützt waren, wurde dem hilflos auf der Erde liegenden Ritter ins Gesicht oder in die Kehle gestochen oder der ungeschützte Unterleib durchstoßen. «Ins Gras beißen», das tat der Ritter bei seinem schmerzhaften Sterben, und das Bild kommt in der Tat aus dem mittelalterlichen Rittermilieu. Die wertvolle Rüstung wurde dem toten Ritter abgezogen, der Leichnam nackt liegengelassen. Die großen Bürger- und Bauernheere der Schweizer kümmerten sich nicht um Ritterehre und Rittersitte, als sie 1315 bei Morgarten und 1476 bei Murten auf die Habsburgischen und Burgundischen Ritterheere trafen. Mit ihren Langspießen im geschlossenen Verband, mit den furchtbare Wunden schlagenden Hellebarden hielten sie sich die geharnischten Reiter vom Leibe und spießten sie mit ihren Waffen auf. Ein geübtes Landsknechtsfähnlein anzugreifen, das ein dichtes, die Spieße auf die Angreifer richtendes Karree bildete, war ein geradezu selbstmörderisches Unterfangen, und so hat die Frundsbergschen Söldner bei ihrem Marsch durch Italien auch kein Ritterheer aufgehalten.

Fast wie im Gesellschaftsspiel war der Ritter an bestimmte Gefechtsvoraussetzungen und Übereinkünfte gebunden. Wo diese nicht bestanden, waren Niederlage und möglicherweise Tod fast unausweichlich. Ein dänisches Ritterheer zog auf schmalem Weg im Februar des Jahres 1500 durch die moorigen und gefluteten Wiesen bei Meldorf gegen die Dithmarschen Bauern. Mit langen Stangen und Spießen setzten die Dithmarscher ähnlich Stabhochspringern über Fleete und Gräben und stießen die zwischen dem Troß und den zurückdrängenden Söldnern eingekeilten dänischen Ritter von ihren Pferden, erschlugen sie oder ließen sie in den Gräben jämmerlich ertrinken. Allein von der hochadligen dänischen Familie der Ahlefeldts sollen damals 16 Mitglieder umgekommen sein.

Turnier und Ritterlichkeit jenseits der Zeiten

Auch als der Ritter als Kriegswaffe ausgedient hatte, wurde das Ritterturnier weiter gepflegt, gegen den Widerstand der Kirche, die immer wieder solche Gefechtsspiele verboten hatte. Ritter sein war eine Lebensform, an der sich der gesamte Adel bis hin zum König beteiligte. Das gefährliche Spiel forderte seine Opfer. Eine umfangreiche Verlustliste ließe sich durch die Jahrhunderte anlegen. Allein im Jahre 1175 sind in Sachsen sechzehn Ritter im Turnier umgekommen, 1240 in Köln vierzig Ritter und Knappen; die meisten wurden beim Sturz von ihren Pferden zerstampft oder erdrückt. Die Reihe der Toten hat klingende Namen: Gilbert von Pembroke 1241, Johann von Brandenburg 1268, Johann von Brabant 1294. 1383 wurde William Montagu von seinem eigenen Vater beim Kampfspiel getötet.

Ein Turnierunfall brachte 1559 dem französischen König Heinrich II. den Tod; der splitternde Schaft der gegnerischen Lanze drang ihm durch das Visier tief in Auge und Gehirn, und nach mehrtägigem qualvollen Leiden starb er. Den Gegner, es war der Kapitän seiner Leibgarde, hatte man unter Mordverdacht zunächst mehrere Tage inhaftiert, bis seine Unschuld erwiesen war. Dem ritterlichen Gegner droht bei unglücklichem Ausgang keine Unbill – so könnte man denken. Aber die Gattin des toten Königs Heinrich II. ruhte nicht. Als der Turniergegner nach mehrjährigem Aufenthalt im Ausland nach Frankreich zurückkehrte, ließ sie ihn festnehmen und unter fadenscheinigen Gründen hinrichten. Das Rachegefühl der Gattin war stärker als die Regeln des Ritterspiels. Nicht zuletzt dieser Unfall mit weitreichenden politischen Folgen, dessen medizinische Umstände der berühmte Anatom Andreas Vesal († 1564) beschrieben hat, ließ das Ritterturnier allmählich eingehen. Der Ritter in seiner klassischen Gestalt verschwand, die Ritterlichkeit blieb – unabhängig von Turniergestech, von Panzer und von Stoßlanze, die in unserer Zeit bei nachgeahmten und den Tourismus fördernden Ritterspielen eine nostalgische Renaissance erleben.

Ritterlichkeit ist allerdings nicht nur Fairneß gegenüber dem Gegner im vielleicht tödlichen Spiel; es ist auch das Vorbildhafte, es ist «Haltung», manchmal das vielleicht Unvernünftige ohne Nützlichkeitserwägungen, das Ehre und Anstand einschließt und das selbst Tod und Schmerz als hinnehmbar erscheinen läßt. Prinz Eugen, der «edle Ritter», hielt seinen Offizieren vor Augen: «Meine Herren, Ihr Leben ist nur dann gerechtfertigt, wenn Sie Vorbild sind, immer und bis zum letzten; dies aber auf so leichte und heitere Weise, daß niemand Ihnen einen Vorwurf daraus machen kann.» Ritterlichkeit bedarf zum Überleben des entsprechenden Umfeldes, bedarf der Ausstrahlung und der Gegenseitigkeit, sonst wird sie ausgelöscht. Edmund Burke (1729–1797) war entsetzt über den Zusammenbruch der Ritterlichkeit während der Französischen Revolution. Er hatte erlebt, wie man die Königin Marie-Antoinette demütigte, und schrieb unter diesem Eindruck: «Ich hatte geglaubt, zehntausend Schwerter müßten aus der Scheide fahren, um einen Blick zu bestrafen, der sie zu beschimpfen drohte. Aber die Zeiten der Rittersitte sind dahin... Sie ist dahin, diese Feinheit des Ehrgefühls, die Keuschheit des Stolzes, die einen Schimpf wie eine Wunde fühlte, die den Mut befeuerte, indem sie die Wildheit niederschlug, die alles adelte, was sie berührte... Dies aus Meinungen und Gefühlen zusammengebaute System hatte seinen Ursprung in den Ritterbegriffen des Mittelalters, und die Grundsätze desselben haben, obgleich unter wechselnden Gestalten, weil sie dem Wechsel der menschlichen Angelegenheiten folgten, eine lange Reihe von Generationen hindurch bis auf das Zeitalter, worin wir leben, ihre Farbe und ihren Einfluß behalten. Sollte dieses System jemals gänzlich ausgerottet werden, der Verlust würde wahrlich sehr groß sein. Ihm hat das neuere Europa seinen eigentümlichen Charakter zu danken...» Dieses Beziehungsfeld hatte auch Günther Anders († 1992) im Auge, als er schrieb: «Ewig kann sich ohne Ritter keine Ritterlichkeit... halten».

Was klopft der eingesperrte, jedoch immer noch dem kommunistischen Totalitarismus ergebene Volkskommissar Rubaschow in Arthur Koestlers «Sonnenfinsternis» dem zu Ritterlichkeit erzogenen Häftling von Zelle Nr. 402 durch die Mauer zu, der auf seiner «Ehre» bestand? ‹Ehre ist ohne Eitelkeit nützlich zu sein.› Die Antwort von Nr. 402 kam diesmal lauter und schärfer: ‹Ehre ist Anstand – nicht Nützlichkeit.› ‹Was ist Anstand?› fragte Rubaschow... ‹Etwas was Ihresgleichen niemals verstehen wird› antwortete Nr. 402. Rubaschow zuckte die Achseln: ‹Wir haben Anstand durch Vernunft ersetzt›, klopfte er zurück. Nr. 402 gab keine weitere Antwort.»

Anstand über Vernunft. Dem in seinem Wesen auf Ritterlichkeit angelegten preußischen Adel war diese Wertung ein Anstoß zum Handeln gegen ein Unrechtsregime selbst in einer wenig Erfolg versprechenden Situation. Es käme «nicht mehr auf den praktischen Zweck an», begründete Generalmajor Henning von Tresckow die Notwendigkeit eines Attentats auf Hitler, das dann am 20. Juli 1944 ausgeführt wurde, «sondern darauf, daß die deutsche Widerstandsbewegung vor der Welt und der Geschichte unter Einsatz des Lebens den entscheidenden Wurf gewagt hat. Alles andere ist daneben gleichgültig.»

II
Größe der Zeit

Kaiser Karl der Große.
Geschichte und Geschichten

Wer war Karl der Große? Wann lebte er? Diese Fragen stelle ich seit einiger Zeit Personen unterschiedlicher Berufe und Interessen und erfahre mit einer gewissen Ungläubigkeit, wie stark seine Gestalt und seine Leistung trotz «Karls-Preis» und Aachener Pfalzkapelle im allgemeinen Geschichtsbewußtsein zurückgetreten sind. Dabei gehört Karl der Große zu den wenigen Gestalten unserer europäischen Frühzeit, über die wir unverhältnismäßig gut Bescheid wissen und die besten Erzählstoff abgeben. Er ist zudem der einzige Herrscher des europäischen Mittelalters, dem schon zu Lebzeiten und dann ständig der Name «der Große» beigegeben worden ist. Wie der Name «Caesar» zum Titel «Kaiser» wurde, so steht in manchen slawischen Sprachen der Name Karl, Krol, Krul für den Titel des Herrschers schlechthin.

Seine Gestalt hatte schon zu Lebzeiten etwas Legendäres, und viele Geschichten kursierten über ihn, die eine lyrikfreudige Zeit – die Generationen unserer Großväter und deren Vorväter – zu Balladen geformt hat:

«Als Kaiser Karl zur Schule kam und wollte visitieren,
Da prüft' er scharf das kleine Volk, ihr Schreiben, Buchstabieren,
Ihr Vaterunser, Einmaleins und was man lernte mehr:
Zum Schlusse rief die Majestät die Schüler um sich her.
Gleichwie der Hirte schied er da die Böcke von den Schafen;
Zu seiner Rechten hieß er stehn die Fleiß'gen und die Braven.
Da stand im groben Linnenkleid manch schlichtes Bürgerkind,
Manch Söhnlein eines armen Knechts von Kaisers Hofgesind.
Dann rief er mit gestrengem Blick die Faulen her, die Böcke,
Und wies sie mit erhobner Hand zur Linken in die Ecke.
Da stand in pelzverbrämtem Rock manch feiner Herrensohn,
Manch ungezognes Mutterkind, manch junger Reichsbaron.»
(Karl Gerok)

Eine Anekdote erzählt, wie Karl einen handeltreibenden Juden anstiftete, einem sammelsüchtigen Bischof eine einbalsamierte Maus als große, aus dem Orient importierte Kostbarkeit um teures Silber zu verkaufen. Karl stellte dann den genasführten Bischof öffentlich bloß: er lasse die Armen Hunger leiden, um solche Nichtigkeiten zu erwerben. Geschichten dieser Art, sicherlich Erzählgut der Zeit, sind einige Generationen später aufgezeichnet worden und dienten zur Unterhaltung – und stellten zugleich ein ideales Herrscherbild vor Augen.

Das Erscheinungsbild Karls des Großen

Wann lebte Karl der Große? Wie bei vielen mittelalterlichen Persönlichkeiten kennen wir sein Todesdatum genau, 28. Januar 814, aber wann er geboren wurde, wissen wir nicht mit gleicher Bestimmtheit, da man im Mittelalter auf den Geburtstag weniger achtete als auf den Todestag, dessen Wiederkehr man liturgisch feierte (siehe S. 245f.). Karls Geburt fiel vielleicht in das Jahr 742, was eine Lebenszeit von 72 Jahren ergäbe, vielleicht in das Jahr 747: in jedem Fall war Karl ein langes Leben beschieden, denn die durchschnittliche Lebenserwartung lag bei wenig über dreißig Jahren, bei den aristokratischen Schichten höher, bei den Unterschichten niedriger (siehe S. 24).

Und wie sah Karl der Große aus? Bis in das 12. und 13. Jahrhundert hinein geben Bilder die Menschen selten porträthaft wieder; sie stellen meist einen Typ dar: der König sieht aus, wie eben ein König auszusehen hat, der Papst wie ein Papst, der Bischof wie ein Bischof. Individualität ist kaum erkennbar und wird auch nicht unbedingt angestrebt. Immerhin gibt es einige bemerkenswerte Versuche, bei einer bildlichen Darstellung etwas von dem persönlichen Aussehen anzudeuten. Von Karl dem Großen sind Münzbilder und Mosaiken erhalten, vor allem eine Reiterstatuette von knapp einem Viertelmeter Höhe, die heute im Pariser Louvre aufbewahrt wird. Wir sehen einen hünenhaften und doch gedrungenen Mann zu Pferde, mit vollem Gesicht und einem Schnurrbart, auf dem Kopf eine Krone, mit einem hängenden tunikaähnlichen Mantel und mit Hosen, die mit einer Art Wickelgamaschen umschlungen sind, wie es fränkische Tracht war. Ohne Steigbügel, sie waren offenbar noch nicht allgemein verbreitet, sitzt der mächtige Leib des Herrschers schlenkernd auf dem Pferd. Vielleicht ist der Reiter Karl der Große, vielleicht aber auch sein Enkel, der Westfrankenkönig Karl der Kahle (840–877), der die Statuette hat herstellen lassen, wobei er sich zugleich als der neue Karl der Große darstellen ließ.

Unbezweifelbar aber ist die Beschreibung Einhards, des Biographen Karls des Großen. Einhard, knapp 30 Jahre jünger als Karl, hatte nicht nur Zugang zum Hof, er war Mitglied der Hofgesellschaft, und das sowohl wegen seiner Rolle im kulturellen Leben als möglicherweise aus Gründen der Verwandtschaft. Denn Einhard, obwohl klein von Wuchs, weshalb er in Hofkreisen als «Männlein», als «Ameise» gehänselt wurde, hatte Emma geheiratet, von der später mancherorts behauptet wurde, sie sei eine Tochter Karls des Großen. Karl hatte außer seinen legitimen Gemahlinnen im Laufe seines Lebens mindestens sechs Nebenfrauen, aus welchen Verbindungen mindestens sieben Kinder hervorgegangen sind. Über Einhard und seine Emma gab es später eine Klatschgeschichte: Einhard war schon vor der Heirat nachts durch das Palastgelände geschlichen, seine geliebte Emma zu besuchen. Es war Winter und Schnee gefallen, und um verräterische Spuren zu vermeiden, trug Emma ihren Einhard huckepack durch den Palasthof, was der Kaiser, der an Schlaflosigkeit litt, beobachtete; Karl soll dann Einhard und Emma zur Ehe zusammengeführt haben, ohne über seinen Schreiber eine Strafe zu verhängen, die «die Schande der Tochter eher vergrößert als verringert» hätte. Wilhelm Busch hat die Geschichte in Verse und Bilder gebracht.

Dieser Einhard, aus einem edlen ostfränkischen Geschlecht, in Fulda und am Hofe unterrichtet und erzogen, beschreibt die äußere Erscheinung des schon im höheren Alter stehenden Kaisers: «Karl hatte einen stattlichen und kräftigen Körper, eine aufragende Gestalt, die jedoch über das rechte Ebenmaß nicht hinausging, denn seine Körpergröße entsprach dem Siebenfachen seines Fußmaßes (aus anderen Quellen vermutet man eine Körpergröße Karls von circa 1,90 m; das ist sehr groß für die damalige und selbst für unsere Zeit). Der Schädel war rund, seine Augen waren groß und lebhaft, die Nase war größer als normal; er besaß schönes graues Haar und ein freundliches heiteres Gesicht... Obwohl sein Nacken feist und etwas zu kurz und sein Bauch vorquellend erschienen, so wurden diese Unschönheiten doch durch das Ebenmaß der anderen Glieder verdeckt. Er hatte eine helle, hohe Stimme, die freilich nicht recht zu dem (mächtigen) Äußeren des Körpers paßte.» Einhard schildert auch Karls Lebensgewohnheiten: Wie er sich kleidete, nach fränkischer Art; daß er wenig trank und Betrunkene aus tiefster Seele verabscheute; daß er sich beim Essen zurückhalten mußte und oft klagte, daß das Fasten seinem Körper nicht bekäme. Von den Plagen des Alters ist die Rede, davon, daß er wohl als Linderung für seinen Rheumatismus die Dämpfe heißer Quellen geschätzt habe; deswegen habe er sich in Aachen einen großen Palast bauen lassen und habe dort seine letzten Lebensjahre zugebracht. Nicht nur seine Söhne habe er zum Baden eingeladen, sondern auch seine Großen und seine Freunde, gelegentlich auch sein Gefolge und die Leibwächter, so daß sich bisweilen hundert und noch mehr Menschen im Wasser tummelten.

Einhards Bild von Karl ist offenbar ein verhalten ehrliches Bild, bei dem Unschönes nicht ausgelassen ist: eine Riesennase, feister und kurzer Hals, Hängebauch usw. Auch in anderen Kapiteln, die von Karls Charakter und Taten handeln, stehen ehrliche Worte: Karl habe bei traurigen Anlässen zuweilen die Fassung verloren, und er habe unablässig geredet, so daß man ihn fast «geschwätzig» nennen konnte.

Der Eroberer und Gestalter des Reiches

Was hat diesem Karl, den man anscheinend spontan «den Großen» zu nennen bereit war, die allseitige Huldigung eingetragen? Nehmen wir die äußeren Daten. Unter seinem Vater Pippin und nach dessen Tod 768 herrschte er zunächst zusammen mit seinem zehn Jahre jüngeren Bruder Karlmann (†771). Beide Brüder empfanden gegeneinander eine tiefe Abneigung. Daß es nicht zu einem blutigen Bruderkrieg kam, war zunächst das Verdienst der allseits ausgleichenden Königinmutter Bertrada (†783), sodann aber auch des Schicksals, denn Karlmann starb bereits drei Jahre nach dem Vater. Karl, der sich bis dahin wenig profiliert hatte, erhielt freie Hand, und gab, offenbar gegen den Willen seiner Mutter Bertrada, die bisher geübte Zurückhaltung auf.

Man kann Karl einen Imperialisten nennen, jemanden, der Nachbarländer und Nachbarherrschaften sich und dem «Reichsvolk» der Franken unter- und einzuordnen versuchte. Man kann ihn aber auch, und das taten bereits zeitgenössische Poeten, als den «Vater Europas» rühmen, den «Leuchtturm Europas», nach dem sich die Schiffe der Zukunft ausrichteten. Zum Selbstverständnis eines christlichen Königs gehörte es, für die Verbreitung des Christentums zu sorgen, und Missionierung war, wenn politisch gestützt, meist mit Eroberung verbunden.

Da saßen nördlich der Franken die Sachsen, ein ungebärdiges Volk, das immer wieder auf fränkisches Gebiet übergriff. Die Sachsen waren ständisch gegliedert und besaßen eine Art Delegiertenparlament. Hier war es nicht damit getan, einen König oder einen Herzog niederzuwerfen. Ein Kampf, ein Aufstand, hatte viele Köpfe. Der bedeutendste war der westfälische Edeling Widukind; ihn trug eine starke Volksbewegung der unteren Stände. Die Sachsen waren noch nicht tiefgreifend christianisiert, und immer wieder kamen Rückfälle in das Heidentum vor, das zum Teil noch in voller Kraft stand. Karl versuchte die totale Unterwerfung und mußte manche Rückschläge hinnehmen, auch als Widukind sich zum Christentum bekehrt hatte. Als ein fränkisches Heer vernichtet wurde, ließ er 782, nach einer Quelle, die sicherlich übertreibt, 4500 rebellischen Sachsen in Verden an der Aller niedermetzeln. Schließlich halfen nur die brutalen Mittel der Zerstörung und der Deportation, um Ruhe zu schaffen, Friedhofsruhe zunächst. Vornehmlich das Blutbad an der Aller hat Karl den Namen des «Sachsenschlächters» eingetragen, den vor allem Vertreter der nationalsozialistischen Weltanschauung ihm gegeben haben, hatte Karl doch mit den Sachsen ausgezeichnete Vertreter der «nordischen Rasse» vernichtet; die Hitlerjugend sang Lieder von den «Sachsen, sturmfest und erdverwachsen: Heil, Herzog Widukinds Stamm».

Fraglos zeigt sich Karl in den Sachsenkriegen als harter Eroberer und Disziplinierer, ein Cromwell-Typ. Dann aber geschah, was Jacob Burckhardt (1818–1897) folgendermaßen ausgedrückt hat: «Mit der Zeit werden die großen Männer... von jeder Nachwirkung des Hasses derer, die unter ihnen gelitten, frei», und in der Tat haben ein Jahrhundert später der sächsische Stamm und seine Herzöge an der Stabilisierung Westeuropas und an der Herausbildung des deutschen Reiches entscheidenden Anteil gehabt. Unblutig im Gegensatz zu den Sachsen ging die Eingliederung des bayerischen Stammesherzogtums vor sich. Hier hatte der Agilolfinger-Herzog Tassilo III. (748–788) eine große, von fränkischer Vorherrschaft weitgehend freie Selbständigkeit erreicht, und die bayerische Kirche zu einer hohen Kulturblüte gebracht. Aber die Herrlichkeit brach zusammen, als Karl der Große 788 auf dem Lechfeld Herzog Tassilo III. zwang, das Herzogtum Bayern als Lehen zu nehmen und damit die fränkische Oberhoheit anzuerkennen. Doch damit nicht genug; Tassilo mußte einen fadenscheinigen Prozeß über sich ergehen lassen. Ein Jahr später wurde er – im Stich gelassen vom bayerischen Adel, der sich am neuen Herrn orientierte – auf einer Reichsversammlung in Ingelheim angeklagt, Verbindung zu den Erzfeinden, den Awaren, aufgenommen zu haben. Das war Hochverrat, und als man Tassilo schließlich wegen einer vor einem Vierteljahrhundert begangenen angeblichen «Heeresflucht» belangte, war es um ihn geschehen. Tassilo wurde zum Tode verurteilt. Die Gnade Karls verwandelte das Urteil, das zugleich für die ganze Familie galt, in immerwährende Klosterhaft, was damals die übliche Form war, politische Gegner auszuschalten. An die Spitze des Herzogtums Bayern stellte Karl einen seiner Schwäger, Gerold, den er als eine Art Beamten, als Präfekten, einsetzte. Erstaunlich leicht haben sich die Bayern mit ihrem Los und dem fernen fränkischen König abgefunden.

Aber es gab auch schwere Rückschläge. 778 richtete sich ein großer Feldzug gegen das damals weitgehend arabische Spanien. Der Erfolg schien um so sicherer, als sich die Gegner des Emirs von Cordoba zum Bündnis mit Karl bereitgefunden hatten. Doch die Expedition schlug fehl; das Heer mußte sich zurückziehen und geriet im Tale Roncevaux in einen Hinterhalt der feindlichen Basken. Der bretonische Graf Hruodland fiel: der Held Roland der Sage, der, sein Leben opfernd, den Rückzug deckte und mit seinem wundersamen tönenden Horn Olifant König Karl zu Hilfe rief im Tal von Roncevaux.

Überraschend leichtes Spiel hatte Karl mit den langobardischen Vettern. Der germanische Stamm der Langobarden war im 6. Jahrhundert in Italien eingefallen, hatte sich als dünne Oberschicht in Ober- und Mittelitalien behaupten können und seine kriegerische Rauheit bewahrt. Zwar waren in der Zwischenzeit aus den irrgläubigen Arianern katholische Christen geworden, aber das hinderte sie nicht daran, den Papst und die Stadt Rom unter Druck zu setzen. Meist forderten sie große Summen für ihren Abzug. Mehrmals schon hatten die Franken den Papst und die Römer aus der langobardischen Umklammerung befreien müssen, und als Karl – nunmehr fränkischer Alleinherrscher – vom Papst 773 gerufen wurde, beendigte er die langobardische Herrschaft für immer. Pavia, die Hauptstadt, wurde 774 erobert und die Familie des Königs Desiderius über die Alpen ins Exil geschickt. Sie verschwand wie die ihres Verwandten Tassilo im sicheren Gewahrsam irgendeines fränkischen Klosters.

Partner des Papsttums

Noch bevor die Langobardenfeste Pavia gefallen war, hatte Karl Rom zum Osterfest besucht und war dort mit großem Pomp empfangen worden – nicht ohne Hintersinn. Denn der Papst Hadrian I. (772–795), der nach blutigen Kämpfen in der Stadt erst kurze Zeit vorher erhoben worden war, erinnerte den «ausgezeichneten König Karl», wie das offizielle «Papstbuch» (eine Sammlung von Papstbiographien) berichtet, an Versprechungen, die sein Vater Pippin gegeben hatte. Pippin hatte zwar Jahrzehnte vorher (754) dem Papst als dem Petrusnachfolger zugesagt, diejenigen Gebiete, die von der Herrschaft der Langobarden befreit würden, dem heiligen Petrus, das heißt der römischen Kirche, zu übereignen, er hatte aber keinen rechten Eifer gezeigt, die Zusagen zu erfüllen. Karl war bereit, die reichen Versprechungen zu erneuern, die schließlich zur Gründung des «Patrimonium Petri» führten, des Kirchenstaates, der bis 1870 Bestand hatte. Mit der Wiederholung des Pippinschen Schenkungsversprechens durch Karl begann eine innige Verbindung zwischen Papsttum und fränkischem Königtum; innig war auch die Verbindung von Ärgernissen und Hilfeleistungen.

Ärgernisse: Natürlich hatte Karl mehr versprochen, als er offenbar zunächst einzulösen gewillt war. Der Papst mahnte eindringlich durch Briefe, aber auch durch Gesandte, ihm doch dieses und jenes endlich abzutreten. Einige dieser Boten wurden so zudringlich, daß Karl sie kurzerhand rauswarf und einen Brief an den Papst schickte, er verbäte sich solcherart Ungehörigkeiten. Dabei stand er mit dem damaligen Papst Hadrian I., einer charaktervollen aristokratischen Erscheinung, recht gut. Als Hadrian 795 starb, soll Karl geweint haben «wie beim Verlust eines nahen Familienangehörigen». Er ließ ein Trauergedicht verfassen und in Aachen in schwarzen Stein schlagen. Die mächtige Platte wurde nach Rom geschafft, wo sie heute im Vestibül der Peterskirche neben dem mittleren Hauptportal eingemauert ist, deutlich sichtbar mit ihren ungewöhnlich schönen Großbuchstaben und mit den Versen: «Unsere Namen vereinige ich, Hochwürdigster, zugleich mit den Titeln / Hadrian und Karl, ich der König und du der Vater», und so weiter.

Die Kaiserkrönung

Mit Hadrians Nachfolger Leo III. (795–816) hatte Karl besondere Erlebnisse. Leo III., wahrscheinlich kleinasiatisch-griechischer Abkunft, wenn auch in Rom geboren, war anscheinend gegen mancherlei stadtrömischen Widerstand, hinter dem auch die Familie seines aristokratischen Vorgängers zu vermuten ist, Papst geworden. So recht konnte er seines Amtes und seines Lebens nicht sicher sein, zumal wenige Jahrzehnte vorher ein römischer Bischof bei blutigen Unruhen ermordet worden war. Leo III. brauchte den Frankenkönig Karl als Beschützer, und er schickte ihm die Schlüssel zum Petrusgrab und das Banner der Stadt Rom, dessen Inhaber – so war dieses Bannerzeichen zu verstehen – «Herr der römischen Miliz» war. Bald sollte Leo III. diesen Schutz bitter nötig haben.

Am Markustag – dem 25. April – des Jahres 799 wurde Leo bei einer feierlichen Bittprozession aus dem Hinterhalt überfallen und in all seiner Pracht vom Pferde gestoßen. Man versuchte, ihm die Augen auszustechen und die Zunge abzuschneiden. Dann ließ man ihn zunächst in seinem Blut liegen, schleppte ihn später in ein nahegelegenes Kloster. Aber die Angreifer waren nicht rücksichtslos genug vorgegangen: Leo blieben Augenlicht und Sprache erhalten, und er konnte aus Rom fliehen. Er flüchtete zu Karl dem Großen, der damals gerade in Paderborn Hof hielt. Leo tat gut daran, in eigener Person vor König Karl zu erscheinen, denn es liefen Gerüchte um, des Papstes Lebenswandel sei nicht gerade einwandfrei.

Karl ließ Leo im November 799 mit militärischer Eskorte nach Rom zurückgeleiten und befahl eine genaue Untersuchung, deren Ergebnis ihm unterbreitet werden sollte. Ein Jahr später, im November 800, kam Karl selbst nach Rom. Es war unklar, wie man mit dem Papst verfahren sollte. War er schuldig, war er es nicht? Über ihn zu richten, schien riskant, denn schon damals deutete sich der Grundsatz an, daß über den Papst nicht gerichtet werden dürfe. Da verfiel man auf den Reinigungseid, den Jahrhunderte früher bereits ein Papst geleistet hatte, dem vorgeworfen worden war, er habe seinen Vorgänger umgebracht. Am 23. Dezember beteuerte Papst Leo III. vor Karl dem Großen und fränkischen Magnaten unter Berufung auf Gott und die Evangelien seine Unschuld. Da das Ritual des Reinigungseides ohne Zwischenfall verlief, Gott also Leos Beteuerung annahm, galten die Ankläger Leos als überführt und wurden verurteilt.

Zwei Tage später, am Weihnachtsfest des Jahres 800 erschien Karl zum Gottesdienst im Petersdom. Als er sich, der kniend gebetet hatte, erheben wollte, setzte ihm Papst Leo eine Krone auf, und das Volk rief: «Karl, dem allerfrömmsten, von Gott gekrönten Augustus, dem großen und friedenbringenden Kaiser Leben und Sieg.» Und das dreimal. Dann warf sich Leo vor Karl nieder und erwies ihm die Herrscherhuldigung. So wurde Karl römischer Kaiser.

War Karl mit der Krönung überrumpelt worden? War er (wie man formulierte) ein «Kaiser wider Willen»? Derlei Gedankengänge gehen auf Einhard zurück, der in seiner Biographie Karls des Großen schreibt: Die Benennung Kaiser sei Karl zunächst so zuwider gewesen, «daß er versicherte, er hätte an diesem Tage, obgleich es ein hohes Fest war, die Kirche nicht betreten, wenn er von des Papstes Absicht vorher gewußt hätte». Nun dürfte es ausgeschlossen sein, daß Karl und sein fränkisches Gefolge von den Vorbereitungen zur Krönung nichts gemerkt hätten. Kunstvolle Lobgesänge wollen eingeübt sein, und bei dem hohen Schallpegel eines Volkschores sollte irgendein Franke doch stutzig geworden sein und die Beobachtung seinem Herrn mitgeteilt haben. Die Kaiserwürde selbst kann Karl nicht überrascht und verärgert haben. Es dürfte das Vorgehen Papst Leos III. gewesen sein. Der Papst hat ohne Rücksprache nach eigenem Gutdünken Karl zum Kaiser gemacht. Durch das von Leo gewählte Zeremoniell war Karl Kaiser von päpstlichen Gnaden – und spätere Päpste haben den Vorgang auch so interpretiert.

Nach der Kaiserkrönung ordnete Karl sein Reich. Er dachte daran, dieses Riesenreich zu teilen, entsprechend der fränkischen Auffassung, daß die Herrschaft wie eine Erbschaft teilbar sei. Im Jahre 806 setzte er einen Teilungsvertrag auf, den er vom Papst als Garanten unterzeichnen ließ. Doch von den drei zur Teilherrschaft vorgesehenen Söhnen starben die beiden tüchtigeren; Ludwig († 840), dem später der Beiname «der Fromme» gegeben wurde, blieb übrig und übernahm unvorhergesehen die Herrschaft des Gesamtreiches.

Wächter des Glaubens, der Sitten und der Bildung

Stark ausgebildet war bei Karl ein Verantwortungsgefühl in religiösen Fragen. Ein christlicher Herrscher hat auch dafür zu sorgen, daß Glaube und Glaubensausübung rein erhalten bleiben; und als die Griechen in der Frage, wie man Gottesbilder verehren solle, nach Karls Meinung vom rechten Glauben abwichen, beauftragte er seine Hoftheologen, eine ausführliche Stellungnahme auszuarbeiten. Wir nennen diese Stellungnahme heute die «Karlsbücher» (Libri Carolini). Das Original der für den Hof ausgearbeiteten Handschrift, die etwa um das Jahr 792 entstanden sein dürfte, ist noch erhalten. An ihrem Rand sind Bemerkungen angebracht wie «gut», «ausgezeichnet», «richtig» und so weiter. Diese Zusätze hat Karl, der des Lateinischen kaum mächtig war, selbstverständlich nicht mit eigener Hand gemacht (seine Versuche, sich das Schreiben beizubringen, sind stümperhaft geblieben). Es sind Ausrufe Karls während der Lesung, die ein Schreiber (übrigens in Kurzschrift) eingetragen hat.

Im Bewußtsein seiner Verantwortung für den Glauben und die Frömmigkeit seiner Untertanen hat Karl sich auch frühzeitig um eine gründliche Ausbildung der Priester bemüht: sie sollten die Heilige Schrift kennen, zumindest aber das Glaubensbekenntnis und das Vaterunser. Aber der Erfolg dieser Bemühungen ist zweifelhaft. So lesen wir in der Priesteranweisung eines Bischofs: Wenn der Priester nichts von alledem beherrscht, so solle er dem Kirchenvolk wenigstens den Grundsatz predigen, vom Bösen abzulassen und das Gute zu tun. Primitiver geht es kaum noch. Kurz vor seinem Tod bedrängte Karl den Großen offenbar die Frage, ob und wie in seinem Reich für das Seelenheil des einzelnen wirklich gesorgt sei, hatte er doch erleben müssen, daß die Männer der Kirche Glaube und Aberglaube der Menge ohne Scheu ausnutzten, ja selbst vor nackter Gewalt nicht zurückschreckten, um Besitzer kleiner Güter zum Verzicht auf ihr Eigentum zugunsten der Kirche zu bewegen. Karl stellte einen Fragenkatalog zusammen, aus dem ein tiefer Pessimismus spricht. Es sind die schonungslosesten Äußerungen, die wir von ihm besitzen; hier blicken wir hinter die Kulissen. «Die Männer der Kirche sollen uns sagen», fordert Karl, «worin der Unterschied besteht zwischen denen, die der Welt folgen, und denen, die die Welt verlassen haben, vielleicht darin, daß letztere keine Waffen tragen und nicht öffentlich im Ehestand leben? Auch ist zu fragen, ob das tägliche Trachten dessen, der die Welt verlassen hat, darauf gerichtet ist, den Besitz auf alle mögliche Weise zu mehren, und ob er für diesen Zweck den Himmel verheißt und mit der Hölle droht, indem er im Namen Gottes oder irgendeines Heiligen vermögende Reiche wie einfältige Arme beraubt, rechtmäßigen Erben das Erbteil entzieht, dadurch die Leute in Armut stürzt und so zu Verbrechern macht? Was muß man von denen sagen, die Knochen und Heiligenreliquien an einen günstigen Ort schaffen und dort Kirchen errichten, für die sie Geschenke einfordern? Weiterhin ist zu untersuchen, wie sehr derjenige die Welt verlassen hat, der aus Besitzgier Leute besticht, damit sie einen Meineid leisten oder falsche Aussagen machen, oder der ungerechte und gewissenlose Vögte anstellt, um Besitz brutal an sich zu ziehen.» In dieser Tonart geht es weiter.

Dieser Fragenkatalog war nicht für die Lektüre im Kämmerlein geschrieben, sondern hatte den Zweck, 813 öffentlich auf Kirchenversammlungen in den verschiedenen Reichsteilen behandelt zu werden: in Reims, Mainz, Chalon, Tours und Arles. Der Kaiser gab Befehl, ihm die Ergebnisse der Beratungen über diese Fragen zuzuleiten. Wir kennen die entsprechenden Beschlüsse der verschiedenen Kirchenversammlungen. Sie nehmen sich unverhältnismäßig kühl aus, taub für die brennende Sorge, die aus Karls Fragen spricht. Man wisse von niemandem, so heißt es zum Beispiel, der sich auch nur beklagen wolle, denn wer an die Kirche schenke, habe doch Vermögensvorteile im Himmel. Der Geist, der sich in dieser Haltung zeigt, wird die Sorge des greisen Kaisers um das Seelenheil seiner Untertanen kaum vermindert haben.

Geistliche und geistige Fürsorge gingen zusammen. Von diesem Karl, dem sicherlich nur beschränkt intellektuelle Mittel, künstlerische Einschätzung, ästhetisches Empfinden zur Verfügung standen, ging so etwas wie geistiger Charme aus. Gelehrte und Dichter ganz verschiedener Herkunft – Langobarden, Angelsachsen, Iren, Westgoten zum Beispiel – versammelten sich an seinem Hof, und man bildete eine «Akademie». Eine Bibliothek wertvoller Handschriften wurde eingerichtet. Der Angelsachse Alkuin, den man den «Kultusminister Karls des Großen» genannt hat, sorgte für saubere Texte und für eine schöne klare Schrift. Alkuin hat auf eine solche Schreiberwerkstatt kunstvolle Verse verfaßt:

Besser als Reben zu pflanzen bedeutet es Bücher zu schreiben:
Jene dienen dem Bauch, diese aber der Seele.

Die damals eingeführte Schrift verwenden wir Europäer letztlich noch heute. Denn als die Humanisten im 15. Jahrhundert, in einer Zeit verwilderter Schreibkultur, auf die Schrift der Antike zurückgreifen wollten, nahmen sie die in der Zeit Karls des Großen ausgebildete Schreibweise zum Vorbild und setzten sie durch, unterstützt vom aufkommenden Buchdruck. Hofakademie, Bibliothek, Bildungsreform, Schriftkultur sind Bereiche einer großen Renaissance, die damals die führenden Geister erfüllte und die sich auch in der bildenden Kunst und in der Architektur ausdrückte. Eines der schönsten Zeugnisse dieser Baukunst ist die im Zusammenhang mit dem Palast errichtete Aachener Pfalzkapelle; dort steht Karls steinerner Thron.

«... denn die Welt klagt um das Hinscheiden Karls»

In Aachen auch ist Karl Ende Januar 814 gestorben. Die Trauer über seinen Tod war allgemein und dürfte echt gewesen sein. Es gibt rhythmisch gefaßte Totenklagen, die Karls Tugenden besingen:

«Vom östlichen Sonnenaufgang bis zu den westlichen Meeresküsten
    erschüttert Klage die Herzen.
Ach, ich Armer.
Unaufhörlich fließen der Tränen Ströme,
denn die Welt klagt um das Hinscheiden Karls.
Ach, ich Armer.
Den erlauchten Kaiser Karl deckt schon der mit dem Grabmal
    versehene Erdhügel.
Ach, ich Armer...»
                    (und so weiter, insgesamt 20 Strophen).

In Aachen ist Karl in einer Gruft beigesetzt worden, die bald eine besondere Verehrung umgab.

Der Wunsch, Karl nachzueifern, fand vielfachen Ausdruck. Der jugendliche deutsche Kaiser Otto III. (983-1002) ließ um die Jahrtausendwende das Grab öffnen. Ein norditalienischer Chronist war dabei; er berichtet: «Wir traten bei Karl ein. Denn er lag nicht, wie die Körper anderer Verstorbener, sondern er saß auf einem Hochsitz, als lebe er. Er war mit einer goldenen Krone gekrönt, hielt das Zepter in den Händen mit angezogenen Handschuhen, durch die bereits die Fingernägel durchbohrend herausgekommen waren. Über ihm war eine Decke aus Kalk und Marmorstein gefertigt. Als wir sie berührten, brachen wir gleich ein Loch hinein. Als wir dann zu ihm hereinkamen, empfanden wir einen sehr starken Geruch. Wir richteten sofort ein Gebet an ihn mit gebeugten Knien. Dann bekleidete ihn Kaiser Otto mit weißen Gewändern, schnitt ihm die Nägel und stellte alles Fehlende um ihn wieder auf. Von seinen Gliedern war bis dahin nichts durch Verwesung vergangen, außer daß von seiner Nasenspitze ein weniges fehlte, was der Kaiser aus Gold ergänzen ließ. Aus seinem Munde zog er einen Zahn, dann ließ er die Decke wiederherstellen und ging weg.»

Karl der Große, dem wir, um eine heute gängige Formulierung zu gebrauchen, die «Grundlegung Europas» verdanken, wurde zu einem immer wieder angerufenen Mythos. Sein Name einigte die Franzosen, als der deutsche König Heinrich V. 1124 in ihr Land einfiel, und Friedrich Barbarossa ließ ihn, den ersten Kaiser des Abendlandes, 1165 zur Ehre der Altäre erheben, um im Glanze dieser Heiligkeit sein kaiserliches Ansehen zu erhöhen. Die Verwendbarkeit des Karlsmythos dauert bis heute an.

Papst Gregor VII., «Gregorianische Reform» und Investiturstreit

Die Überschrift hat etwas Zusammengesetztes, etwas Umschreibendes. Sie deutet Merkmale einer Epoche an, deren Eigenheiten und zukunftsbestimmender Charakter ständig mehr die Aufmerksamkeit der Forschung finden.

Im Mittelpunkt steht ein Papst, «Gregor VII.» (1073–1085), flankiert von zwei zeitgleichen Ereignissen: der nach diesem Papst genannten «Gregorianischen Reform» und dem «Investiturstreit», dem Streit der Geistlichkeit mit der weltlichen Macht darüber, wie ein Geistlicher ins Amt zu bringen, zu «investieren» sei.

Doch das Ausmaß und die Heftigkeit der damaligen Veränderungen, auch ihr Inhalt, sind weder mit einem Papstnamen, mit «Gregor VII.», noch mit den Begriffen «Reform» – einer Leerformel – und «Investiturstreit» hinreichend gekennzeichnet.

Gab es überhaupt eine «Gregorianische» Reform, so ist mit Recht gefragt worden (O. Capitani), und die Antwort war aufs Ganze gesehen negativ; die Reform sei umfassender gewesen und weder nach Ursprung noch nach Umfang auf Papst Gregor VII. beschränkt.

Auch die andere Bezeichnung «Investiturstreit» ist relativiert worden und wird neuerdings häufig mit dem Adjektiv «sogenannt» versehen. Es sei um mehr gegangen als um den Vorgang der Investitur. Man habe um das Verhältnis von geistlicher zu weltlicher Macht oder noch umfassender: um die «rechte Weltordnung» gerungen.

Doch ist erst die jüngere Forschung auf die Komplexität und den Umbruchcharakter jener Zeit aufmerksam geworden. Früher sah man sie meist eingebunden in die Abfolge der Dynastien («die Zeit der Kaiser aus salischem Hause») oder unter dem Aspekt aufkommender Spannung zwischen Staat und Kirche, die es beide in der uns vertrauten Form damals gar nicht gegeben hat.

Aufbruch zur Moderne?

Was ist in jenen Jahrzehnten etwa von der Mitte des 11. Jahrhunderts bis zum dritten Jahrzehnt des 12. Jahrhunderts anders geworden? Die Anschauung von der Kirche veränderte sich grundlegend: Damals vollzog sich «vielleicht der entscheidendste Durchbruch römisch-katholischer Wesensart in der Geschichte» (F. Kempf). Nicht der Papst – zumindest nicht der Papst allein – bewirkte die Hinwendung zu einem römischen Zentralismus. Der monarchische «Platz des Papsttums» lag «in der Kirchenfrömmigkeit der Reformer» (Y. Congar) begründet. Daß das Papsttum als Hort und Gebieter heilbringender Lebensform zu wirken habe, war damals eine weitverbreitete und auch außerhalb Roms anzutreffende, von Geistlichen wie von Laien getragene Überzeugung. Um katholisch, um rechtgläubig zu sein, genügte es nicht, den rechten Glauben zu bekennen; zur Orthodoxie gehörte nun auch der vollkommene Gehorsam gegenüber Rom. Den zentralen Glaubenssatz Gregors VII. und seiner Anhänger hat ein heutiger Theologe (Y. Congar) mit folgenden Worten umschrieben: «Gott gehorchen heißt, der Kirche gehorchen und das wiederum heißt, dem Papst gehorchen und umgekehrt» (siehe S. 35).

Der König, zumal der deutsche König, wird seines Sakralcharakters entkleidet und gilt zudem durch sein schmutziges irdisches Geschäft als ein in seinem Seelenheil gefährdeter Mensch. Der Laie wird aus der Gesamtkirche verdrängt, zu der bislang Geistlichkeit und Laienwelt gehörten. Die Kirche: das ist in Zukunft die Geistlichkeit als Verwalterin der Heilsmittel. Frei von weltlicher Einwirkung soll die Geistlichkeit sein, was zugleich Bindung an die hierarchisch gegliederte und in ihrem Haupte, dem römischen Bischof, gipfelnde Kirche bedeutet. Die Gemeinschaft aller Christen, der Laien wie der Kleriker, heißt jetzt und in Zukunft meist «christianitas», Christenheit, nicht mehr Kirche.

Man hat von einer «Aufbruchszeit» gesprochen, und das Wort gilt in vielerlei Beziehung. «Aufbrechen» konnten innerhalb der bisher weitgehend starren «archaischen» Gesellschaft die unteren Schichten, vornehmlich die Unfreien, die – so wird in der Forschungsliteratur mehr behauptet als bewiesen – über 90% der damaligen Bevölkerung ausmachten: schollengebunden und zum Sachvermögen des Grundherrn gehörig.

Die Ausgliederung aus einer patrimonial-grundherrschaftlichen Bindung konnte horizontal erfolgen. Ein Angehöriger des einen Grundherrschaftsverbandes (familia) konnte zum Beispiel durch Heirat zu einem anderen übertreten, oder der Grundherr übertrug die Hörigen oder deren Arbeitskraft einem anderen Herrn oder einer kirchlichen Einrichtung.

Seit der Mitte der siebziger Jahre des 11. Jahrhunderts herrschten in weiten Teilen Deutschlands und Reichsitaliens über Jahrzehnte bürgerkriegsähnliche Zustände, und in der Unruhe der hin- und herwogenden Kämpfe dürften Unfreie in nicht geringer Zahl ihren Dinghof verlassen haben oder durch Not und Gewalt vertrieben worden sein. Zunehmend hören wir in den Quellen von Zusammenrottungen umherziehender Armer, die vor Kloster- und Kirchenpforten lagerten, Nahrung heischend und Unruhe stiftend. Als man 1096 zum Kreuzzug ins Heilige Land aufbrach, rotteten sich unter Führung des Einsiedlers Peter von Amiens zehntausende «Nichtseßhafter» zusammen, um ihren Beitrag zum Heiligen Kampf zu leisten. Not war es häufig, die die Leute zum Aufbruch trieb, zumal in weiten Teilen Westeuropas gerade auf das Ende des 11. Jahrhunderts zu Hunger herrschte. Solche marodierenden Horden waren schwer zu bändigen. In den Rheinlanden begingen sie blutige Judenpogrome, doch bei Plünderungen in Ungarn wurden sie zum großen Teil erschlagen. Wenige Jahre später sollen sogar 150000 solcher «Vagabunden» aufgebrochen sein, und auch dieser Strom versickerte irgendwo unterwegs.

Zur sozialen Mobilität gehörte auch die vertikale Veränderung, der gesellschaftliche Aufstieg. Grundhörige gingen in die Stadt und erwarben den Rechtsstand eines Bürgers. Andere suchten Freiheit in neuen Rodungs- und Siedlungsgebieten. Am wichtigsten aber war der Aufstieg der ursprünglich unfreien Dienstmannen (Ministerialen) als Berufskrieger und Verwaltungsträger. Je härter der Bürgerkrieg während des Investiturstreits tobte, um so höher stieg in Wert und Ansehen der zum Kampf ausgebildete Krieger. Der Bauer, der den Pflug mit dem Spieß vertauschte, wurde zu einer tragischen Figur: auf dem Schlachtfeld ungeübt, wurde er ein leichtes Opfer der Berufskrieger, und während der Kämpfe verkam sein Hof. Manche Bauern gliederten sich als Lohnkrieger oder Dienstmannen ein, um den Schutz eines mächtigen Herrn zu genießen. Die Dienstmannen konnten ihre soziale und rechtliche Stellung ständig verbessern. Sie versuchten, den Charakter der Hörigkeit abzustreifen: «Dienstmann ist nicht eigen», so hieß es, und tatsächlich verloren sie allmählich ihre Unfreiheit und verbanden sich mit dem alten Adel. Ein neues Idealbild kündigte sich an: das des christlichen Ritters (siehe S. 52ff.).

Aufbruchszeit: Recht dämmerhaft hatte man durch Jahrhunderte brav die Kanones wiederholt und die Kirchenväter zitiert, ohne sich sehr nach ihnen zu richten. Widersprüche wurden nur schwach beachtet, und es gab darob nicht Mord und Totschlag. Als die Frage der Gültigkeit der Sakramente erörtert wurde, die Berechtigung einer Exkommunikation, die Forderung des Priesterzölibats, hatten die feindlichen Parteien jeweils vortreffliche Argumente zur Hand. Man war zunächst so naiv zu meinen, daß der in den besseren Autoritäten steckende Wille Gottes sich von sich aus durchsetzen würde, wurde jedoch herb enttäuscht, denn auch die Gegenpartei behauptete, im Besitze bester Gründe und Belege zu sein. Man war gezwungen, das Für und Wider zu bedenken, um zu einer Schlußfolgerung zu gelangen: die Dialektik kam auf und zugleich mit ihr der Wille, den Glauben mit Hilfe der Vernunft zu ergänzen, wenn nicht gar zu stützen.

Die Scholastik war der erste Aufbruch der Vernunft, einer freilich fest in den Glauben eingebundenen Vernunft. Viele Jahrhunderte war die Theologie ohne einen Gottesbeweis ausgekommen. Der erste große Scholastiker, Anselm von Canterbury (†1109), auch er in seinem Schicksal als Vertriebener ein Geschlagener des Investiturstreits, glaubte ihn liefern zu müssen: Da Gott seinem Begriff nach das vollkommenste Wesen sei und zur Vollkommenheit die Existenz gehöre, sei Gott existent. Daß sich später die Vernunft der Glaubensbindung entziehen würde, die Scholastik selbst den Grund legen könnte zur Absage an den Glauben, war zunächst und für Jahrhunderte außerhalb des Vorstellungsvermögens.

Der Staat, die aus der Kirche ausgegliederte weltliche Herrschaft, besann sich auf seinen Existenzzweck: Friedenswahrung und Gesetzesordnung. Man erinnerte sich der antiken Wurzeln und nahm das Römische Recht als Kaiserrecht auf, zu dessen Handhabung freilich der bisher wirkende, weitgehend unausgebildete juristische Laie unfähig war: der studierte Jurist wurde nötig, der weltliche wie der geistliche, der Legist wie der Kanonist. Der Legist hielt sich an das Römische Recht, vornehmlich an die Digesten (die scharfsinnigen Stellungnahmen der Juristen der römischen Kaiserzeit), der Kanonist an das Papstrecht. Denn mit dem Aufkommen der Überzeugung, daß die Rechts- und Glaubensmitte der römische Bischof innehabe, gab es geradezu eine neue Ära päpstlicher Gesetzgebung: man hat ausgezählt, daß die Päpste des 12. Jahrhunderts mehr Dekrete (gesamtkirchliche Entscheidungen) erlassen haben als alle ihre Vorgänger zusammen: gegen tausend. Der geschulte Jurist war erforderlich, um – wie schon wenige Jahrzehnte später geklagt wurde – durch den «undurchdringlichen Wald» der Entscheidungen hindurchzufinden.

So ließe sich fortfahren mit dem Aufzählen von Veränderungen auf sehr verschiedenen Feldern: Die Stadt als Siedel- und Rechtsform bildete sich heraus, das Feudalrecht erhielt neue Formen, die Idee des Heiligen Krieges mündete in den Ersten Kreuzzug und die Gründung der Kreuzfahrerstaaten, neue Orden kamen auf, alte, wie die Augustinerchorherren, gelangten in geläuterter Form zu hoher Blüte, ein auf die Moderne hinlenkender Individualismus deutete sich an, und so weiter. Aber, so läßt sich fragen, was hat dies alles mit Gregor VII., mit der nach ihm benannten Reform und mit dem Investiturstreit zu tun?

Die gregorianische Epoche als «zweite Christianisierung»

An der Gestalt Gregors VII. schieden sich ebenso die Geister wie in ihr gleich einem Brennspiegel wesentliche Tendenzen der Reform gebündelt waren. Seine Überzeugung, Gottes Werkzeug auf Erden zu sein und für eine heilsgerechte Welt sorgen zu müssen, verlieh ihm ein Sendungsbewußtsein, das sich nicht an irgendwelche Regeln und Gewohnheiten gebunden fühlte. Wohl war in ihm, dem Papst, die Tradition geborgen, aber «Christus hat nicht gesagt, ich bin die Gewohnheit, sondern ich bin die Wahrheit». Dieses verschüttete Kirchenväterzitat nahm Gregor auf, und es machte fortan die Runde. Gregor sah sich selbstbewußt neben der gestaltenden Kraft der Väter und verkündete: «Wir legen nicht unsere eigenen Beschlüsse vor, obwohl wir es, wenn nötig, könnten, sondern erneuern die Statuten der heiligen Väter.» Mit beidem war es ihm ernst: sowohl mit der Befolgung heilswirksamer Väterbeschlüsse wie mit seinen Entscheidungen aus eigener, ihm von Gott übertragener Vollmacht. Bei weitem nicht alles, was Gregor forderte, war neu: neu war jedoch stets die Radikalität.

Nehmen wir einige der zentralen Forderungen der Reform: das Verbot der Simonie, das Dringen auf den Priesterzölibat und die Frage der Laieninvestitur.

Schon lange, besonders seit Papst Gregor I. (590–604), der dem Begriff der Simonie eine präzise Definition gab, war Ämterschacher verpönt. Es lag darauf der Fluch, den Petrus über den nach der Geisteskraft des Apostels trachtenden Magier Simon (von dem die Simonisten ihren Namen haben) ausgesprochen hatte (Apostelgeschichte 8, 9 ff.): «Daß du verdammt seist mit deinem Gelde, darum daß du meinst, Gottes Gabe werde durch Geld erlangt.» Mit verschiedener Lautstärke ist das Simonieverbot durch die Jahrhunderte wiederholt worden, und so gut wie in jeder Kathedralbibliothek lag zum Beispiel das Dekret des Bischofs Burchard von Worms († 1025), in dem die Verbotssätze nachgelesen werden konnten.

Dennoch stand der Pfründenhandel – zumal außerhalb des deutschen Reiches – in hoher Blüte. Das Erzbistum von Narbonne wurde 1016 für 100000 Goldschillinge vergeben. Albi kostete 1038, als es noch zu Lebzeiten des amtierenden Bischofs feilgeboten wurde, 5000 Schillinge, und der Vater des Florentiner Bischofs Petrus Mezzabarba, ein reicher Pavese, stöhnte 1062: «3000 Goldstücke hat mich der Pontifikat meines Sohnes gekostet.» Aber seit der Mitte des 11. Jahrhunderts wurde die «simonistische Häresie» energisch bekämpft, und in Rom häuften sich die Prozesse. Während anfangs meist von außen eingegangene Klagen behandelt wurden, zitierte Gregor VII. häufig Bischöfe auf Verdacht nach Rom. Nicht selten kam es vor, daß er den Untergebenen eines Bischofs oder Erzbischofs Gehör schenkte, so daß das hierarchische Gefüge der Reichskirche gefährdet wurde. Gerade der aristokratische Reichsepiskopat sah sich würdelos behandelt. Gregor spränge mit den Bischöfen um wie mit Gutsverwaltern, empörte sich der Bremer Metropolit Liemar (1072–1101). Von Gregor VII. als Simonistenverfolger erzählte man sich Wunderdinge. Auf einer Legatenreise habe er einen simonistischen Reichsbischof dadurch entlarvt, daß er ihn «das Verslein» habe sprechen lassen «Ehre sei dem Vater und dem Sohne und dem Heiligen Geist». Der sündige Prälat habe bei jedem Versuch immer weniger hervorbringen können, erst den Heiligen Geist nicht, dann den Sohn nicht und schließlich den Vater nicht. Erst als er sein Vergehen bekannt habe, sei es ihm möglich gewesen, den vollen Wortlaut auszusprechen.

So hartnäckig Gregor VII. als Simonistenverfolger auftrat: noch wesentlich revolutionärer wirkte seine Zölibatsforderung. Verheiratete Priester waren keine Seltenheit. In der Dichtung «Einochs» (Unibos), die im deutsch-niederländischen Bauernmilieu des 11. Jahrhunderts spielt, ist völlig selbstverständlich von einer «nobilis», einer Edelfreien, die Rede, die der Ortspfarrer heimgeführt habe, und mit Ehrfurcht ist in die Ebersberger Traditionen eine «Presbyterissa», eine «Frau Priesterin», eingegangen, die nach dem Tode ihres Priestermannes hilfreiche Schenkungen tätigte. In einer Bruderschaftsmatrikel aus Tours, angelegt um die Mitte des 11. Jahrhunderts, begegnen unter den rund 150 Namen die Tochter eines Bischofs und zwei Klerikerfrauen als vollwertige Mitglieder.

Sofort nach Pontifikatsbeginn war Gregor VII. energisch gegen verheiratete Priester vorgegangen. Gerade Geistliche des Niederklerus waren von dem Verdikt betroffen, und tausendfach protestierten sie gegen die neuen Gesetze. Allein in der Diözese Konstanz sollen sich 3600 Geistliche auf einer Synode zusammengerottet und gegen die Beschlüsse aufgelehnt haben. Es kursierten durchaus ernstzunehmende Schriften für die Priesterehe. Als unerhört wurde empfunden, daß Gregor VII. die Laien aufforderte, die Messen verheirateter Priester zu meiden; man sah darin eine Aufhetzung des Kirchenvolkes gegen seine geistlichen Führer. Aber die Reform setzte sich durch, zumal sie starken Rückhalt in Laienkreisen fand, die in Sorge um ihr eigenes Seelenheil teilweise mit brutalen Mitteln ein sittenstrenges Leben ihrer Priester durchzusetzen suchten. «Kebsweiber» verheirateter Priester wurden verjagt, sündige Geistliche gelyncht. Nur der ehelose Priester konnte der Gnadenmittel sicher sein. Man verwies auf die allegorische Auslegung des Isidor von Sevilla († 636): «caelebs» (= ehelos) heißt «caelo beatus», selig im Himmel. Personen, die die Ehelosigkeit des Priesters hinderten, erfuhren eine Rechtsminderung: die Priesterfrauen galten als Konkubinen, Priesterkinder wurden als unfreie Sklaven zum Kirchenvermögen geschlagen.

Die Durchsetzung des generellen Investiturverbots für Laien ist Gregors ureigenes Werk. Hatte es sich auf verschiedene Weise – durch Humbert von Silva Candida († 1061) und auf der Lateransynode von 1059 – schon angedeutet, so setzte es sich mit ganzer Wucht erst auf der römischen Lateransynode von 1078 durch. Von nun an war das Ineinandergreifen von geistlichem Amt und weltlichem Besitz, von Sakraments- und Hoheitsträger empfindlich gestört. Für die Reichsprälaten brachte erst das Wormser Konkordat 1122 einen tragfähigen Ausgleich.

In allen drei Bereichen, die lediglich als Beispiele dienen können – der Bekämpfung von Simonie, Priesterehe und Laieninvestitur –, war die Zuspitzung mit dem Wirken und der Haltung Papst Gregors VII. verbunden. Mit einiger Wahrscheinlichkeit läßt sich sagen, daß sich innerhalb eines längeren Zeitraums die Reformvorstellungen auch ohne ihn durchgesetzt hätten. Denn das hinter diesen Forderungen stehende Verlangen wurde vielfach von Laien und selbst von persönlichen Gegnern Gregors VII. ebenso empfunden: der Wunsch, das irdische Dasein heilsgemäß einzurichten. Mit gutem Grund spricht man von einer «zweiten Christianisierung» während dieser Zeit, als man die bislang lässig gehandhabten kirchlichen Vorschriften ernst zu nehmen begann. Auch die Gegner Gregors wollten der Ausgestaltung einer gottgenehmen Welt gewiß nicht im Wege stehen; auch ihnen ging es um die Wirksamkeit des Sakraments, um die Integrität des Priesters und um die Unverletzlichkeit des kirchlichen Amtes. Zuweilen haben Gregors Gegner den Papst besser verstanden als seine Anhänger und Mitläufer.

Wer war dieser Papst Gregor VII., der von sich hätte sagen können: Wer nicht für mich und meine Weltsicht ist, der ist gegen mich und der Seligkeit nicht teilhaftig?

Der «Mensch Hildebrand»

«Gregor, der ursprünglich Hildebrand heißt, seinem Geburtsland nach ein Toskaner aus der Stadt Sovana, stammt von einem Vater namens Bonizus ab: saß 12 Jahre, 1 Monat und 3 Tage auf dem Papstthron.»

So lautet die Eintragung im Papstbuch, wie sie seit der frühen Kirche für jeden Papst gemacht wurde. Diese Formulierung gibt mehr vor, als sicher ist: Unklar ist, woher Hildebrand-Gregor VII. stammte, denn außer dem bei Bolsena liegenden Städtchen Sovana wird ein Dorf in dessen Nähe als Geburtsort genannt. Aber es ist auch vermutet worden, daß Hildebrand Stadtrömer war, vielleicht sogar aus einem Armenviertel, aus Trastevere, kam, was freilich eine nur schwach begründete Spekulation ist, ähnlich wie eine angebliche Verbindung zur jüdischen Bankiersfamilie der Pierleoni oder eine Herleitung von Walrada, der Friedelfrau König Lothars II. († 869). Letzteres ist nach den jüngsten Untersuchungen am Skelett Gregors VII., über die noch zu berichten sein wird (siehe S. 85), ohnehin nicht recht wahrscheinlich. Ernster zu nehmen ist die Vermutung, daß Hildebrand Sproß einer mit Rom verbundenen Adelsfamilie gewesen sei, die in der Nähe des Colosseum über Besitztum verfügte. Denn ein Neffe des Papstes verbarrikadierte sich dort, als Heinrich IV. in die Stadt eindrang, und ein Onkel Hildebrands war Abt des angesehenen stadtrömischen Reformklosters S. Maria auf dem Aventin. Vielleicht bestand eine verwandtschaftliche Beziehung zur südtoskanischen Adelsfamilie der Aldobrandeschi, deren Besitz um Sovana konzentriert war und die den germanischen Namen Hildebrand als Leitnamen führte.

Hildebrand: Das Allegorien liebende Mittelalter war eifrig dabei, aus dem Namen die Eigenschaften seines Trägers herauszulesen. Die einen setzten Hildebrand gleich Willebrand («der Verbrenner irdischer Begierden», so interpretierte man), die anderen – die eine «Auslegung zum Schlimmeren» (interpretatio in malam partem) suchten – lasen «Prandellus» (von Brand abgeleitet) und «Höllenbrand» heraus, der die Welt ins Unglück stürzt. Noch Luther soll sich in solcherlei Deutungen ergangen haben.

Gestattet der Name keine Zuordnung zu Familie und Geburtsort, so gibt es seit kurzem wenigstens über die körperliche Beschaffenheit Gregors einige nicht uninteressante Daten. Bis 1984 hatte Gregors Leichnam von Wachs umkleidet in einem gläsernen Sarkophag in einer Seitenkapelle des Matthäus-Domes von Salerno gelegen. 1984 war italienischen Paläopathologen, Medizinern, Gelegenheit gegeben, die Reste des Skeletts – Teile waren als Reliquien früher entnommen worden – von der Wachshülle zu befreien und mit modernen analytischen Mitteln zu untersuchen, bevor sie endgültig in einem neu hergerichteten antiken Sarkophag in der gleichzeitig renovierten Kapelle an alter Stelle beigesetzt und anläßlich des 900jährigen Jubiläums des Todes Gregors VII. 1985 zur Adoration wieder freigegeben wurden. Es ergibt sich folgender Befund: Gregor ist zwischen 65 und 75, also rund 70 Jahre alt geworden, was einem Geburtsjahr um 1015 entspräche, früher als allgemein angenommen. Dem Körperbau nach muß man ihn dem alpin-mediterranen Typ, mithin einer einheimischen Bevölkerungsgruppe zurechnen; ein «nordischer», das heißt ein langobardischer Einschlag scheidet aus. In den zeitgenössischen Quellen wird die körperliche Erscheinung Gregors VII. verschieden beschrieben: «recht dunkel und von häßlichem Gesichtsausdruck», «ein kleiner Mensch (homuncio) von zarter Statur» und ähnliches mehr. Anhand des Skeletts ist jetzt errechnet worden, daß sich die Körpergröße im Laufe des Lebens von ursprünglich 163 cm auf 157 verringert haben dürfte; der Rückgang der Körpergröße erklärt sich hauptsächlich aus einer krankhaften Schrumpfung der Wirbelkörper. In seiner Kindheit und Jugend ist Gregor ungewöhnlich gut und gesund ernährt worden, wie es – nach Meinung der italienischen Mediziner – einer «gehobenen bäuerlichen Schicht» entspricht. Manche Daten sind außergewöhnlich: die Schädelkapazität liegt mit 1600 cm^3 erheblich über dem heutigen Durchschnitt bei Männern (1400 cm^3); die Wirbelsäule des Heranwachsenden, dessen Muskulatur ihn als guten Fußgänger und Reiter ausweist, war großen Belastungen ausgesetzt gewesen, als hätte er vorübergehend eine Tätigkeit ausgeübt, die ihn zwang, schweres Gewicht auf dem Rücken zu tragen. Bedrückend ist das Altersbild. Etwa vom sechzigsten Lebensjahr an, also rund ab 1075, muß Gregor als Folge seines Wirbelleidens immer wieder starke Schmerzen verspürt haben, die ihn «relativ häufig» zur Bettruhe zwangen und ihn am Ende seines Lebens hinken ließen.

Diese Einzelheiten könnten zu weiterer Interpretation reizen (sollte zum Beispiel die auffällige Inaktivität Gregors während der letzten Lebensjahre mit seinem desolaten körperlichen Zustand zusammenhängen?). So haben bei Karl dem Großen Mediävisten in Anwendung der «Konstitutionslehre» Ernst Kretschmers («Körperbau und Charakter») Schlüsse aus der Körperbeschaffenheit zu ziehen versucht. Ähnlich hat Emil Ludwig (1881–1948) den übersteigerten, unglücklichen militärischen Bewährungsdrang Kaiser Wilhelms II. von dessen verkrüppeltem Arm abgeleitet. Wir unterlassen Ausdeutungen und halten uns an die schriftlichen Quellen.

Gregor kam in früher Jugend nach Rom und hat als Papst wiederholt erklärt, daß die römische Kirche und der heilige Petrus ihn von Kindheit an «ernährt» hätten. Er verwendet das Wort «nutrire», das gern für Knaben eingesetzt wurde, die einem Konvent übergeben wurden, und er erwähnt auch den Stadtpräfekten Alberich und den Senator Cencius als seine römischen Mitschüler. Vielleicht war Hildebrand dem Aventinkloster anvertraut, wo er möglicherweise die Profeß geleistet hat (kaum im burgundischen Cluny, und daß dort eine zweite Profeß stattgefunden habe, ist reine Spekulation). Klar in das Licht der Geschichte tritt für uns Hildebrand 1047. Er begleitete den abgesetzten Papst Gregor VI., der unter den Reformfreunden in Rom und Italien über einen großen Anhang verfügte und gerade deshalb von dem deutschen Kaiser Heinrich III. (1039–1056) über die Alpen ins Exil geschickt wurde: in die Rheinlande, wahrscheinlich nach Köln. «Ungern bin ich mit Papst Gregor über das Gebirge weggegangen», sagte Gregor VII. über dreißig Jahre später (1080) in einer zum Gebet überhöhten Rede, aber an anderer Stelle betont er, daß er aus guter Erinnerung an Köln dieser Kirche seine besondere Zuneigung zuwende.

Was Hildebrand in den zwei Jahren 1047 bis 1049 getrieben hat, ist weitgehend unbekannt. Wir wissen von einem Besuch Aachens, doch anderes ist Hypothese: daß er sich von rheinischen Kirchenrechtskennern hätte in die Schule nehmen lassen, zunächst am Niederrhein in Lüttich, dann am Oberrhein in Worms, wo einst der Bischof Burchard I. († 1025) seine hochgeschätzte Kirchenrechtssammlung verfaßt hatte. Aber es ist unwahrscheinlich, daß dort unter den Nachfolgern Burchards so etwas wie ein Lehrbetrieb bestanden hat. 1049 kehrte er mit dem neuen Papst Leo IX. (1049–1054) zurück nach Rom, der ihm, der damals zum Subdiakon geweiht und dem Kardinalklerus zugeordnet worden sein dürfte, die Leitung des anscheinend heruntergekommenen Klosters Sankt Paul vor den Mauern übertrug. Von dieser Zeit an wurde Hildebrand immer stärker der entscheidende Mann am päpstlichen Hof. Man schickte ihn nach Frankreich und an den deutschen Königshof zu Heinrich III. (1039–1056), vor dem er eine Predigt gehalten hat. 1058 erwirkte er bei der deutschen Kaiserin Agnes die Zustimmung für die Erhebung Stephans IX. (1057–1058) zum Papst, den die römischen Reformer gewählt und geweiht hatten, ohne die Genehmigung des deutschen Königshofes einzuholen. Mit dem Amt des Archidiakons übernahm Hildebrand 1059 die Verwaltung des Vermögens der römischen Kirche.

Unklar ist seine Rolle auf dem für die Zukunft so wichtigen Laterankonzil von 1059. Damals brach sich eine Tendenz Bahn, die sich unter Reformern schon vorher angekündigt hatte: der Wunsch nach «Freiheit der Kirche». Nicht daß diese Freiheit absolute Ungebundenheit bedeutet hätte, wie sie später anarchische Ketzergruppen forderten, die sich von der Hierarchie und den kirchlichen Einrichtungen abwandten. Für jene Reformer des 11. Jahrhunderts war die Freiheit geknüpft an die Verpflichtung, Gottes Plan zu entsprechen, der in der glaubensmäßigen Ausrichtung auf die römische Mitte bestand. «Freiheit der Kirche» bedeutete Freisein von weltlichen, überhaupt: von kirchenfremden Eingriffen, zugleich jedoch Bindung an Rom. Hildebrand war der Künder solcher Freiheit, und er nannte es den «Zustand eigener Freiheit», keinem «außer der heiligen und umfassenden römischen Mutterkirche unterworfen» zu sein. Die Lateransynode von 1059 fiel in den Pontifikat Nikolaus' II. (1059–1061). Damals war der Einfluß Hildebrands so groß, daß man sagen konnte, Hildebrand füttere «seinen Nikolaus im Lateran wie einen Esel im Stall». Auf diesem Laterankonzil von 1059 hat Hildebrand eine vor Hohn triefende Rede über das luxuriöse Leben der Kanoniker gehalten, die dem Laster des Eigenbesitzes frönten und sich Essensportionen von Zyklopen auftischen ließen. Im Sinne Hildebrands erhielten die Kanonikervorschriften bald asketische Züge. Nicht ohne maßgebenden Einfluß Hildebrands dürften auch die zentralen Lateranbeschlüsse gefaßt worden sein: das Papstwahldekret und das Investiturverbot für Niederkirchen.

Zukunftweisend behält die neue Papstwahlordnung die Erhebung des römischen Bischofs den Kardinälen vor und leitet zu den Formen über, die für die Papstwahl noch heute gelten (siehe S. 149). Ursprünglich waren die Kardinäle im stadtrömischen Gottes- und Fürsorgedienst beschäftigt; aus diesen gottesdienstlichen und karitativen Helfern wurden nun unabhängige Wähler ihres päpstlichen Herrn. Der Kardinal sollte vorzugsweise der römischen Kirche entnommen werden. Obgleich noch im heutigen Kirchenrecht ausdrücklich festgehalten ist, daß «jeder Katholik» (und damit auch jeder Laie) wählbar sei, lehrt die geschichtliche Erfahrung, daß in der Regel und seit 1378 ausschließlich Kardinäle als papabili angesehen werden – die Helfer des römischen Bischofs. Wessen Handschrift das Papstwahldekret zeigt, darüber ist viel gerätselt worden: die des radikalen Humbert von Silva Candida († 1061), des angesehenen Petrus Damiani († 1072) oder bereits die Hildebrands – dessen Unterschrift in der besten Überlieferung des Dekrets fehlt? Allerdings könnte die wenig klar gestaltete Latinität des Dekrets auf einen Kompromiß, auf eine Gemeinschaftsleistung deuten.

Das Papstwahldekret drängt den Einfluß des deutschen Königs auf die Erhebung des römischen Bischofs zurück. Auch die zweite wichtige Bestimmung ist dem Reichsgefüge abträglich. Sie verbietet, daß ein Geistlicher von einem Laien eine Kirche erhalte, «weder gratis noch für irgendeinen Preis». Zwar dürfte dieses Investiturverbot nur den Niederkirchen gegolten haben, aber es widersprach kraß dem im deutschen Reich noch kräftigen Eigenkirchengedanken, daß der Eigenkirchenherr den Geistlichen in die auf seinem Grund und Boden errichtete Kirche einführt.

Gewiß noch einflußreicher als unter Nikolaus II. war Hildebrand unter dessen Nachfolger Alexander II. (1061–1073), zumal der unerbittliche Humbert 1061 gestorben war und der stets nach klösterlicher Einsamkeit strebende Petrus Damiani sich immer mehr zurückzog. Hildebrand war der starke und – der harte Mann am päpstlichen Hof. Er trat zugunsten der asketischen und eifernden Vallombrosaner Mönche gegen den opponierenden Bischof von Florenz auf und setzte schließlich dessen Absetzung durch, offenbar gegen den mehr an einen Ausgleich denkenden Papst Alexander II. Man sprach vom «gerechten» Hildebrand und steckte sich hinter ihn, wenn der Einfluß des Prozeßgegners groß und gefährlich schien. «Kleinmütig», so berichtet eine spätere Quelle, sei Alexander II. gewesen, Hildebrand dagegen ein «glaubenskräftiger Löwe», der die Gerechtigkeit gegen rohe Gewalt durchgesetzt habe. Seine Unduldsamkeit machte ihn seiner Umgebung unheimlich, und selbst der friedfertige Petrus Damiani nannte ihn einen «heiligen Satan», einen Menschen, der ihm hoffentlich nicht zum Wolfe werde. Es überschreitet schon die Grenzen des Geschmacks, zeigt aber die drückende Autorität des damaligen Archidiakon, wenn Damiani an Hildebrand folgendes Epigramm richtete:

«Rechtens ehr' ich den Papst, an dich jedoch richt' ich Gebete.
Du machst diesen zum Herrn. Dieser macht dich dann zum Gott.»

Als Gregor VII. hat Hildebrand später an seinen Anteil bei der Abfassung von Entscheidungen unter Alexander II. erinnert, fand auch nichts dabei, seine Vorgänger der «Nachlässigkeit» zu zeihen, und nahm Privilegien zurück, die Alexander II. erteilt hatte.

Alle Macht der Papstkirche

Als Alexander II. zu Grabe getragen wurde und der Trauerzug an der Kirche S. Pietro in Vincoli vorbeikam, wurde Hildebrand unter der demagogischen Regie des Kardinals Hugo des Weißen († 1098) in tumultuarischer Weise zum Papst erhoben und in der genannten Titelkirche sofort inthronisiert – ein glatter Verstoß gegen die ausgewogenen Regeln des mit großer Wahrscheinlichkeit von Hildebrand mitgetragenen Papstwahldekrets. Der späteren offiziellen Papsthistoriographie war diese spontane Erhebung während der Begräbnisfeierlichkeiten für Alexander II. peinlich. Man behauptete im nachhinein, die Erhebung habe am dritten Tag nach den Exequien stattgefunden, wie es die alte päpstliche Begräbnisordnung verlangte. Der zum Papst Erhobene nannte sich nach Gregor I., dem Musterpapst des Mittelalters, Gregor VII. und zitierte wie dieser das Psalmwort «Ich bin in die Tiefe des Meeres geraten, und die Flut will mich verschlingen». Eines so hohen Amtes erschien nur würdig, wer es widerwillig übernahm, denn von vornherein mußte der Verdacht zurückgewiesen werden, daß Ehrgeiz die Erhebung herbeigeführt habe, und Gregor VII. beteuerte in einer Wahlanzeige, die er an eine ganze Reihe von Personen (jedoch nicht an den deutschen König) verschickte: «Wie Wahnsinnige haben sie sich auf mich gestürzt und mir keine Gelegenheit zum Sprechen oder zur Beratung gelassen.» –

Die Quellenlage zum Pontifikat Gregors VII. ist nicht schlecht, wenn auch unausgewogen. Wir haben nicht wenige chronikalische Nachrichten, zumal der Typ der «Weltchronik» damals wieder aufkommt. Ab 1080 setzt zudem eine Flut von Streitschriften ein, die Briefliteratur erreicht einen Höhepunkt, so etwas wie Propagandaschrifttum entsteht, Rechtssammlungen werfen Licht auf die Vorstellungen der Zeit und anderes mehr. Die beste Quelle aber sind Gregors Briefe, hauptsächlich aufbewahrt im originalen Kanzleiregister: das älteste in Urschrift erhaltene Briefregister eines Papstes. Es umfaßt 360 Stücke; von keinem Papst vorher – von Gregor I.

abgesehen – sind so viele Schreiben auf uns gekommen. Die im Briefregister aufgenommenen Stücke stellen sicherlich nur einen kleinen Teil aller abgesandten Schreiben dar, die auf 1500 geschätzt werden (H. Hoffmann). Die Briefe des Registers sind auf die Jahre ungleichmäßig verteilt: bis 1080 recht dicht, dann spärlicher, Ende 1083 hören sie auf, gewiß ein Zeichen der isolierten, chaotischen Lage Gregors VII. am Ende seines Pontifikats.

Trotz seiner schon von Zeitgenossen erkannten Bedeutung und trotz der zahlreichen, auch in schwerer Not zu ihm haltenden Anhängerschaft fehlt eine angemessene mittelalterliche Biographie, wie sie fast jeder Stifter und Abt und viele Päpste erhalten haben. Rund zwei Generationen später (circa 1128) hat der Regensburger Kanoniker Paul von Bernried († um 1150) eine Lebensbeschreibung Papst Gregors VII. verfaßt, die für Gregors Nachleben aufschlußreicher ist als für sein Leben selbst. Sie trägt stark hagiographische Züge und ist nur in einem österreichischen Legendar überliefert, fand also praktisch keine Verbreitung. Gregor VII. war und blieb offenbar ein ungeliebter Papst, und es machte auch später Schwierigkeiten, ihn in den Stand anerkannter Heiligkeit zu erheben, trotz mancher berichteter Wunder zu Lebzeiten und an seinem Grab. Das Mittelalter hat ihm die Ehre der Altäre nicht zuerkannt. Erst 1606 hat Papst Paul V. den lokalen Kult in Salerno gestattet. Er wurde 1728 auf die gesamte Kirche ausgedehnt, doch haben ihn manche absolutistische katholische Staaten nicht zugelassen: sie lehnten es ab, demjenigen Papst huldigen zu lassen, der wie kein anderer das Gottesgnadentum des Herrschers herabgewürdigt hatte.

Wer Gregors Bedeutung an seiner biographischen Behandlung oder an der kultischen Resonanz, das heißt an äußerlichen Merkmalen, messen will, nimmt – weil das Ergebnis schwach ist – nicht die Kraft der Veränderung wahr, die von diesem Papst ausging. Das eben ist das Geheimnis seiner Wirksamkeit: daß mancher Wandel mit Gregors Namen verbunden ist, ohne daß sein Anteil äußerlich deutlich wird.

Nehmen wir das Rechtsleben. Als Archidiakon schon hatte Gregor Petrus Damiani angewiesen, aus den «Beschlüssen und Taten» der römischen Bischöfe ein kleines Handbuch zusammenzustellen, aus dem man entnehmen könne, welche Vorrechte dem apostolischen Stuhl gebührten. In der Reformzeit entstanden in Rom und Umgebung – vorher lässig und wenig schöpferisch – kirchliche Rechtssammlungen in römischem Geiste; Gregor traf manche Entscheidung, die von der Zukunft bestätigt wurde, und nahm in einer bisher unüblichen Weise für sich das Gesetzgebungsrecht in Anspruch.

Dennoch ist keine Rechtssammlung direkt mit seinem Namen verbunden. Seine Dekrete und Briefe sind so gut wie gar nicht in das katholische Kirchenrecht – in das Corpus Iuris Canonici – eingegangen, im Gegensatz etwa zu den reichlich vertretenen Beschlüssen Alexanders II., seines Vorgängers, und seines eigentlichen Nachfolgers, Urbans II. (1088–1099).

Zum Kreuzzug wurde zwar erst in den neunziger Jahren aufgebrochen, aber Gregor hatte ihn im Geiste vorbereitet. Gemessen an seiner Gesinnung und an seinen Äußerungen hat man Gregor VII. den «kriegerischsten Papst» genannt, der «je auf dem Stuhl Petri saß» (C. Erdmann). Bald nach Regierungsbeginn hatte er selbst an der Spitze eines Heeres nach dem Heiligen Lande ziehen wollen. War daraus auch nichts geworden, so erklärte er einen Maurenfeldzug französischer Ritter nach Spanien zum «Heiligen Krieg» – zum Nutzen des Apostels Petrus und seines Nachfolgers. Denn bei aller Petrusmystik, die sich bei ihm findet, wollte er den Apostelfürsten auch auf Erden mächtig sehen. «Wenn ihr euch nicht zur Wahrung der Rechte des heiligen Petrus verpflichtet», so schrieb er an die nach Spanien aufbrechenden Kreuzfahrer, «wollen wir euch lieber verbieten, überhaupt nach Spanien zu ziehen».

Wie in Spanien, so trachtete er auch bei anderen Land- und Herrschaften danach, politischen Oberhoheit zu begründen. Den englischen König Wilhelm den Eroberer stattete er mit einer Petersfahne aus, aber er hatte kein Glück; Wilhelm ignorierte den Versuch, mit der Fahne eine lehnsrechtliche Abhängigkeit auszudrücken. Fraglos wäre Deutschland vom Papsttum lehnsabhängig geworden, hätte das Gegenkönigtum Rudolfs von Rheinfelden (siehe S. 97f.) und Hermanns von Salm (siehe S. 98) über den legitimen Heinrich IV. gesiegt, denn beide hatten Eide geleistet, Vasallen des Papstes zu werden. Aus päpstlicher Sicht war der deutsche König ein König unter anderen, rex Teutonicorum, wie es einen rex Ungarorum und so weiter gab, kein rex Romanorum, herausgehoben über die anderen Könige. Insgesamt errangen die Anstrengungen Gregors VII., Oberlehnsherrschaften einzurichten, nur kleine Erfolge bei unbedeutenden Fürstentümern wie denen von Dalmatien und Kroatien. Erst seine Nachfolger hatten mehr Glück, größere Reiche unter ihre Oberlehnsgewalt zu bringen.

All dies zeigt ein Vorwegnehmen späterer Situationen; es offenbart zugleich die Isoliertheit und den Ausnahmecharakter von Gregors Erscheinung, die sich in den Kontext ihrer Zeit nicht fugenlos einordnen läßt und doch in ihrem Willen und in ihrer Dynamik die

Entwicklung in Richtung auf eine mächtige Papstkirche mit einem kräftigen Stoß vorangetrieben hat. In vielen Belangen war Gregor seiner Zeit voraus.

Der sendungserfüllte Hierokrat

Wer das Dutzend der Pontifikatsjahre Gregors VII. überschaut (1073–1085), dem fällt die Ungleichmäßigkeit in der Aktivität und in der Wirkung dieses Papstes auf. Bis 1080 ballen sich die Ereignisse, während die letzten fünf Jahre einen in der Aktion gehemmten, allmählich fast alleingelassenen, am Ende aus der Stadt vertriebenen Papst sehen. Gregor hat je länger je mehr die Folgen seiner hierokratischen und unnachgiebigen, teilweise wirklichkeitsfremden Haltung zu spüren bekommen.

Wenn das Briefregister Gregors VII., wie allgemein angenommen, zumindest in seinen Anfangsteilen ziemlich gleichzeitig mit der Ausfertigung der Schreiben geführt wurde, so gehört in die ersten Jahre der Regierungszeit ein ebenso aufschlußreiches wie dramatisches Zeugnis: der «Dictatus Papae», der im Register nach der Fastensynode des Jahres 1075 zwischen dem 3. und 4. März eingetragen ist. Schon in formaler Hinsicht ist diese Aufzeichnung einmalig, denn es gibt keine Thesenreihe, die in ähnlicher Form die besonderen Rechte des apostolischen Stuhls definiert (Näheres siehe S. 124 ff.). Der Herausgeber des Textes (E. Caspar) hat dem «Dictatus Papae» die Überschrift «27 päpstliche Leitsätze» gegeben. In der Tat dürften in diesen Sentenzen Gregors Weltsicht und Absicht wohl am deutlichsten zutage treten. Sie sind als Behauptungssätze formuliert, und manche zeichnen sich durch eine atemberaubende Kühnheit aus, die von der Rechtstradition durchaus nicht immer abgedeckt ist. Niemand zum Beispiel hatte vorher behauptet, daß der Papst bei gültiger Ordination «unzweifelhaft heilig sei» (eine «Heiligkeit im Fleische» wurde sonst als absurd angesehen); daß der Papst «Abwesende absetzen» darf (was dem geltenden Recht widersprach); «daß nur der römische Bischof zu Recht universal genannt werden soll» (Gregor I., von dem der siebente Gregor drei Fünftel seiner nichtbiblischen Zitate übernommen hat, war anderer Meinung gewesen und hatte diese Bezeichnung «töricht und anmaßend» genannt); «daß es dem Papst allein erlaubt ist, im Falle der Notwendigkeit neue Gesetze zu erlassen»: Bisher hatte man sich beeilt zu versichern, daß «nichts Neues» beschlossen sei. Geradezu anmaßend nehmen sich die Sätze über die höchsten weltlichen Herrschaftsträger aus: «Daß allein der

Papst kaiserliche Abzeichen tragen darf.» «Daß einzig des Papstes Füße alle Fürsten küssen sollen.» «Daß es ihm erlaubt sei, Kaiser [das Wort steht im Plural] abzusetzen.» Man kann verstehen, daß Maria Theresia gefordert hat, Gregors Namen aus dem römischen Brevier zu streichen. Mit solchen Gedanken, wie sie im «Dictatus Papae» stehen, trug sich Gregor VII. vor den Geschehnissen von Worms und Canossa, das heißt vor 1076/1077.

Repräsentant der Laienwelt war der Kaiser, und wenn ein solcher noch nicht gekrönt war: der deutsche König als «künftiger Kaiser». Der deutsche König hatte nicht nur gewisse Verpflichtungen, die ihn mit Rom verbanden; als Herrscher über Reichsitalien war er Anrainer des Kirchenstaates, und noch übte er die Investitur bei der Einsetzung von Bischöfen in Deutschland, Burgund und Reichsitalien aus. Deutscher König war damals Heinrich IV. (1056-1106), bei Gregors Pontifikatsbeginn dreiundzwanzig Jahre alt, ein Mann nicht frei von Leichtsinn und Hinterhältigkeit, aber mit einem ausgeprägten Sinn für königliche Würde. Selbst einer seiner ärgsten literarischen Widersacher, Lampert von Hersfeld, gab zu: «Jener Mann, als Herrscher geboren und aufgezogen, zeigte... bei allem Mißgeschick stets einen königlichen Sinn; er wollte lieber sterben als unterliegen.»

Der unvermeidbare Zusammenstoß: Canossa

In den ersten Jahren der Regierungszeit Gregors war das Verhältnis des Papstes zum deutschen König nicht schlecht. Gab es doch manche private Beziehung: der allseits und auch von Gregor VII. verehrte Abtprimas Hugo von Cluny (1049-1109) war Heinrichs Taufpate, und Heinrichs Mutter Agnes war 1062 nach Rom gekommen, hatte den Schleier genommen und sich Gregor VII. als Seelenführer anvertraut. Eine gewisse Spannung zu Heinrich IV. hatte Gregor freilich schon von Alexander II. übernommen. Gegen einige deutsche Bischöfe schwebte der unausgeräumte Vorwurf der Simonie, und manche Räte aus der königlichen Umgebung waren in den Bann getan. Zu dem Zeitpunkt, als Gregor den Papstthron bestieg, machte dem König ein sächsischer Aufstand schwer zu schaffen. Heinrich schickte eine Ergebenheitsadresse, über die Gregor staunte: so habe noch nie ein weltlicher Herrscher einem Papst geschrieben. Gregor lobte Heinrich, machte ihm zugleich jedoch Vorhaltungen. Der König versprach Besserung und konnte den Papst hinhalten, bis ihm 1075 ein entscheidender Sieg über die Sachsen gelang. Heinrich IV. fühlte sich jetzt frei für eine Kraftprobe mit dem Papst.

Zur konfliktauslösenden Zuspitzung kam es in Mailand. Hier hatte Heinrich IV. 1071 einen farblosen Mailänder Adligen namens Gottfried investiert, gegen den die Bürgerschaft, unterstützt von der revolutionären Reformergruppe der Pataria, den im Kirchenrecht bewanderten Atto zum Metropoliten erhob. Bei den in der Stadt ausbrechenden Straßenkämpfen fiel 1075 auf Seiten der Pataria der Ritter Erlembald, der sogleich als Märtyrer verehrt wurde: «der erste ritterliche Heilige der Weltgeschichte» (C. Erdmann). Heinrich glaubte die Schwäche der königsfeindlichen Mailänder ausnützen zu sollen und setzte – ohne Rücksicht auf Gottfried – seinen Hofkaplan Tedald als Erzbischof ein. Jetzt ging Gregor VII. energisch, aber immer noch indirekt vor: er forderte Heinrich auf, sich endlich von den gebannten Räten zu trennen, und lud Reichsbischöfe nach Rom, denen Ungehorsam oder Simonie vorgeworfen wurde.

Im Gefühl der Stärke hielt Heinrich IV. in Worms am 24. Januar 1076 einen Reichstag ab, der im Stile damaliger Zeit zusammen mit einer Reichssynode stattfand. Die Stimmung auf dieser Versammlung wurde immer papstfeindlicher, zumal der zwischen den Parteien wechselnde Kardinal Hugo Candidus – einst Regisseur bei der spontanen Erhebung Gregors VII., dann aber in Ungnade gefallen – schwere sittliche Vorwürfe gegen den Papst vortrug. In dieser aufgeheizten Atmosphäre wurde ein Brief an den Papst aufgesetzt. Einige Wochen später verfaßte man ein längeres Schreiben mit deutlich propagandistischem Einschlag zur Verbreitung im Reich: der erste Versuch einer öffentlichen Stimmungsmache. Im längeren, manifestartigen Schreiben war ein ungewöhnlich aggressiver Ton angeschlagen, den schon die Adresse anzeigt: «An Hildebrand, nicht mehr Papst, sondern an den falschen Mönch»; fast noch schlimmer war der Schluß: «Wir, Heinrich, König von Gottes Gnaden, mit allen unseren Bischöfen sagen dir: steige herab, steige herab» (eine spätere Überlieferung erst hat die Verfluchungsformel angehängt: «in Ewigkeit Verdammungswürdiger»).

Vielleicht wären die Vorgänge anders verlaufen, wenn nicht der Wormser Brief den Papst im Februar 1076 auf einer Fastensynode erreicht hätte, wo er reformerische Grundsatzerklärungen abzugeben pflegte und wo ein solcher Brief eine nicht hinnehmbare Provokation darstellen mußte. Gregors Antwort war die Absetzung und Bannung Heinrichs IV., gekleidet in ein Gebet an den Apostel Petrus: «Heiliger Petrus, Erster unter den Aposteln, höre mich, deinen Knecht... Kraft deiner Vollmacht, zur Ehre und zum Schutze deiner Kirche, im Namen des allmächtigen Gottes untersage ich dem König Heinrich,

... der sich gegen deine Kirche in unerhörter Anmaßung erhoben hat, die Regierung des deutschen Reiches und Italiens, entbinde alle Christen des Eides, den sie geleistet haben oder noch leisten werden, und verbiete hierdurch, daß irgend jemand ihm als König diene.»

Der Bannspruch Gregors VII. hatte eine ungeheure Wirkung. Heinrich sah sich schlagartig allein gelassen, denn vornehmlich die Fürsten, denen die erstarkende königliche Macht ein Dorn im Auge war, ergriffen die Gelegenheit, um sich vom abgesetzten und exkommunizierten König zu trennen. Im Oktober 1076 trafen sie sich in Tribur, wohin auch eine päpstliche Gesandtschaft gekommen war. Auf dem gegenüberliegenden Rheinufer, in Oppenheim, lagerte Heinrich IV. und wartete auf den Spruch der Fürsten. Er erklärte sich bereit, sich von den gebannten Räten zu trennen, und gab das schriftliche Versprechen ab, dem Papst Gehorsam und Buße zu leisten. Mit den Fürsten wurde vereinbart, daß Heinrich seines Königtums verlustig gehe, wenn er nicht binnen Jahresfrist vom Banne gelöst sei. Zugleich ersuchten die Fürsten Gregor VII., zum 2. Februar 1077 nach Augsburg zu kommen, um als Schiedsrichter zu walten – anscheinend rechneten sie kaum mit einer Lösung vom Bann.

In einem Jahrhundertwinter, der sämtliche Flüsse nördlich der Alpen zufrieren und die Grenze des Dauerfrostes bis nach Mittelitalien reichen ließ (siehe S. 23), in der Wende 1076/1077 reiste Heinrich mit seiner Gemahlin und seinem zweijährigen Söhnchen auf Umwegen – denn die nächstgelegenen Alpenpässe hatten die fürstlichen Gegner wohlweislich besetzt – und unter grausamen Strapazen nach Italien.

In der Lombardei verbreitete sich das Gerücht von der Ankunft des Königs. Man nahm an, daß er mit Waffengewalt gegen den Papst vorrücken werde. Auch Gregor hegte diese Vermutung und begab sich, schon auf dem Wege nach Augsburg, eilends in die nächstgelegene feste Burg: Canossa, ein Besitz seiner Beschützerin, der Markgräfin Mathilde, am Nordostabhang des Apennin etwa 30 Kilometer südwestlich von Reggio nell'Emilia gelegen, heute eine mächtige Ruine.

In einem weitverbreiteten Brief hat Gregor später beschrieben, wie Heinrich «ohne alles königliche Gepränge, vielmehr ganz erbarmungswürdig, nämlich barfuß und in härenem Gewande» vor dem Burgtor erschienen sei. Am 25. Januar 1077, dem Tag der Bekehrung des Apostels Paulus, wurde Heinrich in den inneren Mauerring zu einer dreitägigen Bußleistung eingelassen. Obwohl Gregor wegen dieser Bußleistung Heinrich kaum die Absolution verweigern konnte, hat es offenbar doch der vermittelnden Worte von Heinrichs Taufpaten Hugo von Cluny, der Markgräfin Mathilde und der Adelheid von Turin, Heinrichs Schwiegermutter, bedurft, um Gregor zum Nachgeben zu bewegen. Gregor ließ sich erst schriftlich und eidlich versichern, daß Heinrich den Urteilsspruch akzeptiere und des Papstes Reise «über das Gebirge oder in andere Teile der Welt» beschützen werde. Sodann lief das Zeremoniell der Rekommunikation ab: Gregor hob den vor ihm in Kreuzesform liegenden Heinrich auf und reichte ihm und seinen Begleitern das Abendmahl. Das geschah am 28. Januar 1077.

Die Ereignisse um Canossa – die Absetzung des Königs und sein Bußgang – haben bei den Zeitgenossen und der Nachwelt Bestürzung ausgelöst. Der römische Erdkreis sei erschüttert, schrieb der Gregoranhänger Bonizo von Sutri (†circa 1095), und den großen Geschichtsschreiber Otto von Freising (†1158) befielen bei der Erinnerung an Canossa eschatologische Gedanken, denn die Kirche habe das Reich zerschmettert, «als sie beschloß, den römischen König nicht wie den Herrn der Welt zu achten, sondern wie ein aus Lehm geformtes Geschöpf mit dem Bannschwert zu schlagen». Als nicht hinnehmbare Demütigung des Staates vor der Kirche empfand es noch Bismarck; am 14. Mai 1872 verkündete er vor dem Reichstag zu Beginn des Kulturkampfes: «Nach Canossa gehen wir nicht.»

War Canossa wirklich ein so tiefer Einbruch in den Beziehungen zwischen Papsttum und deutschem Königtum? Durch die Absolution war Heinrich IV. wieder rechtmäßiger König – gegen die Erwartung der Fürsten und wohl auch des Papstes: zweifellos ein Augenblickserfolg. Doch das Gottesgnadentum und die Unantastbarkeit des Amtes hatten nicht wiedergutzumachenden Schaden gelitten. Auch der König steht als sündiger Mensch unter der Kirchenhoheit des Papstes, und Gregor VII. hat dieses Richteramt hervorgehoben: bereits seine Vorgänger Zacharias und Stephan hätten einen König abgesetzt und einen neuen (Pippin) eingesetzt.

Ohnmächtiger Papst – gespaltenes Reich

Obwohl Heinrich IV. termingerecht vom Bann gelöst war, ließen sich die Fürsten nicht um die Chance einer Wahl bringen und erhoben im März 1077 mit Billigung anwesender päpstlicher Gesandter den Schwabenherzog Rudolf von Rheinfelden zum König: der erste Gegenkönig der deutschen Geschichte. In den Augen seiner Gegner war Rudolf illegitim und zudem ein Pfaffenkönig, hatte er doch dem Papst freie Wahl der Bischöfe versprochen und Gehorsam in vasallitischer Form geschworen. Mit Recht konnte Heinrich IV. hoffen, mit dem Gegenkönigtum Rudolfs von Rheinfelden fertigzuwerden, vorausgesetzt der Papst griff in die Auseinandersetzung nicht ein. Zwar erklärte sich Gregor VII. jetzt eindeutig gegen die königliche Investitur. Die Fastensynode des Jahres 1078 verbot jede Vergabe eines geistlichen Amtes «durch eine laienhafte und von Gott nicht geweihte Hand», erstreckte sich also auch auf die königliche Investitur. Jetzt erst erhielt der Investiturstreit jene Dimensionen, die das Reichsgefüge veränderten. Im übrigen aber gab sich Gregor VII. drei Jahre hindurch neutral, von 1077 bis 1080. Vielleicht war es Gregors innerste Überzeugung, daß seine Sache, Gottes Sache, von sich aus zum Siege gelangen müsse, ähnlich wie es damals vorkam, daß die streitenden Parteien sich zusammensetzten und Worte der Heiligen Schrift und der geheiligten Tradition vortrugen in der Annahme, daß das wahre Wort «belebt» und siegt, wie auf der anderen Seite «der Buchstabe tötet».

Nach dreijährigem Stillhalten, nachdem seine Parteigänger ohne Erfolg geblieben waren, setzte Gregor gegen Heinrich IV. erneut seine spirituellen Waffen ein. Auf der Fastensynode des Jahres 1080 bannte er den deutschen König abermals und erklärte ihn für abgesetzt, und wiederum benutzte er die Form eines Gebets an den Apostelfürsten. Gregor war der vernichtenden Wirkung seines Bannwortes so sicher, daß er wenig später in einer Osterpredigt Heinrichs baldigen Untergang als eine von ihm ausgelöste Gottesstrafe prophezeite, wenn Heinrich nicht bis zu einem festen Termin – bezeichnenderweise Petri Kettenfeier am 1. August – zur Buße umkehre; Rudolf von Rheinfelden sei für ihn der rechtmäßige König.

Aber so wirksam der erste Bannfluch gewesen war: dieser zweite von 1080 blieb stumpf. Im Reichsepiskopat kamen Stimmen auf, die von der zweiten Bannung als einem Mißbrauch sprachen. Gregor beeilte sich, was er noch nie getan hatte, den skeptischen Bischöfen eine ausführliche Begründung mitzuteilen, die die bekannten und daher abgenutzten Argumente wiederholte. Aber Gottes Wille stand ihm nicht bei. Nicht Heinrich ging unter, sondern Rudolf starb schon im Oktober 1080, nachdem ihm in der Schlacht die «verfluchte» rechte Hand abgehauen worden war, mit der er Heinrich Gehorsam geschworen hatte. Der Tod Rudolfs und die Umstände dieses Todes wirkten wie ein Gottesurteil. Zwar erhoben die Fürsten einen Nachfolger – auch er mußte wie vordem Rudolf dem Papst den Lehnseid schwören –, aber der schwache Lützelburger Graf Hermann von Salm war kein ernstzunehmender Gegner, und sein Tod 1088 blieb fast unbemerkt.

Die zweite Bannung und Absetzung Heinrichs IV. spaltete den deutschen Episkopat. Obwohl gemäß Kirchenrecht der Umgang mit Exkommunizierten automatisch die eigene Exkommunikation nach sich zog, hielten die meisten Bischöfe zu Heinrich IV. Von den deutschen Metropoliten standen der Kölner, der Trierer, der Bremer und nach 1084 auch der Mainzer auf Heinrichs Seite; nur der Magdeburger galt als streng gregorianisch, während der Salzburger wohl päpstlicher Parteigänger war, sich jedoch in seiner Residenz nicht halten konnte.

Das Ende des «Gerechten»

Die letzten fünf Jahre seines Pontifikats mußte Gregor Rückschlag auf Rückschlag hinnehmen. Heinrich IV. konnte die Lage in Deutschland für so stabil ansehen, daß er den längst fälligen Italienzug unternahm. Im Juni 1080 bereits kündigte eine Synode in Brixen Gregor VII. den Gehorsam auf; der ehemalige Leiter der italienischen Kanzlei, der Erzbischof Wibert von Ravenna, wurde als Papst nominiert. Er nahm den Namen Clemens III. an († 1100), eine Erinnerung an jene harmonische Beziehung zwischen Papst Clemens II. und dem deutschen König Heinrich III. Heinrich IV. war zu schwach, um mit Truppenmacht nach Rom durchzustoßen und es zu nehmen. Er richtete Briefe an die Römer, aber noch konnte sich Gregor sicher fühlen, obwohl er auch hier mächtige Feinde hatte, wie ein wenige Jahre früher auf ihn verübtes Attentat anzeigte. Ob es seine Unduldsamkeit oder die Schwäche seiner Position war: 1084 gingen dreizehn Kardinäle zu Heinrich über, darunter auch jener Atto, den Gregor rund zehn Jahre zuvor als seinen päpstlichen Kandidaten in Mailand hatte durchdrücken wollen. Dem Drängen des deutschen Königs gaben die Römer schließlich nach und öffneten den deutschen Truppen die Stadttore. Gregor zog sich in die damals für uneinnehmbar geltende Engelsburg zurück. Ohnmächtig mußte Gregor VII. dulden, daß in der Peterskirche, wenige hundert Meter von der Engelsburg entfernt, Clemens III. inthronisiert wurde und in einem anschließenden Akt Heinrich und seine Gemahlin zu Kaiser und Kaiserin krönte.

Vor den anrückenden Normannen, die Gregor als Lehnsleute zur Hilfe gerufen hatte, räumten die Kaiserlichen zwar die Stadt, aber die

Verwüstungen der Befreier empörten die Bevölkerung so sehr, daß Gregor in Rom seines Lebens nicht mehr sicher war und mit den Normannen abzog. Von Juli/August 1084 an residierte er in Salerno, wo er nach außen hin ungebrochen eine Synode abhielt und Legaten in ihre Aufgaben einwies. Nach Deutschland schickte er seinen vielleicht tüchtigsten Mitarbeiter, den Kardinalbischof Otto von Ostia, einstigen Prior von Cluny, der ihm später als Urban II. nachfolgen sollte.

Viel freilich konnte Gregor VII. in dem abgelegenen Salerno nicht ausrichten, und die letzten Monate mögen für ihn einsam gewesen sein. Hier in Salerno ist Gregor am 25. Mai 1085, am Tag des heiligen Papstes Urban, gestorben. Auf dem Sterbebett hatte Gregor drei Namen als die seiner möglichen Nachfolger genannt, aber man hörte nicht auf ihn. Zum Papst erhoben wurde schließlich der nicht vorgeschlagene Abt Desiderius von Montecassino, der sich Victor III. (1086–1087) nannte und der den Papstthron mit geradezu amtsabträglichem Widerwillen bestieg.

Gregors letzte Worte sind historisch verbürgt: «Ich habe die Gerechtigkeit geliebt und das Unrecht gehaßt, deshalb sterbe ich in der Verbannung.» Es ist eine Abwandlung des 44. Psalms, dessen Schluß jedoch lautet: «deshalb hat dich Gott gesalbt mit dem Öl der Freude». Man hat Gregors Worte als Ausdruck der Bitterkeit und der Resignation angesehen: Gott habe dem gerechten Gregor den verdienten Lohn verweigert. Aber diese Deutung dürfte die Sterbeworte mißverstehen. Gregor sieht sich als märtyrerhaften Bekenner, denn muß nicht «der Gerechte leiden»? Selbst in der Todesstunde verließ Gregor nicht die Gewißheit, für Gottes Gerechtigkeit zu stehen und deshalb zu leiden. Verfolgung zu erdulden sei «gleichsam ein mit dem apostolischen Stuhl verbundenes Erbrecht», hatte Gregor in Tagen verkündet, als er noch in Rom unangefochten residierte. Hat ihn, den Unbeirrbaren, das triste Ende nicht bestätigt?

Herzog Heinrich der Löwe.
Sein Evangeliar und die Frage des
«gerechten Preises»

Das Thema ist mittelalterlich; lassen Sie es uns auch mittelalterlich angehen. Zur Lebenszeit Heinrichs des Löwen, dessen Todesdatum (6. August 1195), wie bei vielen mittelalterlichen Persönlichkeiten (siehe S. 245), wir besser kennen als seinen Geburtstag (um 1130; die Vermutungen reichen von 1128 bis 1135), kam im damals aufblühenden scholastischen Schul- und bald auch im Universitätsbetrieb eine Form der Problembehandlung auf, die man «Beliebige Fragestellungen» (Quaestiones quodlibetales) nannte: höchst unterschiedliche Themen wurden unsystematisch aneinandergereiht, wobei es nicht nur nichts ausmachte, sondern geradezu zum Gattungsmerkmal gehörte, daß sonderbare Gegenstände aufgegriffen wurden. So wurde, um ein Beispiel anzuführen, neben der Trinität unvermittelt die Frage behandelt, wie man sich die Auferstehung eines Menschen vorzustellen habe, der von Jugend an mit Menschenfleisch ernährt worden ist (so in einer Münchner Quästionen-Handschrift). Diese «Beliebigen Fragestellungen» erlaubten unter Verzicht auf Übergänge und rhetorischen Schmuck eine knappe Behandlung des Themas, wobei das Fragmentarische durchaus als Tugend angesehen wurde.

Eine solche Darstellungsweise scheint dem vorliegenden Gegenstand wegen der zahlreichen sich anbietenden Themen angemessen, von denen nur wenige und diese nur knapp behandelt werden können. Überdies ist der ohnehin hohe Pegel der Flut von Veröffentlichungen über Heinrich den Löwen – seine Bedeutung für die deutsche und die europäische Geschichte, für Kunst und Wissenschaft usw. – in den letzten Jahren, ausgelöst durch verschiedene Jubiläen und Ereignisse, fast bis zur Unüberschaubarkeit angestiegen. 1980 gedachte man in Publikationen, Kolloquien, Vorträgen und Ausstellungen des Sturzes Heinrichs des Löwen vor 800 Jahren als eines Wendepunktes in der deutschen und europäischen Geschichte. Der Freistaat Bayern stellte damals seine Veranstaltungen unter das Thema «Wittelsbach und Bayern», eingedenk der Übertragung des Herzogtums Bayern an den Pfalzgrafen Otto von Wittelsbach. Seit Ende 1983 konzentriert sich die Aufmerksamkeit auf Heinrich den Löwen und sein im Kloster Helmarshausen hergestelltes Evangeliar, das der wissenschaftlichen Analyse während der letzten Jahrzehnte nicht voll zugänglich war («The long lost Gospels of Henry the Lion, unseen for nearly forty years», so kündigte es der Auktionskatalog von Sotheby's an). Dabei tauchte am Rande gelehrter, besonders aber ungelehrter Gespräche häufig die Frage auf, ob denn der hohe Preis – der höchste, der je auf einer Versteigerung für ein einzelnes Kunstwerk bezahlt worden ist – gerechtfertigt sei.

Von den angedeuteten Themen her ergibt sich folgende «beliebige» Abfolge: Zur Biographie Heinrichs des Löwen in den verschiedenen Etappen (siehe S. 101 ff.), das Herrschertum des Welfen in Darstellung und Selbstdarstellung (siehe S. 108 ff.), das Helmarshausener Evangeliar (siehe S. 110ff.), zum Kaufpreis eines Buches (siehe S. 115ff.) und die Frage des «gerechten Preises» (siehe S. 117f.).

Heinrichs Herkunft, Kindheit und Jugend

Das Mittelalter dachte in Bildern. Herrschaft und Leben wurden gern im Bilde des Glücksrads, im «Rad der Fortuna», vorgestellt. Das Glücksrad – ein gerade dem 12. Jahrhundert geläufiges Bild – kennt verschiedene biographische Stationen eines Herrschers: «Ich stehe vor der Herrschaft» (regnabo), «ich herrsche» (regno), «ich bin ohne Herrschaft» (sum sine regno). In dieser Dreistufigkeit vollzog sich auch das Leben Heinrichs des Löwen. Bis etwa 1152 konnte das auf die Herrschaft hinführende Futur gelten («ich stehe vor der Herrschaft»), von 1152 bis 1177/80 die Wahrnehmung der Macht («ich herrsche») und ab 1180/81 der Sturz und seine Folgen («ich bin ohne Herrschaft»).

»Ich stehe vor der Herrschaft»: Begleiten wir Heinrich auf der ersten Etappe seines Lebens bis etwa 1152. Nehmen wir 1130 als sein Geburtsjahr an, als seine Mutter Gertrud, die einzige Tochter des damaligen deutschen Königs Lothar III. von Supplinburg (1125–1137), gerade fünfzehn Jahre alt war (das Mittelalter kennt viele Mütter im Kindesalter, sogar zwölfjährige) und sein Vater Heinrich der Stolze, seit 1126 Herzog von Bayern, zusammen mit seinem königlichen Schwiegervater sich des staufischen Gegenkönigs Konrad III. erwehren mußte. Von Geburt an bestimmte das Verhältnis dieser beiden Familien, der Welfen und der Staufer, das Leben Heinrichs. Die Welfen – Heinrichs Familie –, die in ihrem Stammbaum eine Kaiserin Judith († 843) aufzuweisen hatten, die Gemahlin des letzten gesamtfränkischen Herrschers Ludwig des Frommen (814–840), zählten zum Hochadel; die Staufer hingegen mußten unter den alteingesessenen schwäbischen Fürstengeschlechtern als Emporkömmlinge gelten, die durch geschickte Eheverbindungen und durch Treue zum König Herzöge von Schwaben wurden, zunächst mehr ein Titel als eine Herrschaftsposition. 1125, beim Tod des letzten und kinderlosen salischen Königs Heinrich V. (1106–1125), hatte dessen Neffe, der Staufer Friedrich II., Herzog von Schwaben (1105–1147), einen geblütsrechtlichen Anspruch auf die Nachfolge erhoben, aber nicht er, sondern der ältliche sächsische Herzog Lothar von Supplinburg, ohne männliche Erben und ohne verwandtschaftliche Beziehungen zu den Saliern, war zum deutschen König gewählt worden. Die düpierten Staufer behaupteten für eine ganze Reihe von Jahren ein Gegenkönigtum.

Als Lothar III. 1137 starb, rechnete sich Lothars Schwiegersohn, Heinrich der Stolze, Heinrichs des Löwen Vater, Nachfolgechancen aus. Ihm hatte Lothar die Reichsinsignien übergeben, er war Herzog von Bayern, Markgraf von Tuszien, hatte kurz vor Lothars Tod zusätzlich sogar noch das sächsische Herzogtum erhalten und verfügte überdies über reichen Eigenbesitz. Aber dieser Welfe Heinrich der Stolze trug die Arroganz schon im Namen, und nach Otto von Freising soll er geprahlt haben, seine Herrschaft «erstrecke sich von Meer zu Meer, das heißt von Dänemark nach Sizilien». Der Vorgang von 1125 wiederholte sich: Wie damals der Staufer bei der Wahl übergangen worden war, so jetzt der Welfe. König wurde der Staufer Konrad III. (1138–1152), und er begann seine Regierung mit einem Eklat, als er verkündete, kein Fürst dürfe zwei Herzogtümer in seiner Hand vereinigen. Heinrich der Stolze, bayerischer und sächsischer Herzog, verweigerte die Huldigung und verfiel der Reichsacht. Beide Herzogtümer, Sachsen und Bayern, wurden ihm abgesprochen, aber bevor es zur großen Auseinandersetzung kam, starb Heinrich 1139.

Heinrich der Löwe dürfte damals noch nicht einmal zehn Jahre alt gewesen sein; in den nächsten zwölf Jahren sollte es um die Behauptung der beiden Herzogtümer für die Welfen gehen. In Sachsen nahm die Rechte für ihn, den noch Unmündigen, seine Großmutter Richenza († 1141), die Witwe Lothars III., wahr, in Bayern vertrat sein Onkel Welf VI. († 1191), ein jüngerer Bruder seines Vaters, seine Interessen. 1142, als Heinrich der Löwe zwölf Jahre alt war, schien sich ein Ausgleich anzudeuten. König Konrad III. setzte Heinrich als Herzog von Sachsen ein, und Heinrichs Mutter Gertrud, die Witwe Heinrichs des Stolzen, heiratete den Babenberger, Herzog Heinrich Jasomirgott († 1177), dem das den Welfen abgesprochene Herzogtum Bayern übertragen war. Jedoch Gertrud, über die der Ausgleich lief, starb bereits ein Jahr später, 1143: mit dreizehn Jahren war Heinrich elternlos und weit davon entfernt, die welfischen Ansprüche durchgesetzt zu sehen.

Sein erstes Betätigungsfeld dürfte der junge Herzog im Norden gefunden haben, wie sich überhaupt das Schwergewicht welfischer Herrschaft von den südlichen Stammsitzen nach dem Norden verlagerte. Damals schon, in den vierziger Jahren, deutete sich bei Heinrich ein Vorgehen an, dessen Stil mit immer größerem Nachdruck und Umfang in den nächsten Jahrzehnten derselbe bleiben sollte. Er versuchte, zumal beim Aussterben reicher Adelsgeschlechter, Erbschaften an sich zu ziehen, beanspruchte kirchliche Vogteien, regelte die kirchliche Organisation, überwachte Märkte, Handelsplätze und Neusiedlungen. Der sogenannte Wendenkreuzzug 1147, den vorwiegend sächsische und dänische Adlige als Ersatz für eine Fahrt in das Heilige Land unternahmen, führte Heinrich den Löwen in ostholsteinisches und mecklenburgisches Gebiet, das er später seiner Herrschaft anzugliedern trachtete. Damals, 1147, trat Heinrich der Löwe, soweit wir sehen, zum ersten Mal in eigener Person auf: Er forderte von König Konrad III. die Übertragung des Herzogtums Bayern, das seinem Vater widerrechtlich aberkannt worden sei. Konrad III. ließ die Frage offen, und die Rangelei um die Rechtmäßigkeit des Anspruchs zog sich bis zum Tod Konrads III. oder besser: bis zur Wahl Friedrichs I. zum deutschen König 1152 hin, ein für die Biographie Heinrichs und für die deutsche und europäische Geschichte wichtiges Datum.

Überblickt man die Jahre von etwa 1130 bis zum Beginn der fünfziger Jahre, das heißt Kindheit und Jugend Heinrichs des Löwen, so wird man gewahr, wie wenig wir über die Erziehung, Bildung, Ausbildung, ja selbst über die Aufenthaltsorte des jungen Heinrich wissen. Sein Geburtsort ist unbekannt; daß es, wie häufig vorgeschlagen, das Stammschloß Ravensburg gewesen sei, ist reine Hypothese. Vielleicht weilte Heinrich als Kind in Regensburg, der alten Residenz der bayerischen Herzöge, aber von der geistig-geistlichen Blüte dieses Ortes mit den Klöstern St. Emmeram und Prüfening, mit einem Honorius Augustodunensis (†um 1130) und einem Gerhoch von Reichersberg († 1169), dürfte er kaum etwas in sich aufgenommen haben, zumal er lateinisch weder lesen noch schreiben gelernt hat. Wenn Heinrich der Löwe am Ende seines Lebens ein «lebenserhellendes» Buch (Lucidarius) in deutscher Prosa über die Einordnung menschlichen Lebens in die Heilsgeschichte wünschte und die beauftragten Braunschweiger Kapläne auf den in Regensburg wirkenden

Honorius Augustodunensis zurückgriffen, so ist dies sicherlich durch die literarische Gattung bedingt und nicht auf ein Bildungserlebnis Heinrichs zurückzuführen. Daß schließlich die in Regensburg entstandene welfenfreundliche, zugleich eine Harmonie zwischen geistlicher und weltlicher Gewalt zeichnende Kaiserchronik, ein riesiges volkssprachiges Epos von über 17000 Versen in Bairisch-Regensburger Mundart, deren Autor man in der Nähe der Kanzlei Heinrichs des Stolzen vermutet hat, irgendwelche Bildungseindrükke andeuten könnte, die Heinrich zuteil wurden, ist nicht beweisbar und auch nicht wahrscheinlich. Von seiner Bildung her dürfte Heinrich ein typisches Produkt deutscher Rittererziehung des zweiten Drittels des 12. Jahrhunderts gewesen sein: dem Geistigen wenig aufgeschlossen, die Geistlichen als Sakramentsdiener betrachtend und stark, wenn nicht ganz dem Waffendienst hingegeben. An Gestalt war Heinrich kein Hüne, kaum etwa mittelgroß, kleiner wahrscheinlich als seine englische Gemahlin Mathilde (1156–1189), die er 1168 heiratete. Berühmt aber waren seine Körperkräfte, die er sich in ritterlichem Training erworben haben dürfte, eine damals nicht ungefährliche Einübung (siehe S. 59 f.). Aus Sachsen wird aus wenig späterer Zeit berichtet, daß in einem einzigen Jahr sechzehn Ritter bei Turnieren zu Tode gekommen seien; der Obodritenfürst Pribislaw ist 1178 bei einem Turnier am sächsischen Herzogshof getötet worden.

Heinrich als Doppelherzog und «Übervasall»

«Ich herrsche»: Es ist bei diesem biographischen Abriß im Jahre 1152 innegehalten worden, als Friedrich I. (1152–1190) deutscher König wurde, denn das nächste Vierteljahrhundert von 1152 bis 1176 steht ganz im Zeichen eines kooperativen Nebeneinander von Staufern und Welfen, speziell von Friedrich I. Barbarossa und Heinrich dem Löwen. Bischof Otto von Freising († 1158), ein Babenberger und mit den beiden bislang verfeindeten Familien versippt, fand für die Erhebung Friedrichs geradezu christologische Töne: als Verwandter beider Geschlechter sei Friedrich berufen worden, «gleich wie ein Eckstein den klaffenden Riß beider Häuser zusammenzufügen». Ottos biblische Sprache – Friedrich ein «Friedefürst» wie Christus – sollte nicht darüber hinwegtäuschen, daß der Erhebung des Stauferfürsten sicherlich ein hartes und ganz auf Machtinteressen abzielendes Feilschen mit den Welfen vorausgegangen war. Friedrich hatte schon vor seiner Wahl eine betont welfenfreundliche Haltung eingenommen, war doch seine Mutter Judith eine Welfin, eine Schwester Heinrichs des Stolzen, und die welfische Familienkunde machte aus dem Staufer Friedrich geradezu einen Welfen. Auf einem Stammbaum des Welfenhauses aus der Zeit Heinrichs des Löwen gelten die zwei größten und am stärksten exponierten Kreistafeln zwei Kaisern, die beide eine Welfin namens Judith zur Mutter hatten: Karl dem Kahlen (840–877) und Friedrich I., der unter diesem Aspekt als welfischer Abkömmling gilt.

Die gegenseitig gewährte Unterstützung war beiden – Heinrich dem Löwen wie Friedrich Barbarossa – zunächst ungemein förderlich. Heinrich stellte beim ersten Italienzug und der Kaiserkrönung 1154/55 das größte Ritterkontingent und rettete in Rom durch seine Umsicht und persönliche Tapferkeit den frisch gesalbten Kaiser aus einer bedrohlichen Situation. Auch den zweiten, mit der Vernichtung Mailands endenden Zug unterstützte Heinrich in den Jahren 1159/60 und 1161, wie er auch im päpstlichen Schisma seit 1159 Friedrich I. gegen Alexander III. (1159–1181) treu zur Seite stand (zum Schisma von 1159 siehe S. 141 f.). Aber vielleicht noch mehr Vorteile genoß Heinrich der Löwe. Neben Sachsen wurde ihm Bayern 1156 als zweites Herzogtum überlassen, vermindert allerdings um die zu einem eigenen Herzogtum erhobene Mark Österreich. Bayern blieb jedoch für den Welfen ein Nebenland, aus dem er selbstverständlich nicht minder seinen Gewinn ziehen wollte – auch hier mit wenig zimperlichen Mitteln.

Die für den Salzhandel wichtige Straße von Salzburg nach Schwaben führte bei Föhring über die Isar, eine für den Freisinger Bischof nicht unerhebliche Einnahmequelle. In einem Handstreich ließ Heinrich die Brücke zerstören und verlegte 1158 Markt, Münzrecht und Zoll ein Stück isaraufwärts nach «Munichen», einer vielleicht vom Kloster Tegernsee angelegten Mönchssiedlung. Der geschädigte Bischof, kein anderer als der Geschichtsschreiber Otto von Freising, erhob beim König Klage, aber die von Friedrich gefällte Entscheidung begünstigte deutlich den Löwen: die Verlegung des Handelsweges wird bestätigt, der Freisinger Bischof soll lediglich ein Drittel des Gefälles aus Zoll und Münze erhalten.

Die Gründung Münchens ist nur ein Beispiel für das rücksichtslose Vorgehen Heinrichs des Löwen, das sich in seinen nordischen Kernlanden noch folgenreicher entfalten konnte. Das Lübeck Heinrichs des Löwen ist 1159 in größeren Dimensionen und bewußt als Seehandelsstadt auf ähnliche Weise wie München entstanden, und erst durch sein Zutun konnte der vom Bremer Erzbischof schon lange gehegte Plan der nordelbischen Bistümer Lübeck, Ratzeburg, Schwerin endgültig verwirklicht werden, wobei Heinrich das Investiturrecht und die Gerichtsbarkeit wahrnahm – formal an Stelle des Königs. Durch eine planmäßige Erwerbs- und Arrondierungspolitik, durch die häufig Interessen und Ansprüche anderer, zumal kleinerer Dynasten verletzt wurden, baute Heinrich seine territorialen Machtgrundlagen im Norden und Nordosten des Reiches aus, trieb an vielen Orten den Prozeß der Stadtwerdung voran (z. B. bei Schwerin, Stade, Bremen, Lüneburg) und schuf sich in der Burg Dankwarderode im städtisch verdichteten Braunschweig eine feste Residenz, worüber der durch die Lande ziehende staufische König nicht verfügte, von dem man sagt, er habe sich ohne zentrale Verwaltung und ohne festen Herrschaftssitz «im Sattel» verschlissen (siehe S. 33 ff.).

Ausdruck herrscherlichen Selbstbewußtseins war das 1166 im Burgbezirk von Dankwarderode errichtete Löwendenkmal: die erste frei im Raum stehende Großplastik des Mittelalters. Das Monument machte zum einen die Größe des Welfengeschlechts sichtbar, das den Löwen als Wappentier führte und seinen Namen als Welf, welp, lateinisch «catulus» oder «leo» begriff (bereits dem Vater und dem Großvater war der Löwenname beigelegt worden); zum anderen war der Löwe Gerichtsmal. Das Außerordentliche des Löwendenkmals hat die spätere Sagenphantasie angeregt: Heinrich habe aus dem Heiligen Land einen Löwen mitgebracht, der nach dem Tode des Herzogs sich an dessen Grab niedergelassen habe und dort vor Kummer gestorben sei. Hintergrund dieser besonders im niederdeutschen Raum in vielen Variationen und Anreicherungen umlaufenden Legende ist die von Heinrich dem Löwen mit großem Gefolge im Jahre 1172 unternommene Pilgerfahrt nach Jerusalem.

Die Harmonie zwischen Heinrich dem Löwen und Barbarossa und der gemeinsame Herrschaftsausbau endeten jäh 1176. Das Stichwort heißt Chiavenna, ein kleiner Paßort nördlich des Comer Sees. Hier soll Anfang 1176 Kaiser Friedrich Barbarossa in sich demütigender Weise – wahrscheinlich in Form eines Kniefalls – seinen Vasallen Heinrich den Löwen um militärische Unterstützung gebeten haben. Heinrich – unbeeindruckt von Friedrichs Selbsterniedrigung – schlug dem in einer Notlage befindlichen Kaiser kühl einen Tauschhandel vor: Friedrich möge ihm als Vorbedingung für eine Hilfeleistung die Reichsstadt Goslar samt ihren reichen Silbergruben überlassen. Friedrich lehnte ab, und Heinrich verweigerte den Beistand. In den Augen Friedrichs dürfte für Heinrich zwar keine rechtliche, wohl aber eine moralische Pflicht bestanden haben, ihm beizuspringen: es war nicht Felonie, es war schnöde Undankbarkeit.

Die Szene von Chiavenna, die recht widerspruchsvoll überliefert ist, so daß ernsthaft an dem Vorkommnis überhaupt gezweifelt wurde, hat einen ähnlichen Signalcharakter wie der Akt von Canossa hundert Jahre früher: sie machte die wahren Machtverhältnisse deutlich. Friedrich Barbarossa erschien in seinem Durchsetzungsvermögen gefährlich eingeschränkt. Reichspolitik ließ sich nur in vollem Einklang mit dem «Übervasallen» Heinrich dem Löwen betreiben. Friedrich änderte schlagartig seine Haltung. Hatte er bisher gegen Heinrich erhobene Vorwürfe kaum oder nur lässig verfolgt, so nahm er jetzt die Klagen zahlreicher Fürsten an.

Heinrichs Sturz und Selbstbehauptung

«Ich bin ohne Herrschaft»: 1180 sollte Heinrich zu einem Herzog ohne Herzogtümer werden. Die rechtlichen Vorgänge bis zum Sturz Heinrichs des Löwen sind gerade in den letzten Jahren intensiv untersucht worden. Dennoch bleiben manche Fragen offen: Ob sich land- und lehnrechtliches Verfahren (das heißt Friedensbruch und Pflichtversäumnis des Lehnsmannes) klar trennen lassen; wie die literarischen Nachrichten zu bewerten seien, die teilweise unserer wichtigsten Quelle widersprechen. Es ist dies die sogenannte Gelnhäuser Urkunde, denn auf einem Reichstag in Gelnhausen hatte im April 1180 Kaiser Friedrich I. Barbarossa das Herzogtum Sachsen des «einstigen Herzogs» Heinrich des Löwen («quondam dux» heißt er in der Urkunde) unter den Erzbischof Philipp von Köln (1167–1191) als neuen Herzog von Westfalen und den Grafen Bernhard von Anhalt († 1202) als Herzog im Ostteil des alten Stammesherzogtums aufgeteilt und darüber ein feierliches und mit einer Goldbulle besiegeltes Diplom ausgestellt, das den Prozeßverlauf regestartig schildert. Das Original dieser für die deutsche Reichs- und Verfassungsgeschichte so wichtigen Urkunde ist seit dem Ende des Zweiten Weltkriegs verschollen. Ergänzt wurde die Gelnhäuser Entscheidung durch einen weiteren Akt im September desselben Jahres 1180. Bei einem Aufenthalt im thüringischen Altenburg verlieh der Kaiser Bayern, das zweite Herzogtum Heinrichs des Löwen, an den Pfalzgrafen Otto von Wittelsbach († 1183), wobei die Steiermark abgetrennt und als selbständiges Herzogtum vergeben wurde. Der Reichslehen ledig und in Acht getan, unterwarf sich Heinrich der Löwe und erhielt 1181 seinen Eigenbesitz um Braunschweig und Lüneburg zurück.

Modern gesprochen und gedacht war Heinrich der Löwe von nun an Privatmann und blieb es bis zu seinem Tode 1195. Zweimal ging er in die Verbannung: 1182 bis 1185 in Exekution des Absetzungsurteils und 1189, als Friedrich Barbarossa nach dem Verlust Jerusalems seinen Kreuzzug antrat und den potentiellen Unruhestifter im Reich nicht zurücklassen wollte. Trotz der verminderten Stellung und der zeitweiligen Abwesenheit blieb der welfische Einfluß im sächsisch-nordelbischen Raum groß, auch wenn es Heinrich nicht gelang, Reichslehen an sich zu ziehen. Daß er es aber zum Beispiel wagen konnte, 1189 auf eigene Faust die Stadt Bardowick zu erobern und bis auf den Grund zu zerstören – sie hatte sich bei seinem Sturz spontan von ihm abgewandt und soll den in die Verbannung Ziehenden verspottet haben –, daß alte Anhänger sich von den neuen Territorialherren abwandten und wieder offen zu ihm bekannten, diese auf Heinrich den Löwen sich zuordnende Kräftekonzentration zeigte, daß welfische Macht doch mehr war als die Verfügung über Herzogtümer und Reichsrechte.

Da ist die Verbindung zur internationalen Hocharistokratie: König Heinrich II. Plantagenet von England (1154–1189) war sein Schwiegervater, der 1189 die Regierung antretende König Richard Löwenherz (1189–1199), ein europäischer Kriegsheld, sein Schwager. Seine Schwiegermutter Eleonore von Aquitanien (1120/22–1204), eine Frau von hoher Bildung und von großem politischem Ehrgeiz (siehe S. 56), Enkelin des ersten uns namhaft bekannten Troubadours Wilhelm IX. von Aquitanien († 1127), hatte ihrem englischen Gemahl als Heiratsgut Poitou und Aquitanien eingebracht, und in dem höfischen Leben dieser eleganten aquitanisch-normannisch-englischen Gesellschaft fand Heinrich der Löwe Aufnahme während seines Exils. Hier wuchsen zeitweise auch seine Kinder auf. Einer seiner Söhne, Otto IV. († 1218), sollte wenige Jahre später, 1198, deutscher König werden – gegen die Staufer. Aber das reicht, obwohl von ihm vorbereitet, über die Lebenszeit Heinrichs des Löwen hinaus. Heinrich ist 1195 gestorben, bis zuletzt ein typischer Vertreter mittelalterlicher Hocharistokratie und ihrer Sehnsüchte, begierig nach Macht und auf das Ende zu immer stärker besorgt um das eigene Seelenheil.

Das Herrschertum des Welfen in Darstellung und Selbstdarstellung

Das Mittelalter nahm das Wort, den Namen ernst: eine Sache oder eine Person sollte nicht nur entsprechend ihrem Merkmal heißen, sie sollte auch so sein: ein König sollte nicht nur «König heißen», er sollte auch «König sein» («rex est et dicitur», lautete eine formelhafte Wendung). Fallen «Sache» und «Namen» auseinander, war es angebracht, für Abhilfe zu sorgen. So konnte der Papst 751 dem fränkischen Hausmeier auf die Frage, wer König sein solle, antworten: es sei besser, daß derjenige König genannt werde, der die Macht habe, als derjenige, der ohne königliche Macht dastände, «auf daß die Weltordnung nicht durcheinandergerät» (ut non conturbetur ordo). Dem «Namen» nach war Heinrich der Löwe nicht König, aber war er es nicht der «Sache» nach?

Der dem Welfenhause nahestehende Chronist Arnold von Lübeck († 1212) läßt an der königsgleichen Stellung Heinrichs des Löwen keinen Zweifel. Auf seiner Pilgerreise zum Heiligen Grab (1172), an der Arnold möglicherweise selbst teilgenommen hat, sei Heinrich in Byzanz wie ein König empfangen worden, nicht minder in Jerusalem und selbst vom Heidenfürsten, dem Sultan von Ikonium. Die Braunschweiger Residenz, in deren Mitte sich auf hohem Steinsockel der bronzene Löwe erhob, mit ihrer Pfalz Dankwarderode übertrumpfte an Pracht und Größe alle königlichen Pfalzen, über die Barbarossa verfügte – zum Beispiel das benachbarte Goslar –, und lehnte sich in der Gestalt ihrer Doppelkapelle an das konkurrierende Goslar und wohl stärker noch an die Aachener Marienkapelle und damit an den Prototyp einer Kaiserpfalz an.

Ein Bericht über die Szene von Chiavenna (die Chronik des Propstes Burchard von Ursberg [†nach 1231]) legt dem Truchseß Heinrichs des Löwen, als Barbarossa seinen Kniefall tat, folgende Worte in den Mund: «Laßt, Herr, die Krone des Reiches zu euren Füßen liegen; eines Tages wird sie auf euer Haupt gelangen.» Die Quelle ist entschieden prostaufisch und will zeigen, daß in der Hybris des Herzogs der Grund zu dessen Sturz liegt. Nach der Kaiserkrone hat Heinrich der Löwe kaum gestrebt. Solange Barbarossa die Kaiserwürde innehatte, war daran nicht zu denken. Aber königsgleicher Rang innerhalb des Reichsverbandes mochte dem Selbstverständnis Heinrichs entsprechen, gab es doch einen König von Böhmen und slavische «Könige», deren Herrschaftsgewalt Heinrich teilweise übernommen hatte. Es gab auch die Theorie, daß ein König einer «Provinz» mit einem Erzbischof und zehn bis elf Suffraganen vorstehen könne, und gerade damals, in einer Zeit auflebender Rechtswissenschaft, wurde dieser Satz diskutiert. Wie immer: königsgleich mochte Heinrich sich fühlen und aufführen, aber er fügte zum Sein nicht den Namen.

1180 war Heinrich in Acht und Oberacht getan und verlor seine beiden Herzogtümer. Hat der Sturz das Selbstbewußtsein Heinrichs des Löwen gebrochen? Erstaunlich ist zunächst, daß Heinrich, wenn nicht den vollen Titel «Herzog Bayerns und Sachsens», so zumindest die Bezeichnung dux auch nach Aberkennung der Herzogtümer in Siegel und Urkunden bis zu seinem Tode geführt hat. Von seinem herrscherlichen Gehabe hat er sich offenbar auch nach dem Jahr 1180 nicht abbringen lassen.

Auf seiner Pilgerfahrt 1172 hatte sich Heinrich mit Reliquien versehen. Um diesen Heiltümern einen würdigen Platz zu verschaffen und um zugleich eine repräsentative Grablege vorzubereiten, ließ er unmittelbar nach seiner Rückkehr 1173 die bescheidene Kirche des Blasiusstiftes in Braunschweig abreißen und begann mit einem mächtigen Kirchenbau, dem später der Name des Braunschweiger Domes gegeben wurde: zu Recht (obwohl es sich nicht um das «Haus» eines Bischofs handelt), denn der Bau entsprach der Form nach – als kreuzförmige Basilika mit Krypta und mächtigem Hochchor – mehr einer Bischofs- als einer Stiftskirche. Der Sturz des Welfen 1180 hat an dem Bauwillen und an der Bauausführung offenbar wenig oder nichts geändert. 1188 war der erste große Abschnitt abgeschlossen, und am Tage Mariä Geburt (8. September) wurde der vom Herzogspaar gestiftete Marienaltar im Chor geweiht. Über den Weiheakt gibt eine Inschrift Auskunft, die auf einem in der Zentralsäule eingelassenen Reliquienbehälter steht und deren Text zuletzt 1966 beim Umbau des Altars gesichert wurde. Die Inschrift verkündet, daß der Altar vom «berühmten Herzog Heinrich» gegründet und gefördert wurde, dem «Sohn der Tochter des Kaisers Lothar», und von seiner Frau Mathilde, «der Tochter Heinrichs II., des Königs der Engländer, des Sohnes der Mathilde, der Kaiserin der Römer». Es ist auffällig, wie sehr die kaiserliche Abkunft des Herzogspaares betont ist, mit der Kaiser Friedrich I. Barbarossa nicht konkurrieren konnte.

Heinrichs Evangeliar und das Problem des «Krönungsbildes»

In welche Zeit gehört das im Benediktinerkloster Helmarshausen, nahe dem heutigen Karlshafen, angefertigte Evangeliar? Früher war man geneigt, es der Zeit um 1175 zuzuweisen, denn ein solches Werk setze die volle Pracht und den Rang des Herzogs voraus. Als Terminus post quem wurde das Jahr 1173 betrachtet. Zu diesem Datum ist der 1170 ermordete Erzbischof Thomas Becket von Canterbury (1162–1170) von Papst Alexander III. heiliggesprochen worden, und der neue Heilige ist in der Bildergalerie der Helmarshausener Handschrift bereits dargestellt. Aber es ist sehr die Frage, ob man zu einer Zeit, da die bis dahin recht unkontrollierte Heiligsprechung ihre ersten festen Regeln erhielt (siehe S. 153), den Kanonisationsakt als pünktliche Freigabe der Verehrung ansah, und noch fraglicher ist es, ob man den von einem kaiserfeindlichen Papst – und mit dem Kaiser stand man sich damals vortrefflich – zur Ehre der Altäre erhobenen Heiligen sofort in sein für liturgische Zwecke gedachtes Evangelienbuch aufnahm. Schließlich stand der eigene Schwiegervater Heinrich II. von England in dem üblen Geruch, den Mord angestiftet zu haben. Jüngere Forschungen lassen Beckets Heiligsprechung beiseite und ordnen das Helmarshauser Evangeliar eher der Weihe des Marienaltars im Jahre 1188 zu: «Jene Abfolge von Ahnen, die die Weiheinschrift von 1188 enthält, liest sich fast wie ein Kommentar zum Krönungsbild im Evangeliar des Herzogs. Die Auswahl der Vorfahren wurde im Evangeliar offenkundig unter ähnlichen Gesichtspunkten getroffen... (Die Weiheinschrift) und die Krönungsminiatur des Evangeliars formulieren denselben Gedanken in verschiedener Form» (R. Haussherr).

Die apostrophierte Krönungsminiatur des Helmarshauser Evangeliars zeigt auf der einen Seite den «Herzog Heinrich» mit seinen Eltern, dem «Herzog Heinrich» (dem Stolzen) und der «Herzogin Gertrud», mit dem «Kaiser Lothar» und der «Kaiserin Richenze», auf der anderen Seite die «Herzogin Mathilde, die Tochter des englischen Königs Heinrich», und die «Königin Mathilde», die man als Gattin des salischen Kaisers Heinrich V. auch «Kaiserin Mathilde» hätte nennen können. Wie sehr dieser Bildaufbau Programm ist, beweist das Widmungsgedicht, das gleichfalls Mathildes königliche und Heinrichs kaiserliche Abkunft hervorhebt («Diese hat eine königliche, diesen eine kaiserliche Familie hervorgebracht»). Die Weiheinschrift des Marienaltars läßt erkennen, daß 1188 – nach dem Sturz Heinrichs also – die kaiserliche Abkunft Heinrichs unvermindert herausgekehrt wurde. In der Tat erscheint die Zuordnung des Evangeliars zur Altarweihe möglich, wenn nicht sogar wahrscheinlich: hier wäre es zum ersten Male in liturgische Benutzung genommen worden.

Die Krönungsminiatur mit den aufgereihten Vorfahren hat ihre eigenen Interpretationsschwierigkeiten. Die Zusammensetzung der Figuren erscheint programmatisch. Oberhalb des von himmlischen Händen gekrönten Herrscherpaares und ihrer potenten Ahnen steht im Mittelpunkt Christus, umgeben von Heiligen und Engeln, von «Braut» und «Bräutigam» des Hohenliedes (Hohelied 4, 8), vom Apostel Paulus (2. Tim 4, 8) und vom Propheten Zacharias, die in den Eckfeldern von der «Krone der Gerechtigkeit» künden. Der Forschung ist es trotz großen Aufwandes noch nicht gelungen, das hier zugrunde liegende Programm festzustellen. Man hat den mit der Frühdatierung um 1175 verbundenen Vorschlag zurückgewiesen, daß mit der Krönung Heinrichs und Mathildes und mit den gekrönten Vorfahren «Königsgedanken» des Löwen und seines Hofes ausgesprochen seien. Es sei in der Nachfolge Christi eher die himmlische «Krone des Lebens» gemeint. Dem Bezug auf das Jenseits widerspricht allerdings die merkwürdige Übereinstimmung mit dem diesseitigen Befund. Denn wer König oder Kaiser war, trägt auf dem Bild eine Krone: Richenza, Lothar III., Heinrich II., Mathilde. Bei nicht gekrönten Häuptern fehlt die Krone: bei den nichtköniglichen, herzoglichen Eltern des Löwen, Heinrich dem Stolzen und seiner Frau Gertrud. Ihnen wird doch weder der Künstler noch der Auftraggeber die «Krone des ewigen Lebens» verweigert haben; hier also schlägt das irdische «Abbild» durch. Allerdings kann die Wirklichkeit durchaus einbezogen sein in ein allegorisches Programm: Versehen mit der «Krone des ewigen Lebens» herrscht der irdisch Gekrönte als Gerechter mit Christus. Das im Eckfeld angegebene Pauluswort (2. Tim. 4, 8) in Verbindung mit den ebenfalls zitierten Hoheliedversen (Hohelied 4, 7–8) gehören zum ikonographischen Topos der «Mitherrschaft im Himmel» (P. E. Schramm).

Vielleicht lehnt sich die Krönungsminiatur an eine Exegese des Hohenliedes an, die unter dem Namen des von Heinrich hochgeschätzten Honorius Augustodunensis in zahlreichen Handschriften verbreitet war. Man werde – so heißt es hier – mit Gott, dem König des Ruhms, mit allen Heiligen, den Engeln und den Menschen eine Gemeinschaft bilden, zugleich «bei der Heirat von Braut und Bräutigam mit allen Chören der Engel und der Heiligen ein ewiges Halleluja singen». Alles in allem dürfte es sich um ein zusammengesetztes Bildprogramm handeln; die verschiedenen Teilstücke lassen sich in der hochmittelalterlichen Ikonographie (zum Beispiel in Handschriften des Honorius Augustodunensis) aufzeigen.

Wie immer: das für das Selbstverständnis und die Absichten des Löwen wiederholt herangezogene Krönungsbild des Helmarshausener Evangeliars läßt mehr an himmlischen als an irdischen Ruhm denken, mehr an die «Krone des Lebens» als an eine Herrschaftskrone, trotz aller an die irdische Wirklichkeit sich anlehnender königlich-kaiserlicher Vorfahrenschaft.

König Georg V. von Hannover (1819–1878) hat das Helmarshausener Evangeliar 1861 für die damals horrende Summe von 10000 Talern dem Prager Domkapitel abgekauft. Über die feierliche Übergabe vermerkt das Hofprotokoll, Majestät habe ihr tiefstes Dankgefühl ausgedrückt «gegen den allgütigen Gott, jenen herrlichen Schatz Ihres großen Ahnen Heinrichs des Löwen den hiesigen Familien-Schätzen hinzufügen zu können». Das Geschäft war vermittelt worden von dem geborenen Hannoveraner Georg Heinrich Pertz (1795–1876), damals Oberbibliothekar der königlichen Bibliothek zu Berlin und Leiter der Monumenta Germaniae Historica. Er hatte den Codex bereits 1843 entdeckt, den Fund auch in seinem gedruckten «Reisebericht» bekannt gegeben, aber erst 1860 begannen die Verhandlungen über die Transaktion, nachdem der König den Wunsch geäußert hatte, «in den Besitz dieses Buches (zu) gelangen..., dem dieses Bild einverleibt ist». «Dieses Bild»: Man hatte den König, der seit seinem vierzehnten Lebensjahr erblindet war und seine kostbare Neuerwerbung nie hat sehen können, mit dem Hinweis gewonnen, daß das Evangeliar «unter andern Heinrich's des Löwen und seiner Gemahlin Bilder» enthalte (so Pertz in seiner Beschreibung). Der König konnte nicht wissen, daß es in der mittelalterlichen Kunst bis weit in das 12. und 13. Jahrhundert hinein Porträthaftigkeit so gut wie gar nicht gab (siehe S. 66). Dieses Mißverständnis war für den König offenbar das entscheidende Argument zugunsten eines Kaufs, der die ohnehin defizitäre Kronkasse erheblich belastete.

Die Sonderstellung des Helmarshausener Evangeliars

Noch einem anderen Mißverständnis sollte vorgebeugt werden: daß der Codex in seiner Pracht angelegt worden sei, um Heinrichs Ruhm nach außen zu verkünden. Der Eindruck kann um so mehr aufkommen, als in Museen und Ausstellungen Zehntausende Besucher die profanisierten sakralen Gegenstände reihenweise besichtigen können – Monstranz neben Monstranz, Evangelienbuch neben Evangelienbuch –, die ihrer gottesdienstlichen und abgeschiedenen Funktion entfremdet sind und hauptsächlich unter ästhetischen Aspekten betrachtet und beurteilt werden. Es gilt festzuhalten: Ein Evangeliar ist ein liturgisches Buch, bestimmt zum Altardienst. Das Helmarshausener Exemplar weist allerdings einige Besonderheiten auf. Daß hier das Herrscherpaar mit seinen Vorfahren auftritt, muß für das ausgehende 12. Jahrhundert als Ausnahme gelten.

Es gibt bis in diese Zeit nicht viele Herrscherbilder in Handschriften; etwa dreißig sind nachweisbar, fast alle in liturgischen Codices. Unter den europäischen Ländern besitzt Deutschland die meisten Exemplare; Frankreich zum Beispiel hat nur vier zu bieten. Eine

Vielzahl der Stücke stammt aus der Zeit Heinrichs II. (1002–1024) und konzentriert sich auf Bamberg, hatte doch der König um Handschriften als Geschenk für seinen 1007 gestifteten Bischofssitz gebeten. Als letzter war Heinrich IV. († 1106) in einem liturgischen Buch dargestellt worden – dann eben folgt als später Nachzügler das Helmarshausener Evangeliar. Daß der Herrscher Ende des 11. und Anfang des 12. Jahrhunderts aus den liturgischen Büchern verschwindet, hängt mit der seit dem Investiturstreit einsetzenden Entsakralisierung des Königtums zusammen. Die Kirche entzieht dem Herrscher die Gottesunmittelbarkeit und den sakramentalen Rang.

Aus Beischriften zu Herrscherminiaturen aus früherer Zeit läßt sich erkennen, welche Vorstellung man mit den Bildern in einem liturgischen Codex verband: das Bild soll den Leser und Betrachter zur Fürbitte zugunsten des Herrschers anregen. Hier wird der intime und nichtöffentliche Charakter des Bildes und der seelsorgerliche Sinn der Figuren deutlich. An diesem Ort war ein Herrscherbild mit einer Art magischer Aura umgeben: «Das liturgische Buch, in dem (das Bild) seinen Platz fand, galt wie die Toten- und Verbrüderungsbücher als liber vitae, als Abbild des himmlischen Buchs des Lebens, von dem die Bibel spricht. Derjenige, dessen Name hier eingetragen, dessen Bild hier gemalt wurde, konnte auf ewige Seligkeit hoffen». (H. Hoffmann).

Singulär wie das «Krönungsbild» mit Stifterpaar und Ahnengalerie ist auch die prunkvolle Ausführung des Evangeliars aus Helmarshausen: das Format ist ungewöhnlich groß, die Ausmalung überbordend reich, die Farben – darunter Purpur und Gold – von seltenem Aufwand, das Widmungsgedicht in Goldtinte geschrieben, der ursprüngliche Einband war ebenfalls golden. Dazu kommt eine Fülle von dargestellten Personen, Gestalten, Schriftbändern, Zierleisten usw. Auch inhaltlich bedeutet das Buch eine Ausnahme: es zeigt im Vergleich zu anderen Handschriften der gleichen Art ein verwirrend reichhaltiges allegorisches und interpretatorisches Programm, dessen Duktus und Zusammenhang eben deshalb noch nicht gänzlich erhellt sind.

Man hat von dem Aufwand, der mit dieser Handschrift getrieben ist, gesagt, er habe «etwas Aufgesetztes, sich Spreizendes an sich» (U. Nilgen). Die Vermutung liegt nahe, daß hier der Vorstellung des Auftraggebers entsprochen wurde, wenn er nicht sogar selbst die Gestaltung der Handschrift maßgeblich beeinflußt hat. Wenn Heinrich der Löwe in einem liturgischen Buch sich und seine Ahnen Gott darbietet, so liegt darin sozusagen eine unmittelbare Hinwendung zu

Gott. Die antiquierte und auf frühere Größe des Hauses rückverweisende Form des Evangeliars offenbart vielleicht die Tragik Heinrichs des Löwen: er bot die Fülle seines Herrschertums auf, ohne sein Herrschertum letztlich erfüllt zu sehen.

Zum Kaufpreis des Evangeliars

Am 6. Dezember 1983 ist bei Sotheby's in London das Evangeliar Heinrichs des Löwen – bis in die vierziger Jahre im Besitz des Welfenhauses nachweisbar – für 32,5 Millionen Mark ersteigert worden. Verständlich, daß der Zuschlag des Auktionators einem Startschuß für eine Diskussion gleichkam, «ob... ein Erwerb zu einem so enorm hohen Kaufpreis nötig gewesen sei». Werner Knopp, Präsident der Stiftung Preußischer Kulturbesitz – neben der Bundesrepublik Deutschland, dem Land Niedersachsen, dem Freistaat Bayern ist die Stiftung Preußischer Kulturbesitz Miteigentümer des Evangeliars –, hat unter dem Titel ‹Die Heimholung des Evangeliars› die Erwerbsaktion umsichtig und suggestiv verteidigt. Er bemüht zum einen juristische Argumente: das Grundgesetz rufe die Deutschen auf, «ihr vorhandenes national bedeutsames Kulturgut dauernd zu sichern»; des weiteren baut er auf die Empfänglichkeit deutschen Gemüts, indem er auf den «Rang und den besonderen Zauber» verweist, «der das Evangeliar... umgibt». Diese von der Erwerbssumme provozierte Debatte mit ihren besonderen Blüten – wie viele Arbeitsplätze mit dem Geld hätten geschaffen werden können oder jene Aufrechnung, daß jeder Bundesbürger nur fünfzig Pfennig herauszurücken brauche, um den Kaufpreis aufzubringen –, dieser als Indiz für das Problem deutscher Identität gewiß nicht uninteressante Meinungswirrwarr bleibe beiseite. Verhalten wir uns wiederum mittelalterlich und stellen wir die damals häufig erörterte Frage: Was heißt ‹gerechter›, was heißt gerechtfertigter Preis?

Zu allen Zeiten – und so auch im Mittelalter – sind Überlegungen über Wertbestimmung und Preisgestaltung angestellt worden, beginnend beim primitiven Tauschhandel bis hin zu raffinierten Geld- und Wertablösungen. Für die Beurteilung des Problems war die Einschätzung zentral, was dem Erwerber das angestrebte Gut wert sei. Und gerade in diesem Punkte wirkten im Mittelalter Imponderabilien mit, die modernen und materialistisch-utilitaristisch eingestellten Menschen absurd dünken. Zu den teuersten Objekten des Mittelalters gehörten Reliquien, und wenn wir unter den über vierzig Reliquienbeuteln Heinrichs des Löwen, die er und seine Gemahlin Mathilde spätestens 1188 dem Marienaltar des Braunschweiger Doms übergeben haben, auch solche der heiligen Ursula und der elftausend Jungfrauen finden, so muß aufgeklärter Sinn feststellen, daß Heinrich hier einer Legende aufgesessen ist: die heilige Ursula und die elftausend Jungfrauen hat es nicht gegeben, also wäre – wenn man Reliquien als wirksame Heiltümer überhaupt gelten läßt – der reliquienbegierige Heinrich hier einem Betrug erlegen. Viele der Reliquien im Braunschweiger Marienaltar sind von ähnlicher Art: Haare der Jungfrau Maria, ein Brocken vom Stein, auf dem der Herr geruht hat, ein Stück des Steins, von dem Christus gen Himmel gefahren ist und ähnliches mehr. Wir wissen nicht, was Heinrich dafür aufgewendet hat, aber für Reliquien sind im Mittelalter Unsummen ausgegeben worden. Ein deutscher Kaiser, Karl IV. († 1378), hat sich geradezu arm gekauft. Wir sollten freilich zugeben, daß auch unsere Zeit ihre Imponderabilien hat: zeitgebundene Einschätzungen, die nicht einem objektiven Wert entsprechen. Gerade der Kunstmarkt kennt solche durch Konvention diktierten Höchstpreise, die bei veränderter Wertschätzung durch die Gesellschaft wieder abbröckeln.

Das kostbare Evangeliar Heinrichs des Löwen ist in dem erprobten Scriptorium des Klosters Helmarshausen entstanden. Bei aller Einmaligkeit des Evangeliars merkt man dem Buch die eingeübte Könnerschaft, die Routine an, und das in leoninischen Hexametern abgefaßte Widmungsgedicht des Schreibers und Ausstatters, des Mönches Hermann, verwendet eine gängige Phraseologie. Helmarshausen verfügte über ein eingespieltes Atelier und steckte in seine wahrscheinlich mit der Bibliothek verbundene Schreib- und Malwerkstatt einiges an Vermögen: um 1160 wurden 10 Solidi «für den Bücherschatz» (ad armarium librorum) bereitgestellt – wohl eine jährliche Zuwendung –, und man hat ausgerechnet, daß dies der doppelten Jahresabgabe einer Mühle entsprach, ein nicht unbeträchtlicher Aufwand.

Bücher waren damals – im 12. Jahrhundert – teuer, und zumal liturgische Werke, die ein großflächiges und gutes Pergament, zudem eine sorgfältige Schrift und nach Möglichkeit Schmuckelemente erforderten, kosteten ihren Preis. Für zehn Talente erwarb Abt Walther von Michaelbeuern (1161–1190) eine Bibel mit Bildern auf Goldgrund (Michaelbeuern, Waltherbibel man. perg. 1). Etwa um die gleiche Zeit wurde für die Gumbertuskirche in Ansbach eine Sammlung veranstaltet, um eine große und reich geschmückte Bibel aufzukaufen (Universitätsbibliothek Erlangen, Ms. 1); sie kostete zwölf Talente. Die Spender ließen ihre Namen eintragen in der Hoffnung, Aufnah-

me in das Buch des Lebens zu finden. Der Preis für beide Bibeln –
zehn, beziehungsweise zwölf Talente – ist hoch. Um eine Vorstellung
durch einen Vergleich zu geben: Kaiser Friedrich Barbarossa erwarb
zu damaliger Zeit (1157) das Pleißnerland um Altenburg mit den
Burggrafschaften Leisnig und Colditz mitsamt den dort tätigen
Dienstmannen und zwanzig Höfen, dazu das Kastell Lausigk mit
Markt und Einkünften, den Hof Schkölen, die Burg Gleißberg, den
Jenzigberg bei Jena, Schloß Mohrungen – flächenmäßig ein Gebiet
von vielen Quadratkilometern samt Einkünften, Personal und Gefäl-
len – für fünfhundert Mark Silber. Wenn man eine für diese Zeit
erlaubte Gleichsetzung von Mark und Talent vornimmt (und mit den
im bayerischen Raum umlaufenden Nürnberger oder Regensburger
Pfennigen rechnet), so sind zehn bis zwölf Mark beziehungsweise
Talente für eine Handschrift ein höchst stattlicher Betrag, und das
Evangeliar Heinrichs des Löwen ist wegen seines Prunkaufwandes
fraglos als besonders wertvoll anzusehen.

*Vom «gerechten Preis» und vom Erwerb zum Zwecke
eigener Nutzung*

Was Heinrich der Löwe für sein Evangeliar entrichtet hat, wissen wir
nicht. Stifter und Wohltäter konnten gewiß in den Genuß eines
Sonderrabatts kommen, und vielleicht hat Heinrich direkt gar nichts
gezahlt, indirekt – durch Stiftungsgut – reichlich.

Die Frage, welcher Preis einer Sache angemessen sei, hat schon die
Kirchenväter beschäftigt, und zufällig ist es gerade ein Bücherkauf,
getätigt vom heiligen Augustinus († 430), der als Musterbeispiel eines
eingehaltenen «gerechten Preises» (iustum pretium) galt. Als jemand
dem Heiligen ein Buch aus Unkenntnis unter Preis angeboten hatte,
gab ihm Augustin einen höheren, den «gerechten Preis» (modicum
pretium... postulanti iustum pretium dedit). Mit dem Aufkommen
des Handels, des Kreditwesens und der Jurisprudenz – seit dem 12.
Jahrhundert – setzt geradezu ein eigenes Schrifttum über die Frage
des «gerechten Preises» ein, denn es sei schwierig (um einen Satz aus
dieser Zeit zu zitieren), «daß ein Handel zwischen Käufer und
Verkäufer ohne Sünde abgehe» (quia difficile est inter ementis
vendentisque commercium non intervenire peccatum). Eigentlich
durfte es einen Gewinn nicht geben, aber ohne Gewinn keine dyna-
mische Wirtschaft. Man fragte nach moralischen Grenzen: ob vielleicht der doppelte Preis des Aufwandes noch ein «gerechter Preis»
(iustum pretium) oder schon ein «schnöder Gewinn» (turpe lucrum)

sei. Von großem Einfluß war, sich an Aristoteles anlehnend, Thomas von Aquin († 1274), der von der Relation von Angebot und Nachfrage ausgeht. Er unterscheidet das iustum pretium, den statischen, den objektiven Wert einer Sache, und den schwankenden, von Angebot und Nachfrage abhängigen Marktpreis, das pretium datum, und er gibt den Preis für eine Sache bis zu solcher Höhe frei, daß die Menschen, die ihrer unbedingt bedürfen, sie erwerben können.

So gesehen liegt auf dem Kauf des Helmarshausener Evangeliars die Approbation des Heiligen Thomas: Der Preis war hoch, aber noch aufbietbar, wobei ich davon ausgehe, daß wir des Evangeliars als eines Zeugnisses unserer Geschichte bedürfen: «zur eigenen Nutzung», wie Thomas fordert (rebus pretia imponuntur, secundum quod homines indigent eis ad usum suum). Darin liegt der Kern der Begründung: Einer Sache bedürfen zum Zwecke des Gebrauchs und der Aneignung, und die Richtigkeit der Kaufentscheidung wird daran zu messen sein, wie sehr wir dieses Denkmal unserer Vergangenheit in unser eigenes historisches Bewußtsein einbeziehen.

III
«Ich bin über das Haus Gottes gesetzt,
damit meine Stellung alles überrage»

«Der wahre Kaiser ist der Papst.»
Von der irdischen Gewalt im Mittelalter

«Der wahre Kaiser ist der Papst» ist ein Zitat aus dem 12. Jahrhundert. Lateinisch lautet es: «Ipse (das heißt der Papst) est verus imperator». Es findet sich in der sogenannten «Summa Parisiensis» (siehe S. 181), einem in Paris um 1160 oder um 1170 verfaßten Werk, das aber mit dieser Definition durchaus nicht alleine steht. Die im Umkreis einer rheinischen Rechtsschule 1169 entstandene «Summa Coloniensis» formuliert zum Beispiel übereinstimmend, daß «der Papst über dem Kaiser» stehe und «in der Tat wahrer Kaiser sei». Dabei ist der Verfasser dieser Summa Coloniensis keineswegs kaiserfeindlich. Er schrieb in der Landschaft eines Rainald von Dassel († 1167), der in aggressiver Weise die Eigenständigkeit und die Einzigartigkeit des Kaisertums, seine unmittelbare Herleitung von Gott, mit geradezu sakralen Tönen herausgestellt hat. Dieser erwählte Erzbischof von Köln Rainald von Dassel hatte die stolzen deutschen Laienfürsten dazu gebracht, mit Empörung die kuriale Behauptung zurückzuweisen, der Papst «verleihe» das Kaisertum dem deutschen König. Der Satz, daß der Papst der wahre Kaiser sei, bedeutet an sich – zumal bei diesem Hintergrund – nicht unbedingt eine Herabsetzung des weltlichen Herrschers. Es kam auf die Zuordnung der beiden Gewalten, der weltlichen und der geistlichen, zueinander an.

Gang und Träger der Diskussion

Der moderne Betrachter sollte sich von der Vorstellung freimachen, daß sich durch die Jahrhunderte des Mittelalters ein ständiges theoretisches Ringen zwischen Vertretern der weltlichen und der geistlichen Gewalt um die Frage abgespielt hätte, welcher Macht der Vorrang gebühre. Häufig regierte der Alltag, und aus mancher Handlungsweise ist keine Lehre und kein Grundsatz entstanden, der in die Zukunft weitergegeben worden wäre, auch wenn der Handlungsinhalt besonderes Gewicht besaß.

Als Papst Johannes X. 921 den Erzbischof Hermann I. von Köln darüber belehrte, daß nur der König und sonst keiner einem Geistlichen ein Bistum übertragen dürfe, blieb diese Rechtsbelehrung für die weitere Zukunft ohne Einfluß, ja die folgenden Generationen dürften von diesem extremen Zugeständnis an den König keine Kenntnis gehabt haben, denn es ist abseitig und nur indirekt überliefert und wurde von den Päpsten nicht mehr aufgenommen. Die Verteidiger des königlichen Investiturrechts, für die das Privileg eine hervorragende Argumentationsstütze abgegeben hätte, haben später dieses Zeugnis kaum verwendet; es war so gut wie unbekannt.

Zur theoretischen und praktischen Wirksamkeit einer Stellungnahme gehörte eben die Bereitstellung an einem Ort, der die weitere Tradition und Verbreitung ermöglichte: Aufnahme unter die Kanzleibehelfe, Einordnung in kirchenrechtliche Sammlungen, Aufbewahrung im päpstlichen Archiv und so weiter. Dazu gehörte auch die Resonanz außerhalb der päpstlichen Kanzlei. Das Wissen des modernen Historikers, seine durch viele Hilfsmittel (Regesten, Editionen, Handbücher, Lexika, Enzyklopädien, neuerdings Datenbanken und so weiter) gestützte Übersicht sollte ihm nicht den Blick nehmen für manche Zufälligkeit der Überlieferung und manche nicht beabsichtigte Widersprüchlichkeit.

Die Diskussion um die Qualität der irdischen Gewalt ist bis zum Hochmittelalter ungleichmäßig und auch inkonsequent, auf jeden Fall nur phasenweise und mit langen Pausen geführt worden. Erst mit der Reformzeit, vom ausgehenden 11. Jahrhundert an, erhielt die Diskussion eine gewisse Kontinuität, die bald getragen wurde von professionellen Gruppen: von Juristen und von Theologen vornehmlich, aber auch von Philosophen, die sich unter den «Artisten» bewegten, das heißt innerhalb der «Sieben Freien Künste» (Grammatik, Rhetorik, Dialektik und Arithmetik, Geometrie, Musik, Astronomie) unterrichteten. Hinzu kam die vom Hochmittelalter an immer stärker werdende Institutionalisierung der Kirche wie des Staates, die beide auf eine Legitimierung angewiesen waren, das heißt auf eine Theorie, die ihre Gottgewolltheit begründete.

Kaiserliche Macht und päpstliche «Zweigewaltenlehre»

Wenn wir der Herausbildung des Satzes vom Papst als dem wahren Kaiser nachgehen wollen, so ist in der christlich-römischen Kaiserzeit zu beginnen. Damals war das religiöse Bekenntnis zugleich Ausdruck der Staatsgesinnung. Ketzer konnten als Hochverräter gelten und wurden verfolgt, wie etwa die Priscillianisten, die Nestorianer oder die Monophysiten im 4. und 5. Jahrhundert. Auf Befehl des Kaisers und unter seinem Vorsitz waren Bischöfe zu Konzilien zusammengekommen, unter seinem Kommissar fanden Sitzungen statt, und der Kaiser war es auch, der als Gesetzgeber die Beschlüsse verkündete.

Es war keine Frage, wer die irdische Gewalt innehatte, die anscheinend zu dem Zwecke eingesetzt worden war, religiöses und staatliches Bekenntnis zusammenfallen zu lassen. Der antike Kaiser übte seine weltliche Macht in eigener Kompetenz aus, ohne daß sie ihm von geistlicher Seite verliehen wurde. Nichts anderes besagte der berühmte Brief, den Papst Gelasius I. (492–496) an den oströmischen Kaiser Anastasius (491–518) im Jahre 494 schickte und in dem das Verhältnis der geistlichen zur weltlichen Macht umschrieben ist: ein später häufig angerufenes Zeugnis der Gewaltenteilung. Man hat bei dem Ton des päpstlichen Schreibens zu bedenken, daß sich die römische Kirche während jener Jahre in einem Schisma mit der Ostkirche befand. In Ostrom hatte der Kaiser wesentlichen Anteil an der Formulierung und Verkündung des Dogmas, so daß der Papst guten Grund hatte, auf die kirchliche Glaubensverantwortung hinzuweisen, und er konnte das um so unbeschwerter tun, als er dem unmittelbaren Zugriff oströmischer Militärmacht so gut wie entzogen war. Die damalige Situation ließ eine Zuspitzung in der Umschreibung beider Gewalten zugunsten der kirchlichen zu, und erst spätere Jahrhunderte sahen in diesen Sätzen eine auf normalen Beziehungen beruhende, gültige Definition.

«Zwei Dinge sind es», so schrieb Gelasius, ein im römischen Kirchen- und Kanzleidienst erfahrener Papst, «durch die grundsätzlich die Welt hier regiert wird: die geheiligte Autorität der Bischöfe und die königliche Gewalt. Bei den Bischöfen liegt um so größeres Gewicht, als sie selbst für die Könige der Menschen vor dem göttlichen Richter Rechenschaft ablegen müssen. Du weißt, daß du doch, auch wenn du an Würde das Menschengeschlecht überragst, vor den Vorstehern der Religion demütig den Nacken beugst und von ihnen die Mittel für dein ewiges Heil erwartest; und es ist dir bekannt, daß du bezüglich des Empfanges und der Verwaltung der himmlischen Geheimnisse dich den Bestimmungen der Religion demütig zu unterwerfen hast, nicht aber bestimmen darfst.»

Es ist deutlich, daß der Papst in keiner Weise irgendeine weltliche Gewalt für sich beansprucht: die besondere Qualität seiner Macht ist die Fürsorge für das Seelenheil. Wer von der Neuzeit und vom Hochmittelalter herkommt, wird diesem Brief mit seiner Zweigewaltentheorie sowohl besonderen Einfluß wie eine signalartige Wichtigkeit zusprechen. Das Frühmittelalter dagegen hat ihm eine solche Beachtung nicht zukommen lassen, auch wenn er hin und wieder zitiert wird. Von den großen historisch angelegten kirchlichen Rechtssammlungen hat nur eine – die heute in rund einem Dutzend Handschriften faßbare Collectio Quesnelliana, deren römischer Ursprung nicht unwahrscheinlich ist – den Gelasiusbrief aufgenommen, nicht dagegen die Collectio Dionysiana, bzw. die bedeutendste Sammlung der Ära Karls des Großen, die Collectio Dionysio-Hadriana, und nicht die Hispana. Diese beiden Sammlungen allein dürften in etwa zehnmal mehr Handschriften nachzuweisen sein als die Quesnelliana.

Nach Gelasius I. hat in den nächsten Jahrhunderten kein römischer Bischof mehr gewagt, den oströmischen Kaiser auf ähnliche Weise in seine irdischen Schranken zu verweisen. Mehrere Päpste haben im Gegenteil als Märtyrer am eigenen Leibe zu spüren bekommen, daß auch «die Verwaltung himmlischer Geheimnisse», wie es Gelasius formuliert hatte, vom Kaiser in Ostrom wahrgenommen wurde und dogmatischer Widerspruch Gefahr für Leib und Leben heraufbeschwor. Papst Vigilius (537–555) wurde durch Haft und Drangsalierung zu einem Glaubensbekenntnis gezwungen, das ihm und der römischen Kirche widerstrebte und später als Schandmal galt. Honorius I. (625–638) tappte in eine ihm vom Patriarchen in Konstantinopel gestellte häretische Falle, so daß später jeder neue Papst in seinem Glaubensbekenntnis Honorius als Ketzer verurteilen mußte. Martin I. (649–653) starb, als Hochverräter zum Tode verurteilt, aber begnadigt, im Exil auf der Krim. Der Kaiser beanspruchte irdische Gewalt und die «Verwaltung himmlischer Geheimnisse». Der wahre Papst ist der Kaiser, könnte man fast sagen, aber selbstverständlich hat der oströmische Kaiser nicht die «Verwaltung» der Sakraments- und Gnadenmittel beansprucht.

Der päpstliche Anspruch auf kaiserliche Insignien

Über fünfhundert Jahre später heißt es, «daß allein (der Papst) die kaiserlichen Herrschaftszeichen benutzen könne» (Quod solus [das heißt der Papst] possit uti imperialibus insigniis). Der Text, in welchem dieser Satz steht, der sogenannte Dictatus Papae Gregors VII. (1073–1085), gehört zu den bedeutendsten Zeugnissen päpstlichen Selbstverständnisses. Allerdings ist sein Charakter, die Ernsthaftigkeit seiner Aussagen, schwer bestimmbar. Man hat die siebenundzwanzig im Kanzleiregister Gregors VII. zwischen dem 3. und 4. März 1075 eingetragenen Sätze für den «Index», das heißt das Inhaltsverzeichnis, einer von ihm gewünschten Kirchenrechtssammlung gehalten. Aber diese Einschätzung bereitet schwer überwindbare Schwierigkeiten, denn wir kennen sonst kein Beispiel eines ohne das eigentliche Werk selbständig überlieferten Inhaltsverzeichnisses, und manche Sentenzen des Dictatus stehen in so starkem Widerspruch zum bisherigen Kirchenrecht, daß sich die jeweiligen Sätze, die es anzuzeigen gilt – und das ist doch Ziel eines Inhaltsverzeichnisses –, kaum auffinden lassen. Der beste Kenner der Briefe Gregors VII. und kritische Herausgeber des Dictatus Papae Erich Caspar sprach neutral von «Leitsätzen», und darin ist man sich einig: daß in diesem persönlichen, fast intimen Zeugnis, das wahrscheinlich nicht für eine weite Verbreitung bestimmt war, Ziele und Vorstellungen Papst Gregors VII. in besonders zugespitzter Form zutage treten.

Alle siebenundzwanzig Sätze des Dictatus Papae beginnen als Behauptungssätze mit einem «Quod» (Daß...). Aber Art und Grad der Behauptungen sind unterschiedlich. Manche sind als Tatsachen hingestellt, zum Beispiel daß ein kanonisch ordinierter Papst «unzweifelhaft» heilig wird (siehe unten S. 156ff.). Andere gelten als Möglichkeit: Abwesende «kann» der Papst absetzen. Zu den «Kann»-Sätzen zählt auch die Nummer 8 des Dictatus: daß «allein» der Papst kaiserliche Hoheitszeichen tragen darf (Quod solus possit uti imperialibus insigniis).

Über die Quelle dieses Anspruchs gibt es keinen Zweifel. Es ist die Konstantinische Schenkung, jenes ausufernde Privileg, mit dem Kaiser Konstantin der Große († 337) um das Jahr 330, als er seine Residenz von Rom nach Byzanz verlegte, verschiedene zeremonielle, aber auch territoriale und hoheitliche Rechte an Papst Silvester I. (314–335) übertragen haben soll. Trotz ungeheuren Forschungsaufwands liegen Zeit und Veranlassung dieser wohl berühmtesten mittelalterlichen Fälschung teilweise noch im Dunkeln. Den meisten Zuspruch findet die Annahme, daß sie in der zweiten Hälfte des 8. Jahrhunderts von römischen Geistlichen fabriziert worden ist.

Das Constitutum Constantini, wie das Dokument in den Quellen meist genannt wird, besteht aus zwei recht verschiedenen Teilen. Ein erster Abschnitt lehnt sich streckenweise eng an die Silvesterlegende an und berichtet von der Krankheit, der Taufe und der Heilung Konstantins. Dem zweiten, weitgehend vorlagelos formulierten Abschnitt, wurde später die Überschrift «Donatio Constantini» gegeben und diese Bezeichnung häufig für das ganze Dokument verwendet. In diesem Schenkungsteil gibt sich Kaiser Konstantin aus Dank für seine Gesundung ungemein großzügig. Er schenkt den Lateranpalast und überträgt, indem er sich nach dem nach ihm benannten Konstantinopel zurückzieht, Papst Silvester und dessen Nachfolgern Rom, Italien und die westlichen Provinzen. In einem eigenen Abschnitt tritt er dem Papst auch kaiserliche Herrschaftszeichen ab: unter anderem das Phrygium oder Camelauc(i)um, die kaiserliche Herrschaftsmütze (eine spitze weiße Haube); das lorum, die Kaiserbinde; den Purpurmantel, die Purpurtunica; und, wie es am Ende des Abschnitts heißt, «das ganze Gepränge kaiserlicher Hoheit und den Glanz unserer irdischen Macht».

Bei der Übertragung der Kaiserkrone besteht ein merkwürdiger Widerspruch innerhalb der Konstantinischen Schenkung. Während Konstantin zunächst «das Diadem, d.h. die Krone von unserem Haupt» an Silvester und seine Nachfolger abtritt, heißt es später, Papst Silvester habe es abgelehnt, über die Krone der Tonsur, die er zum Ruhme des seligen Petrus trage, eine Goldkrone zu stülpen. Die Übertragung der Kaiserinsignien klingt aus mit der Feststellung, daß alle Päpste nach Silvester «in Nachfolge der kaiserlichen Herrschaft» bei feierlichen Aufzügen «ganz allein» die Kaisermütze (das Phrygium) tragen. Dieses «alleinige» Recht (singulariter uti), das die Konstantinische Schenkung den Päpsten verleiht, dürfte die Vorlage für den Satz des Dictatus Papae abgegeben haben, daß der Papst «allein» die kaiserlichen Insignien verwendet (solus... uti, siehe S. 92f.). Unter der Hand freilich hat Gregor VII. das Vorrecht ausgeweitet; nicht nur die «Parademütze»: alle kaiserlichen Insignien gebühren dem Papst. Es ist jene «verschärfende Umbiegung» (Erich Caspar), die auch an anderen Sätzen des Dictatus Papae beobachtet werden kann (siehe S. 92f.).

Der Austausch der Herrschaftszeichen

Es wäre ein eigenes, hier zu weit führendes Thema, die Angleichung des Papstes an den weltlichen Herrscher, die im 8. Jahrhundert einsetzt und im Anspruch Gregors VII. besonders deutlich wird, Schritt für Schritt zu verfolgen. Einige Andeutungen mögen genügen. «Seit dem 9. Jahrhundert bürgert sich für die Wohnung des Papstes die Bezeichnung palatium ein; er selbst trägt – wie die Könige – einen roten Mantel und reitet auf einem weißen Pferd durch Rom. Seit dem 11. Jahrhundert führt seine Geschäfte (wie bei den Königen) ein ‹Kanzler›; seine Gesandten werden als ‹Legaten› bezeichnet. Im hohen Mittelalter wird der durch Metall verstärkte Reif seiner Haube als Krone gedeutet; aus seinem territorialen Besitz wird der ‹Kirchenstaat›, in dem der Papst Landesherr ist.» Percy Ernst Schramm

(1894–1970), von dem diese Sätze stammen, schreibt weiter über die Ausstattung des Papstes mit kaiserlichen Herrschaftszeichen, der Papst habe so viel vom Kaiser entlehnt, «daß er schließlich als Quasi-Kaiser bezeichnet werden kann». «Denkt man sich», so fährt Schramm fort, «einen Besucher aus fernen Landen», der vor die Szenerie des kaiserlichen und des päpstlichen Aufzugs trete, «dann dürfte es ihm auf den Scheitelpunkten (der Entwicklung) schwer gefallen sein, zu entscheiden, ob er vor die weltliche oder die geistliche (Szenerie) geführt worden war.»

Zuweilen wurde sogar der materiell selbe Gegenstand zunächst für den Kaiser, dann für den Papst verwendet. Der heute als Cathedra B. Petri im Petersdom in Rom aufbewahrte Thron ist der Sitz des westfränkischen Königs Karl des Kahlen (840–877), der 875 verwendet wurde, als Papst Johannes VIII. den König der Westfranken in Sankt Peter zum Kaiser krönte. Karl der Kahle schenkte ihn dem Papst. In Rom wurde er als Papstthron verwendet, und bis zum 12. Jahrhundert setzte sich allmählich die Anschauung durch, es handle sich bei diesem Thron um jene Cathedra, die Petrus bei seiner Einsetzung als Bischof von Rom benutzt habe. Der Sitz stieg zum Rang einer Reliquie auf.

In der Konstantinischen Schenkung geht es nicht nur um territoriale Abtretungen, um Standesvorrechte und Herrschaftszeichen. Kaiser Konstantin leistet aus Ehrerbietung gegenüber dem seligen Petrus sogar den «Stratordienst», d.h. er führt nach Art eines Marschalls, eines Stallknechts, das Pferd des Papstes am Zügel.

Das war vom Inhalt der Geste her mehr, als je ein römischer und oströmischer Kaiser einem kirchlichen Würdenträger oder jemand anderem gegenüber geleistet hat, zumal dieser Symbolakt Dienstbarkeit anzuzeigen geeignet war.

Lothar III. (1125–1137) hat sich 1131 bei einem Zusammentreffen mit Papst Innozenz II. (1130–1143) in Lüttich dazu überreden lassen, den Zelter des Papstes ein Stück des Weges nach Art eines Marschalls zu führen. Man hatte ihm versichert, es handle sich um einen reinen Ehrendienst.

Als Lothar zwei Jahre später in Rom von Innozenz II. zum Kaiser gekrönt worden war, ließ der Papst neben der Nikolauskapelle des Laterans, der päpstlichen Hauskapelle, ein mehrteiliges Gemälde anbringen; die Schlußszene zeigt den auf dem Thron sitzenden Papst, wie er Lothar die Kaiserkrone aufsetzt. Eine Inschrift in Form eines Distichons gab die Deutung: «Der König kommt vor die Tore, indem er vorher die Rechte der Stadt Rom beschwört / nachher wird er

Lehnsmann des Papstes (homo fit papae), nimmt die Krone, die dieser gibt.» Das Bild wurde bald zum großen Ärgernis. Der Kaiser erschien als Lehnsträger des Papstes, aus dessen Hand er die Herrschaft empfing, und Friedrich I. Barbarossa forderte in einem pathetischen Brief die Tilgung: «Mit dem Bild fing es an, das Bild schritt fort zur Beischrift, die Schrift versucht nun in die Wirklichkeit zu treten.» Diese Stellungnahme ließ Barbarossa durch die deutschen Bischöfe 1158 an den Papst weiterleiten, und er erreichte auch, daß der anstößige Text gelöscht wurde. Die Bildfolge ist erst später untergegangen.

Der Papst als Oberlehnsherr des Kaisers und als Lehnsherr verschiedener Fürstentümer und Königreiche: Einen solchen Versuch hatte bereits Gregor VII. unternommen, der für den deutschen König die herabsetzende und egalisierende Bezeichnung «König der Deutschen» (rex Teutonicorum) einführte und dadurch die Entsakralisierung des Herrschertums einleitete. Der deutsche König wurde nicht als «Patrizier der Römer» begriffen, nicht als künftiger Kaiser, sondern als König unter anderen wie ein rex Danorum oder Hungarorum, ein König der Dänen oder der Ungarn. Denn wenn Kaiser Konstantin das Abendland Silvester und seinen Nachfolgern geschenkt hatte, durfte der Papst auch darüber verfügen.

Die «Zweischwerterlehre» oder der päpstliche Kaiser

So bündig diese Gedankengänge schienen, sie hatten einen schweren Nachteil. Es wurde eingestanden, daß der Papst seine weltliche Herrschaft von einer irdischen Macht empfangen hatte. Der Papst war Kaiser und Oberlehnsherr von Konstantins Gnaden, auch wenn spätere Interpreten zu der Konstruktion Zuflucht nahmen, Konstantin habe nur zurückerstattet, was der Herr ihm vorübergehend zum Nießnutz überlassen hatte. Es ist kaum Zufall, daß nicht lange nach Wiederbeachtung der Konstantinischen Schenkung in der zweiten Hälfte des 11. Jahrhunderts ein Bild aufkam, das die irdischen Herrschaftsverhältnisse neu deutete: das allegorische Gleichnis von den zwei Schwertern. Es vermied die Peinlichkeit, daß der Papst in den irdischen Besitz von einem römischen Kaiser eingesetzt worden sein sollte.

Uns ist der Sinn für die allegorische Auslegung der Bibel abhanden gekommen, die im ganzen Mittelalter blühte (siehe auch S. 199 und S. 224 ff.). Die allegorische Deutung geht von folgender Überzeugung aus: «Während alle profane Literatur nur einen historischen oder Buchstabensinn des Wortes einschließt, enthält das Wort der Heiligen Schrift neben dem historischen oder Buchstabensinn, den es mit der heidnischen Literatur gemein hat, einen höheren, einen geistigen Sinn, einen sensus spiritualis.» (F. Ohly) Diesen geistigen Sinn, den Gott den Worten beigegeben hat, galt es zu ermitteln, denn die Worte seien nicht nur «Wortklänge» (voces), sondern in ihnen fänden sich auch «Dinge angezeigt» (res significativae). Ein breiter Strom hochgeschätzter Erklärungsschriften bemühte sich, dem im Bibelwort enthaltenen Plan Gottes auf die Spur zu kommen, denn «es verhält sich doch so, daß das, was mittels allegorischer Sichtbarmachung eröffnet wurde, mehr bewegt, mehr erfreut und mehr gilt, als wenn etwas mit nackten Worten offen zutageliegend gesagt wurde.» So urteilte Augustin, und in dieser Wertschätzung war man sich bis zum ausgehenden Mittelalter weitgehend einig.

Die mittelalterliche Staatslehre kennt mehrere allegorische Auslegungen, die zum Weltbild der Zeit gehörten, wie etwa die Anschauung von den vier aufeinanderfolgenden Weltreichen, an deren Ende das Römische steht, das bis zum jüngsten Tag dauern wird. Die an den im Alten Testament geschilderten Traum Daniels (Daniel 2) angelehnte Weltreichslehre war schon in patristischer Zeit aufgekommen; Hieronymus († 420) hatte sie entscheidend gestaltet (siehe S. 31).

Die Zweischwerterlehre nun ist eine Ausformung des Hochmittelalters. Selbstverständlich hatte man lange vorher von der weltlichen Schwertgewalt und vom «Schwert des Geistes» gesprochen, entsprechend dem Pauluswort: «Nehmet den Helm des Heils und das Schwert des Geistes, welches ist das Wort Gottes» (Epheser 6, 17). Aber beide Schwerter wurden in ihrem Symbolgehalt getrennt gesehen, ohne Wertung und Beziehung zueinander. Diese wurde erst hergestellt in allegorischer Deutung der Lukasverse 22, 35–38. Christus spricht hier beim letzten Abendmahl zu den Jüngern, bevor er seinen Gang zum Ölberg antritt: «Wer einen Beutel hat, der nehme ihn, desgleichen auch die Tasche; wer aber nichts hat, verkaufe sein Kleid und kaufe ein Schwert... (Die Jünger) sprachen aber: Herr, siehe, hier sind zwei Schwerter. Er aber sprach zu ihnen: Es ist genug.» Der ohnehin dunkle biblische Sinn bleibe außer Betracht.

Eine bahnbrechende allegorische Deutung erhielten die Lukasverse durch den Zisterzienserabt Bernhard von Clairvaux († 1153) und seine Umgebung. Sehr wahrscheinlich entsprach es der Denkrichtung Bernhards, dessen Geist eine ganze Epoche geformt hat, wenn sein zeitweiliger Schüler und Sekretär Nikolaus († um 1170) in einem

Sermo vom geistlichen und vom weltlichen Schwert der Lukasverse spricht, die er der Hand des Priesters und der Hand des Königs zuteilt: das Schwert des Priesters soll das Schwert des Königs besänftigen, das Schwert des Königs soll dagegen das des Priesters schärfen. Es deutet sich hier bereits an, daß der Einsatz eines jeden der beiden Schwerter durch den Priester bestimmt wird.

Klarer als der Schüler äußerte sich sein Meister Bernhard selbst. Für ihn gehören beide Schwerter der Kirche: Das eine werde von der Kirche, das andere für die Kirche geführt, das eine von der Hand des Priesters, das andere von der Hand des Kriegers, doch nach Gutdünken des Priesters und auf Befehl des Kaisers. «Daß der Befehl des Kaisers miterwähnt wird, ist noch ein Zeichen der Mäßigung.» (W. Levison)

Ein selbstbewußter Kaiser wie Friedrich I. Barbarossa (1152–1190), dessen Empfindlichkeit in diesen Fragen wir schon kennengelernt haben (siehe S. 128), nahm solcherart Behauptungen über die päpstliche Allgewalt nicht hin. Nicht einmal die Zweigewaltenlehre des Papstes Gelasius I. (siehe S. 123) wurde von der Kanzlei Kaiser Barbarossas akzeptiert.

Hatte Gelasius von den «zwei Dingen» gesprochen, «durch welche die Welt regiert wird», von der «geheiligten Autorität der Päpste» und schlicht von der «herrscherlichen Gewalt», so münzte Friedrichs Kanzlei den Satz um: «Zwei Dinge sind es, durch die füglich unser Reich regiert wird: die heiligen Gesetze der Kaiser und die gute Sitte unserer Vorgänger und Väter». Bernhard von Clairvaux hatte in Auslegung des Lukas-Evangeliums die zwei Schwerter dem Papst zum Eigentum und zur indirekten Nutzung übertragen. Friedrich machte daraus zwei von Gott direkt ausgegebene Schwerter, «zumal der Apostel Petrus der Welt die Lehre verkündet hat: Fürchtet Gott und ehret den König».

Kirchentreue Interpreten knüpften gleichwohl an Bernhard von Clairvaux' Exegese an, doch ließen sie den Befehl des Kaisers beiseite: Papst Gregor IX. (1227–1241) zum Beispiel. Bonifaz VIII. (1294–1303) spitzte die Abhängigkeit weltlicher Macht in der wohl berühmtesten Bulle des Mittelalters, in der Bulle Unam Sanctam (1302), noch besonders zu: Das weltliche Schwert müsse geführt werden «nach Gutdünken und nach Duldung des Priesters», d.h. des Papstes. Aber Bonifaz VIII. steht nicht allein, wie überhaupt immer deutlicher wird, wie stark Bonifaz auf Bernhard von Clairvaux, Aegidius Romanus († 1316) und Thomas von Aquin († 1274) zurückgegriffen hat. Im Schwabenspiegel (1275) wird über die Vergabe irdischer Gewalt folgendes ausgeführt: Christus habe entsprechend Lukas 22, 35 ff. beide Schwerter dem Apostel Petrus übergeben, dem ersten Papst, und vom jeweiligen Papst, nicht von Christus selbst, empfange der Kaiser das weltliche Schwert. Der Kaiser nimmt die irdische Gewalt an des Papstes Statt wahr, oder um es auf eine Formel hochmittelalterlicher Kanonisten zu bringen: «Imperator vicarius Papae» oder «papa verus imperator» («Der Kaiser ist der Stellvertreter des Papstes» oder «Der Papst ist der wahre Kaiser»).

Dem entspricht, daß der Papsttitel eine Veränderung durchmacht. War der Papst bis zum 12. Jahrhundert häufig als Stellvertreter des Apostels Petrus angesprochen worden, als vicarius Beati Petri, so rückte er nun zum Stellvertreter Christi auf: Innozenz III. (1198-1216) nahm die Bezeichnung Vicarius Christi in die offizielle Papst-Titulatur auf, wo sie heute noch steht. Eine «Internationale Theologen-Kommission» hat nach dem Zweiten Vatikanischen Konzil (1970) anempfohlen, «Titel, welche die Gefahr eines Mißverständnisses in sich tragen», zu vermeiden, und zu diesen auch «Vicarius Christi» gezählt, doch gehört «Vicarius Christi» immer noch zur offiziellen, im «Annuario Pontificio» abgedruckten Titulatur.

Tiara und Mitra – herrscherliches und priesterliches Symbol

«Der wahre Kaiser ist der Papst.» In welcher Weise ging weltliche Gewalt vom Papst aus? Um Irrtümern vorzubeugen: Stets hat der Grundsatz gegolten: «Die Kirche dürstet nicht nach Blut» (Ecclesia non sitit sanguinem). Es war also der Kirche und dem Papsttum wesensfremd, die mit der weltlichen Gewalt zusammenhängende Straf- und Blutgerichtsbarkeit selbst auszuüben. Es ging nur um die Frage, auf welche Weise die irdische Gewalt in die Welt kam.

Von den zahlreichen und häufig sehr facettenreichen Reflexionen und Vorstellungen haben wir nur wenige, wenn auch zentrale, angeführt und zwar solche, die dem Papsttum eine Omnipotenz zuschreiben.

Gestützt auf die Konstantinische Schenkung konnte der Papst, auch im Aussehen, eine kaisergleiche Stellung beanspruchen, deren Wahrnehmung er gleichsam dem Profankaiser delegiert. Es ist bezeichnend, daß jener Satz, von dem ausgegangen wurde – «der wahre Kaiser ist der Papst» –, in manchen Handschriften in Nachbarschaft zum Constitutum Constantini eingetragen wurde. Der Papst übertrug dem Kaiser wohl die Potestas imperialis, die kaiserliche Oberherrschaft, blieb aber selbst im Besitz irdischer Güter und Rechte im

Gebiet des Kirchenstaates. Hier war der Papst Landesherr und nahm die Rechte eines solchen wahr.

Aber der Konstantinischen Schenkung haftete der Makel an, daß ein weltlicher Herrscher den Papst in die Lage versetzt hatte, Macht zu delegieren. So wurde – trotz aller Ausgestaltung des Zeremoniells – diese Anschauung ergänzt und teilweise verdrängt von der Zweischwerterlehre: Beide Gewalten, die geistliche wie die weltliche, stehen in der Verfügung des Papsttums.

Zeitgleich mit der Annahme des Titels «Vicarius Christi» und der Anschauung, daß der Kaiser lediglich Stellvertreter des Papstes sei, hat Innozenz III. die Tiara als reines Herrschaftssymbol («in signum imperii») definiert, getrennt von der Mitra, dem Symbol des Hohenpriestertums («in signum sacerdotii» oder «pontificii»). Zu ihrer Vollgestalt hat die Tiara Bonifaz VIII. entwickelt. Bei ihm taucht zum ersten Male die dreistufige Tiara auf, deren Symbolgehalt Gerhart Ladner, der sich Jahrzehnte hindurch mit dem Thema beschäftigt hat, so umschreibt: «Es gibt nur eine Kirche, und sie hat nur ein Haupt, Christus, König und Priester... Daher konnte auch die Stellvertretung Christi auf Erden letztlich nur in einem obersten Haupt ruhen, im Papst, der auf seinem eigenen Haupt das Symbol priesterlicher und königlich-kaiserlicher Würde, irdischer und überirdischer Herrschaft trägt.»

Es liegt eine gewisse Folgerichtigkeit darin, daß Kunstwerke des Spätmittelalters die Tiara von der Erde in den Himmel übertragen. Gottvater, Christus und schließlich alle drei trinitarischen Gestalten tragen die päpstliche Tiara oder tiaraähnliche Kronen. In der Sprache der Symbole ist eine Steigerung nicht mehr möglich.

Die Rückkehr zum Priesteramt

Dieser knappe Überblick ist einseitig und lückenhaft. Es ist zum Beispiel die hitzige Diskussion um die «direkte» und «indirekte Gewalt» des Papstes in weltlichen Dingen ausgelassen («potestas directa et indirecta in temporalibus»), das heißt um die Frage, wie weit dem Papst erlaubt ist, im Falle der Häresie oder des Ungehorsams in eine weltliche Herrschaft einzugreifen. Immer wieder maß sich ein Papst die Kompetenz an, Könige abzusetzen und die Untertanen vom Treueid zu entbinden. Als letzter hatte Papst Pius V. Königin Elisabeth I. von England 1570 als notorische Ketzerin des Thrones für verlustig erklärt, aber die Aktion erwies sich als Fehlschlag und hatte eher den gegenteiligen Effekt.

Auch leidet der hier vorgetragene Entwurf unter der zu hart aufgestellten Alternative: hie Papst, hie Kaiser. Beide Institutionen, häufig interpretiert und gestützt von einem Kreis von Personen, der die gleiche juristische Ausbildung durchlaufen hatte, wirkten auch miteinander und durcheinander. «Im Mittelalter war die Kirche ein Staat», schrieb der berühmte englische Rechtshistoriker Frederick William Maitland (1850–1906), und sein Schüler John Neville Figgis (1866–1919) spitzte den Satz weiter zu: «Im Mittelalter war die Kirche der Staat.»

Es ist vor allem nicht eingegangen auf den niemals verstummenden Chor der Gegenstimmen: auf die Vertreter der Anschauung, daß Gott die irdische Gewalt direkt, also nicht über den Papst, verliehen habe; nicht auf die Anschauung, daß ohne Erörterung eines göttlichen Ursprungs die Herrschaft vom Volk übertragen werden könne und beim Herrscher bleibe (Lex regia); nicht auf die mit der Aristoteles-Rezeption einhergehende Theorie des Staates als eines Zusammenschlusses von Menschen als gesellschaftsfähigen Wesen u.ä.m.

Gegen diese Kirche in ihrer irdischen Gestalt, gegen ihren Reichtum, ihren Territorialbesitz, gegen die Wahrnehmung und Vermittlung irdischer Gewalt wandten sich die Humiliaten und die Spiritualen, die Fraticelli und die Apostoliker, die die absolute Armut der Kirche nach Christi Vorbild predigten, von Ketzern wie den Waldensern und den Katharern ganz zu schweigen. Ihnen erschien die den irdischen Reichtum begründende Konstantinische Schenkung «wie ein Gift», das die Kirche vom rechten Wege abführt.

Marsilius von Padua († 1342/43) und Wilhelm von Ockham († 1349) lehnten die Allegorie der Zweischwerterlehre ab: Bei den alten Exegeten der Lukasverse fände sich nirgendwo eine solche Ausdeutung. Luther höhnte, wie die zwei Schwerter ließen sich auch die zwei Schlüssel Petri deuten: mit dem einen könne der Papst die Reichtümer der Welt aufschließen, mit dem anderen die Schätze des Himmels öffnen.

Ulrich von Hutten († 1523) verspottete die Tiara. Entsprechend dem dreifachen Kronenreif trete für den Papst jetzt zu den zwei Schwertern ein drittes Schwert hinzu: um die Schafe zu scheren. Die Frage verlor sich in der Polemik der Reformation. Das Symbol der auf Christus fußenden geistlichen und weltlichen Gewalt, die Tiara, wurde allmählich als unpassend empfunden. Bei den päpstlichen Grabdenkmälern war Leo XIII. (1878–1903) der letzte Papst, der als Tiaraträger dargestellt wurde. Paul VI. (1963–1978) hat die Tiara abgelehnt und abgelegt. Zum 13. November 1964 ging folgende

Meldung durch die Zeitungen: «Papst Paul VI. hat am Freitag im Rahmen eines Hochamtes in der Peterskirche zu Ehren des Kirchenlehrers Johannes Chrysostomus von Antiochien seine dreifache Krone, die Tiara, auf dem Konzilsaltar niedergelegt und den Armen der Welt dargebracht». Der liturgische Kopfschmuck des Papstes ist jetzt allein die Mitra – «in signum sacerdotii»: Zum Zeichen der priesterlichen Vollmacht.

Die Wahl des Papstes.
Ein mittelalterliches Verfahren

«Wir haben einen Papst» – «Habemus papam» – verkündet der dienstälteste Kardinaldiakon von der Loggia des Petersdoms in Rom unmittelbar nach der Papstwahl, um das neue Oberhaupt der katholischen Christenheit dem auf dem Petersplatz wartenden Kirchenvolk vorzustellen. So lautete der Satz am 16. Oktober 1978: «Wir haben einen Papst, den hervorragenden und hochwürdigsten Kardinal Karol Wojtyla, der sich den Namen Johannes Paul II. gegeben hat.»

Die feierliche Bekanntgabe steht am Ende eines komplizierten Wahlvorgangs, dessen Formen sich im Laufe von Jahrhunderten herausgebildet haben und der in seiner Stabilität die Bewunderung selbst eines solchen Kirchenfeindes wie Adolf Hitler hervorgerufen hat. «Der Führer» hat sich mehrfach zum Problem seiner Nachfolge geäußert und hatte allen Ernstes eine Art Imitation der Papstwahl im Sinn. Noch 1943 notierte Josef Goebbels in seinen Tagebüchern: «Hitler will... sozusagen ein Kardinalskollegium schaffen, das die einzige Aufgabe hat, jeweils den Führer zu wählen.» Der «Duce» Benito Mussolini äußerte ähnliche Absichten, und es ist deutlich, daß den beiden Staats- und Parteichefs die Sicherheit imponiert hat, mit der jeweils ein päpstlicher Nachfolger gefunden wurde.

Jeder Papstwechsel birgt die Gefahr einer Krise in sich, und die Kirchengeschichte kennt aus früheren Jahrhunderten nicht wenige Beispiele, da eine päpstliche Doppelwahl die Christenheit spaltete. Die heutige Papstwahl wird nach Regeln vollzogen, die im Laufe von beinahe einem Jahrtausend zu einer Ordnung zusammengewachsen sind. Nahezu jede Vorschrift ist einmal die Antwort auf eine gefährliche Situation gewesen. Jahrhundertelange Erfahrung ließ eine Wahlordnung von unvergleichlicher Ausgewogenheit entstehen. Nicht ausgedachte Eventualitäten also, denen man von vornherein hat beggnen wollen, sondern geschichtliche Ereignisse haben die Wahlordnung geprägt: sie ist gleichsam das Werk historischer Vernunft.

Bemüht man sich, die fast zweitausendjährige Geschichte der Papstwahl in Abschnitte einzuteilen, so bieten sich ohne Zwang drei Perioden an: das erste Jahrtausend, das auf die Herausbildung der später gültigen Wahlordnung nur geringen Einfluß hatte; sodann die klassische Zeit vom 11. bis zum 14. Jahrhundert, in der die Grundzüge der Wahl festgeschrieben wurden, die mit wenigen Modifikationen bis zum beginnenden 20. Jahrhundert galten, und schließlich die Moderne mit neuen Dekreten und neuen Gesetzbüchern von 1918 und 1983, die aber an den mittelalterlichen Wahlprinzipien nicht rüttelten. Gerade die letzte große apostolische Wahlkonstitution von 1975 stellt bewußt die fast tausendjährige Entwicklung des jetzigen Wahlmodus seit dem 11. Jahrhundert heraus.

Die «Ernennung» der ersten Petrusnachfolger

Den ersten Papst hat nach katholischer Lehre Christus selbst ausgewählt mit den Worten, die das Matthäusevangelium 16,19 f. überliefert und die auch in der Kuppel des römischen Petersdomes in goldenen Lettern stehen: «Du bist Petrus, der Fels, und auf diesen Felsen will ich meine Kirche bauen, und die Pforten der Hölle werden sie nicht überwinden, und Dir will ich die Schlüssel des Himmels geben», und so weiter.

Petrus ist der erste Papst. Als solcher wird er in den Katalogen der römischen Bischöfe aufgeführt, und sein Bild steht auch am Anfang der berühmten, vor fünfzehnhundert Jahren angelegten und dann fortgeführten Galerie der Päpste in der römischen Kirche Sankt Paul vor den Mauern. Daß Petrus nicht durch das Wort eines Apostels, sondern durch Weisung des Herrn sein Amt empfangen habe, bildete seit Aufkommen der römischen Primatsidee das entscheidende Argument für den höheren Rang des Petrus vor allen anderen Aposteln. Der römische Bischof Petrus wiederum soll sich in dem Römer Clemens einen Nachfolger mit ähnlichen Worten bestellt haben, mit denen er selbst einst von Christus eingesetzt worden war. Doch der entsprechende Bericht steht in einem fingierten Brief, dessen Unechtheit man zwar früh erkannt hat, der aber trotzdem immer wieder als verbindlich zitiert wurde.

Wie indessen die Wahl des römischen Bischofs in den ersten christlichen Jahrhunderten wirklich ausgesehen hat, bleibt im Dunkeln. Vermutlich wurde sie wie in anderen Bischofsstädten vom Klerus und der Gemeinde unter Beteiligung benachbarter Bischöfe vollzogen, die seit altersher mindestens zu dritt für die Weihe des Neugewählten nötig waren, ein Gewohnheitsrecht, das der Bischof von Ostia bei der Papstweihe noch heute wahrnimmt.

Papstwahl unter kaiserlicher Aufsicht

Erkennbar werden die Vorgänge für uns erst zu der Zeit, als das Christentum unter Kaiser Konstantin dem Großen (306–337) im 4. Jahrhundert Reichsreligion wurde und die Kirche aus dem Dunkel der Illegalität trat. Sofort zeigte sich deutlich, daß mit der Legalität auch eine Abhängigkeit vom Staate und seinen Organen verbunden war. Der römische Kaiser, der in religiösen Dingen eine Art Oberaufsicht beanspruchte (siehe S. 112f.), zog zuweilen das Besetzungsrecht des römischen Stuhls rücksichtslos an sich. Widerspenstige Bischöfe wurden ins Exil geschickt wie Liberius 357, genehme mit Pressionen durchgedrückt wie der schwache Diakon Felix zur gleichen Zeit. Damals, in der zweiten Hälfte des 4. Jahrhunderts, kam auch der Titel «Papst» auf (der eigentlich nichts anderes als «Vater» bedeutet), so daß von einer «Papst»-Wahl eigentlich erst von jetzt an gesprochen werden kann.

Aber auch das Wort Wahl könnte einen falschen Eindruck erwekken. Der Kandidat mußte sich des Wohlwollens weltlicher Instanzen versichern, und immer wieder kam es vor, daß die Obrigkeit zwischen zwei sich bekämpfenden Gewählten entscheiden mußte: So wurde 418 Kaiser Honorius angerufen, und selbst der von der katholischen Kirche als Ketzer angesehene Ostgotenkönig Theoderich der Große ist gegen 500 um einen Rechtsspruch angegangen worden. Er verhielt sich sehr weise: er fragte nicht nach der Würde und dem Lebenswandel der sich gegenseitig schmähenden Kandidaten, sondern nach der Zahl der jeweiligen Anhänger, und er bestimmte den zum Papst, der die meisten Menschen für sich auf die Straße gebracht hatte. Immerhin kam damals zum ersten Male so etwas wie eine Wahlordnung oder besser Nachfolgeordnung auf: Jeder Papst solle, so wurde auf einer Kirchenversammlung beschlossen, seinen Nachfolger bestimmen, und nur wenn ein Papst solches unterlassen habe, sei eine Wahl vorzunehmen.

Doch diese Regelung, durch die offenbar Wahlquerelen und die Einwirkung weltlicher Instanzen ausgeschaltet werden sollten, blieb frommer Wunsch und wurde wenig später als Verstoß gegen das Kirchenrecht sogar zurückgenommen. Das verhinderte nicht, daß immer wieder Päpste versuchten, einen Nachfolger zu designieren oder wenigstens anzuempfehlen, aber den konstitutiven Akt bildete die Wahl. Wie turbulent es in jener Zeit zugehen konnte, zeigt ein merkwürdiges Edikt des Ostgotenkönigs Athalarich vom Jahre 533. Dieser als Ketzer angesehene König verbot, heilige Gefäße und

Kirchenvermögen für Bestechungen zu verwenden. Für den Fall, daß ein königlicher Beamter eine strittige Papstwahl entscheiden muß, ist eine förmliche Gebühr festgesetzt. Für die Bestätigung eines Papstes dürfen die Beamten 3000 Solidi fordern, eine umgerechnet durchaus respektable Summe von fast einer halben Million DM.

Damals und in den nächsten Jahrhunderten war das Verfahren umständlich und von kaiserlichem Mißtrauen bestimmt. In der Regel dürfte sich folgendes zugetragen haben. War der Papst gestorben, so erstattete ein Dreierkolleg, drei Gesandte der römischen Kirche, dem Kaiser, der in Ostrom (Konstantinopel) residierte, Bericht. Drei Tage nach Beisetzung des verstorbenen Papstes nahmen Klerus, Volk und Miliz von Rom in einer heute nicht mehr feststellbaren Weise die Neuwahl vor. Über die stets als einstimmig dargestellte Wahl – die unterlegene Partei trat wohl dem Votum des Gewinners bei – wurde ein Protokoll angefertigt. Dann wurde dem Kaiser die Wahl gemeldet, und erst wenn der Kaiserhof die Genehmigung erteilt hatte, durfte der Gewählte geweiht werden. Vom gewählten Kandidaten war vor allem Rechtgläubigkeit gefordert, weshalb er dem Kaiser zum Zwecke der Überprüfung ein Glaubensbekenntnis vorzulegen hatte. Zu Beginn des 8. Jahrhunderts lockerte sich die Bindung an den Kaiser in Konstantinopel. Als letzter Papst ist Gregor III. 731 um eine byzantinische Genehmigung eingekommen.

Zwischen abendländischem Kaisertum und stadtrömischem Parteienkampf

Die Lösung von Byzanz brachte jedoch mit der Freiheit auch fast anarchische Zustände; in Rom kam es zu Mord und Totschlag. Nach schlimmem Blutvergießen – ein Papst war ermordet worden – trat 769 eine Kirchenversammlung zusammen. Man bestimmte, daß der Papst aus einem begrenzten Kreis stadtrömischer Geistlicher, den Kardinalpriestern und Kardinaldiakonen, genommen werden solle; Laien war lediglich das Recht der Zustimmung gewährt. Die Wahl wurde jetzt ganz eine stadtrömische Angelegenheit. Die Kaiser Ludwig der Fromme (814–840) im 9. und Otto der Große (936–973) im 10. Jahrhundert beanspruchten zwar noch eine Art Oberaufsicht, aber es waren schließlich doch die stadtrömischen Adelsgeschlechter, die die Wahl unter sich ausmachten. Der Papst galt als Kandidat und Vertreter seines Familienclans und war auf diese Weise in die teilweise blutigen Parteienkämpfe einbezogen. Moralische und rechtliche Grundsätze galten nicht viel. Söhne von Päpsten wurden als Petrusnachfolger durchgesetzt, und eine ganze Reihe von Päpsten des endenden 9. und des 10. Jahrhunderts sind nicht eines natürlichen Todes gestorben. Johannes XI., wahrscheinlich ein Papstsohn, ist 931 auf Betreiben seiner energischen und politischen einflußreichen Mutter Marozia kaum zwanzigjährig zum Bischof von Rom erhoben worden, obwohl das Kirchenrecht ein Mindestalter von 30 Jahren vorschrieb.

Vielleicht noch jünger war der berüchtigte Johannes XII. (955–964), dessen Wahl sich sein Vater, der über Rom herrschende Alberich, von den römischen Bürgern hatte eidlich geloben lassen. Von einem wenig bedeutsamen Sonderfall im 6. Jahrhundert abgesehen, war Johannes XII. übrigens der erste Papst, der seinen bürgerlichen Namen Octavian, den doch wohl zu viel heidnische Luft umgab, abstreifte und damit einen Brauch begründete, der sich bis heute gehalten hat: Der Papst legt sich bei seiner Wahl einen Amtsnamen zu. So wirr die Zeit war, eines hatte sie für die Zukunft vorbereitet: Sie hatte bereits, wenn auch in anderer Funktion, einen geistlichen Stand herangebildet, dem später allein die Papstwahl zukam: die Kardinäle.

Was war in jener Epoche ein Kardinal? Das Wort leitet sich von «cardo» = die Türangel ab, übertragen: Dreh- und Angelpunkt, Hauptsache. Kardinalgeistliche waren solche, die an einer Hauptkirche gottesdienstliche Aufgaben verrichteten. Die Kardinalbischöfe verwalteten nicht nur ihre Sprengel in Roms Umgebung; sie hatten zugleich die Aufgabe, in der römischen Kirche S. Giovanni in Laterano an sieben Tagen der Woche den Papst bei seinen gottesdienstlichen Pflichten zu unterstützen: daher ihre Siebenzahl. Die Kardinalpriester standen zunächst innerhalb der Stadtmauern ihren Pfarrbezirken vor; zum anderen versahen je sieben von ihnen in den vier großen päpstlichen Basiliken S. Giovanni, S. Peter, S. Paul vor den Mauern und S. Maria Maggiore den wöchentlichen Gottesdienst: 28 also an der Zahl. Die letzte Gruppe, die Kardinaldiakone, waren ursprünglich Vorsteher der städtischen Fürsorgeanstalten, gleichsam Caritas-Direktoren.

Rechnen wir alle Kardinäle zusammen, so kommen wir auf eine Zahl von rund 50 für das 11. Jahrhundert, die Zeit, in der die Kardinäle aus gottesdienstlichen und karitativen Helfern zum Senat der katholischen Kirche wurden, dem Kollegium, das den Papst bestimmte.

Auf dem Wege zum heutigen Verfahren: die wählenden Kardinäle

Die Schaffung eines eigenen Wahlgremiums, das von politischen und innerstädtischen Einflüssen frei sein sollte, wurde durch die historische Situation provoziert. 1046, auf dem Gipfel stadtrömischen Durcheinanders, hatte der deutsche König Heinrich III. eingegriffen: Da war ein Papst, der vor Jahren als minderjähriger Knabe auf den Stuhl von Sankt Peter gesetzt worden war und der jetzt seine Würde – bedrängt von dem Gegenpapst einer feindlichen Familie – für angeblich 2000 Silberpfunde (das wären rund 50000 Goldmark nach dem Stand vor dem Ersten Weltkrieg; nicht sehr teuer also) verkauft hatte. Der Käufer war ein durchaus ehrenwerter und reformeifriger Priester, dem vielleicht eine jüdische Familie das Ablösegeld hatte zukommen lassen. Heinrich III. ließ alle drei – den ursprünglichen Papst, den Gegenpapst und den Reformpapst – der Reihe nach absetzen und bestimmte in kurzer Folge mehrere deutsche Bischöfe zu Päpsten. Den ersten nahm er aus seinem Gefolge, Bischof Suidger von Bamberg, der als Clemens II. (1046–1047) für wenige Monate den Papstthron bestieg. Zwölf Jahre regierten nacheinander fünf deutsche Päpste mit auffallend kurzen Pontifikaten. Frühzeitig sind Gerüchte aufgekommen, es sei bei dem Tod dieser Fremden nicht mit rechten Dingen zugegangen. Seit der Sarkophag des in seinem Heimatbistum Bamberg beigesetzten Clemens' II. 1942 geöffnet und in den Skelettknochen ein hoher Bleigehalt festgestellt wurde, wird die Möglichkeit eines Giftmordes nicht mehr ausgeschlossen.

So reinigend im Jahre 1046 und in den folgenden Jahren die Eingriffe des deutschen Königs in die verfilzten römischen Verhältnisse auch wirkten, so wurden sie in reformbewußten Kreisen doch als anmaßende Laienübergriffe empfunden. Es wurde deutlich, wie sehr die Papstwahl dem Laieneinfluß ausgesetzt war. Die Antwort der Reformgeistlichkeit blieb nicht aus. 1059 wurde auf einer römischen Synode ein Papstwahldekret beschlossen. Es bestimmte, daß beim Tode eines Papstes die Kardinäle den Nachfolger wählen sollten.

Der heutige Betrachter beobachtet bei der Papstwahl mehrere wesentliche Elemente: die Kardinäle als Wahlgremium, die Zweidrittelmehrheit und das Konklave. Das Synodaldekret von 1059 tat den ersten Schritt zur Ausbildung des heutigen Wahlmodus: es reservierte die Wahl des Papstes den Kardinälen. Aber offenbar war der Wahlablauf noch nicht eindeutig geregelt.

Maßgebende Beteiligung an dem Dekret wird dem damaligen Archidiakon der römischen Kirche, Hildebrand, zugeschrieben, auch wenn sich seine Unterschrift – wie neuere Forschungen nahelegen – unter dem Papstwahldekret nicht befunden haben sollte. Gerade seine Erhebung zum Papst widersprach der soeben getroffenen Regelung. Hildebrand wurde 1073 während der Begräbnisfeierlichkeiten für den verstorbenen Papst Alexander II., als der Trauerzug an der Kirche S. Pietro in Vincoli vorbeizog, von einem Volkshaufen in tumultuarischer Weise zum Papst ausgerufen und in der genannten Titelkirche sofort inthronisiert. «Wie Wahnsinnige haben sie sich auf mich gestürzt», schrieb Hildebrand, der sich Gregor VII. nannte, in seiner Wahlanzeige, «und mir keine Sprech- und Beratungsmöglichkeit gelassen.» Gregors Erhebung war ein grober Verstoß gegen das neue Wahlgesetz – weder war die dreitägige Trauerzeit beachtet worden noch das Kardinalkollegium in geordnete Aktion getreten.

Aber auch andernorts wurden die neuen Regeln noch nicht eingehalten. Der Gegenpapst zu Gregor VII., der vom deutschen König gestützte Clemens III., vorher Erzbischof Wibert von Ravenna, ließ sich 1080 von nur einem einzigen Kardinal wählen und beanspruchte die Anerkennung seiner Wahl.

Die Zweidrittelmehrheit

Es erwies sich als ungünstig, daß die Stimmenzahl nicht festgelegt war, die ein Kandidat brauchte, um als gewählt zu gelten. Immer wieder wurden von unzufriedenen Kardinälen Gegenpäpste erhoben, 1130 versuchten die Kardinäle einem solchen Übel vorzubeugen, indem sie das Recht der Wahl auf acht ihrer Kollegen übertrugen, aber selbst diese konnten sich nicht auf einen Kandidaten einigen: fünf Kardinäle stimmten für einen Kandidaten, drei für einen anderen, wobei einer der Kardinäle sogar sich selbst wählte.

Der in dem Wahlmodus liegende Mangel – ein nicht festgesetztes Quorum – wurde Ursache für eine der schwerwiegendsten Kirchenspaltungen des gesamten Mittelalters. Der Hauptleidtragende war einer der größten Päpste dieser Zeit, Alexander III., mit bürgerlichem Namen Orlando Bandinelli. 1159 hatten sich die Kardinäle auf den Grundsatz geeinigt, daß nur eine einhellige Wahl gelten solle, doch warben nicht weniger als drei Anwärter um Stimmen. Zwar ließ sich einer der drei zum Verzicht bewegen, aber die beiden anderen, der Kardinalpriester und Kanzler der römischen Kirche Bandinelli sowie Octavian, gleichfalls Kardinalpriester und Repräsentant der kaiserlichen Partei, erhielten ihre Kandidaturen aufrecht. Man schritt zur

Wahl, mehr auf Gottes Fügung als auf menschliche Vernunft hoffend. Das Unausweichliche trat ein. Die Wahl fiel zwiespältig aus. Orlando Bandinelli betrachtete sich als rechtmäßigen Papst, weil von der Mehrheit gewählt, und nahm den Namen Alexander III. (1159–1181) an. Doch auch Octavian, obwohl er nur zwei Stimmen auf sich vereinigen konnte, behauptete die Rechtmäßigkeit seiner Wahl und nannte sich Victor IV. (1159–1164). Alexander wollte sich offenbar im Wahlraum mit dem purpurnen Mantel bekleiden lassen, dem wichtigsten charismatischen Attribut des Papstes, da kam es zu groben Handgreiflichkeiten, über die Alexander III. später mit immer noch anhaltendem Zorn berichtete. Octavian habe sich zu solcher Unverschämtheit und zu solchem Wahnsinn verstiegen, «daß er den Mantel (den Alexander anscheinend bereits umgelegt hatte) wie ein Besessener von unserem Nacken mit eigenen Händen brutal herunterriß und unter lautem Getöse mit sich schleppte.» Victor IV., der kaiserliche Papst, war von einer verschwindenden Minderheit erhoben worden, die sich, weil sie sich schlecht als Majorität ausgeben konnte, «den besseren und gesünderen Teil» des Wahlgremiums nannte. Man behauptete also eine qualitative Überlegenheit gegenüber einer rein zahlenmäßigen.

Fast zwei Jahrzehnte schleppte sich dieses Schisma hin, an dessen Ende sich Alexander III. doch durchsetzte. Die skandalösen Vorgänge bei seiner Wahl waren ihm – dem erfahrenen Juristen und großen Gesetzgeber – eine Lehre. Auf dem dritten Laterankonzil 1179, das man auch als das elfte ökumenische zählt (siehe S. 182f.), ließ er beschließen: «... wenn... unter den Kardinälen bei der Papstwahl keine Stimmeneinheit zu erreichen ist, ... dann soll ohne Ausnahme derjenige von der gesamten Kirche als Papst anerkannt werden, der von zwei Dritteln gewählt... worden ist. Maßt sich aber der nur von einem Drittel benannte Kandidat... die Papstwürde an, so soll er mit seinen Anhängern der Exkommunikation unterliegen und sämtlicher Weihegrade verlustig gehen... Außerdem gilt die vorgenannte Strafe auch für denjenigen, welcher (zwar von der absoluten Mehrheit, aber) von weniger als von zwei Dritteln gewählt worden ist..., wenn er nicht demütig zurücktreten will.»

Das Gesetz der Zweidrittelmehrheit bei gleicher Qualität aller Stimmen bewährte sich. Während in den 120 Jahren vom Papstwahldekret von 1059 bis zum dritten Laterankonzil 1179 ein volles Dutzend Gegenpäpste auftraten, kamen Doppelwahlen in den nächsten zwei Jahrhunderten bis zum Großen Abendländischen Schisma 1378 selten und nur unter äußerem Zwang vor.

Das Konklave

Papstwahl durch die Kardinäle in Zweidrittelmehrheit: damit war eine wichtige Stufe erreicht. Manchmal jedoch – und gerade während der Epoche des guelfisch-ghibellinischen Gegensatzes im 13. Jahrhundert – brauchten die Kardinäle lange Zeit, um sich zu einigen, zumal sie sich gegen zwei Fronten stemmen mußten: gegen Parteiungen in den eigenen Reihen wie gegen Einflüsse von außen. Aber auch für den Auswuchs solcher manchmal jahrelang sich hinschleppender Sitzungen stand schon ein Gegenmittel bereit: Das Konklave. Der Name bezeichnete seit der Antike jeden abschließbaren Raum, konnte etwa für die Abgeschlossenheit einer Sakristei, eines Klosters oder auch einer Versammlung stehen. Das Konklave ist keineswegs eine kirchliche und speziell mit der Papstwahl zusammenhängende Erfindung. In einem Konklave ließen manche oberitalienischen Stadtgemeinden, abgeschirmt von den Umtrieben der Bürgerschaft und der Straße, ihren Bürgermeister wählen. Als ältestes ziviles Konklave wird das venetianische des Jahres 1172 genannt; der berühmte Geschichtsschreiber der Lagunenstadt Andrea Dandolo († 1354) berichtet von einem weiteren Konklave 1229 und überliefert in diesem Zusammenhang den mit einem Konklave verbundenen Wahlmodus.

Von kirchlicher Seite ist wiederholt das Instrument des Konklave als Disziplinierungsmittel für die Kardinäle bei einer Papstwahl empfohlen worden. «Mögen die Römer kommen, die Kardinäle in einem Konklave einschließen und sie dazu bewegen, daß sie einer Meinung sind», schrieb bereits kurz nach 1207 ein kirchenstrenger Jurist (Alanus Anglicus), und vielleicht ist schon Honorius III. 1216 in Perugia in einem Konklave erhoben worden. Das erste Papstwahl-Konklave, von dem wir mit Sicherheit wissen, fand 1241 statt; es war vielleicht das qualvollste, das Kardinäle je haben erdulden müssen.

Am 20. August 1241 war Gregor IX. nach einer Amtszeit von vierzehn Jahren gestorben. Er hinterließ die römische Kirche in einer verzweifelten Lage. Vor der Stadt lagerte der vom Papst gebannte deutsche Kaiser Friedrich II. mit einem Truppenkontingent; er hatte zwei Kardinäle gefangengenommen und einen dritten als seinen Parteigänger gewonnen. In der Stadt herrschte der Senator Matteo Rosso, der Stammvater des Hauses Orsini, ein frommer Freund des heiligen Franz, aber ein harter Politiker. Ihm – dem Feind Friedrichs II. – war daran gelegen, möglichst schnell einen neuen Papst zu erhalten, und so setzte er die zehn in Rom anwesenden Kardinäle, darunter auch den zur Wahl erschienenen kaiserlichen Gefolgsmann, kurzerhand im sogenannten Septizonium fest, einem völlig heruntergekommenen, heute verschwundenen antiken Prachtbau auf dem Palatin. Den Kardinälen stand der Tod vor Augen, wenn sie sich nicht schnell einigten. Die Entbehrungen und Leiden waren so groß, daß einer von ihnen starb und nahezu alle anderen schwer erkrankten. Nach einem immerhin zweimonatigen Konklave hatten sie sich auf Coelestin IV. geeinigt, und kaum waren sie frei, da verließ ein Teil von ihnen fluchtartig Rom und begab sich nach Anagni. Doch nach nur 17tägigem Pontifikat starb Coelestin IV. im selben Jahre 1241; auch ihn hatten die Qualen im Septizonium um die Lebenskraft gebracht. Die in Rom gebliebenen Kardinäle forderten nun ihre entwichenen Kollegen auf, zu einer neuen Wahl in die Stadt zu kommen. Doch die Kardinäle in Anagni lehnten ein zweites römisches Konklave rundweg ab und erinnerten in einem erst vor wenigen Jahrzehnten aufgefundenen Brief an die ausgestandenen Leiden. «Sollen wir denn vergessen, wie würdelos wir behandelt worden sind, wie wir an Händen und Füßen zum Kerker (zum Septizonium) geschleppt und schmählich geschlagen worden sind gleich Dieben? Wie einer unserer Brüder an seinen verehrungswürdigen weißen Haaren zu Boden gerissen und auf der Erde mit Schulter, Kopf und ganzem Körper ausgestreckt... wie ein Strauchdieb zum Galgen gezerrt worden ist...? Wie auf dem Dach über unseren Köpfen von den dort lagernden Wachmannschaften die Notdurft verrichtet wurde, die durch die Ritzen und Spalten auf das Lager eines unserer Brüder wie eine stinkende Jauche tropfte und... sich des Nachts mit Regen vermischt auf das Bett eines anderen ergoß...? Wie ein anderer ehrwürdiger Bruder mit Gewalt in die Totenkammer geschleppt worden ist, während man ihn bespie und auf ihn höhnende Klage- und Begräbnislieder sang und ihn auf der Tragbahre von unten her brutal mit den Armbrüsten stieß?», und so weiter. Die Kardinäle verweigerten die Rückkehr in die Stadt; die Sedisvakanz dauerte noch rund zwei Jahre bis 1243.

Das längste und für die Zukunft wichtigste Konklave aber war das von Viterbo nach dem Tode Clemens' IV. am 29. November 1268. Achtzehn Kardinäle waren in das Konklave gezogen: 11 Italiener, 5 Franzosen, 1 Engländer, 1 Ungar. Keine der «Nationen», wie sich die Wählerschaft häufig gruppierte, konnte die notwendige Zweidrittelmehrheit aufbringen. Im zweiten Jahr schlossen Rat und Bürgerschaft das Tagungslokal, den Bischofspalast, hermetisch ab, vermauerten die Türen, deckten schließlich das Dach ab und setzten die Wähler auf

Wasser und Brot. Aber die Kardinäle erreichten eine Aufhebung der Sperre und die Wiederherstellung des Gebäudes; sie verzichteten schließlich auf einen Kandidaten aus den eigenen Reihen – «zu hündischem Haß entbrannt und durch das Neidgefühl zersetzender Mißgunst gereizt», wie ein Zeitgenosse schreibt – und wählten am 1. September 1271 den Archidiakon Theobald von Lüttich, einen gebürtigen Italiener, der sich zur gleichen Zeit auf dem Kreuzzug im Orient befand. Erst am 6. April 1272 konnte er in Rom die Weihe empfangen: beinahe dreieinhalb Jahre hatte der apostolische Stuhl leergestanden.

Gregor X., wie sich der neue Papst nannte, der selbst nicht Kardinal war und deshalb frei war von pietätvoller Rücksicht früheren Standeskollegen gegenüber, schuf eine feste Konklaveordnung mit dem deutlichen Ziel, den Papstwählern, die normalerweise keine große Not litten, die Lust an langen Verhandlungen zu nehmen. Um den verständlichen Widerstand der Kardinäle auszuschalten, erließ er ein entsprechendes Gesetz auf dem allgemeinen Konzil in Lyon 1274. Die wichtigeren Bestimmungen sind: «... Wenn der Papst an demselben Ort, wo sich die Kurie befindet, seine Tage beschließt, dann sollen die Kardinäle auf ihre abwesenden Kollegen nur zehn Tage warten. Nach Ablauf dieser Frist haben sie sich alle – ganz gleich, ob die abwesenden Kardinäle eingetroffen sind oder nicht – in dem Palast, in dem der Papst wohnte, jeder jeweils nur mit einem Diener, einem Kleriker oder einem Laien, zu versammeln... In diesem Palast aber sollen alle gemeinsam... den Konklaveraum bewohnen, der bis auf einen Ausgang zum geheimen Gemach überall geschlossen sein soll, damit niemand hinein- und hinauszugehen vermag... Keiner soll mit den Kardinälen selbst oder mit einem von ihnen durch Boten oder schriftlich verkehren... Wenn aber innerhalb von drei Tagen, nachdem die Kardinäle das... Konklave bezogen haben, über den Papst... nichts bestimmt worden ist, sollen die Kardinäle für die unmittelbar folgenden nächsten fünf Tage zum Mittag- und zum Abendessen mit nur je einem Gericht zufrieden sein, und nach ergebnislosem Verlauf dieses Zeitraums mag ihnen nur noch Brot, Wein und Wasser gereicht werden, bis die Wahl erfolgt. Während der Dauer der Wahlhandlung dürfen die Kardinäle weder Einkünfte aus der päpstlichen Kammer, noch etwas von den während der Sedisvakanz eingehenden päpstlichen Erträgen an sich nehmen.»

Für die Kardinäle waren die Bestimmungen hart, und sie trachteten danach, den Erlaß Gregors X. durch einen seiner Nachfolger aufheben zu lassen. Sie hatten zwar Erfolg, aber nur für kurze Dauer.

Coelestin V., ein asketischer Eremit, bestätigte 1294 die gregorianische Konstitution, und wenig später wurde sie in die kirchliche Gesetzessammlung aufgenommen. Clemens V. (1305-1314), gleichfalls nicht über das Kardinalat aufgestiegen, ergänzte sie durch das Verbot für die Kardinäle, sich etwa vor dem Konklave über ein Wahlversprechen die Annullierung des Gesetzes verbürgen zu lassen. Während des Konklaves hingegen sollten die Kardinäle keine Macht haben, die Konstitution Gregors X. ganz oder auch nur teilweise aufzuheben oder sich selbst von der Erfüllung dieser Vorschriften freizusprechen.

Die Papstwahl im Nationenstreit

Obwohl durch die Konklaveordnung die Kardinäle zu einem schnellen Wahlabschluß gedrängt werden sollten, entstand nach dem Tode Clemens' V. (1314) eine Vakanz von mehr als zwei Jahren, denn die Italiener wollten einen Papst, der nach Rom zurückkehrte, und die Franzosen einen, der – wie ihr Landsmann Clemens V. seit 1309 – in Avignon residierte. Der französische König Philipp V. (1316-1322) griff zu einer List; er lud jeden Kardinal einzeln ohne Mitwissen der anderen 1315 nach Lyon, sperrte sie 40 Tage ein und erzwang so die Wahl Johannes XXII. (1316-1334), eines damals schon zweiundsiebzigjährigen Franzosen aus Cahors.

Aus dem Streit der französischen und der italienischen Nation bei der Papstwahl ist auch das Große Abendländische Schisma 1378 entstanden. In diesem Jahre waren nach dem Tode Gregors XI. sechzehn Kardinäle – 11 Franzosen, 4 Italiener und 1 Spanier – zu einem Konklave in Rom zusammengetreten, wo seit 75 Jahren keine Papstwahl mehr stattgefunden hatte. Die Römer verlangten nach einem Italiener, und unter ihrem Druck erhob man den Erzbischof von Bari auf den Apostelthron, den letzten Nichtkardinal der Papstgeschichte.

Der neue Pontifex sollte sich aber als Urban VI. (1378-1389) durch seine rücksichtslosen Reformmaßnahmen so unbeliebt machen, daß die französischen Kardinäle nach Anagni emigrierten und ihm ihren Kollegen Robert von Genf entgegensetzten. Der neue Franzosenpapst (1378-1394) konnte darauf pochen, daß er von den vorgeschriebenen zwei Dritteln der Wähler erhoben worden war, denn genau so viele Stimmen hatten seine Landsleute im ersten Wahlkollegium gestellt: 10 von 15, zwei Drittel also, doch waren verschiedene andere Wahlbestimmungen verletzt worden.

Aus eigener Kraft haben sich Kardinäle und Päpste – zeitweise gab es drei Päpste nebeneinander – nicht einigen können. Erst das Konzil von Konstanz lenkte 1417 wieder in geregelte Bahnen zurück und bestimmte *einen* Papst. In den nächsten Pontifikaten wurden kleine Gesetzesergänzungen vorgenommen, ohne daß die mittelalterlichen Grundelemente – Wahl durch Kardinäle mit Zweidrittelmehrheit in einem Konklave – angetastet wurden. Sixtus V. (1585–1590) legte zum Beispiel die Zahl der Kardinäle auf höchstens 70 fest, indem er dieser Zahl eine allegorische Bedeutung beimaß: er wolle dem Befehl des Herrn an Moses entsprechen, 70 der Ältesten Israels zu versammeln.

Wahltaktiken und Wahlarten

Was noch im argen lag, war das Instrumentarium der Wahl. Meist wurden die Kardinäle einfach formlos zur Stimmabgabe aufgerufen und gaben dann einem vorgeschlagenen Kandidaten ihre Stimme. Sieger war häufig, wer während der Abstimmung taktisch am geschicktesten vorging. Wir haben als ein gutes Beispiel der häufig turbulenten Vorgänge bei einer solchen Wahl – die zahlreichen Protokolle schweigen meist darüber – den autobiographischen Bericht des Humanisten Eneo Silvio Piccolomini, der als Pius II. (1458–1464) den Thron bestieg. Piccolomini schildert die Herausbildung der Gruppierungen nach Eröffnung des Konklave, die Haltung der Kandidaten, das Ringen um jede Stimme und so weiter bis zum Einlenken der Gegenpartei, deren Wortführer – der berühmte, aus Griechenland stammende Kardinal Bessarion – ihm vor dem zur Huldigung angetretenen Kollegium gestand, sie hätten ihn zunächst nicht gewählt, weil die Kirche einen aktiven Mann brauche, «der seinen Körper zu bewegen vermag» – eine Anspielung auf die Fettleibigkeit und das schwere Gichtleiden des Papstes –, und Bessarion fährt fort, der Herr, der Piccolomini erwählt habe, «wird dein Fußleiden beheben».

Viel hing davon ab, das Kardinalskollegium mit einem schnellen Vorschlag zu überraschen und den Wählerwillen so zu lenken, daß dem einzelnen nicht viel Zeit zum Überlegen blieb. Zuweilen aber dauerte die Abstimmungsprozedur Stunden und ließ manchen Kardinal in seinem Entschluß wieder schwankend werden. So ist, um ein Beispiel zu nennen, der Kardinal Giulio Antonio Santori um die Tiara gekommen, die ihm nach dem Tode Innozenz' IX. (†30. Dezember 1591) sicher zu sein schien, zumal er bereits bei drei Papstwahlen als ernsthafter papabile gegolten hatte. Bei 52 Stimmen konnte er anfangs fest mit 36 zustimmenden rechnen, durchaus genug für die notwendige Zweidrittelmehrheit. Santori hatte schon verkündet, daß er sich als Papst Clemens nennen und seinen Gegnern vergeben wolle. Doch durch einen Streit über die Wahlart verlor man Zeit, dann ließ sich wegen der undiszipliniert herumlaufenden Kardinäle die Zahl der Wähler nicht feststellen, und drei Stunden waren schon vergangen, ohne daß eine einzige Stimme abgegeben worden war. Da erhob sich der junge Kardinal Ascanio Colonna, dem Santoris inquisitorische Strenge gar nicht behagte – Santori sollte wenig später Giordano Bruno zum Ketzertod durch das Feuer verurteilen –, und verließ den Wahlraum mit den Worten: «Der heilige Geist will Santori nicht, und Ascanio Colonna will ihn auch nicht.» Santori fiel durch, gewählt wurde sein anfangs hoffnungsloser Konkurrent Ippolito Aldobrandini, der als Clemens VIII. 1592 den Papststuhl bestieg.

Erst ein Gesetz von 1621 sollte hier Klarheit schaffen. Es wurden drei Wahlarten zugelassen: 1. die Wahl quasi per inspirationem, die dann vorliegt, wenn alle Kardinäle «gleichsam durch Eingebung des Heiligen Geistes» eine Person als gewählt bezeichnen; 2. per compromissum, wenn die Wähler ihre Stimmen einem Ausschuß übertragen und sich von vornherein dessen Entscheidung beugen; 3. die Wahl per scrutinium, das heißt durch Stimmzettel.

Moderne Zusätze zum mittelalterlichen Kern

Nach einer Pause von mehreren Jahrhunderten, in denen die Papstwahl ziemlich gleichförmig praktiziert wurde, haben erst im 20. Jahrhundert etwas tiefergreifende Veränderungen des Papstwahlgesetzes stattgefunden. Da war zunächst 1904 das Verbot des Ius exclusive: das Verbot, gegen die Wahl irgendeines Kandidaten ein vorsorgliches Veto einzulegen. Noch aus der Zeit des absolutistischen Staatskirchentums stammte die Gewohnheit katholischer Regierungen, über das Veto eines Konklavisten eine «unerwünschte Person», eine «persona non grata», von der Wahl auszuschließen. So hatte im Konklave von 1903 der Kardinal und Erzbischof von Krakau Puzyna im Auftrag Österreichs die Wahl des frankreichfreundlichen Kardinalstaatssekretärs Rampolla ausgeschlossen.

1922 hatte sich gezeigt, daß die von Gregor X. 1274 vorgeschriebenen zehn Tage zwischen dem Tod des letzten Papstes und dem Beginn des Konklaves zu kurz waren. Die amerikanischen Kardinäle – auf den Schiffsverkehr angewiesen – hatten zum Konklave nicht pünktlich erscheinen können. Pius XII. wollte auf jeden Fall die Selbstwahl ausschalten und bestimmte 1945, daß nur derjenige als gewählt gelte, der eine Zweidrittelmehrheit plus eine Stimme auf sich vereinigen könne. Als unangenehm wurden zudem Indiskretionen über stattgehabte Papstwahlen empfunden. Einzelne Kardinäle hatten der Öffentlichkeit Stimmenverzeichnisse der Wahlen von 1903 und 1922 zugespielt; jetzt hatte jedes Mitglied des Konklave einen präzis formulierten Eid abzulegen, die Vorgänge geheimzuhalten. Unter Pius XII. deutet sich bereits eine Veränderung in der Zusammensetzung des Kardinalkollegs an; er vermehrte die Zahl der nichtitalienischen Kardinäle so sehr, daß die italienischen in die Minderzahl gerieten. Der Nachfolger Pius' XII., Johannes XXIII., führte in seiner fast naiven Weise die Entwicklung weiter. Er hielt sich nicht an die als sakrosankt geltende Zahl von 70 Kardinälen; um den Belangen einer ausgeweiteten Weltkirche Rechnung zu tragen, vermehrte er die Zahl fast auf das Doppelte; der Anteil der Nichtitaliener erreichte etwa zwei Drittel.

Zum energischen Organisator der Papstwahl in ihrer jetzigen Gestalt wurde Paul VI.; 1971 bestimmte er, daß alle Purpurträger – alle Kardinäle –, die das 80. Lebensjahr überschreiten, ihr aktives Wahlrecht verlieren, zwei Jahre später, daß die Zahl der wahlfähigen Mitglieder des Kardinalkollegiums 120 nicht übersteigen dürfe. Das jetzt gültige Wahlgesetz, das auch das 1983 in Kraft getretene neue Gesetzbuch unverändert übernommen hat, wurde 1975 erlassen. Es nimmt direkt oder indirekt die Grundsätze der Papstwahl seit dem 11. Jahrhundert auf, enthält jedoch eine wichtige Neuerung. Grundsätzlich ist für eine gültige Wahl die Zweidrittelmehrheit plus eine Stimme erforderlich, doch sah Paul VI. offenbar die Gefahr heraufziehen, daß man sich als Folge der Verschiedenartigkeit des erweiterten Kardinalkollegs nur schwer auf einen Kandidaten würde einigen können. Es ist deshalb eingeräumt, daß nach mindestens einwöchigem vergeblichem Konklave und nach erfolglosen Appellen ein Kandidat lediglich mit absoluter Mehrheit plus eine Stimme gewählt werden kann.

Der jetzige Papst Johannes Paul II. wurde 1978 – hält man sich das Verfahren vor Augen – in einer Form gewählt, die sich großenteils vom Mittelalter herleitet. Von Kardinälen, wie es das Papstwahldekret von 1059 vorsah, gewiß von einer ohne eigene Stimme zustandegekommenen Zweidrittelmehrheit, wie sie Alexander III. 1179 gefordert hatte, in einem von Gregor X. 1274 vorgeschriebenen Konklave ist der polnische Kardinal und Erzbischof von Krakau Karol Wojtyla am späten Nachmittag des 16. Oktober 1978 im 7. oder 8. Wahlgang in dem seit Jahrhunderten üblichen Wahllokal der Sixtinischen Kapelle geheim in einem Stimmzettelverfahren gewählt worden: der erste nichtitalienische Papst seit genau 600 Jahren, wenn man von dem kurzen Intermezzo Hadrians VI. 1522/23 absieht. Johannes Paul II. hat die Möglichkeit der Wahl eines Nichtitalieners offen gehalten, und es gibt wilde Gerüchte, die an einen Südamerikaner oder an einen Farbigen denken lassen, jedenfalls an einen Nichteuropäer. Doch auch Italiener, denen man eine kalmierende Rolle zutraut, sind im Gespräch. Wie immer: 1996 hat Johannes Paul II. die Papstwahl mit der Apostolischen Konstitution «Universi dominici gregis» näher geregelt, die sich inhaltlich mit den Bestimmungen Pauls VI. deckt.

Es bleibt weitgehend alles beim alten, wie sich Karol Wojtyla auch traditionsgerecht verhalten hat. Auf die rituelle Frage: «Nimmst du die dich betreffende kanonische Wahl zum Papst an?», hat Karol Wojtyla – der jüngste Papst seit 1846 – zustimmend geantwortet. Es entspricht einem im Mittelalter aufgekommenen und bis heute geübten Brauch, daß der Erwählte seine eigene Unwürdigkeit und die Schwere des ihm anvertrauten Amtes betont. Mit dem Psalmisten haben Gregor I. 590 und Gregor VII. 1073 beteuert: «Ich bin in die Tiefe des Meeres geraten, und die Flut verschlingt mich.» Kardinal Roncalli-Johannes der XXIII. hatte 1958 erklärt: «Ich vernehme deine Stimme mit Furcht und Zagen. Das Wissen um meine Armseligkeit erklärt meine Verwirrung.» Ähnliche Worte dürfte auch Kardinal Wojtyla gesprochen haben, um sich dann einen bis 1978 nicht üblichen päpstlichen Doppelnamen «Johannes Paul II.» zuzulegen. Anschließend konnten von der Benediktionsloggia des Petersdomes die schwerwiegenden Worte gesprochen werden: «Ich verkünde euch eine große Freude. Wir haben einen Papst...»

Über die «Heiligkeit» des Papstes

Als ich im Kreise norddeutscher Kollegen die «Heiligkeit des Papstes» als Thema eines Vortrags auf der öffentlichen Jahressitzung der Göttinger Akademie nannte, sah ich manches bedenkliche Gesicht. Dies sei mehr ein süddeutsches Thema, für Bayern und München am Platze, wo es eine erzbischöfliche Residenz und einen Kardinal gibt, wo man den einem Heiligen gewidmeten Namenstag kräftiger feiert als den Geburtstag, wo man den Papst Quartier neben einer Zelle beziehen lassen konnte, die bis zum Ende des vorigen Jahrhunderts ein Heiliger der katholischen Kirche, der «Bruder Konrad» von Parzham († 1894), bewohnte. Aber im nüchternen und mirakelfernen Göttingen, wo von den Einwohnern nur etwa ein Sechstel katholisch ist und dessen Akademie altem Brauch gemäß sich jeweils am Freitag nach dem erzprotestantischen Buß- und Bettag versammelt?

Es ist ein eigenes und oft erörtertes Thema, das der ehemalige Göttinger Privatdozent Friedrich Wilhelm Thiersch (1784–1860) in München 1809 unter dem Titel behandelt hat: «Betrachtungen über die angenommenen Unterschiede zwischen Nord- und Süddeutschland». Sein Lob gemeinsamer «Deutschheit», wie er es nennt, die in der «freien Huldigung... für das Heilige im Menschen, in der Kunst und in der Religion gegründet» sei, hat ihn in München mancherlei Gefahr ausgesetzt, bis hin zu einem glimpflich abgelaufenen Ermordungsversuch, aber Thiersch blieb dabei: es sei eine «auf willkürliche Annahmen gebaute Scheidung», diese Trennung in deutschen Norden und Süden.

Wie immer: was die Behandlung des Papsttums und seiner Geschichte betrifft, so hat man kürzlich mit Recht von der Faszination dieser Themen «speziell für Protestanten» (H. Zimmermann) gesprochen. In Göttingen hat der protestantische Kirchenhistoriker Carl Mirbt († 1929) gewirkt, dessen «Quellen zur Geschichte des römischen Papsttums» weite Verbreitung und mehrere Auflagen gefunden haben, und die Göttinger Akademie darf sich zugute halten, die in der internationalen Mediävistik einmalige Pius-Stiftung zu betreuen, die bereits über ein halbes Jahrhundert besteht. Es war das Göttinger Akademie-Mitglied Paul Fridolin Kehr († 1944), das diese Stiftung eingebracht hat, auch er übrigens Protestant von freilich, wie er gestand, «wenig sehenswerter... Provenienz». Kehr hatte mehrfach Zuwendungen von Pius XI. (1922–1939) für seine Arbeiten an den Papsturkunden empfangen und legte diese Beträge 1931 in jener besagten, unter Schweizer Rechtsaufsicht stehenden Pius-Stiftung an, deren wissenschaftliche Leitung satzungsgemäß bei der Göttinger Akademie liegt. Das Stiftungsstatut beginnt mit den Worten: «Seine Heiligkeit, Papst Pius XI., hat... immer wieder größere Summen... zur Sammlung und Herausgabe der älteren Papsturkunden bis 1198 zur Verfügung gestellt» usw.

Der offizielle Titel des «Heiligen Vaters»

«Seine Heiligkeit» wie in dem Statut, Sanctitas oder Beatitudo Sua, und «Heiliger Vater», Sanctissimus oder Beatissimus Pater, o. ä. sind offizielle Anreden des Papstes. Eine den Geist des Zweiten Vatikanischen Konzils umsetzende «Internationale Theologen-Kommission» hat dem Papst 1970 den Verzicht auf manche in ihren Augen obsolete Titel vorgeschlagen (siehe S. 131); als Beispiele werden genannt: Caput Ecclesiae (Haupt der Kirche), Vicarius Christi (Stellvertreter Christi), Summus Pontifex (Höchster Priester). Die Anreden «Heiligkeit» oder «Heiliger Vater» werden nicht beanstandet, und wenn kürzlich ein unbotmäßiger katholischer Theologe einen offenen Brief mit den Worten einleitete «Sehr geehrter Herr Papst», so geschah es in deutlich provokatorischer Absicht. Auf das Heiligkeitsattribut wird von offizieller Seite besonderer Wert gelegt. Das Kardinalstaatssekretariat bat die Vereinten Nationen, in Verlautbarungen nicht von «Vatikanstaat» zu sprechen, sondern vom «Heiligen Stuhl».

Der regierende Papst ist selbstverständlich nicht heilig im Sinne einer Kanonisation, erhoben unter die Heiligen der katholischen Kirche, mit öffentlichem Kult und der Möglichkeit, als Patron erwählt zu werden. Solange er lebt, scheidet eine förmliche Heiligsprechung ohnehin aus, und von den bisherigen Päpsten werden bei weitem nicht alle auf Altären verehrt. Zählt man das letzte Annuario Pontificio aus, so sind unter den rund 270 anerkannten Päpsten lediglich 78 Heilige. Die meisten von ihnen, 73, lebten im ersten Jahrtausend, und nach 1500 ist lediglich zwei Päpsten die Heiligenkrone zugesprochen worden: Pius V. (1566–1572) und Pius X. (1903–1914), der ungewöhnlich schnell, 1954, kanonisiert wurde, nachdem er 1951 seliggesprochen worden war. Die ungleichmäßige Verteilung der heiligen Päpste durch die Zeiten hängt nicht unbedingt damit zusammen, daß die Päpste der frühen Kirche mit der Märtyrerkrone auch Heiligkeit errangen, sie läßt sich auch nicht als Teil einer allmählichen Profanisierung der Kirche deuten, die Päpste als Heilige je später desto spärlicher hervorbringt. Sie ist die Folge einer auf unsere Zeit zu immer strenger geregelten Heiligsprechung.

Der Gang der Heiligsprechung

Im ersten Jahrtausend wucherte der Heiligenkult ziemlich unkontrolliert. Häufig war es das Kirchenvolk einer Region, das »über den Weg der Verehrung» auf die offizielle Anerkennung des Heiligen drängte. Den Bischöfen und Synoden war es dann überlassen, eine solche gewachsene Verehrung zu approbieren. Es gab keine Instanz, der es allein vorbehalten war, jemanden unter die Heiligen zu erheben. Erst das juristisch ordnende 12. Jahrhundert brachte einen Wandel. Die Päpste Alexander III. (1159–1181) und Innozenz III. (1198–1216) schränkten die Möglichkeit ein, Heilige öffentlich zu verehren ohne Genehmigung des römischen Bischofs: die Heiligsprechung wurde ein päpstliches Reservatrecht und im Laufe der Zeit mit dem zuweilen schon vorher gebrauchten Namen «canonisatio» umschrieben, worunter ursprünglich konkret die feierliche Eintragung in das Heiligenregister, den Kanon, zu verstehen war. Von nun an stand nur den vom Papst verkündeten Seligen oder Heiligen der Titel «beatus» oder «sanctus» im liturgischen Sinne zu.

Die Prozesse, die einer Selig- bzw. Heiligsprechung vorauszugehen haben, erhielten immer präzisere und das heißt: kompliziertere Formen. Papst Benedikt XIV. (1740–1758), ein brillanter Jurist, hat die Vorgänge so angemessen umschrieben, daß die Darlegungen, die er vor seinem päpstlichen Pontifikat als Erzbischof von Bologna verfaßt hat, in groben Zügen noch heute als zutreffend gelten dürfen. Das heutige Rechtsbuch der katholischen Kirche, der neue, 1983 in Kraft getretene Codex Iuris Canonici, klammert die Selig- und Heiligsprechung im eigentlichen Codex-Text aus und verweist auf die Regelung durch päpstliches Gesetz (Can. 1403). Paul VI. hatte 1969 mit einem Motu proprio den komplizierten Prozeßgang der Selig- und Heiligsprechung vereinfacht, indem «das Zusammenwirken von päpstlicher und ortsbischöflicher Autorität klarer herausgestellt» wurde (K. Mörsdorf), und Johannes Paul II. schritt mit einer dem neuen Codex beigegebenen Konstitution (Divinus perfectionis Magister) auf diesem Wege fort.

Eine neueingerichtete «Sacra Congregatio pro Causis Sanctorum» überprüft den – grob gesprochen – zweistufigen Gang, denn jede

Heiligsprechung setzt eine förmliche Seligsprechung voraus. Am Anfang steht der «Postulator» für eine «Beatificatio», der Antragsteller für eine Seligsprechung, aufgrund von Bitten Gläubiger oder wahrgenommener Wunder. Den von jedem katholischen Gläubigen einbringbaren Antrag übernimmt ein förmlicher «Postulator», dem der «Glaubensanwalt», der sogenannte «Advocatus diaboli», kritisch gegenübertritt. Wichtig bei der Überprüfung ist, wie es heißt, für «historische und alte Sachen» das «Historisch-Hagiographische Amt», das in wissenschaftlich-kritischer Weise die Überlieferung zu werten hat. Pius XII. (1939–1958) hat für die Beurteilung der Wunder, die meist in der Heilung von Krankheiten bestehen (das Wunder muß ja «contra naturam», auf nicht natürlich zu erklärende Weise, geschehen), eine Ärztekommission eingesetzt. Die abschließende Prüfung einer Seligsprechung findet vor der Vollversammlung der Kardinäle statt, und der bejahende Entscheid, der vom Papst gebilligt sein muß, wird im amtlichen Gesetzblatt, in den Acta Apostolicae Sedis, veröffentlicht. Dann ist der Weg frei für den liturgischen Akt der Seligsprechung, der vom Papst selbst in St. Peter vorgenommen wird. Aber der Selige kann nur lokal, auf eine Gegend beschränkt, öffentlich verehrt werden und ist nicht ohne weiteres als Kirchenpatron zugelassen; seine Seligkeit wird ikonologisch durch einen flächigen Nimbus, nicht durch einen Strahlenkranz angezeigt.

Für eine Heiligsprechung sind neue Prozesse notwendig, und neue Wunder, mindestens zwei bis drei, müssen nachgewiesen werden. Auch hier gibt es den «Postulator» und den «Advocatus diaboli» und ähnliche Stationen wie beim Seligsprechungsverfahren. Die Heiligsprechung erfolgt dann durch den Papst in liturgischer Form innerhalb einer Eucharistiefeier. Sie hat die rechtliche Wirkung, daß dem Heiligen in der ganzen Kirche alle Formen amtlicher Verehrung zuteil werden können.

Selig- und Heiligsprechungsprozesse ziehen sich in der Regel lange hin. Für Jeanne d'Arc (Johanna von Orléans) ist der Seligsprechungsprozeß 1877 beantragt worden; sie wurde 1909 selig- und erst 1920 heiliggesprochen. Der Seligsprechungsprozeß für Pater Maximilian Kolbe, der 1941 im Konzentrationslager Auschwitz sein Leben stellvertretend für einen zum Tode verurteilten Familienvater geopfert hat, dauerte verhältnismäßig kurz: 1959 ist er aufgenommen, 1971 abgeschlossen worden; 1982, ebenfalls nach kurzer Zeit, wurde Kolbe heiliggesprochen. Nicht wenige Prozesse kommen zum Erliegen oder gelingen erst in einem neuen Anlauf.

Was ist ein Heiliger?

So ist im Laufe der Zeit ein ständig stärker formalisierter Kanonisationsprozeß eingeführt worden, jedoch der Beweggrund für die Anerkennung eines Heiligen blieb gleich. Als im Jahre 993 Papst Johannes XV. in dem ersten uns bekannten Heiligsprechungsverfahren die memoria des Augsburger Bischofs Ulrich «kultischer Verehrung» freigab, hatte er sich von dem heiligmäßigen Leben des zwei Jahrzehnte vorher Verstorbenen und von den Wundern überzeugen lassen, die, wie es heißt, «im Körper und außerhalb des Körpers des Heiligen» geschehen sind. Jeder der folgenden päpstlichen Heiligsprechungsprozesse – und abgeschlossene hat es deren inzwischen über 200 gegeben – prüfte die «Tugenden und die Wunder», und deretwegen wurden auch die Heiligen in der Zeit vor der geregelten Kanonisation verehrt. Denn was kennzeichnet einen Heiligen der katholischen Kirche?

In dem Heiligen, so die Umschreibung eines katholischen Theologen (Y. Congar), gehe «eine Aneignung der Gnade Gottes» vor sich, in dem Kult werde «die als gnadenhaft anerkannte Qualität einer durch die Vollendung endgültig geretteten Person» bestätigt und verehrt. – Doch mag das Wesen eines Heiligen einesteils von der Wirksamkeit der Gnade Gottes her begriffen werden, so gehört unabdingbar dazu die «heroische Tugend», definiert als «ein überragender Hochstand christlicher Tugendübung», d.h. trotz allem Gnadenerweis Gottes gehört zur Heiligkeit auch die persönliche Tugendleistung. In keinem Falle kann und konnte die Heiligkeit einem Unwürdigen zufallen, und selbst die Märtyrer hatten sich ihre Gloriole nicht allein durch Leiden und Tod, sondern zugleich durch ihre sittliche Tüchtigkeit erworben. Der Lexikograph Papias aus der Mitte des 11. Jahrhunderts, ein nicht eben origineller und deshalb für uns wertvoller Registrator, zählt zur Heiligkeit die Tugendleistungen: castitas, religio, integritas (Keuschheit, Frömmigkeit, Redlichkeit). Daß jemand mit einem Amt das Merkmal eines Heiligen erwirbt, lag anscheinend außerhalb der Vorstellung dieses mittelalterlichen Autors.

Noch etwas lag außerhalb gängiger Vorstellung: Daß jemand zu Lebzeiten «heilig» und ihm die «kultische Verehrung» eines Heiligen zuteil würde. Nur Narren konnten meinen, daß «Heiligkeit im Fleisch» möglich sei. Notker der Stammler (†912), Mönch in St. Gallen, erzählt in seinen «Taten Karls des Großen» (I,20) eine köstliche Anekdote: Der Bischof einer kleinen Stadt (es handelt sich um Straßburg und dessen Bischof Recho um 800) habe schon zu Lebzeiten (wörtlich: «während er im Fleische lebte») wie ein Heiliger kultisch verehrt werden wollen. Allerdings sei er bemüht gewesen, solchen Hochmut zu verbergen, sonst wäre er verabscheuungswürdig wie ein Götze der Heiden erschienen. Dieser Bischof habe einen Gefolgsmann gehabt, dem es auf keine Weise gelungen sei, die Gunst des Bischofs zu erwerben. Der Gefolgsmann sei nun auf den Gedanken verfallen, er könne des Bischofs Gunst erwirken, wenn er nachweise, daß er in dessen Namen Wunder getan habe. Auf dem Weg zu einem Besuch des Bischofs habe er mit Hilfe zweier Jagdhunde einen Fuchs unversehrt fangen können, und er sei vor seinen Herrn mit den Worten hingetreten: «Sieh, Herr, welches Geschenk ich armseliger Mensch mir verschaffen konnte». Und unter Schwüren habe er folgendes vorgetragen: «Herr, als ich durch jenes Feld ritt und nicht weit von mir diesen Fuchs sah, fing ich an, im Galopp hinter ihm herzujagen. Da aber der Fuchs weiterhin so schnell davonlief, daß ich ihn kaum mehr sehen konnte, beschwor ich ihn mit erhobener Hand, indem ich sagte: Im Namen meines Herrn Recho, bleib stehen und bewege dich nicht weiter! Und siehe: wie angekettet blieb er auf der Stelle stehen, bis ich ihn wie ein vergessenes Ei aufhob». Da habe der Bischof gerufen: «Jetzt liegt meine Heiligkeit offen zutage; jetzt weiß ich, wer ich bin; jetzt erkenne ich, was ich sein werde.», usw. Es ist deutlich: Der Heiligkeitsanspruch zu Lebzeiten – solange einer «im Fleische lebt» –, verbunden mit kultischer Verehrung ist in Notkers Augen einfach lächerlich, und in kirchenrechtlichen Quellen – zum Beispiel bei Burchard von Worms (Dekret 19, 68) und bei Ivo von Chartres (Dekret 15, 82) – wird die Unmöglichkeit, zu Lebzeiten ein Heiliger zu sein, wiederholt hervorgehoben.

Gregor VII.: das Amt macht den Papst heilig

Anderer Meinung war Papst Gregor VII. (1073–1085). Was er dachte und anstrebte, wissen wir aus einem einzigartigen Dokument, den 27 Sätzen des sogenannten Dictatus Papae, eingetragen in sein Briefregister. Formuliert als Rechtssätze geben sie keineswegs überliefertes Recht wieder, sondern steigern es, biegen es verschärfend um (siehe S. 126). Der ausführlichste Satz im Dictatus Papae Gregors VII. hat in seinem ersten Teil folgenden Wortlaut: «Daß der römische Bischof, vorausgesetzt er ist kanonisch ordiniert, wegen der Verdienste des seligen Petrus zweifelsfrei heilig wird». Die rechtmäßige Ordination mache den Papst automatisch heilig. Verbürgt werde diese Heiligung des Papstes durch die Verdienste des seligen Petrus, die auf seinen Nachfolger übergehen.

Dem heiligen Papst steht in der Vorstellungswelt Gregors VII. der sündhafte König gegenüber. Irdische Macht korrumpierte die christlichen Tugenden. Seit Beginn der Welt, so schreibt Gregor (Reg. VIII, 21), «sind in den verschiedenen Reichen der Erde nur sehr wenige heilige Könige zu finden trotz ihrer übergroßen Zahl, während allein auf dem römischen Bischofssitz in der Reihe der Päpste seit Petrus fast 100 unter die heiligsten zu rechnen sind». Nicht hoch genug offenbar kann Gregor greifen, um Heiligenruhm auf das päpstliche Amt zu häufen; denn in Wirklichkeit lassen sich bis auf seine Zeit selbst bei großzügigster Rechnung nur etwas über 70 heilige Päpste zählen. Daß Könige und Kaiser sündhaft werden, sieht Gregor in deren Ruhm- und Weltsucht begründet. Das Herrscheramt verleite den Inhaber zu äußerlichen Taten, lasse ihn nicht an sein Seelenheil denken, entsittliche ihn schließlich. «Wenn schon die Gottesfürchtigen nur gezwungen und mit großer Furcht den apostolischen Stuhl besteigen, auf dem sie doch, einmal rechtmäßig geweiht, durch die Verdienste des heiligen Petrus besser werden, mit welchem Zittern und Zagen muß man erst den Thron eines weltlichen Reiches einnehmen, auf dem, wie das Beispiel von Saul und David zeigt, selbst gute und demütige Menschen schlechter werden.» Was auf der Gegenseite das Besserwerden auf dem heiligen Stuhle beträfe, so habe er, Gregor VII., an sich selbst die sittliche Aufbesserung erfahren.

Wie kaum einer seiner Vorgänger nahm sich Gregor des Andenkens der Päpste und ihrer Rolle in der Liturgie an: Alexander II. (1061-1073), dessen Nachfolger er war, nennt er einen «glorreichen Bekenner» und stellt ihn in die Nähe der Märtyrer. Dem Protokoll einer römischen Synode von 1078 nach hat er ein Dekret «über die liturgische Feier für römische Bischöfe» abfassen lassen. Sein jüngerer Zeitgenosse Bernold von Konstanz († 1100) meldet ergänzend, Gregor habe angeordnet, daß die Feste der heiligen römischen Bischöfe und Märtyrer mit vollem Meßoffizium gefeiert werden sollten, und noch zwei Jahrhunderte später verzeichnet fernab von Rom eine thüringische Chronik: Gregor VII. habe überall das Jahrgedächtnis sämtlicher römischer Bischöfe angeordnet.

Gregor VII. stand mit der Behauptung päpstlicher Heiligkeit in seiner Zeit nicht allein. Die rechtskundigen Anhänger der Kirchenreform, die Bischöfe Anselm von Lucca († 1086) und Bonizo von Sutri († ca. 1095) und der Kardinal Deusdedit († 1098/99), waren mit ihm einig, daß der Papst mit der kanonischen Weihe unzweifelhaft heilig sei. Eine Vorstellung taucht hier auf, die in den nächsten Jahrhunderten bis in die Zeit des Konziliarismus hinein, also bis in das 14. und 15. Jahrhundert, intensiv erörtert worden ist. Sie wird gern als «päpstliche Erb- und Amtsheiligkeit» umschrieben.

In seinen Janusbriefen von 1869, unmittelbar vor dem ersten Vatikanischen Konzil, hat Ignaz von Döllinger (1799–1890) die von Gregor VII. und seinen Anhängern verkündete «persönliche Heiligkeit des Papstes» für das Mittel erklärt, «damit die Unfehlbarkeit der Päpste desto sicherer geglaubt werde». Döllinger sprach von «persönlicher Heiligkeit», die Gregor VII. beansprucht habe, und in der Tat scheint manches darauf zu deuten, daß Gregor VII. sich selbst wie jeden Inhaber des römischen Bischofsstuhles im Glanze einer persönlichen, auf christlicher Tugendübung beruhenden Heiligkeit sah. Trotzdem ist diese Erklärung zumindest mangelhaft, denn schon damals gehörte zum anerkannten Heiligen, daß er liturgisch verehrt wurde. Johannes XV. sprach Bischof Ulrich von Augsburg heilig, indem er zugleich eine «kultische Verehrung» gestattete. Daß die Verehrung einem Lebenden zuteil wird, «solange ein Mensch im Fleische lebt», ist auch für die damalige Zeit ein unerträglicher Gedanke. Wohl hat Gregor für seine heiligen Vorgänger die Feier des vollen Meßoffiziums angeordnet, für sich selbst aber nicht. Außerdem ist offenbar auch in Gregors Augen nicht allen Päpsten diese Ehre zuteil geworden, sondern nur einem Teil von ihnen, den Heiligen und Märtyrern, und wenn Gregor schreibt, es habe unter den Päpsten viele Heilige gegeben, so schließt der Satz ein, daß manche Päpste sehr wohl vorschriftsmäßig ordinierte Bischöfe von Rom waren, dennoch aber nicht als Heilige verehrt wurden. Die Amtsheiligkeit, die die Reformer dem Papst einräumen, muß von anderer Art sein als die Heiligkeit durch Tugenderweis.

Daß der römische Bischof von Amts wegen heilig oder heiligmäßig sei, hat – dem Worte nach – Gregor VII. nicht als erster behauptet. Er gibt im Dictatus Papae ausnahmsweise selbst seine Quelle an: Es handelt sich um ein Schreiben des «heiligen» Ennodius von Pavia († 521) aus dem Jahre 502 (auch hier übertreibt Gregor: Ennodius, matt als Mensch und Autor, galt weder als heilig, noch war er Bischof, als er den Brief schrieb), das Gregor auch in einem seiner Briefe (Reg. VIII, 21) wörtlich zitiert: Petrus habe das ewige Gut seiner Verdienste mit dem Erbe der Makellosigkeit auf seine Nachfolger übergehen lassen. «Wer möchte deshalb bezweifeln, daß derjenige heilig ist, der solch hohe Würde einnimmt? Wenn bei ihm selbsterworbene Verdienste fehlen, dann genügen die, die ihm von seinem

Vorgänger geliehen werden. Die Höhe dieses Sitzes erhebt entweder lautere Männer oder umstrahlt wenigstens diejenigen, die auf ihn erhoben werden.»

Der Petruserbe ist unantastbar und unabsetzbar

Jener von Gregor VII. aufgenommene Brief des Ennodius, des späteren Bischofs von Pavia (513–521), entstand in einer besonderen Situation. Der damalige Papst Symmachus (498–514) war schwerer sittlicher Vergehen angeklagt, aber freigesprochen worden. Die Gegner des Symmachus behaupteten, die Konzilsteilnehmer seien bestochen worden; um den Vorwürfen entgegenzutreten, verfaßte Ennodius, ein Anhänger des Symmachus, seine Apologie «Wider diejenigen, die es sich herausgenommen haben, gegen die Synode zu schreiben». Jedoch der für schuldlos erklärte Papst Symmachus – ein Sarde, der noch als ungetaufter Heide in die Stadt gekommen war – ließ sich persönlich schwer von allen Vorwürfen reinigen. Ennodius, rhetorisch geschult, schützte die Person mit der Würde des Amtes: sein Inhaber sei ein «Sanctus», ein Heiliger. Daß die Heiligkeit hier im Sinne einer von der Kirche ausgesprochenen Erhebung in den Stand der Vollkommenheit aufzufassen sei, ist in dieser Präzision für jene Zeit ohnehin ausgeschlossen, wird aber auch an dem Kreis der Personen deutlich, die Ennodius als «Sancti» anredet oder erwähnt. Die Grenze ist bei Ennodius äußerst weit gezogen; das Wort steht für denjenigen, der sich eines sittlich reinen Lebenswandels befleißigt, ähnlich dem Sprachgebrauch des Neuen Testaments. Heilig ist jedoch auch, wer dem christlichen Amte entspricht, das er einnimmt: dem höchsten Amt den höchsten Schutz.

In diese Sanktität spielt die Sakrosanktität hinein, die Unantastbarkeit, und es dürfte kaum Zufall sein, daß zur selben Zeit – um 500, während der Wirren um Symmachus – der Grundsatz von der «Nichtjudizierbarkeit» des Papstes, die praktisch auf eine Unabsetzbarkeit hinauslief, in eigens fabrizierten Fälschungen zum ersten Male formuliert worden ist: «Der erste Sitz wird von niemandem gerichtet». Auch dieser Satz war ein Schutzwall, abgeleitet von dem Korintherwers, daß der geistliche Mensch, der homo spiritualis, von niemandem beurteilt, verurteilt werden könne. Unantastbar ist der Papst als spiritualis schlechthin, als pneumatikos (geisterfüllter), und sanctus ist er, weil die Taten des Petrus auf ihn widerstrahlen. Eindruck hat Ennodius dennoch nicht gemacht: Symmachus ist nicht wegen und nicht trotz der Schreibkünste des Ennodius im Amt geblieben, sondern aufgrund einer Entscheidung des arianischen Gotenkönigs Theoderich des Großen († 526), der sich für Symmachus aussprach (siehe S. 137).

Was bei Ennodius im Unbestimmten bleibt, erhält bei Gregor VII. Präzision: Der Papst wird heilig mit einer ordnungsgemäßen Einsetzung. Die Heiligkeit wird nicht allgemein mit der Petrusnachfolge, sondern präzise mit der Ordination begründet; mit dem vollzogenen Einsetzungsakt (ex opere operato) wird er heilig.

Die päpstliche Heiligkeit wird garantiert durch die «Verdienste des seligen Petrus». Sie bestehen darin, daß Petrus, wie Matthäus (Matth. 16, 13 ff.) berichtet, als erster bekannt habe, Christus sei der Sohn des lebendigen Gottes. Nicht grundlos sei die Binde- und Lösegewalt (Matth. 16, 18f.) an Petrus gefallen: weil er die Sendung und Gottessohnschaft des Herrn ausgesprochen habe, habe er gleichsam als Lohn den Primat empfangen. Daß Petrus wegen seines Bekenntnisses die Schlüsselgewalt erhielt, diese vom Evangelium selbst angebotene Begründung, haben auch die Kirchenväter vorgetragen, nachdrücklich Papst Leo I. (440–461), der die Wirkung des Verdienstes des Petrus auch auf den Papst ausdehnt. Kaum ein Schriftsteller der Spätantike und des frühen Mittelalters hat zur Ausformung des päpstlichen Primatgedankens so viel beigetragen wie er: «Laßt uns die Vigil beim seligen Apostel Petrus feiern», heißt es in einer Predigt Leos I., «durch dessen Verdienst... wir glauben unterstützt werden zu müssen». Bis in den Investiturstreit hinein ist dieser Vorstellung Wesentliches nicht mehr hinzugefügt worden. Im Investiturstreit, im endenden 11. und im beginnenden 12. Jahrhundert, entstand zwar ein lebhaftes Gespräch über die Art und den Grad der Teilhabe des Papstes an den «Verdiensten des seligen Petrus», aber ausführliche Begründungen fehlen.

Am präzisesten äußerte sich ein Anhänger Gregors VII., von dem man es nicht erwarten sollte: der Magister Manegold von Lautenbach. Manegold, vermutlich um 1040 geboren, hatte, bevor er zu einem papstergebenen religiösen Eiferer wurde, ein interessantes Leben hinter sich. Er war zunächst als Wanderphilosoph durch Frankreich gezogen. Wenn wir der Nachricht eines französischen Chronisten trauen dürfen, haben ihn Frau und Töchter beim Unterricht unterstützt. Er gehörte also zu jener gewiß nicht großen Gruppe von Wanderlehrern, die vom Unterricht lebten: ein hartes Brot. Manegold wird als Schöpfer jener Schule gefeiert, deren Tradition später in die Universität Paris einmündete. Um 1080 trat er in das elsässische Kanonikerstift Lautenbach ein; seine von einem gewissen

Die gesellschaftlichen Stände in mittelalterlicher Sicht (zu S. 255). Der auf dem Regenbogen sitzende Christus segnet die drei gottgegebenen Stände «Lehrstand, Wehrstand, Nährstand», das heißt Geistliche, Ritter, Bauern. Die ursprüngliche Zweiteilung in Kirche und Welt, in Geistlichkeit und Laienschaft, ist nach dem 9. Jahrhundert von einer Dreiteilung verdrängt worden: die Laienwelt wurde gestuft in die höhere Ritterwelt und in die niedere Sklaven- und Bauernwelt. Oberhalb des Bildes ist angegeben, daß der Heiland zu Papst, Kaiser und Bauern als den Repräsentanten der Stände spricht. Die Anweisungen Christi, zugleich Beischriften im Bild, fügen sich zu einem reimenden Hexameter: «Tu supplex ora, tu protege, tuque labora» (Du verrichte Gebete, du schütze und du bestelle den Acker).

Das Bild des Erdkreises (zu S. 18). Zwar kannte die Antike die drei Erdteile Asien, Afrika, Europa unter diesen Namen, aber in der Bibel kamen die Bezeichnungen nicht vor. Christliche Schriftsteller wiesen deshalb, um eine Beziehung herzustellen, den drei Kontinenten als Bewohner die Nachkommen der drei Söhne Noahs, Sem (Asien), Cham (Afrika) und Japhet (Europa), zu (daher wird der Kartentyp Noachidenkarte genannt). Die Größenverhältnisse der drei Kontinente zueinander konnte man aus dem Gottesstaat des Augustinus († 430) lernen: Asien sei so groß wie Europa und Afrika zusammen, so daß der Erdkreis in einer Art T-Form aufgeteilt vorgestellt wurde.

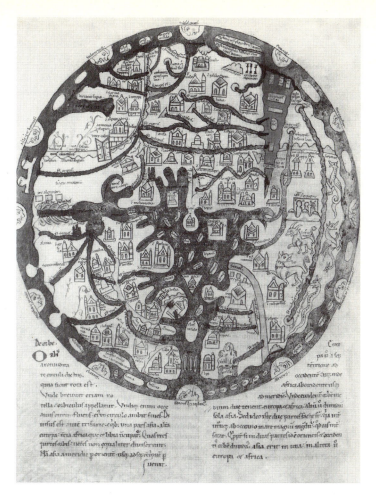

Das Bild des Erdkreises (zu S. 18). Karte nach dem T-Schema *(s. gegenüberliegende Seite).* Oben, wo bei modernen Karten Norden zu sein pflegt, ist Osten. Die Erdscheibe ist von Wasser umgeben. Aufgrund des apokryphen 4. Buches Esra glaubte man, daß das Festland zum Wasser in einem Verhältnis 6:1 stände; in Wirklichkeit macht die Landmasse nur ca. 30% aus. In der Mitte liegt Jerusalem, symbolisiert durch eine doppeltürmige Kirche mit Kreuz. Das Mittelmeer ist sozusagen der senkrechte Schaft des T, an dessen unterem Ende sich die (drei) Säulen des Herkules (Gibraltar) befinden, etwas oberhalb links Italien mit dem dreieckigen Sizilien; den linken Querschaft bildet das Schwarze Meer, den rechten der Nil.

«Der Gott dargebrachte Knabe» (puer oblatus, zu S. 42 f.). Eine vornehme Dame übergibt einen Knaben einem Bischof und einem Mönch zum Verbleib im Kloster. Während der Bischof einen Geldbeutel als «Mitgift» entgegennimmt, hält der Mönch dem Knaben die Kutte hin.

Kindstötung (zu S. 25 f. und 40). «Die Tötung neugeborener Kinder ... war ein durchaus gängiges Mittel der Geburtenbeschränkung...» (I. Walter): Drei Frauen – entsprechend den drei Ständen – ertränken ihre Kinder im Tiber. Illustration einer Legende, nach der Papst Innozenz III. (1198–1216) das Spital Santo Spirito in Rom gegründet habe, um Neugeborene zu retten, deren sich ihre Mütter entledigen wollten.

Schlimmer Tod (zu S.49: Tod eines Papstes auf dem Abtritt). «Also ging der Papst an einen heimlichen Ort, daß er die Notdurft der Natur verrichte; da fuhr in ihn die rote Ruhr und ging ihm all sein Eingeweide zum Leibe heraus; also starb er eines jähen Todes an einer schmählichen Statt.» Aus der Goldenen Legende über das Schicksal eines (fiktiven) irrgläubigen Papstes. Dem Papst entweicht aus dem Mund die Seele in Gestalt eines kleinen Kindes, deren sich drei gehörnte Teufel bemächtigen. Links von dieser Szene der verlassene Papstthron.

Vom Elend des Ritterlebens (zu S. 58f.). Die untere «Leiste» zeigt, wie nach der Schlacht bei Hastings (1066) tote Krieger ihrer Rüstungen beraubt werden; darüber der von einem Pfeil ins Auge getroffene englische König Harold II. – Mit bunter Wolle bestickter, wahrscheinlich von Bischof Odo von Bayeux (1050–1097), dem Halbbruder des Siegers von Hastings Wilhelm des Eroberers († 1087), veranlaßter und wahrscheinlich im Augustinuskloster in Canterbury vor 1082 hergestellter Teppich (rund 70 m lang, 50 cm hoch, fragmentarisch). Ursprünglich für die Kathedrale von Bayeux bestimmt, heute im Besitz der Stadt Bayeux.

Vom Elend des Ritterlebens: der Pfeiltod bei Crécy 1346 (zu S. 58). Am 25. August hatte das französische Heer unter König Philipp VI. (1328–1350) den Tag des heiligen Königs Ludwig IX. († 1270) gefeiert, am 26. griff man siegessicher das wesentlich schwächere englische Heer

Eduards III. (1327–1377) an. Das Bild zeigt den Beginn der Schlacht. Die im französischen Sold stehenden genuesischen Armbrustschützen (links vorn) gehen gegen die englischen Langbogenschützen (archers) vor, werden aber verlustreich zurückgeschlagen. Die französischen Ritter versuchten, das Debakel zu wenden, und griffen überstürzt an. 15 Wellen hatten die englischen Schützen auszuhalten, die zuletzt – munitionslos – ihren Opfern die Pfeile aus den Körpern rissen, um mit den zurückgeholten Pfeilen neue Angriffe abzuwehren. – Crécy war ein Sieg der trainierten englischen Langbogenmiliz, die in der Lage war, mit einer Schußfolge von etwa sechs Pfeilen pro Minute ihre Geschosse bis zu 350 Meter zu schleudern. Die Genuesen schossen mit einem Kriegsgerät von ca. 40 Kilogramm höchstens zwei Bolzen pro Minute rund 100 bis 130 Meter weit.

Reiterstatuette Karls des Großen (zu S. 66) Im Dom zu Metz wurde bis zum 18. Jahrhundert jeweils am Todestag Karls des Großen (28. Januar) als Teil des Heiltumschatzes diese 24 cm große, in Einzelteilen gegossene Reiterstatuette aus vergoldeter Bronze gezeigt. Selbst wenn, wie vorgeschlagen, der Auftraggeber Karl der Kahle (840–877) dargestellt sein sollte, so besteht kein Zweifel, daß der Enkel in der Gestalt seines Großvaters auftreten wollte.

Kaiserkrone. Die heute in der «Weltlichen Schatzkammer» des Wiener Kunsthistorischen Museums aufbewahrte Kaiserkrone – die Krone des «römischen Kaisers», des Herrschers über das letzte Weltreich der Heilsgeschichte *(s. S. 31 f.)* – besteht aus acht Goldplatten und hat die Form eines Achtecks. Die Entstehungszeit ist umstritten: die Vorschläge reichen vom 10. bis zum 12. Jahrhundert. – Welche Krone bei der Kaiserkrönung Karls des Großen *(s. S. 71 ff.)* und bei der

Ottos des Großen 962 *(s. S.32)* verwendet wurde, ist unbekannt, wie umgekehrt auch eine mittelalterliche Verwendung der Wiener Kaiserkrone kaum zu belegen ist. Die älteste bildliche Darstellung stammt von Albrecht Dürer 1510 *(rechtes Bild):* eine Vorstudie für sein Idealporträt Karls des Großen.

Den Kaiser macht der Papst (zu S. 126ff.). In dem «Buch zu Ehren des Kaisers» Heinrich VI. des Petrus von Eboli, einem 1195–96 verfaßten Gedicht, sind die Vorgänge um Heinrichs Kaiserkrönung (15. April 1191) beschrieben. In der zweiten Szenenreihe von oben wird Heinrich VI. (1190–1197) von Papst Coelestin III. (1191–1198) vor der Peterskirche in Rom begrüßt; der Papst salbt Hände und Arme des Königs und verleiht ihm das Schwert; nach Überreichung von Szepter und Ring wird Heinrich «zuletzt mit der Mitra» gekrönt.

Vom Aufschwung der Rechtswissenschaft (zu S. 254f.). Nach Bologna, wo noch heute die prächtigen Grabdenkmäler berühmter mittelalterlicher Juristen zu sehen sind (abgebildet ist das Mausoleum des Rolandino Passageri, †1300), zogen seit dem 12. Jahrhundert Tausende von Studierwilligen. Der behandelte Stoff war umfangreich. Wer das juristische Doktorexamen anstrebte, mußte mit einer Studiendauer von etwa neun Jahren rechnen. Das Aufblühen hängt mit der um 1100 erfolgten Wiederentdeckung einer noch aus der Zeit Justinians (527–565) stammenden Digesten-Handschrift zusammen (Florenz, Biblioteca Nazionale). Abgebildet ist die Einleitung: «De conceptione digestorum.»

Das Löwenstandbild in Braunschweig (zu S. 106). Das im Burgbezirk der herzoglichen Pfalz Dankwarderode errichtete Löwendenkmal ist die erste frei im Raum stehende Großplastik des Mittelalters. Heinrich der Löwe hat das Denkmal einschließlich dem hohen Steinsockel 1166 errichtet. Vorbild für den Denkmalaufbau war möglicherweise die Kapitolinische Wölfin. Gestalterisches Vorbild für den Löwen könnte ein Löwenaquamanile, ein mittelalterliches Gießgefäß, gewesen sein. Metallanalysen haben ergeben, daß der Löwe wohl im Braunschweiger Raum unter Verwendung von Harz-Erzen gegossen wurde.

Das Krönungsbild im Evangeliar Heinrichs des Löwen (zu S. 111f.). Das Bild hat eine Zweistufigkeit: oberhalb der Mitte thront Christus, umgeben von vier Heiligen (untere Reihe rechts: Thomas Becket, 1170 ermordet, 1173 heilig gesprochen). Unterhalb der Mitte, von himmlischen Händen gekrönt, Heinrich der Löwe und seine Gemahlin Mathilde, links und rechts umgeben von Ahnen. Der kniende Heinrich der Löwe ist wesentlich größer als Mathilde dargestellt, im Gegensatz zur Wirklichkeit. Heinrich war kaum mittelgroß, seine Frau dürfte ihn nicht unerheblich überragt haben.

Die «Konstantinische Schenkung» im Bild (zu S. 126ff.). Fresko aus dem 1246 entstandenen Zyklus in der Silvesterkapelle bei der römischen Basilika SS. Quattro Coronati *(s. das Umschlagbild).* Bei dieser fiktiven Szene der Konstantinischen Schenkung leistet Konstantin, angetan mit den Herrschaftsinsignien von Krone und Kaisermantel, «aus Ehrerbietung gegenüber dem seligen Petrus, indem er die Zügel von Papst Silvesters Pferd ergreift, den Marschalldienst», d. h. er versieht symbolisch die Aufgabe eines Stallknechts. Dieser «Marschalldienst» konnte in einem rechtlichen Sinne als Huldigung eines Lehnsmannes aufgefaßt werden.

Die Tiara: das «Zeichen der weltlichen Herrschaft» (zu S. 133f.). Die von der Konstantinischen Schenkung gestützte weltliche Herrschaft des Papstes, symbolisch ausgedrückt in den drei Kronen der Tiara, war speziell den Protestanten ein Ärgernis. Es liefen Spottmedaillen um, hier ein Stück des Peter Flötner (um 1485–1546). Es zeigt auf der einen Seite (rechts) einen mit der Tiara geschmückten Papst, der Züge Leos X. (1513–1521) trägt, dazu die Legende SO BIN ICH DAS KINDT DER VERDERBNUS UND DER SUNDEN SAGT SANT PAULI usw., eine Anspielung auf 2. Thess. 2,3. Der Papst ist der Antichrist. Auf seiner Tiara, dem Zeichen der Weltherrschaft, hockt ein geflügelter Teufel, der seinen Darm entleert. Auf der anderen Medaillenseite befindet sich ein Bild des reinen Christus.

Die Frage des Inquisitors nach der Anerkennung der Konstantinischen Schenkung (zu S. 204 und 220). Vom 13. bis 17. Februar 1425 vernahm die Inquisition in Heidelberg den etwa vierunddreißigjährigen Priester Johannes Drändorf wegen des Verdachts hussitischer Ketzerei. Drändorf wurde für schuldig befunden und verbrannt. Über die Frage des Inquisitors nach der Anerkennung der Konstantinischen Schenkung sagt das Protokoll: «Ebenso wird gefragt, ob Kaiser Konstantin den Geistlichen hat Güterbesitz übergeben dürfen. Er (= Drändorf) antwortet, daß er (= Konstantin) ihnen hat Güter, aber nicht Herrschaft übereignen können. Ebenso sagt er, daß, wenn der Papst vom Kaiser die Herrschaft über weltliche Dinge angenommen hat, dieser Übles angenommen hat und der Kaiser es nicht hat übergeben dürfen.» (Item queritur, an licite usw.) Der in Straßburg 1458 verbrannte Waldenserführer Friedrich Reiser nannte sich «Bischof der Gläubigen, die die Konstantinische Schenkung verwerfen».

Erfundene Heilige (zu S. 116, 196f.). Bescheiden waren die Anfänge der später üppig wuchernden Legende der Heiligen Ursula, der Patronin der Stadt Köln und des Schulordens der Ursulinen. Im spätrömischen Köln sind namenlose christliche Märtyrerinnen verehrt worden. Das 9. und 10. Jahrhundert sprach von elf Märtyrerinnen jungfräulichen Standes und nannte – zuweilen wechselnd – ihre Namen, darunter auch Ursula. Dann wurde die Zahl Elf mit einem Querstrich darüber ($\overline{XI}$) als 11 000 verlesen – die mittelalterliche Zahlenschrift ließ eine solche Deutung zu –, und die Legende sprach von der züchtigen britannischen Königstochter Ursula, die in Köln von den Hunnen samt ihren 11 000 jungfräulichen Begleiterinnen niedergemetzelt worden sei. Als man im Jahre 1106 bei Festungsarbeiten auf ein Gräberfeld aus römischer Zeit stieß, wurden diese Gebeine der (heidnisch) römischen Toten – zuweilen mit erfundenen Namen belegt – zu einem kostbaren Exportartikel; in der Kirche Sankt Ursula selbst befanden sich bis zum Zweiten Weltkrieg 1800 Kopfreliquien. Der Name der Heiligen Ursula (21. Oktober) steht nicht mehr im letzten römischen Heiligenkalender von 1969. – Abgebildet ist eine Illustration der sogenannten Koelhoff'schen Chronik: Vor der Silhouette Kölns werden Ursula, die 11 000 Jungfrauen und der ebenfalls erfundene Papst Cyriakus vor dem Hunnenkönig niedergemetzelt.

Fanatismus durchglühten Schriften stammen aus der Zeit nach der Konversion.

Es ging Manegold vor allem darum, für die Absetzung König Heinrichs IV. durch Gregor VII. im Jahre 1080 den Beweis der Rechtmäßigkeit zu erbringen, Rechtmäßigkeit auch für den Fall, daß Behauptungen über sittliche Mängel des Papstes nicht grundlos waren. Für Manegold ist, wie er schreibt, «die Glaubensfestigkeit des Petrus vom Gottessohn selbst zum Fundament der Kirche gemacht worden. Und daher, weil jene Erleuchtung in Petrus Gottvater durch den Heiligen Geist veranlaßt hat, muß die Bindegewalt und die gesamte Macht, die von dem Verdienst des Bekenntnisses herkommt, nach ihrem inneren Wert besonders hoch veranschlagt werden». Das Bekenntnis des Petrus und die ihm anvertrauten Schlüssel seien Voraussetzungen für den Bestand einer heilbringenden Kirche. Deshalb müßten «auch die Nachfolger (des Petrus)... für die heiligsten Priester gehalten werden. Auf sie geht mit der Nachfolge die einmal empfangene Binde- und Lösegewalt des Apostels über... Die schlechtere Lebensführung eines Nachfolgers (nehme) nichts von der apostolischen Heiligkeit, denn bei einer rechtmäßigen Ordination sind sowohl die Gnade des Heiligen Geistes wie alle Verdienste des an der Spitze stehenden Petrus vorhanden».

«Die Verdienste des seligen Petrus» fallen zwar vorrangig dem Papste zu, aber auch andere können in ihren Genuß kommen: diejenigen nämlich, die in dem Papst den Apostel Petrus unterstützen. Papst Gregor VII. schreibt an König Sancho von Aragon: wenn er, Sancho, im päpstlichen Sinne handle, genösse er im Jenseits, durch die Verdienste des Apostelfürsten von den Fesseln der Sünde befreit, den Ruhm ewiger Glückseligkeit. Indem Papst Gregor über die Verdienste des Apostelfürsten verfügt, kann er dieses ablaßähnliche Versprechen geben.

Der Papst – der einzige «aktive» Heilige auf Erden

Der Papst wird dank der Verdienste des Petrus teilhaftig der Binde- und Lösegewalt gegenüber den Sünden der Menschen. Aber wird er dadurch heilig? Wohl erhält er eine Heiligkeit, die es verbietet, daß jemand über ihn zu Gericht sitzt; aber das ist nur ein Schutz, der ihm gewährt wird, nicht die aktive Qualität eines Heiligen. Daß Gregor VII. als Papst sich nicht die Heiligkeit eines «vollkommenen Menschen» zuschrieb, läßt sich aus seinen eigenen Bekenntnissen und an der Reaktion seiner Gegner ablesen. Gegen Gregors Anspruch auf

Heiligkeit wandten sich einige Kardinäle, die bis kurz vor seinem Tode zu ihm gehalten hatten und mit seiner Gedankenwelt vertraut gewesen sein dürften. Nicht daß Gregor sich die aus dem petrinischen Verdienst fließende Heiligkeit beilegt, verübelten sie ihm, sondern daß jedem Papst dieses Verdienst unverlierbar anhaften sollte. Das Ennodius-Wort gelte nur einmalig für den schuldlosen Symmachus. Damit sei nicht gesagt, daß das «petrinische Verdienst» für einen rechtmäßig geweihten Papst grundsätzlich unverlierbar sei, als ob, so führen sie aus, (die Häretikerpäpste des 4. und 5. Jahrhunderts) «Marcellinus, Liberius, Anastasius nicht kanonisch gewählt worden sind, die erst ein später auftretender Irrtum vom Verdienst geworfen hat». Über eine Heiligkeit bei rechter Amtsführung fällt kein kritisches Wort. Selbst Gregors Feinde also sahen in der Forderung keine Blasphemie. Auch für sie konnte der rechte Papst heilig sein aufgrund der petrinischen Verdienste: nur scheint es eine besondere Heiligkeit zu sein, die aktive, heilsvermittelnde Heiligkeit des Nachfolgers Petri.

Der Heilige steht nicht nur persönlich auf der Stufe der Vollendung, er ist zugleich ein Fürbitter bei Gott, ein «intercessor ad Deum». Allerdings kann er nicht zu Lebzeiten fürbitten («solange er im Fleische lebt»), sondern erst im Himmel. Dem Papst jedoch ist es gegeben, mit himmlischer Wirksamkeit schon auf Erden zu binden und zu lösen.

Die Heiligung des päpstlichen Amtes, von den kirchlichen Reformern vorangetrieben, blieb nicht ohne Einfluß auf die juristische Stellung des Papstes. Manche traditionellen Sätze wurden zu dem Zweck umgeschrieben, den Rang päpstlicher Entscheidungen klarer zutage treten zu lassen: An die Stelle der «guten Sitten und der Väterbeschlüsse», vor denen Achtung gefordert wird, traten die «sakrosankten Statuten» der römischen Bischöfe. Man sprach davon, daß die Papstbriefe zu verehren seien wie «Edikte der himmlischen Kurie»; sie gelten als «göttliche Rede». Aber das Papstrecht konnte nicht aufgewertet werden, ohne zugleich die Reihenfolge der Rechtsautoritäten zu verändern. An der Spitze des Ansehens blieb selbstverständlich die Bibel mit dem Alten und dem Neuen Testament, das göttliche Recht. Auch die alten allgemeinen (ökumenischen) Konzilien wahrten ihren Rang, aber schon die Sentenzen der Kirchenväter – bislang häufig an nächster Stelle – traten zuweilen in Konkurrenz zu den päpstlichen Rechtssätzen. Der Anteil des Papstrechtes am kirchlichen Leben nahm zu, die Dekretalengesetzgebung schwoll im 12. Jahrhundert kaum überschaubar an, und Kanonisten warnten: das alte Recht werde zurückgedrängt, wenn, so heißt es in einem Klagebrief des ausgehenden 12. Jahrhunderts, aus allen Winkeln Dekretalen quöllen; zugleich werde die «heilige Sprache» des Papstes mißbraucht.

Daß das päpstliche Amt wesensmäßig die Fähigkeit heilbringender Entscheidung verleihe, bereitete weniger Schwierigkeiten als die Sorge um die menschliche Anfälligkeit seines Trägers. Denn was geschieht, wenn ein Papst sich im Amt ketzerisch, sittenlos oder unwürdig und unfähig der Aufgabe erweist? Ergab sich dann nicht eine unerträgliche Spannung zwischen ihm und seinem heiligen Amt? Ein Chor sehr verschiedener Antworten schlug dieser Frage entgegen.

Das 10. und das 11. Jahrhundert hatten große Erfahrung im Umgang mit Päpsten, deren Lebensführung nicht der heiliger Männer entsprach; mehrere Päpste wurden abgesetzt. Dennoch gab man wo möglich vor, sich an den Satz «Der Papst kann von niemandem gerichtet werden» gehalten zu haben, denn die Absetzungssentenz der jeweiligen Synodalen habe nur festgestellt, was eingetreten sei: der Papst selbst habe sich durch seine Lebensführung um das Amt gebracht.

«Verbrechen nehmen den Päpsten nichts von ihrer Amtsheiligkeit»

In der Mitte des 11. Jahrhunderts, nach den Absetzungen von Sutri und Rom 1046, wurde das Lehramt des Papstes von der persönlichen Lebensführung stärker getrennt: «Wenn wir ein schlechtes Leben führen, ist es unsere Angelegenheit; was wir aber Richtiges und Gutes sagen, gehört zur Lehrkanzel, aufgrund derer wir es für notwendig erachten, richtige Entscheidungen zu treffen», heißt es in einem Brief Leos IX. 1053. Amt und Person, bislang meist schwach auseinandergehalten, beginnen nun strenger unterschieden zu werden. Die Heiligkeit kam vom Amt, sie kann aber auch von der persönlichen Tüchtigkeit herkommen, «denn es ist etwas anderes durch Leistung heilig zu sein, etwas anderes wegen der Aufgabe seines Amtes heilig genannt zu werden»: so Petrus Damiani († 1072) zur gleichen Zeit.

Die entscheidende Formulierung, die das ganze Mittelalter hindurch zitiert werden sollte und die wörtlich in das Decretum Gratiani (um 1140) und damit in das Corpus Iuris Canonici einging, tauchte damals auf: «Ausschweifungen und Verbrechen nehmen den Päpsten nichts von ihrer Amtsheiligkeit und Amtsmacht; sei auch ein Papst unbrauchbar, lässig in seinen Taten, stumm gegenüber dem Guten, so daß er unzählige Völker scharenweise mit sich in die Hölle führe, so dürfe ihn dennoch kein Sterblicher anklagen, weil er, der alle richten werde, von niemandem gerichtet werden dürfe, außer er fiele vom Glauben ab.» Schon vorher hatte es Stimmen gegeben, die die Absetzung eines Papstes nur im Falle eines Irrglaubens zuließen; jedoch erst in dieser zugespitzten Form machte der Satz Schule. Ein Dekretist kommentierte: Gesetzt den Fall, die furchtbare Lage, wie sie geschildert sei, trete ein, dann könnten alle nur für den einen beten, von dem ihr Heil abhänge; ihn abzusetzen sei nicht möglich, es sei denn, er verfiele einem Irrglauben.

Soweit erscheint der Papst den meisten geschützt durch die Verdienste Petri, die er mit der Ordination erworben hat. Er ist heilig durch das Amt. Damit ist nicht gesagt, daß der Papst sich nicht zusätzlich um eine «persönliche» Heiligkeit bemühen müßte. Juristen des 12. Jahrhunderts erklären: «Das Bischofsamt verleiht nicht die Erlaubnis zur Sünde, sondern entzieht sie», und noch einmal: «Nicht die Stellung, sondern der sittliche Lebenswandel macht den Bischof heilig. Er soll wissen, daß er mit der Übernahme seines Amtes nicht die Erlaubnis zur Sünde, sondern die Pflicht zu einem guten Lebenswandel erlangt» (so Gratian). Die Diskussion hielt an; der Dekretist Rufin bemerkt ironisch: Wenn die Höhe besser mache, dann hätten Luzifer nicht im Himmel, Adam nicht im Paradies und der blutschänderische Lot nicht auf einem Berge gesündigt. Nicht immer trete mit der Übernahme der Würde eine sittliche Verbesserung ein, aber der Inhaber des apostolischen Sitzes dürfe keinesfalls verurteilt werden. Die Verdienste des Petrus, des Apostelfürsten, stünden sehr wohl zum Ausgleich bereit, wenn das eigene Verdienst zu solch hoher Würde nicht ausreiche.

Ist «Seine Heiligkeit» gottgleich?

Anfangs ist von der dem Papst heute noch zukommenden Anrede «Sanctitas vestra», Eure Heiligkeit, und ähnlichem die Rede gewesen. Ist diese Benennung Ausdruck päpstlicher Amtsheiligkeit? Im Ursprung sicherlich nicht, denn die Bezeichnung reicht bis in Zeiten zurück, als der Begriff der päpstlichen Amtsheiligkeit noch nicht ausgebildet war. So sprachen zum Beispiel afrikanische Bischöfe um 400 den römischen Bischof Innozenz I. «Sanctitas tua» an, aber auch andere wurden damals und später so angeredet. Einen Monopolanspruch für diese Anrede erhob das Papsttum erst gegen Ende des Mittelalters, und es waren weniger kirchenrechtlich-theologische

Gründe, die diese Festlegung bewirkten, als die allmähliche Ausbildung eines protokollarischen Formulars, parallel zur Anrede «Serenitas», «Serenissimus» (Durchlaucht, Durchlauchtigster) für Kurfürsten, «Dilectio» (Liebden) für fürstliche oder hochadlige Häuser und so weiter.

Indessen riß das Gespräch über das Verhältnis zwischen christlicher Tugend und heiligender Stellung des Papstes seit dem 12. Jahrhundert nicht mehr ab. Was ist der Papst? Ist er nur das Werkzeug, das den Willen oder die Gnade Gottes vermittelt? Ist er ein Wesen, «in die Mitte gestellt zwischen Gott und Mensch, diesseits Gottes, aber jenseits des Menschen, weniger als Gott, aber mehr als der Mensch», wie Innozenz III. (1198–1216), aber nicht er allein, definiert? Nicht wegen persönlicher Tüchtigkeit wird der Papst schließlich von den Kurialisten des 13. und 14. Jahrhunderts in die Sphäre des Göttlichen gerückt, sondern wegen seiner Amtsgewalt: Was von ihm als Gottes Stellvertreter getan worden ist, wird beurteilt, als sei es von Gott selbst getan. Der Schiedsspruch des Papstes ist Schiedsspruch Gottes. In seiner Einigkeit mit Gott ist der Papst nicht einfach ein Mensch, sondern er ist Gott, das heißt Gottes Stellvertreter («papa est Deus», mit dem nicht selten weggelassenen Zusatz: «id est vicarius Dei»).

Das sind jene Umschreibungen des Papstamtes, die keineswegs nur bei extremen Hierokraten wie Augustinus Triumphus († 1328) und Alvarus Pelagius († 1350) auftreten und die der Protestant Adolf von Harnack (1851–1930) «blasphemisch» und «ärgerlich», der Katholik Heinrich Finke (1855–1938) «übertrieben» und «peinlich» fand. Auch hier gilt die Unterscheidung von Amt und Person: «Solange der Papst rechtgläubig ist, kann und muß er, mag er auch sittlich verworfen sein, heilig oder hochheilig genannt werden; das nicht etwa wegen seines Verdienstes im Leben, sondern weil er kraft seines Amtes andere heiligt», so lautet eine im 15. Jahrhundert umlaufende, an die alte Unterscheidung anknüpfende Distinktion.

Die Sehnsucht nach einem heiligmäßigen «Engelpapst»

Merkwürdig unbeeindruckt von den theologischen und kanonistischen Reflexionen über die heiligende Heiligkeit des Papstes blieb die Sehnsucht der Menschen nach einem persönlich heiligmäßigen Papst erhalten. In einem Gedicht, das wahrscheinlich Kardinälen 1268 auf dem Weg ins Konklave übergeben wurde, heißt es mit deutlichem Bezug auf die damalige Gegenwart: Der neue Papst wird ein heiliger Mann sein, ein Vater der Armen, den Gott erleuchten wird; ein auserwähltes Gefäß, der die Schätze der Erde verachten wird und so weiter. Gerade wenn die Wirklichkeit anders aussah, wuchs diese Sehnsucht nach einem sittenreinen, heiligmäßigen «Engelpapst», ein Wunsch, der sich zuweilen mit Gedanken an eine Endzeit verband. Zugleich bedrängte die uralte Frage, ob Heilsmittel in unreinen Händen wirksam bleiben: ob ein unwürdiger Priester des Sakraments teilhaftig sei. Beides zugleich blieb ein anzustrebendes Ziel: heilig durchs Amt und heilig im Leben. Manche Päpste sah man in dem Licht eines möglichen «papa angelicus», Gregor X. (1271–1276) etwa und Coelestin V., den frommen und einfältigen Einsiedler auf dem Berg Morrone, der 1294 von den Kardinälen in einem Wahlakt «gleichsam durch himmlische Eingebung» (quasi per inspirationem) erhoben wurde (siehe S. 148) und bereits fünf Monate später, gescheitert an seiner Unbildung und an seinen Amtspflichten, freiwillig zurücktrat (ein bis heute einmaliger Akt), um als ein gefangengehaltener Eremit nach anderthalb Jahren seine Tage zu beschließen. Der Versuch war kläglich fehlgeschlagen, aber die Forderung nach einem sittenreinen Papst blieb und wurde immer wieder schwärmerisch vorgebracht.

In den Konstanzer Artikeln von 1415, in denen Johannes Hussens Häresien beschrieben sind, heißt es: Ein Papst, der nicht wie Christus lebe, sei Judas gleich und nicht heilig, auch wenn er ordnungsgemäß und richtig ins Amt gekommen sei, und: «Der Papst darf nicht hochheilig genannt werden, selbst nicht wegen seines Amtes». Die Sprengkraft dieses Satzes sollte sich in den folgenden Jahrzehnten erweisen: Girolamo Savonarola († 1498) argumentierte ähnlich, und Luther († 1546) sah in der Diskrepanz zwischen sittlicher Forderung und päpstlicher Realität das Bild des Antichrist.

Auf der anderen Seite brachte die Theologie des Spätmittelalters, zum Beispiel Sánchez de Arévalo († 1470) und Heinrich Kalteisen († 1465), Sätze hervor, die die Kirche gleichsam immun machten gegen einen Alexander VI. (1492–1503), einen Julius II. (1503–1513), einen Leo X. (1513–1521). Der Papst sei heilig wegen seines heilstiftenden Amtes, und: die Heiligkeit seiner hohen Stellung mache ihn «zu einem anderen Menschen als die Natur hervorgebracht hat».

«So geht der Ruhm der Welt dahin»: Vom Ende päpstlicher Amtsheiligkeit

«So geht der Ruhm der Welt dahin» (Sic transit gloria mundi). Diese Worte werden seit dem 11. Jahrhundert bei der Krönung eines jeden Papstes dreimal gesprochen, indem vor seinen Augen gleichzeitig

Büschel von Werg verbrennen. Im Moment seiner Erhöhung wird der Papst an seine irdische Existenz erinnert, und im Tode verliert er mit dem Leben auch seine «Heiligkeit». Das Ableben des Papstes wird nach einem seit Jahrhunderten geübten Ritual festgestellt. Der tote Papst wird mit seinem bürgerlichen Namen angeredet. Der Kardinalkämmerer und zwei Kardinäle «stellten sich um das Bett auf, klopften mit einem kleinen goldenen Hammer gegen die Stirn von Johannes XXIII. und riefen ihn beim Namen: Roncalli – lebst du oder bist du tot?», so schildert der Bildhauer G. Manzù die Szene beim Tode Johannes' XXIII. im Juni 1963. In diesem Zeremoniell ist beachtet, daß mit dem Tode die Amtsheiligkeit erlischt.

Die Reverenz galt und gilt der Heiligkeit des Amtes, nicht der Person – so lehrt die Zeremonie, so versichern uns Theologen und Kanonisten. Und doch dürften amtliche und persönliche Heiligkeit kaum oder jedenfalls nicht immer reinlich geschieden worden sein. Gregor VII. hat offen bekannt, daß er einen Heiligungsvorgang mit der Ordination zum Papst an sich selbst erfahren habe, und hat zugleich behauptet, auch seine päpstlichen Vorgänger habe die Erhebung zum Papst so weit geläutert, daß viele von ihnen in die Schar der Heiligen eingegangen seien: das Papstamt mache eben den Träger persönlich besser. Auch das Kirchenvolk, zumal im frühen und hohen Mittelalter, war bereit, die Person des Papstes in der Aura individueller Heiligkeit zu sehen.

Papst Gregor I. (590-604), dessen demütiger Amtsstil für alle seine Nachfolger verpflichtend war, berichtet von einem römischen Brauch: die Gläubigen hätten üblicherweise Dalmatiken über den päpstlichen Leichnam gebreitet und das Tuch nachher wie Reliquien zertrennt und aufgeteilt «aus Ehrfurcht gegenüber der Heiligkeit» des Petrusnachfolgers. Deshalb läßt Gregor I. auf einer Synode 595 bei Kirchenstrafen verbieten, künftig auf die Begräbnisbahre des römischen Bischofs irgendwelche Tücher zu legen. Die Zugriffe der römischen Gläubigen galten Päpsten, deren «persönliche Heiligkeit» weder den Zeitgenossen noch später aufgefallen ist: Pelagius I. (556-561), Johannes III. (561-574), Benedikt I. (575-579), Pelagius II. (579-590). Keiner steht im Heiligenkalender, und einer von ihnen, Pelagius I., mußte sich sogar durch einen Eid von dem Verdacht reinigen, seinen Vorgänger ermordet zu haben. Das Papstamt hat selbst diese Männer im Lichte der Heiligkeit erscheinen lassen. Der Synodalbeschluß Gregors I. stand in einer Reihe von Rechts- und Konziliensammlungen des Frühmittelalters und wurde als eigenes Kapitel in manche Kirchenrechtswerke der Reformzeit eingerückt.

Die moderne, durchorganisierte Papstkirche läßt eine derartige unkontrollierte Verehrung auch für den Bischof von Rom nicht zu. Die neueste Ausgabe der Enciclopedia Cattolica versichert uns, daß sich des Papstes Heiligkeit von Christus ableite: «der Papst ist lediglich Instrument» (il papa non è che uno strumento). Jede Kanonisation eines Papstes ist den strengen Regeln des Kirchenrechts unterworfen wie die anderer Kandidaten auch. Aber die Erhebung eines Papstes zum Seligen oder zum Heiligen ist selbstverständlich nicht frei von kirchenpolitischem Beigeschmack, und es macht einen Unterschied, ob in nächster Zeit der Name Pius' IX. (1846–1878) oder der Johannes' XXIII. (1958–1963) im Petersdom verkündet wird, des Papstes des Ersten oder des Zweiten Vatikanischen Konzils. Beide Namen sind im Gespräch; der Pius' IX. steht sogar schon als «Diener Gottes», die Vorstufe zur Seligsprechung, in der offiziösen «Bibliotheca Sanctorum». Der Ausgang dieser Bestrebungen hat richtungweisende Bedeutung nicht nur für die römisch-katholische Kirche, sondern für die ganze Christenheit.

Das Ökumenische Konzil und seine historischen Grundlagen

Am 25. Januar 1959, am Schlußtag einer Weltgebetswoche für die Wiedervereinigung im Glauben, am Fest der Bekehrung des Apostels Paulus, eröffnete Papst Johannes XXIII. (1958–1963) in der Patriarchalbasilika S. Paolo fuori le mura einem kleinen Kreis von Kardinälen: «... den Namen und das Vorhaben einer doppelten feierlichen Veranstaltung: einer Diözesansynode für die Stadt Rom und eines allgemeinen Konzils für die Gesamtkirche. Für euch, ehrwürdige Brüder und geliebte Söhne, sind keine breiten Erörterungen über die geschichtliche und rechtliche Bedeutung der beiden Vorschläge nötig.»

Die Nachricht von den ausgreifenden Konzilsplänen des eben ins Amt gekommenen Papstes, drei Monate nach Pontifikatsbeginn, löste ein weltweites Echo aus, um so mehr, als es bis dahin genug Skeptiker gegeben hatte, die an eine neue allgemeine Synode nach dem Vatikanischen Konzil von 1869/70 nicht mehr glauben mochten. «Integration» war ein Schlagwort jener Zeit; ein ökumenisches Konzil der katholischen Kirche schien der Sehnsucht nach einem stärkenden Zusammenschluß mit dem konfessionellen Nachbarn entsprungen zu sein. Der damals amtierende Präsident der UN-Vollversammlung Charles Malik († 1960), Libanese griechisch-orthodoxen Glaubens, urteilte, daß ein allgemeines Konzil der katholischen Kirche «mit seinen grenzenlosen Möglichkeiten» das bedeutendste Ereignis des 20. Jahrhunderts werden könnte.

«Ökumenisches Konzil»: überhöhte Erwartungen historisch zurückgenommen

Das Stichwort eines «allgemeinen», eines «ökumenischen Konzils» hat zweifellos manchenorts Vorstellungen aufkommen lassen, die von vornherein außerhalb der Absicht und vielleicht sogar der Möglichkeiten des römischen Bischofs lagen. «Grenzenlos», wie Malik meinte, waren und sind die Möglichkeiten eines allgemeinen Konzils der katholischen Kirche durchaus nicht, und alle Spekulationen gerade nichtkatholischer Christen über eine Einigung oder einen Zusammenschluß christlicher Kirchen haben in die Irre gehen müssen.

Nicht nur der mit der katholischen Kirchen- und Glaubenslehre Vertraute, auch der Historiker konnte sofort bei Ankündigung des synodalen Ereignisses Auskunft geben über den Rahmen, innerhalb dessen sich eine katholische Weltsynode bewegen konnte. Schon daß allgemeine Konzilien keine ständige Einrichtung sind und in großen, das menschliche Leben weit übersteigenden Zeitabständen gefeiert wurden, fordert den Historiker, der eine Orientierung in der Vergangenheit sucht.

Eine noch tiefere Legitimation historischer Betrachtungsweise liegt in dem Wesen der katholischen Kirche, in ihrer im Glaubensbekenntnis verankerten Hochschätzung der Tradition. Man konnte sicher sein, daß jedes und auch ein eigenwilliges ökumenisches Konzil dem ältesten Grundsatz der katholischen Kirche verpflichtet bleibt, den Papst Stephan I. (254–257) formuliert hat und den seine Nachfolger bis in die jüngste Zeit wiederholten: «Nichts soll erneuert werden, was nicht überliefert ist» (Nihil innovetur nisi quod traditum). Auch die Traditionsgebundenheit beschränkt die Möglichkeiten eines ökumenischen Konzils, das sich streng an die gesetzten Normen und an die überlieferten Formen zu halten hat. Über das eine gibt das Kirchenrecht, über das andere die Historie Auskunft. An beide ist die Frage zu richten: Was ist unter einem ökumenischen Konzil der katholischen Kirche zu verstehen?

Der «ökumenische» Rahmen in Recht und Geschichte

Die katholische Kirche kennt Konzilien verschiedener Art: neben den ökumenischen Konzilien Plenarkonzilien, auf denen Bischöfe mehrerer Kirchenprovinzen zusammenkommen, und Provinzialkonzilien, bei denen sich die Bischöfe einer Provinz unter ihrem Metropoliten, ihrem Erzbischof, versammeln. Die kleinste Ordnung stellt die Diözesansynode dar: Die Zusammenkunft des Klerus einer Diözese unter seinem Bischof; sie unterscheidet sich dadurch von den übrigen Versammlungen, daß ihr Leiter, der Bischof, nicht die Gesamtheit der Teilnehmer, alleiniger Gesetzgeber ist. Der moderne Sprachgebrauch pflegt das Wort «Synode» meist nur noch für Diözesanversammlungen einzusetzen, während «Konzil» größeren Zusammenkünften vorbehalten bleibt: Papst Johannes XXIII. sprach in seiner Ankündigung von einer «Diözesansynode für die Stadt Rom» (die nach einer Unterbrechung von fünfhundert Jahren 1960 durchgeführt wurde) und von einem «allgemeinen Konzil für die Gesamtkirche» (das 1962 bis 1965 in vier Sitzungsperioden tagte). Diese Unterscheidung von «synodus» und «concilium» ist erst in jüngster Zeit üblich. «Synodus» und «concilium» waren früher Synonyme, und um in die Quellen nicht eine fremde Begriffsenge hineinzutragen, sind sie auch hier gleichbedeutend gebraucht.

Wer 1959 ein allgemeines Konzil ansagte, mußte sich nach dem damals gültigen kirchlichen Gesetzbuch richten, dem Codex Iuris Canonici von 1917. Dort stand das Concilium Oecumenicum nicht unter einem eigenen Titel, sondern unter den Sätzen, die von der obersten Hirtengewalt des Papstes handeln. Von der Rechtsstellung des Konzils ist gesagt, daß es «die höchste Regierungsgewalt über die Universalkirche besitzt» (Can. 228 § 1), die einzige Institution also, die papstgleichen Ranges ist. Eine Appellation von einem päpstlichen Urteilsspruch an ein ökumenisches Konzil ist nicht erlaubt (Can. 228 § 2) und wäre auch widersinnig; denn das Haupt des Konzils ist der Papst: Er allein hat das Recht, das Konzil einzuberufen, ihm in eigener Person oder durch einen Stellvertreter zu präsidieren, die Gegenstände und die Reihenfolge seiner Beratung zu bestimmen, Ort und Zeit der Sitzungen zu bezeichnen und das Konzil jederzeit aus eigener Macht aufzulösen (Can. 222). Er kann nie überstimmt werden, denn die Beschlüsse müssen von ihm bestätigt und ihre Verkündung von ihm veranlaßt werden; erst dann haben sie Rechtskraft. Stirbt der Papst während des Konzils, so wird es so lange unterbrochen, bis ein neuer Papst die Wiederaufnahme anweist (Can. 229). Die Zahl der Konzilsmitglieder ist beschränkt. Mit beschließender Stimme nehmen teil (Can. 223): Kardinäle, Patriarchen, Primaten, Metropoliten und Bischöfe, auch wenn sie die Weihe noch nicht empfangen haben, denn das Konzil führt sie in ihrer Hirten-, nicht in ihrer Weihegewalt zusammen. Hinzu treten Äbte, die exemten Prälaten und die Jurisdiktionsoberen monastischer und klerikaler Verbände. Theologische und kanonistische Sachverständige haben nur beratende Stimme. Die Teilnahme von katholischen Laien und von Nichtkatholiken ist nicht vorgesehen.

Die Sätze des 1917 erlassenen und bis 1983 gültigen Codex Iuris Canonici geben eine Vorstellung von den rechtlichen Strukturen, denen das von Johannes XXIII. angesagte ökumenische Konzil unterworfen war. Sie selbst sind die zu abstrakten Kanones erstarrte Schlußphase einer langen Entwicklung, und nur im Zusammenhang mit der historisch gewachsenen Tradition läßt sich die von den Kanones umgrenzte Ausgangslage für eine neue allgemeine Synode sichtbar machen. Auch vom Recht her werden wir auf das Feld der Geschichte zurückverwiesen, und gerade das Mittelalter spielt bei der

Herausbildung des heutigen Verständnisses eines ökumenischen Konzils der katholischen Kirche eine wesentliche und bestimmende Rolle.

Der Charakter der 21 ökumenischen Konzilien der katholischen Kirche

Sich an die äußeren Daten der als ökumenisch geltenden Konzilien zu halten, hat – vom Mammutumfang abgesehen – wenig Sinn. Sie sind überdies in zahlreichen und gerade in letzter Zeit auf den Markt gekommenen Darstellungen leicht nachzulesen. Sinnvoller ist es, die Vorstellung von einem allgemeinen Konzil zu verfolgen, das in der frühen Kirche eine dem irdischen Bereich geradezu entrückte Autorität besaß. Der Kirchenvater Augustinus (†430) sprach von den «heilswirksamsten» (saluberrima) Konzilien der Gesamtkirche, die von «göttlicher» Autorität seien. In dem einflußreichen Decretum Gelasianum vom beginnenden 6. Jahrhundert rangieren die ersten vier bis zu diesem Datum gefeierten Gesamtkonzilien – Nikäa (325), Konstantinopel (381), Ephesus (431) und Chalkedon (451) – gleich nach dem Alten und Neuen Testament, und Papst Gregor der Große (590–604) verehrte sie «wie die vier Bücher des heiligen Evangeliums», ein Wort, das später immer wieder aufgenommen werden sollte. Ökumenische Konzilsbeschlüsse standen auf der höchsten Stufe irdischen Kirchenrechts, nach dem göttlichen Recht der Bibel, über den Sätzen der Kirchenväter und über den Dekreten der Päpste.

Woher kam ihr ökumenischer Rang, ihre Gültigkeit für die gesamte Kirche? Die Erklärung scheint einfach: Unter der Beteiligung der Ökumene zustande gekommen, sollten sie auch ökumenisch gelten. Das ist ein Irrtum. Kaum eines der großen Konzilien hat eine annähernd vollständige Vertretung der christlichen Welt zusammengeführt, und untereinander sind sie so verschieden, daß die Sammelbezeichnung als «ökumenische Konzilien» wie eine willkürliche Etikettierung anmutet. Wesentliche Merkmale eines «ökumenischen» Konzils liegen offenbar außerhalb des vordergründigen Wortsinns. Hier stellt sich die entscheidende Frage: Was hat zu den verschiedenen Zeiten einem allgemeinen Konzil den ökumenischen Rang verliehen?

Die katholische Kirche zählt einundzwanzig ökumenische Konzilien, das Nicaenum von 325 als erstes und das Vaticanum von 1962–1965 als einundzwanzigstes. Die Anschauung von insgesamt zwanzig Weltkonzilien ist das Werk der Tradition. Einen dogmatischen oder päpstlich approbierten Kanon gibt es nicht; aber schon

Robert Bellarmin war in seinen «Disputationes de controversiis christianae fidei» (1586–1591) zu der heute üblichen Wertung und Zählung gelangt.

Ihrer Erscheinungsform nach lassen sich unter den als «ökumenisch» herausgehobenen Konzilien mehrere Gruppen unterscheiden. An der Spitze stehen die acht allgemeinen Konzilien des ersten Jahrtausends, als letztes das von Konstantinopel aus den Jahren 869/70. Nach langer Pause setzen die sogenannten Generalkonzilien des Mittelalters ein, begrenzt von den beiden Lateransynoden von 1123 und 1512, die das Zwischenspiel des Konziliarismus einrahmen. Den Schluß bilden die drei Weltkonzilien der Neuzeit, das Tridentinum im 16., das Erste Vaticanum im 19. und das Zweite Vaticanum im 20. Jahrhundert.

*Die allgemeinen Konzilien des ersten Jahrtausends:
die Einheit von Ost und West*

Die erste Gruppe, die allgemeinen Konzilien des ersten Jahrtausends, deren Tagungsorte allesamt im Osten des römischen Reiches lagen, stellt einen in sich geschlossenen Typ dar. Diese Konzilien sind «in ihrer ganzen äußeren Einrichtung und in ihrem Geschäftsgang ein Abbild der Verhandlungen des antiken Senates gewesen» (H. Gelzer). Der römische und später der oströmische Kaiser hatte sie berufen, auf allen waren Fragen der Glaubenslehre zur Sprache gekommen, ihre bischöflichen Mitglieder handelten kraft ihres apostolischen Amtes, ihres Charisma veritatis, nicht als Vertreter ihrer Gemeinden. Obwohl erwartet wurde, daß möglichst viele Bischöfe aus Orient und Okzident zusammenkamen, hat den Teilnehmern der Gedanke, die gesamte Christenheit zu vertreten, ferngelegen. Die Beschlüsse wurden vom Kaiser bestätigt und als Reichserlasse verbreitet.

Doch alle diese Kennzeichen reichen nicht aus, um einer Versammlung unbedingt den Rang einer allgemeinen Synode zu sichern. Kaiser Theodosius II. hatte 449 die sogenannte Räubersynode als allgemeines Konzil nach Ephesus einberufen, die Kanones bestätigt und als kaiserliche Edikte hinausgehen lassen. Aber die Überlieferung hat die Versammlung nicht nur als ökumenische verworfen, sondern überhaupt abgelehnt. Umgekehrt war auf der Synode von Konstantinopel im Jahr 381, dem zweiten Universalkonzil, das Abendland gar nicht vertreten, denn das Konzil war von Kaiser Theodosius I. (379–395) nur für die Osthälfte gedacht und berufen. Und doch hat der Westen es seinem Schatz allgemeiner Konzilien hinzugefügt.

Wesentlich für den ökumenischen Charakter eines Konzils war nicht die Erfüllung formaler Bedingungen, sondern die Rezeption, die Übernahme und, um mit den Worten des protestantischen Kirchenrechtlers Paul Hinschius (1835–1898) zu sprechen, «die Bewährung seiner Beschlüsse im Gesamtbewußtsein der Kirche». Ökumenischen Rang erwarb sich ein Konzil des ersten Jahrtausends nicht während der Tagungszeit, sondern erst durch die Hinübernahme seiner Beschlüsse in eine für verbindlich erachtete Tradition.

Diese Rezeption war letztlich in das Ermessen der einzelnen Kirchen gestellt und konnte verschieden ausfallen, sobald das Bewußtsein kirchlicher Gemeinsamkeit schwand. Einig war man sich in der Verehrung der ersten vier ökumenischen Konzilien: Nikäa (325), Konstantinopel (381), Ephesus (431), Chalkedon (451); das ganze Mittelalter sah sie in einem verklärten Lichte und deutete die Vierzahl vielfach allegorisch aus. Ihre Wertschätzung hatte früh, schon im fünften Jahrhundert, eingesetzt; entscheidend jedoch war der Beitrag Isidors von Sevilla (†636). Er hat den vier «Prinzipalkonzilien» in seiner Konzilslehre, die später in die einflußreichsten Kirchenrechtssammlungen überging, einen besonderen Rang zugewiesen.

Der Ruhm der anderen ökumenischen Versammlungen verblaßte neben dem Ansehen der vier Erstkonzilien um so mehr, als sich manche ihrer Beschlüsse in Ost und West nur zögernd oder gar nicht durchgesetzt haben. Das achte und letzte in der Reihe, das vierte von Konstantinopel aus den Jahren 869/70, auf dem der Patriarch Photius († wohl 891) abgesetzt wurde, fand für alle Zeiten geteilte Aufnahme; an ihm läßt sich erkennen, wie allein die Rezeption über den Rang der Synode entschied. Die lateinische Kirche feierte das Konzil als ein allgemeines, denn der Sturz des Photius war in den Augen Roms ein großer Sieg. Die griechische Kirche verwarf das Konzil und nahm zuweilen im Gegenzug die byzantinische Stadtsynode von 879, die Photius wieder einsetzte, als ökumenisches Konzil an. Von diesem Datum ab ging die Konzilslehre in Ost und West getrennte Wege. Am Ende stand die gegenseitige Verfluchung der beiden Kirchen im Jahre 1054, die 1965 zwar aufgehoben wurde, doch blieb es trotz aller Unionsversuche bei der Trennung.

Die griechische Kirche hat dem Kanon der sieben beziehungsweise acht allgemeinen Konzilien keines mehr hinzugefügt. In ihrer Vorstellungswelt konnte ein ökumenisches Konzil nur sein, wo Ost- und Westkirche vereint waren. Folgerichtig werden die panorthodoxen Konzilien der Neuzeit als Teilversammlungen aufgefaßt, zu deren «Ökumenizität» vor allem der Einschluß Roms fehlt. Ein «ökumenisches Konzil» bedeutete in der Sprache der Ostkirche eine von der Parität der Apostelsitze ausgehende Versammlung der Bischöfe in der Gesamtkirche.

Auf dem Wege zum päpstlichen Generalkonzil des Mittelalters

Im Abendland lief die Entwicklung anders. Sie drängte über die passive Verehrung der ersten acht ökumenischen Kirchenversammlungen hinaus und fand eine neue Form allgemeiner Konzilien: die päpstlichen Generalsynoden.

Die Generalsynoden erst haben die heutige Vorstellung von einem allgemeinen Konzil der katholischen Kirche ausgebildet. Welcher Wandel im Konzilsbegriff es möglich machte, die nach Umfang und Geltungsgrad doch bescheidenen Generalsynoden des Hochmittelalters in die großen allgemeinen Konzilien einzureihen, ist noch recht ungenügend untersucht.

Schon in den Briefen des Papstes Nikolaus I., noch bevor die Photius-Affäre die Ost- und Westkirche auseinandertrieb, findet sich der Satz von dem «Generalkonzil, das zu berufen ohne Bescheid des apostolischen Stuhls niemand das Recht hat». Noch früher, um 560, hat die mit Cassiodors († nach 580) Namen verbundene Kirchengeschichte (Historia tripartita) die «kirchliche» Regel festgehalten: «Es gehöre sich nicht, daß Konzilien ohne die Entscheidung des römischen Bischofs gefeiert werden». Wohl wurde dieser Satz in angesehene kirchenrechtliche Werke des frühen Mittelalters übernommen, aber tiefen Eindruck machte er nicht. Er war zu vereinzelt und zu theoretisch; seine Forderung war zu lasch, mehr eine Anstandsregel als ein Grundsatz des Kirchenrechts. Nicht als der unumgängliche Hort der Rechtgläubigkeit, sondern als Vertreter Roms, eines Apostelsitzes und der größten Gemeinde des Abendlandes, sollte der römische Bischof füglich beteiligt sein. Und welche Konzilien waren gemeint: Diözesan-, Provinzial-, National- oder schließlich ökumenische Konzilien? Und was sollte der Zweck dieser Vorschrift sein? Genügte eine Meldung nach Rom, oder sollten die Beschlüsse vom Papst ratifiziert werden? Bis in die Karolingerzeit hinein hat sich kaum jemand um das Genehmigungs- oder Zustimmungsrecht des römischen Bischofs gekümmert. Vielleicht hätte Nikolaus I. den Grundsatz präziser gefaßt und ihm das erforderliche Ansehen unter den Disziplinarvorschriften verschafft; aber sein Pontifikat war zu kurz, um die Konzilsgepflogenheiten der Zeit in Theorie und Praxis zu verändern.

Mit Mühe nur konnten seine unmittelbaren Nachfolger die von ihm gewonnene Stellung halten. Die dann folgende anarchische Zeit bis zur Mitte des 11. Jahrhunderts erwies sich als unfähig, die Anregung aufzunehmen und den Konzilsbegriff nach einer römischen Mitte hin auszurichten. Auch mag das prägende Vorbild der alten Konzilien noch zu stark gewesen sein; vor allem Nikäa und Kaiser Konstantin hatten ihre Leuchtkraft als «Vorbild der Väterzeit», die zur Nachahmung aufforderten, nicht verloren. So schrieb ein rechtsgelehrter Theologe (Auxilius) des beginnenden 10. Jahrhunderts, daß der weltliche Herrscher eine allgemeine Synode veranstalten «und nach dem Muster des großen Konstantin dabei sein sollte». Ganz ist das Bewußtsein der kaiserlichen Beteiligung beim Zustandekommen der ersten ökumenischen Konzilien auch in den folgenden Jahrhunderten nicht geschwunden. Aber es waren kraftlose Erinnerungen an große Zeiten der kaiserlichen Majestät, mit Vorliebe hervorgeholt von den kaiserlichen Theoretikern als Antwort auf päpstliche Ansprüche. Sie wirkten fremd in einer veränderten Welt, die sich wahres kirchliches Leben allein unter der gnadensicheren Leitung des römischen Bischofs vorstellen konnte. Denn die Zeit des Investiturstreits mit ihrer Suche nach gültigen religiösen Formen hatte den Konzilsbegriff auf neue Grundlagen gestellt.

«... keine Synode ohne Genehmigung des Papstes»

Die Reformer des 11. Jahrhunderts knüpften an den Gedanken Nikolaus' I. von der römischen Konzilsgenehmigung an. Leo IX. (1049–1054), der erste Papst im neuen Geist, schrieb 1053 an fünf Bischöfe der nordafrikanischen Diaspora, daß ohne Zustimmung des römischen Bischofs ein Universalkonzil nicht gefeiert werden dürfe. Der Ausdruck «Universalkonzil» ist auffällig. Universalkonzilien konnten im allgemeinen Sprachgebrauch die alten ökumenischen Konzilien heißen, aber es ist offenkundig, daß Leo IX. nicht meinte: Wenn die fünf Bischöfe mit Genehmigung des römischen Stuhles in ihrer afrikanischen Abgeschiedenheit eine Synode abhielten, so bildeten sie eine die Gesamtkirche repräsentierende Versammlung nach der Art der alten Großkonzilien. Was aber war ein Universalkonzil im Sinne Leos? Schon der Historiker Albert Hauck (1845–1918), dem wir eine in ihrer Art unüberholbare Kirchengeschichte Deutschlands im Mittelalter verdanken, war auf dieses Problem gestoßen und hatte es zu lösen versucht: «Die Worte General- oder Universalkonzil bezeichneten keineswegs allgemeine Synoden im eigentlichen Sinn;

sie waren stets relativ gemeint: im Bistum war im Unterschied vom Sendgericht die Diözesansynode generalis synodus... Im Erzbistum war im Unterschied von der Diözesansynode die Provinzialsynode universale concilium». Hauck führte unsere Stelle zum Beweis seiner Ansicht an. Für ihn sind «generalis» und «universalis» allein von relativer Bedeutung, doch übersieht er dabei, daß diese Begriffe keineswegs nur relative Größenbezeichnungen sind. Wenn Isidor von Sevilla († 636) über den Begriff Kirche schreibt: «(Die Kirche) heißt deshalb katholisch, weil sie über die ganze Welt begründet ist, oder weil sie katholisch, das heißt allgemein in diesem Glauben ist» (catholica, hoc est, generalis in ea doctrina), so erhält «generalis» die Bedeutung von Gemeinsamkeit im Glauben der Gesamtkirche. Ähnlich steht es mit «universalis».

Als das allein von den Griechen abgehaltene zweite Konzil von Nikäa (787), das siebte ökumenische, die Verehrung der Bilder verbot, ließ Karl der Große (768–814) um das Jahr 790 von seinen Hoftheologen die sogenannten «Libri Carolini» verfassen, eine selbstbewußte Antwort des fränkischen Königs als des Vertreters der westlichen Christenheit an die Griechen (siehe S. 73). Der spätere Gegensatz der östlichen und westlichen Konzilsanschauung ist hier vorweggenommen. Der Behauptung der Griechen, eine Synode, die nicht von der Gesamtkirche besucht sei, heiße zu Unrecht Universalsynode, ist die abendländische Konzilsdefinition entgegengesetzt: «Wenn... Bischöfe von zwei und drei Provinzen zusammenkommen und wenn sie, ausgerüstet mit der Bestimmung der alten Kanones, irgend etwas zur Verkündigung oder zum Glauben beschließen – vorausgesetzt, daß es von den Glaubenssätzen der alten Väter nicht abweicht –, so ist das, was sie tun, katholisch und darf wohl auch universal genannt werden, weil es ja, obschon es nicht von den Bischöfen des gesamten Erdkreises beschlossen worden ist, dennoch von dem Glauben und der Überlieferung der Gesamtheit nicht abweicht.»

Universal heißt katholisch, heißt im Bewußtsein des rechten Glaubens der irrtumsfreien Gesamtkirche. Selbstverständlich war eine Diözesansynode oder ein Provinzialkonzil kaum so ehrgeizig und vermessen, für sich allein «irgend etwas zur Verkündigung oder zum Glauben» zu beschließen. Die größere Versammlung mehrerer Provinzen oder eines Reiches war eher der passende Ort für ein Glaubens- und Sittenstatut. Durch diesen Tatbestand ist für den heutigen Betrachter einer hochmittelalterlichen «General-» oder «Universalsynode» das qualitative Merkmal der gesamtkirchlichen Rechtgläubigkeit häufig von dem quantitativen verdeckt. Fehlte auch den Worten «generalis» wie «universalis» die Präzision eines eindeutigen Terminus, so wird man sich doch vor Augen halten müssen, daß ihr Sinngehalt seit dem frühen Mittelalter mit der Angabe der äußerlichen Größe nicht erschöpft ist. Den auf die inneren Merkmale gerichteten Sinn haben «generalis» und «universalis» das ganze Mittelalter hindurch beibehalten, zumal die sogenannten «Anleitungen für die Abhaltung eines Konzils» (Ordines de celebrando concilio) ihm entsprachen. Das Vorbild für diese «Anleitungen» hatte eine spanische Synode des 7. Jahrhunderts abgegeben, die in ihren Akten bekannte: «Weil wir ein Generalkonzil abhalten, gehört es sich, daß der erste Schall unserer Stimme von Gott handelt, damit nach dem Glaubensbekenntnis die folgenden Entscheidungen unseres Werkes gleichsam auf dem festesten Fundament errichtet werden». Auch hier bedeutet Generalkonzil eine Versammlung, die sich mit den Grundlagen der christlichen Glaubens- und Sittenlehre befaßt und sich auf die Orthodoxie verpflichtet fühlt. Die «Anleitung zur Feier eines Konzils» hatte eine weite Verbreitung: sie ist in mehrere große Rechtssammlungen aufgenommen worden, begegnet häufig auch in Einzelüberlieferungen und blieb schließlich in einer Mainzer Bearbeitung des 10. Jahrhunderts dem ganzen Mittelalter bekannt. Als man zu Beginn des 14. Jahrhunderts eine Ordnung «zur Feier eines Generalkonzils» aufstellte, wurde sie fast wörtlich übernommen.

Wer oder was aber gibt einer «Universal-» oder «General»-Synode die Sicherheit, daß sie im Einklang mit der Rechtgläubigkeit der Gesamtkirche handelt? Jenes spanische Konzil hielt sich durch eine Großversammlung von Bischöfen und durch das Glaubensbekenntnis für genügend orientiert; jedoch in der Rechtssammlung des Bischofs Burchard von Worms († 1025), die lange Zeit als Richtschnur galt, steht es anders: «Das Recht, Synoden zu versammeln, ist durch besondere Ermächtigung dem apostolischen Stuhl anvertraut, und wir lesen nicht, daß eine Generalsynode rechtens sei, die sich nicht auf seine Autorität hin versammelt oder auf ihn gestützt hat.»

Burchard von Worms hat den Satz nicht erfunden. Er stammt aus den «pseudoisidorischen Dekretalen», einer Sammlung echter und falscher Papstbriefe aus der Mitte des 9. Jahrhunderts, die vom 11. Jahrhundert an immer stärker in das Kirchenleben einbezogen wurden (siehe S. 180). Ihr fiktiver Verfasser nennt sich Isidor Mercator, daher der Name «Pseudoisidor». In dieser Fälschung findet sich Burchards Satz Wort für Wort vorgebildet – bis auf ein einziges Adjektiv: statt «Generalsynode» (synodus generalis) heißt es bei

Pseudoisidor nur «Synode». Denn Pseudoisidor hatte die Anschauung vertreten, daß jede Synode, auf der Kriminaljustiz vor allem gegen Bischöfe geübt würde, einer römischen Bestätigung bedürfe. Einer seiner immer wieder vorgebrachten Sätze lautet: «Ihr könnt eine Synode von Bischöfen ohne Autorität des heiligen Stuhls nicht regulär feiern... und keinen Bischof, der an den apostolischen Stuhl appelliert hat, verurteilen, bevor von dort ein endgültiger Rechtsspruch eingeht».

Für Pseudoisidor waren die Rechte der Bischöfe unantastbar, ihr Schutzherr der Papst. Aber alle Anstrengungen, die Bischöfe zu schützen, haben Pseudoisidor nichts eingebracht; die Bestimmungen zugunsten der Bischöfe, «der Säulen der Kirche», «der Augen des Herrn», der «Götter», wie er sie apostrophiert, taten ihre Wirkung nicht. Den Hauptvorteil aus den Fälschungen zog der römische Stuhl: Seine Stellung als Beschützer der Bischöfe, des Rechts, der allgemeinen Kirche und der Rechtgläubigkeit war in zahllosen Wendungen definiert. Wenn auch die römische Kirche eine solche Patronage nicht nötig hatte, so empfing sie von ihr doch eine wirksame Förderung. Denn die pseudoisidorischen Dekretalen gaben sich als Verlautbarungen der ersten Päpste, zu denen man in tiefer Verehrung aufblickte. Gerade Zeiten religiöser Verinnerlichung mit ihrer Sehnsucht nach einer Wiederherstellung der herrennahen Urkirche mußten es sich angelegen sein lassen, die Forderungen Pseudoisidors in die Tat umzusetzen.

Wenn allerdings Pseudoisidor im Synodalrecht forderte, eine Synode solle vom Papst bestätigt werden, so konnte das einem ernsthaften Anwalt kirchlichen Rechts entweder unklar erscheinen oder zu weit gehen. War damit jede Synode gemeint oder nur ein bestimmter Typ? Burchard von Worms setzte deshalb zu «synodus» erläuternd «generalis»: Jede Generalsynode mußte vom Papst entweder berufen oder ratifiziert werden, um gültig zu sein.

Jetzt wird der Sinn der Rechtsbelehrung, die die afrikanischen Bischöfe 1053 von Papst Leo IX. erhalten hatten, deutlich: Es sollte ihnen kundgetan werden, daß ohne Zustimmung des römischen Bischofs ein Universalkonzil (universale concilium) nicht gefeiert werden dürfe. Nicht ein Großkonzil ist gemeint. Ein Universalkonzil in Leos Vorstellung bedeutet eine Versammlung, deren innere Übereinstimmung mit der Glaubens- und Sittenlehre der Gesamtkirche vom Papst bestätigt wird. Die spanischen Bischöfe des 7. Jahrhunderts haben sich noch selbst der Orthodoxie ihres Konzils vergewissert, und in den «Libri Carolini» war vorgeschlagen worden, ein

Konzil von Bischöfen mehrerer Provinzen, das im Einklang mit der Väterlehre etwas über den Glauben beschließt, «universal» zu nennen, «weil es ja von dem Glauben und der Überlieferung der Gesamtheit nicht abweicht». Seit der Mitte des 11. Jahrhunderts, Hand in Hand mit der pseudoisidorischen Rezeption an der Kurie und getragen von den Reformern um Papst Gregor VII. (1073–1085), greift die Auffassung um sich, daß der Nachfolger des Apostels Petrus, für dessen Irrtumslosigkeit Christus selbst gebetet hat (Luk. 22, 32), die Rechtmäßigkeit der Synoden beobachtet und verbürgt. Die Entwicklung beginnt bei Leo IX., dem ersten energischen päpstlichen Rezipienten pseudoisidorischen Gedankengutes nach über eineinhalb Jahrhunderten, und Gregor VII. konnte 1075 in seinem «Dictatus Papae» (siehe S. 124 ff.) verkünden: «Daß keine Synode ohne Genehmigung des Papstes als allgemeine (generalis) berufen werden darf».

Die Lehre, daß allein der Papst eine «generalis synodus» zustande bringen und ihr einen allgemeinen Charakter verleihen könne, ist also ekklesiologisch begründet. Nur in Übereinstimmung mit der römischen Kirche ist Rechtgläubigkeit möglich: «Die heiligen Kanones kennzeichnen diejenigen als Ketzer, die mit der römischen Kirche nicht zusammengehen», schreibt Petrus Damiani († 1072), und der Satz kommt auf, daß ketzerisch sei, wer mit der römischen Kirche nicht übereinstimme. Nur Roms Mitwirkung kann einem Konzil die Gewißheit geben, im Sinne der Gesamtkirche und ihres Stifters gehandelt zu haben; auf diese Art ist es allgemein, universal, ökumenisch.

Die Anschauung, das entscheidende Merkmal einer «universalis» oder «generalis synodus» sei der Anteil Roms, ließ die Reformer jetzt auch das überlieferte Bild der acht alten ökumenischen Konzilien in anderem Lichte betrachten. Kardinal Deusdedit († 1098/99), ein strenger Reformer aus dem Kreise Gregors VII., setzte um 1085 über Kanones der alten Konzilien die Rubrik: «Daß schon die acht Universalsynoden durch des Papstes Autorität gefeiert worden sind.» Dennoch fehlt bei ihm ein Wort, daß der römische Bischof kraft eigener Autorität die Tradition der Weltkonzilien des ersten Jahrtausends fortsetze. Er erwähnt die päpstliche Generalsynode und das Universalkonzil alter Art nebeneinander; er sieht mit den Augen des gregorianischen Reformers nur das Gemeinsame beider Institutionen: Eine Synode ist allgemein durch die Beteiligung Roms. Und wie Deusdedit die alten Universalsynoden nur mit Roms Autorität verständlich findet, so können bei Gregor VII. dieselben afrikanischen oder gallischen Bischofsversammlungen Generalkonzilien heißen, die bei Gregor I. (590–604) ein halbes Jahrtausend früher noch als schlichte Synoden gelten. Denn Vertreter des römischen Bischofs hatten teilgenommen; durch sie war garantiert, daß die Beschlüsse im Geiste gesamtkirchlicher Rechtgläubigkeit zustande gekommen waren; das Konzil war auf diese Weise ein Generalkonzil.

Die päpstliche Generalsynode als Fortsetzung der alten ökumenischen Konzilien

Mit der Übernahme in das Dekret des Magisters Gratian (um 1140) fand die Konzilsanschauung der Reform einen festen Ort im Kirchenrecht, denn Gratians Sammlung kirchlicher Rechtsquellen – eigentlich ein privates, aber zu allgemeinem Ansehen gelangtes Unternehmen – verdrängte alle früheren Kirchenrechtswerke: «Was nicht in Gratian's Decret stand, das galt für so gut als nicht vorhanden, und was in ihm enthalten war, das wurde im Durchschnitt als von gleicher Kraft und Geltung angenommen» (F. Maassen). Die Erklärer des gratianischen Dekrets im 12. und 13. Jahrhundert vertieften die Lehre in ihren Glossen und Summen durch scharfsinnige Distinktionen: «Man muß wissen, daß es zum einen das Generalkonzil gibt, das unter Anwesenheit des Papstes oder seines Legaten oder aufgrund einer irgendwie geäußerten päpstlichen Ermächtigung... abgehalten wird, und dieses allein kann allgemeine Rechtssätze begründen oder einen Bischof absetzen. Anders steht es mit dem Provinzialkonzil...; Konzilien dieser Art... können (einen Bischof) ohne Auftrag des Herrn Papstes nicht absetzen und nicht Kanones begründen»: so die sogenannte «Summa Parisiensis» aus den Jahren um 1160 oder 1170 (siehe S. 121). Sie ist nicht originell; mit fast den gleichen Worten sind die Unterschiede auch von anderen Kanonisten beschrieben worden. Die in Kärnten um 1176 entstandene «Summa Monacensis» trennt General- oder Universal-Synode von der Provinzial- oder Partikularsynode und von der Singularsynode: «... das General- oder Universalkonzil wird vom Herrn Papst oder von seinem Legaten gefeiert», das Provinzial- oder Partikularkonzil unter der Autorität eines Patriarchen, eines Primas oder eines Erzbischofs, das Singularkonzil von einem Bischof mit seinen Geistlichen.

Präzise wie immer ist Huguccio († 1210), in dem man den Rechtslehrer Papst Innozenz' III. (1198–1216) vermutet hat, in seiner um 1190 verfaßten Summe zum Dekret, dem Hauptwerk dieser ganzen Erklärungsliteratur. Die Konzilien stuft er in üblicher Weise ein; aber er entwickelt eine neue Autoritätenlehre. Ein Universal- oder Generalkonzil könne nur mit der besonderen Autorität (auctoritas specialis) des Papstes abgehalten werden; jedes übrige Konzil benötige zwar ebenfalls eine päpstliche Erlaubnis, doch genüge eine Pauschalgenehmigung (auctoritas generalis), die dann vom Ende her erteilt sei, wenn der Papst das Konzil bestätigt habe. Die Lehren dieser kirchlichen Juristen, Huguccios und anderer, gelangten schließlich in die «Glossa Ordinaria» des Johannes Teutonicus (kurz nach 1215) und in deren Bearbeitung von der Hand des Bartholomäus von Brescia (kurz nach 1245). Um den Inhalt der Distinktion, die von den Konzilien handelt, kurz zu charakterisieren, setzt Bartholomäus einen erklärenden Musterfall an die Spitze: «Der Bischof Maxentius wollte eine Generalsynode versammeln, um Rechtssätze zu begründen, aber Marcellus sagt, daß er das ohne Erlaubnis des Papstes nicht tun könne, obschon er eine Partikularsynode abhalten dürfe». Dem Fall, der hier zum klassischen Beispiel erhoben wird, liegt jener oben zitierte Pseudoisidorsatz zugrunde («keine Synode ohne Autorität des apostolischen Stuhles», siehe S. 179), aber er ist in bezeichnender Weise abgeändert: aus der Synode Pseudoisidors ist unter den Händen der Juristen eine «Generalsynode» geworden.

Versammlungen, auf die der Ausdruck «Generalsynode» paßte und in den Quellen zuweilen auch angewendet ist, gab es im 11. und 12. Jahrhundert eine ganze Reihe. Aber keine von ihnen stellte sich ausdrücklich und bewußt in die Tradition der alten ökumenischen Konzilien, ebenso wie es Deusdedit vermieden hatte, die alten und neuen Universalsynoden zu verbinden (siehe S. 180). Die ökumenischen Konzilien des ersten Jahrtausends, besonders die ersten vier, waren Taten der heiligen Väter, die man als «Vorbilder» (exempla) vor Augen hatte, immer in dem Bewußtsein, zu solcher Autoritätshöhe mit einem neuen Konzil nicht aufsteigen zu können.

Die Bestätigung des Papstes schuf eine Generalsynode. Hielt nun der Papst selbst eine Synode ab, so war sie von besonderer gesamtkirchlicher Verbindlichkeit, eine «generalissima synodus», wie Bernold von Konstanz (†1100) sie charakterisierte. Der Lateran mit seiner als «Mutter aller Kirchen» (mater omnium ecclesiarum) verehrten Kirche war der bevorzugte Berufungsort für päpstliche Synoden. Vier von ihnen wurden von der späteren Kirchengeschichtsschreibung in die Nachfolge der alten ökumenischen Konzilien gestellt: die Lateransynoden von 1123, 1139, 1179 und 1215. Nicht daß sie sich ihrer Erscheinungsform und ihrem Anspruch nach von den früheren Lateransynoden wesentlich unterschieden. Die drei ersten zumal tragen ganz den Stil der Papstsynoden, wie sie seit den Anfängen der Kirchenreform in der Mitte des 11. Jahrhunderts üblich waren. Doch sie hoben sich aus ihrer Umgebung heraus. Die außerrömischen Konzilien waren im 12. Jahrhundert von Jahrzehnt zu Jahrzehnt seltener geworden, und die römischen hatten gänzlich aufgehört. Angelegenheiten, zu denen früher ein Konzil angebracht erschien, wurden immer mehr im kurialen Geschäftsgang erledigt. Die Jahreszahlen 1123, 1139 und 1179 stehen am Ende kirchlicher Krisenzeiten: 1122 war der Investiturstreit beigelegt worden, 1139 hatte Innozenz II., nachdem der Gegenpapst 1138 verstorben war, das Schisma glücklich beenden können; 1177 war Alexander III. nach jahrzehntelangen Kämpfen zu einem Frieden mit Kaiser Barbarossa gekommen, 1179 hatte er sein Konzil in den Lateran einberufen. Die unmittelbar nach überwundenen Gefahren durchgeführten Konzilien waren keine leeren Siegesfeiern; man beriet im Kreise dieser Synoden die neue Situation, und manche Beschlüsse erwiesen sich als so sinnvoll, daß sie bis auf den heutigen Tag in Geltung sind, so zum Beispiel die Forderung einer Zweidrittelmehrheit für die Papstwahl, die das dritte Laterankonzil erhoben hat (siehe S. 142).

Die Zahl der Teilnehmer war von Lateransynode zu Lateransynode gewachsen; sie erreichte einen Höhepunkt unter Papst Innozenz III. (1198–1216): weit über tausend Bischöfe und Äbte sollen sich im November 1215 im Lateran eingefunden haben. Aber nicht nur die Ausmaße, auch der Geist war verändert. Hatte schon Alexander III. 1178 verkündet, er wolle ein möglichst großes Konzil einberufen, «weil ja ein Gutes nach der Gewohnheit der alten Väter von vielen vorgesehen und bekräftigt werden soll», so lud Innozenz III. die Bischöfe mit den Worten ein: er habe entschieden, «daß wir, weil ja diese Angelegenheiten den gemeinsamen Stand aller Gläubigen betreffen, gemäß der alten Gewohnheit der heiligen Väter ein Generalkonzil zusammenrufen». Nicht nur die Bischöfe und Äbte waren eingeladen: Innozenz hatte auch die weltlichen Herrscher gebeten, «weil auf diesem allgemeinen Konzil vieles zu behandeln ist, was den Stand eures Ordo betrifft». Das Konzil war, wie es der Absicht des Papstes entsprach, «der alten Gewohnheit der heiligen Väter» angepaßt: An den Anfang der Beschlüsse ist ein Glaubensbekenntnis gestellt, wie es die «Anleitung zur Feier eines Konzils» (Ordo de celebrando concilio, siehe S. 178) nahelegte und wie man es in der weitverbreiteten Konzilslehre des Isidor von Sevilla († 636) von den vier Erstkonzilien lesen konnte, die «höchst vollständig die Natur des Glaubens verkündet» hätten.

Der Konziliarismus: Das Konzil steht über dem Papst

Weiter als Innozenz III. hat das Mittelalter die Idee der päpstlichen Generalsynode nicht führen können. Nahe an die ökumenischen Konzilien der Frühzeit herangerückt, enthielt die vierte Lateransynode von 1215 im Keim schon die Gestalt der späten Reformkonzilien: Die Versammlung wurde zum Abbild der Christenheit. Auf den Ruf des Papstes hin kamen nicht nur die Bischöfe und Äbte zusammen, auch die Laien waren aufgefordert, geordnet nach Nationen und Ständen, über Fragen zu beraten, die das Gemeinwohl der Kirche angingen. Die Vision des Konziliarismus zeichnete sich ab: Das Generalkonzil als legitime Vertretung der gesamten Christenheit. Es war keine Erfindung Innozenz' III. und seiner Zeit, auch nicht der folgenden Jahrhunderte, wie die ältere Forschung meinte. Seine Anfänge reichten bis zu den Juristen des 12. Jahrhunderts zurück. Schon sie setzten den Beschluß des Generalkonzils über den des Papstes: «Die Synode ist über dem Papst» (Synodus maior est papa), konnte Johannes Teutonicus in seiner «Glossa Ordinaria» kurz nach 1215 behaupten. Der Satz klingt revolutionär, ist es aber nicht. Denn es sollte nicht das papstfreie Konzil gegen den Papst, sondern der Papst gemeinsam mit den Synodalen, wie es die Idee des Generalkonzils forderte, über dem allein handelnden Papst stehen.

Indessen wollte die Diskussion um die ekklesiologischen Fragen nicht verstummen: Was zu tun sei, wenn der Papst in einen Glaubensirrtum verfalle, und ob die Gesamtkirche im Glauben unfehlbar sei. Die Schwäche des Papsttums im Großen Abendländischen Schisma des 14. und 15. Jahrhunderts – seit 1378 gab es für einige Jahrzehnte zwei, vorübergehend sogar drei Päpste nebeneinander – ließ schließlich eine Seite des allgemeinen Konzils hervortreten, die dem Konzilsbegriff seit den Tagen der alten Kirche immer innegewohnt hat: Nicht der Papst gibt dem Konzil Irrtumslosigkeit und gesamtkirchlichen Charakter, sondern das Konzil selbst als eigenständige Einrichtung repräsentiert «kraft göttlichen Rechts» die Kirche. Aus dem römischen Recht übernahm die neue Bewegung die Kampfformel: «Was alle angeht, soll auch von allen gemeinsam gebilligt werden» (Quod omnes tangit, ab omnibus debet communiter approbari).

Die rückläufige Entwicklung von der päpstlichen Generalsynode zum Reformkonzil, das über dem Papst steht, hat die Ausformung des modernen Konzilsbegriffs wohl aufgehalten, aber nicht verhindert. Trotz günstiger Anfänge und großer Gedankenarbeit blieb der Konziliarismus im Rahmen der Gesamtentwicklung eine Episode.

Auf dem Konstanzer Konzil von 1414-1418 erreichte er seinen Höhepunkt, aber auch seine Wende. In Konstanz gab nicht der Papst dem Konzil die Kennzeichen der Rechtgläubigkeit und Allgemeingültigkeit, sondern «die heilige Synode von Konstanz... erklärt, daß sie aus sich heraus, im heiligen Geist rechtmäßig versammelt, indem sie ein Generalkonzil bildet und die rechtgläubige Kirche repräsentiert, die Macht unmittelbar von Christus besitzt, der jedermann, welchen Standes oder welcher Würde auch immer, auch wenn er der Papst selbst sein sollte, zu gehorchen gehalten ist...»

Über die Rechtmäßigkeit dreier Päpste war in Konstanz entschieden worden. Weithin sichtbar stand das Konzil über dem Papst. Aber in den folgenden Jahrzehnten verbrauchte sich die Idee des Konziliarismus in erfolglosen politischen Interessenkämpfen. Stück um Stück bis zum Ersten Vatikanischen Konzil von 1870 wurde der Konziliarismus abgebaut, ein Vorgang, den Paul Hinschius (siehe S. 174) in seiner klassischen Darstellung des Kirchenrechts als «die Rückkehr zu dem mittelalterlichen Recht» beschrieb.

Die Rückkehr zur päpstlichen Generalsynode

Es begann schon in Konstanz. Martin V. (1417-1431), der neue Konzilspapst, konnte die Appellation an ein allgemeines Konzil verbieten. Die Uneinigkeit der Nationen auf dem großen Reformkonzil von Basel (seit 1431) höhlte die Konzilsidee weiter aus; der genossenschaftliche Gedanke verlor immer mehr von seiner Zugkraft. Auf der Gegenseite kam Martins Nachfolger Eugen IV. (1431-1447) zu einem wertvollen Prestigeerfolg. Während in Basel sich die schwach besuchten Sitzungen müde dahinschleppten, feierte er, den die Basler Konzilsherren für abgesetzt erklärt hatten, in Ferrara und Florenz 1438/39 ein Unionskonzil mit den Griechen. Freilich, die Griechen befanden sich in einer Notlage, die sie kompromißbereit machte: die Türken rüsteten zum letzten Sturm auf Konstantinopel. Unter Führung ihres Kaisers Johannes VIII. Palaeologus fanden sie sich in Florenz sogar bereit, den Glauben in römischer Gestalt zu bekennen, mit dem «filioque» – mit dem Zusatz, daß der Heilige Geist vom Vater «und vom Sohne» ausgehe –, das seit dem 9. Jahrhundert die beiden Kirchen trennte. Noch schwieriger als die Frage der Trinität war die des römischen Primats. Doch auch hier fand der auf beiden Seiten starke Einigungswille eine so geschickte Formel, daß sich griechischer wie römischer Sinn herauslesen ließ. Formal wie dieses philologische Kunststück blieben auch die Beratungen. Eine Bulle Eugens IV. sollte die Union verkünden, aber sie wurde von weiten Kreisen des griechischen Klerus, vor allem von den zelotischen Mönchen, abgelehnt. Der Widerwille gegen die lateinische Kirche war größer als die Furcht vor den Türken. Das Nachspiel nahm der Westen kaum zur Kenntnis: Als knapp anderthalb Jahrzehnte später (1453) Mehmed II. zur Eroberung Konstantinopels ansetzte, fand sich der lateinische Westen nicht zusammen, dem griechischen Unionsbruder zu helfen.

Dennoch: mit Florenz hatte Eugen IV. das Basler Reformkonzil überwunden. Wenig später, 1460, konnte Papst Pius II. (1458–1464) mit der Bulle «Execrabilis» das Verbot Martins V. weiter verschärfen: Sie erklärte jede Appellation vom Papst an ein künftiges Konzil für nichtig und belegte den Verstoß mit schwersten Kirchenstrafen. Es entsprach der veränderten kirchenpolitischen Lage und war Ausdruck der neu erstarkten Primatsidee, als Papst Julius II. (1503–1513) in bewußtem Gegensatz zu den Konzilien von Konstanz und Basel wieder auf die Papstsynode des Hochmittelalters zurückgriff. Er berief die Prälaten 1512 in den Lateran, wo sie unter dem Vorsitz seines Nachfolgers, des Lutherpapstes Leo X. (1513–1521), bis 1517 tagten. Der Papst bestimmte die Geschäftsordnung, ernannte die Konzilsbeamten und veröffentlichte die Beschlüsse als päpstliche Konstitution. Dem Anteil des Konzils wurde lediglich mit den Worten «unter Billigung des heiligen Konzils» (sacro approbante concilio) Ausdruck gegeben. Die Frage, wer dem Konzil seinen allgemeinen kirchlichen Rang verleiht, war wieder im hochmittelalterlichen Sinn entschieden worden: «Weil es offensichtlich feststeht (so heißt es in der päpstlichen Konstitution), daß allein der jeweilige römische Bischof... die Autorität über alle Konzilien besitzt... und das nicht nur nach dem Zeugnis der Heiligen Schrift, nach den Aussagen der Heiligen Väter und der anderen römischen Bischöfe, zugleich unserer Vorgänger, und nach den Dekreten der heiligen Kanones, sondern sogar nach dem eigenen Bekenntnis der Konzilien selbst». Die päpstliche Generalsynode des Hochmittelalters war wiedererstanden.

Kein Konzil aber hat eine so breite und tiefe Wirkung auf die Glaubens- und Rechtsgrundlagen der katholischen Kirche der Neuzeit ausgeübt wie das von Trient, das 19. ökumenische, das mit Unterbrechungen von 1545–1563 tagte. Über die Stellung eines allgemeinen Konzils hat es keinen Beschluß gefaßt. Es hat vor allem die Frage vermieden, ob wieder, wie im Hochmittelalter, allein der Papst und nicht das Konzil als Repräsentant der Christenheit der Versammlung ökumenischen Charakter verleiht. Noch war der Konziliarismus nicht ganz überwunden, zumal die Reichsstände zwei Jahrzehnte vorher ein «gemein, frei, christlich Konzil in deutschen Landen» gefordert hatten. Aber die Selbstdarstellung des Konzils ließ am Charakter keinen Zweifel: Päpstliche Legaten leiteten das Konzil und ordneten den Geschäftsgang; dem Urteil des Papstes durfte nicht vorgegriffen werden, während ihm das Recht zustand, von Konzilsdekreten zu entbinden; erst mit seiner Bestätigung erhielten die Beschlüsse Rechtskraft, und er allein wurde befugt, die Dekrete authentisch auszulegen, so daß Papst Pius IV. (1560–1565), als er das Konzil 1564 bestätigte, jede Art von Erläuterungen ohne Genehmigung des apostolischen Stuhles zu veröffentlichen verbot. Noch im gleichen Jahre 1564 schuf Pius IV. für die verbindliche Interpretation der Tridentinischen Dekrete eine Kardinalskongregation, die noch heute besteht, und zweifellos wäre ohne die päpstliche Primatialgewalt das tridentinische Recht nicht so fruchtbar weiterentwickelt worden. Die Konzilsväter von Trient selbst hatten dem römischen Bischof einige bedeutsame Gegenstände, die aus Zeitmangel nicht mehr zu Ende beraten worden waren, zu selbständiger Regelung überlassen, so das Glaubensbekenntnis, den Katechismus und den Index der verbotenen Bücher. Das Konzil ersetzte sich selbst und ließ den Papst als über dem kanonischen Recht stehend erscheinen.

Das Erste Vatikanische Konzil als verwirklichtes Mittelalter

Das vorletzte in der Reihe der ökumenischen Konzilien, das Erste Vatikanische von 1869/70, schien das Ende der allgemeinen Konzilien gebracht zu haben. Als es vorzeitig abgebrochen und auf unbestimmte Zeit vertagt werden mußte, urteilten erste Sachkenner, daß durch seine Beschlüsse «das allgemeine Konzil... für die katholische Kirche unnütz und überflüssig geworden» sei (so P. Hinschius). Man hat in vielen und nicht nur altkatholischen Kreisen, denen die Beschlüsse von 1870 Grund waren, sich von der «Papstkirche» zu trennen, ernsthaft mit einem neuen allgemeinen Konzil nicht gerechnet. Als Papst Johannes XXIII. 1959 sein Vorhaben verkündete, entstand eine Diskussion darüber, ob nicht vielleicht das abgebrochene Vatikanische Konzil von 1870 fortgesetzt werden sollte. Papst Johannes XXIII. entschied, die kommende Weltsynode werde die Bezeichnung «Zweites Vatikanisches Konzil» tragen. Nach dem 20. ökumenischen Konzil hat es ein eigenes 21. gegeben. Worauf aber beruht das Urteil, das Concilium Vaticanum von 1870 bilde den Schlußpunkt in der Entwicklung der ökumenischen Konzilien der katholischen Kirche?

Das Kennzeichen eines allgemeinen Konzils, für die Gesamtkirche irrtumsfrei zu beschließen, ist von dem vatikanischen Dogma des Universalepiskopats und der Unfehlbarkeit des Papstes verdeckt, wenn nicht aufgesogen worden. Das Konzil von Trient hatte es vermieden, eine Definition des Wesens der Kirche und damit des Konzils zu geben. Das Concilium Vaticanum I wollte die Lücke schließen, aber von dem umfassenden Entwurf (Schema) «De ecclesia Christi» waren nur die Kapitel «De primatu papae» mit den Vorschlägen zur Dogmatisierung des Universalepiskopats und der Unfehlbarkeit des Papstes beraten und angenommen worden.

Universalepiskopat, das heißt: Der Papst besitzt die unmittelbare und ordentliche bischöfliche Gewalt über die ganze Kirche und sämtliche Einzelkirchen, ohne jedoch die unmittelbare und ordentliche Gewalt des einzelnen Bischofs in seiner Diözese aufzuheben. In seinem Sprengel ist der Diözesanbischof einerseits Jurisdiktionsträger eigenen Rechts und andererseits Teilhaber an der gesamtkirchlichen Gewalt des Papstes. Durch seine Verbindung mit der Gesamtkirche ist die bischöfliche Gewalt jedoch aufgehoben in dem Universalepiskopat des Papstes, und der Papst allein repräsentiert alle Gewalten. Eine allgemeine Bischofsversammlung, wie sie das ökumenische Konzil darstellt, kann «der Vertretung der Kirche nichts hinzufügen, was nicht schon durch die Person des Papstes allein repräsentiert wäre». Um gesamtkirchlich zu entscheiden, ist ein allgemeines Konzil nicht nötig.

Unfehlbarkeit, das heißt: Der Papst als Nachfolger Petri trifft unter Beihilfe des Heiligen Geistes irrtumsfreie Lehrentscheidungen in Sachen des Glaubens und der Sitten. Die Gabe der Unfehlbarkeit ist ihm persönlich als Nachfolger des Apostelfürsten verliehen; die Zustimmung der Kirche ist für das Zustandekommen irrtumsfreier Dekrete nicht nötig; seine Lehrentscheidungen sind «aus sich heraus, nicht aber aufgrund der Zustimmung der Kirche unveränderbar» (ex sese, non autem ex consensu ecclesiae irreformabiles). Wenn dogmatische Beschlüsse des Konzils erst durch seine Bestätigung Unfehlbarkeit erhalten, so hat die ökumenische Synode von ihrem Unfehlbarkeitscharakter zwar nichts eingebüßt, aber ihre Beschlüsse sind nicht durch sich, sondern durch die Mitwirkung des Papstes irrtumslos.

Für ein neues Weltkonzil nach dem ersten vatikanischen von 1870 bedeutete es: Die beiden wichtigsten Merkmale einer allgemeinen Synode – die Gesamtkirche zu repräsentieren und unfehlbar «im Glauben und in den Sitten» (in fide et in moribus) zu entscheiden, sind auf den Papst übergegangen. Trotz des äußeren Bildes und trotz des Wortsinns wäre es also falsch, Rang und Wirkung eines ökumenischen Konzils von der Tatsache abzuleiten, daß Bischöfe des ganzen Erdkreises zusammen kommen, beraten und abstimmen. Die ökumenischen Kennzeichen der Allgemeingültigkeit und der Irrtumslosigkeit erhalten ihre Beschlüsse erst durch die Bestätigung des Papstes. «Das letzte Merkmal (die päpstliche Bestätigung)», so hebt der katholische Kirchenhistoriker H. Jedin beim Begriff des ökumenischen Konzils hervor, «ist nach dem gegenwärtigen Stand der theologischen Erkenntnis und des kirchlichen Rechts das entscheidende».

Nur wer den wesensmäßigen Anteil des römischen Bischofs am ökumenischen Konzil im Glauben anerkennt und den entsprechenden hierarchischen Rang besitzt, ist zur Teilnahme fähig. Schon aus diesem Grunde können häretische oder schismatische Kirchenobere – zum Beispiel Protestanten oder Orthodoxe – zum ökumenischen Konzil als stimmberechtigte Teilnehmer nur dann eingeladen werden, «wenn sie ihre Glaubenspositionen aufgegeben haben und gültig geweiht sind». Folgerichtig sind sie auf dem Zweiten Vatikanischen Konzil lediglich als «Beobachter» zugelassen worden. Weitergehende Erwartungen, wie sie vor allem von Nichtkatholiken ausgesprochen worden waren, daß ein ökumenisches Konzil Christen verschiedenen Bekenntnisses zusammenführen könne, entsprangen mehr einem Wunschdenken als der Einsicht in die historischen und dogmatischen Bedingtheiten eines ökumenischen Konzils. Schon während der ersten Vorbereitungen für das Konzil hatte, um Enttäuschungen vorzubeugen, der Kardinalstaatssekretär Domenico Tardini (1888–1961) mit klaren Worten «das Konzil... eine innere Angelegenheit der katholischen Kirche» (il Concilio... un fatto interno della Chiesa Cattolica) genannt. Halten wir fest: Das Fundament eines ökumenischen Konzils der katholischen Kirche ist die Mitwirkung des Papstes. Die vatikanische Konstitution von 1870 hatte die Zusammenhänge dogmatisch schärfer gefaßt und damit für das Zweite Vatikanische Konzil 1962–1965 den Rahmen abgesteckt. Aber war diese letzte Entwicklung nicht schon lange vorgegeben?

Im ersten Jahrtausend war die Entscheidung darüber, ob ein Konzil ökumenische Autorität besitzt, der Tradition überlassen. In den wirren Zeiten von der Mitte des 9. bis zur Mitte des 11. Jahrhunderts, als sich Ost- und Westkirche trennten, ging das kirchliche Gesamtbewußtsein unter und mit ihm die bisherige Grundlage der Tradition. Die Wende zum heutigen Begriff des ökumenischen Konzils liegt in der anschließenden Reformzeit. Jener Brief Papst Leos IX. an die afrikanischen Bischöfe vom Jahre 1053, daß sie ein «universale concilium» nur mit Zutun des römischen Stuhles feiern könnten, zeigt den Begriffswandel (siehe S. 179), wenn wir von älteren Andeutungen und der Vorarbeit Pseudoisidors absehen. «Universale concilium» oder «generalis synodus» heißen Kirchenversammlungen, deren Übereinstimmung mit dem Glauben und der Disziplin der Gesamtkirche durch den Papst bestätigt ist: ökumenisch bedeutet «im Einklang mit der irrtumsfreien römischen Kirche». In den Augen der Reformer konnten deshalb die Universalkonzilien des ersten Jahrtausends nur unter der Autorität Roms gefeiert worden sein, und im 12. Jahrhundert nähert sich die päpstliche Generalsynode begrifflich dem ökumenischen Konzil alten Stils. Konsequent verfestigt Papst Innozenz III. 1215 das Bewußtsein, daß die päpstlichen Generalsynoden das Erbe der alten Großkonzilien übernehmen. Der Höhepunkt ist erreicht. Die Frage der folgenden Jahrhunderte ist nur, wieweit sich der Gedanke halten kann. Der Konziliarismus wirft die Entwicklung noch einmal zurück auf die im letzten naturrechtliche Idee, daß die Gesamtkirche im Konzil eine gesamtkirchliche Vertretung besitzen müsse, der auch der römische Papst unterstellt sei. Aber schon die letzte Lateransynode des Mittelalters (1512–1517) lenkt wieder zum Papstkonzil zurück. Trient ist auf dem Weg fortgeschritten, und die Dogmen des Vaticanum I von 1870 haben den Begriff eines ökumenischen Konzils der katholischen Kirche vollends auf den Sinn der mittelalterlichen Reformer festgelegt: Ökumenisch heißt zuvorderst: unter Mitwirkung des römischen Stuhles.

Das Zweite Vatikanische Konzil als Öffnung zu bischöflicher Kollegialität?

Hat das Zweite Vatikanische Konzil einen Wandel gebracht? Es gab in seinem Vorfeld Versuche, die Beschlüsse des Konstanzer Konzils (das offiziell nicht als ökumenisches gezählt wird) als verbindlich zu erweisen, so daß aus dieser Sicht dem neuen Konzil ein konstitutives Moment zugekommen wäre. Welchen Einfluß das Vaticanum II dann aber wirklich auf die Rechtsvorstellung genommen hat, sollte an dem neuen Codex Iuris Canonici von 1983 deutlich werden, denn wie das kirchliche Gesetzbuch von 1917 als Ausdruck des 1870 mit dem Vaticanum I gestifteten «päpstlichen, vatikanischen Kirchenrechts» erscheinen konnte (U. Stutz), so darf man im neuen Gesetzbuch nach Spuren des Zweiten Vatikanischen Konzils suchen.

Im alten Codex war das ökumenische Konzil unter die Sätze eingereiht, die von der obersten Hirtengewalt des Papstes handeln (siehe S. 171). Als Quellen des grundlegenden Kanons sind interessanterweise zur Hälfte Pseudoisidorzitate angegeben und als ältester nachpseudoisidorischer Beleg jener Brief Papst Leos IX. an die afrikanischen Bischöfe aus dem Jahre 1053. Der mittelalterliche Grundsatz von der notwendigen Beteiligung des Papstes an einem allgemeinen Konzil war im Codex von 1917 voll zum Zuge gekommen. Der Codex von 1983 ordnet das Concilium Oecumenicum dem Oberbegriff des «Bischofskollegium» zu (Can. 337 ff.). Das allgemeine Konzil wird hier «als eine der möglichen Formen des Tätigwerdens des Bischofskollegiums in der Gesamtkirche bezeichnet» (B. Primetshofer). Eingebunden ist dieses «Tätigwerden» allerdings in die Aktivität des Papstes, denn es muß vom Papst «in die Wege geleitet oder frei angenommen» sein. Der Papst allein hat das Recht, das Konzil einzuberufen, dem er «durch sich oder durch andere» präsidiert, die Beratungsgegenstände festzulegen und so weiter, vor allem: die Beschlüsse erhalten allein durch päpstliche Beteiligung Rechtskraft. Das alte Gesetzbuch von 1917 wirkt hier nach. So hat im Codex Iuris Canonici von 1983 zwar eine ekklesiologische Verschiebung dadurch stattgefunden, daß das ökumenische Konzil dem Abschnitt über das Bischofskollegium zugeordnet ist, tatsächlich aber ist es – entsprechend seinem mittelalterlichen Ursprung – eine «päpstliche Generalsynode» geblieben.

IV
Fälschungen über Fälschungen…

Mittelalter.
Zeit der Fälschungen

Die Überschrift versieht das Mittelalter mit einem Merkmal, von dem mancher sagen könnte, daß es doch wohl für alle Zeiten zuträfe: Fälschungen habe es immer gegeben. Auch heute kämen Fälschungen und Betrügereien selbst in Kreisen vor, die der Wahrheitsfindung besonders verpflichtet seien: Zum Beispiel in Forschung und Wissenschaft. Da ist der erst wenige Jahre alte Skandal um den Genfer Gentechniker und Entwicklungsbiologen Karl Illmensee (* 1939), der die Möglichkeit des Klonierens bei Säugetieren ohne Paarung mit nur einem Elternteil durch konstruierte Versuchsreihen zu beweisen suchte; da ist die postume Bloßstellung des britischen Psychologen Sir Cyril Burt (1883–1971), dessen Beweise, mehr als Dreiviertel der menschlichen Intelligenz sei vererbbar, anhand der hinterlassenen Papiere sich als Betrügereien herausstellten; da ist schließlich auch der Wiener Nervenarzt Dr. Sigmund Freud (1856–1939), der 1884 Kokain als Universalheilmittel gegen «psychische Schwächezustände», aber auch gegen Schwindsucht, Syphilis und so weiter hinstellte. Kokain mache nicht süchtig, behauptete er; er habe die Droge an sich und seinen Patienten ausgiebig ausprobiert – was nicht zutraf.

Immerhin: Alle diese Fälschungen oder an Betrug grenzenden Wahrheitswidrigkeiten unserer Tage werden quantitativ und qualitativ als Ausnahmeerscheinungen empfunden und fallen deshalb um so stärker auf.

Der «Fälschungsbefund»

Hier bereits liegt ein wesentlicher Unterschied zum Mittelalter. Die Zahl der Fälschungen damals und der Umgang mit ihnen übersteigt in vielen Fällen unsere Vorstellungen. Gehen wir einige mittelalterliche Lebensbereiche durch und fragen wir nach dem Anteil und der Rolle der Fälschungen. Beginnen wir bei den Urkunden. Von den uns überlieferten Urkunden der Merowingerkönige (die von etwa 500 bis zur Mitte des 8. Jahrhunderts regieren und am Anfang unserer europäischen Geschichte stehen) ist etwa die Hälfte gefälscht. Von den circa 270 Urkunden Karls des Großen sind gegen hundert unecht. Aus dem Jahre 385 stammt der erste echte Erlaß eines Papstes, aber mehrere hundert Stücke geben vor, aus der davorliegenden Zeit zu stammen: sie sind allesamt unecht. Die Geschichte kaum eines deutschen Bistums ist frei von Fälschungen. Da ist Hamburg mit seinen Missions-, Osnabrück mit seinen Zehnt-, Trier mit seinen Primats-, Passau mit seinen Metropolitanfälschungen. Zur Frühgeschichte eines Klosters oder Stiftes vom holsteinischen Segeberg bis zum Bodensee-Kloster Reichenau gehört im Normalfall ein Kranz von Fälschungen, die den vortrefflichen Zustand von Recht und Besitz des Konvents beweisen sollten.

Oder fragen wir den Kirchenhistoriker. Die Konstantinische Schenkung ist Bestandteil der mittelalterlichen Staats- und Kirchenlehre. Sie ist ein Privileg, mit dem Kaiser Konstantin um das Jahr 330, als er seine Residenz von Rom nach Byzanz, das bald Neu-Rom hieß, verlegte, Rom und das Abendland an Papst Silvester verschenkt haben soll, so daß der Papst die abendländische Kaiserwürde verleihen konnte (siehe S. 125 f.). In Wirklichkeit dürfte diese Konstantinische Schenkungsurkunde in der zweiten Hälfte des 8. Jahrhunderts von römischen Geistlichen fabriziert worden sein. Die offizielle Kirche hielt später diesen den Kirchenstaat begründenden Schenkungsakt für so wichtig, daß als Ketzer angesehen wurde, wer das Dokument zurückwies. Noch erfolgreicher als die Konstantinische Schenkung waren die zu einem großen Teil erfundenen ur- und frühkirchlichen Papstbriefe einer um die Mitte des 9. Jahrhunderts arbeitenden Fälschergruppe, die ihr Werk einem Isidor Mercator unterschob und deren Produkte daher, nach Aufdeckung des Betrugs, den Namen pseudoisidorische Fälschungen erhielten. Ihre Wirksamkeit reicht bis in das moderne Kirchenrecht. Im Oktober 1962 hat Papst Johannes XXIII. in Rom ein Ökumenisches Konzil der katholischen Kirche eröffnet, das Zweite Vatikanische Konzil. Für den Rechtssatz, der dem Papst das alleinige Einberufungsrecht vorbehält, gab die amtliche Ausgabe des kirchlichen Gesetzbuches sechs Belegstellen aus früheren Rechtsquellen an: drei stammen aus den pseudoisidorischen Fälschungen, drei sind von ihnen abgeleitet (siehe S. 191).

Geradezu Ungeheuerliches wissen Legenden- und Reliquienforscher zu melden. Die Taten der heiligen Genoveva, der Schutzpatronin von Paris, zu deren Ruhm das Panthéon entstand, sind samt und sonders erfunden, und reine Legendenphantasie hat die heilige Ursula und ihre 11000 Gefährtinnen ins Leben gerufen, die von den Hunnen in Köln hingemordet worden sein sollen und deren Gebeine man im Hochmittelalter, als man einen römischen Friedhof anschnitt, gefunden zu haben glaubte und auf dem Reliquienmarkt auch teuer handelte.

Die Liste der Fälschungen ließe sich beinahe beliebig verlängern. Die Sache läge einfach, hätten sich irgendwelche Winkelschreiber an das lichtscheue Tun gemacht. Aber wir stoßen auf erlauchte Namen, auf angesehene Kirchenfürsten wie den berühmten und die Politik des Westfrankenreiches steuernden Erzbischof Hinkmar von Reims (845–882) oder den missionseifrigen Bischof Pilgrim von Passau (971–991), die der Fälschung überführt sind. Selbst Päpste sind nicht ausgenommen. Kalixt II. (1119–1124), in dessen Pontifikat das berühmte Wormser Konkordat von 1122 fällt, hat als Papst Fälschungen bestätigt, die er als Erzbischof Guido von Vienne wenig vorher hatte anfertigen lassen, und erst kürzlich ist er abermals der Fälschung zugunsten seines Metropolitensitzes überführt worden.

Der Tatbestand der zahllosen Fälschungen im Mittelalter hat viele, auch gelehrte Betrachter verwirrt. Im 17. Jahrhundert wurde behauptet, alle Herrscherurkunden vor dem 8. Jahrhundert seien durchweg unecht; im 18. Jahrhundert meinte man, so ziemlich die gesamte antike lateinische Literatur sei vom fälschungssüchtigen Mittelalter erfunden worden. Als sich der geschichtsinteressierte Laie Wilhelm Kammeier (1889–1959) in den 30er Jahren unseres Jahrhunderts in den Wald mittelalterlicher Urkundenfälschungen wagte, kam er zu dem Urteil, daß «diese Falschstücke Ausfluß einer spätmittelalterlichen gelehrten universalen Geschichtsverfälschungsaktion» seien. Denn vom päpstlichen Rom zentral gelenkt sei im 15. Jahrhundert mit einem Schlag das lautere Germanentum aus den Geschichtsquellen heraus- und das römische Kirchentum hineinmanipuliert worden. Das wurde im Jahre 1935 von der nationalsozialistischen Propaganda selbstverständlich gierig aufgenommen. Aber es wäre falsch anzunehmen, nur Ideologen und antikirchliche Kreise seien zu einem ablehnenden Urteil über das fälschende Mittelalter gelangt. Als Thomas Mann über das Mittelalter den Satz las, daß damals Fiktionen und Legenden den Grund für praktische Wirkungen bilden konnten: «sobald sie die Welt anerkannt hat, wurden sie in ihr zu Tatsachen», da entsetzte er sich: «Wie ist das? Legenden können, ‹wenn die Welt sie anerkennt›, zur Wahrheit – Mythen, Märchen, Fälschungen, Lügen zur Grundlage der geschichtlichen Wirklichkeit werden?... Dann ist sie eine widerwärtige Art von Poesie, die Poesie der Gewalt, denn alles Wahrwerden des Unwahren ist letzten Endes Gewalt».

Mangelte es dem Mittelalter an Moral?

Es sind in der Hauptsache zwei Fragen, die sich angesichts der Masse mittelalterlicher Fälschungen stellen: Wie konnte das christliche Mittelalter ohne moralische Hemmungen so viele Fälschungen hervorbringen, und: Wie konnte es sich durch so viele Fälschungen täuschen lassen? Natürlich hängen beide Fragen zusammen, aber sie gehören zwei verschiedenen Bereichen an, dem sittlichen und dem intellektuellen.

Auf die erste Frage, die nach der Moral, sind vernichtende Antworten gegeben worden. Die Bereitschaft, das Mittelalter mit seinen vielen Fälschungen zu verurteilen, geht durch alle Lager und Gruppen.

Da ist der nationalsozialistische «Völkische Beobachter», der es begrüßt, daß «die nahezu unfaßbaren Geschichtsfälschungen, die die Geistlichkeit (im Mittelalter)... zu Tausenden und aber Tausenden von Fällen verbrachen», ans Licht gezogen würden. Da ist aber auch der strengkatholische Historiker Max Buchner, der 1926 eine eigene Reihe über mittelalterliche Fälschungen eröffnete, um, wie er schreibt, «dem mittelalterlichen Fälschungsunwesen... mit der Fakkel der Wahrheit... nachzugehen». Ernsthafte Geschichtsforscher sprachen von einer «Abstumpfung sittlichen Gefühls» im Mittelalter (G. von Below).

Der bloße quantitative Befund, daß im Mittelalter hemmungslos gefälscht wurde, trifft nicht den Kern des Problems. Auch Antike und Neuzeit haben hierin Erkleckliches geleistet, wenn auch nicht so Ungeheuerliches. Die Affäre um angebliche Hitler-Tagebücher lehrt uns immerhin, daß auch wir für Fälschungen durchaus anfällig sind. Die Fälschungen im Mittelalter stellen uns vielmehr vor einen scheinbar unauflösbaren Widerspruch. Denn unbezweifelbar ist die tiefe Religiosität des Mittelalters, so daß man von einem «Zeitalter des Glaubens» (W. Durant) spricht, und dennoch wurde damals gefälscht wie zu keiner anderen Zeit. Hinzu kommt, daß die meisten Fälscher Geistliche waren, von denen man Wahrheitsliebe und eine untadelige Lebensführung erwartet. Fälschen war durchaus kein straffreies Delikt, wurde zum Teil geahndet, wenn wir auch bis in das hohe Mittelalter hinein nur auf wenige Prozesse stoßen, bei denen Fälschungsverbrechen verfolgt wurden. Es kann auch keine Rede davon sein, daß die Theologie oder die Morallehre des Mittelalters den Betrug billigte, etwa nach dem bekannten Satz: der Zweck heilige die Mittel.

Im Gegenteil: Der Kirchenvater Augustinus († 430) hat in eigenen Schriften jede Form der Lüge, selbst die Notlüge, nachdrücklich abgelehnt, und er unternahm die merkwürdigsten geistigen Anstrengungen, um aus einigen Zeugnissen des Alten Testaments Lüge und Betrug hinwegzuinterpretieren; durch ein biblisches Beispiel sollte sich niemand zu einer Untat ermuntert fühlen. Der List Jakobs, sich durch Verkleidung an Stelle des älteren Bruders Esau den Segen des fast blinden Vaters zu verschaffen, diesem Musterbeispiel einer hinterhältigen Täuschung, gibt Augustinus eine allegorische, auf Christus bezogene Deutung: Jakobs Tat trage nur den Schein der Lüge. Gewiß, er habe sich Felle umgehängt, um von seinem augenschwachen Vater für den stark behaarten Esau gehalten zu werden, und er habe damit den Segen des Erstgeborenen erschlichen, doch Augustinus fährt fort: «Sorgfältig und getreu im Glauben betrachtet, ist es kein Betrug, sondern ein Geheimnis. Man darf eben die heiligen Geschichten nicht immer im wörtlichen Sinne auffassen». Man müsse sie heilsgeschichtlich deuten. Jakob habe das fremde Lammfell getragen, wie später Christus fremde Sünden trug. Jakobs Tat ist ein Vorzeichen der christlichen Heilsgeschichte. Wir sehen: Fälschung und Betrug hat Augustinus nicht zugelassen.

Die mittelalterliche Morallehre, die dem Kirchenvater Augustinus stark verpflichtet blieb, hat nicht anders geurteilt und jegliche Art von Fälschung abgelehnt. «Fälschung unter dem Mantel der Heiligkeit darf keinesfalls geduldet werden», verkündete Papst Innozenz III. (1198–1216) ausdrücklich. Lüge und Betrug werden mit einer erstaunlichen Unbedingtheit verworfen – offenbar im Gegensatz zur Alltagspraxis.

«Gott ist der Quell der Gerechtigkeit» – nicht das Gesetz

Doch fragen wir: Was heißt eigentlich Fälschung? Mit dem Nachweis einer Fälschung ist über ihren Sinn im Rahmen der jeweiligen zeitgenössischen Rechts- und Geisteswelt noch nichts ausgesagt.

Fälschung ist heute zunächst ein Formaldelikt. Unser Leben vollzieht sich in einem Bereich gesetzten und objektivierten Rechts. Der souveräne Staat, beziehungsweise das von ihm ermächtigte Organ, hat Gesetze erlassen, und der Einzelfall wird gemäß seinem Sachverhalt einem allgemein formulierten Rechtssatz zugeordnet. Dokumente zu fälschen, ist kriminell und kann, juristisch gesprochen, zum Beispiel den Tatbestand einer Urkundenfälschung erfüllen, die entsprechend den Paragraphen des Strafgesetzbuches abzuurteilen ist.

Anders im Mittelalter, zumal in der Zeit bis zum 12. und 13. Jahrhundert. Recht wurde nicht als eine von Menschen gesetzte Norm verstanden, geschaffen aufgrund rationaler Erwägungen irdischer Nützlichkeit. Recht wurde in einem höheren und von menschlicher Satzung unabhängigen Sinne vorgestellt. Recht und Gerechtigkeit waren eine Einheit. Nicht der formale Akt der Einsetzung, wie bei uns, sondern allein die ihm innewohnende Gerechtigkeit machte ein Recht gültig. Geltendes, in Rechtssatzungen gefaßtes Unrecht war ein Unding, wie andererseits fest auf den Sieg des guten Rechts, der Gerechtigkeit, vertraut wurde. Die Wirkkraft einer mit Gott gemeinsam vertretenen gerechten Sache wurde hoch veranschlagt.

Nur so ist erklärbar, daß Kaiser Otto I. (936–973) 967 bestimmte, Echtheit oder Unechtheit einer Urkunde solle durch Gottesurteil im Zweikampf entschieden werden, und daß er Papst Johannes XII. (955–964), um die Wahrheit seiner Worte zu erweisen, ein Duell zwischen eigenen und päpstlichen Rittern als Gottesgericht vorschlug. Die gerechte Sache siegt, denn «Gott selbst ist der Quell der Gerechtigkeit». Dieser Überzeugung vertraute sich 1083 auch der Abt von Montecassino an: Als er auf dem Höhepunkt des Investiturstreits nicht zu entscheiden wußte, ob die Sache des Papstes oder die des Kaisers gerecht sei, bot er zwei Kämpfer zu einem Gottesurteil auf – zu des Abtes Überraschung siegte der kaiserliche Duellant.

Dem gerechten Urteil entsprach ein Recht, das beseelt war vom Geist der Billigkeit. Diese Billigkeit – ein im Mittelalter unendlich oft wiederkehrender Begriff – bedeutete ineins: persönlich empfundene Gerechtigkeit und allgemeine Sittlichkeit. Ein moderner Historiker (F. Kern) hat es so formuliert: «Das (objektive) Recht wird aufgefaßt wie ein riesiges Knäuel untereinander verknüpfter (subjektiver) Berechtigungen.» Im Sinne einer solchen subjektiven Berechtigung konnte ein Fälscher sich zur Tat aufgerufen fühlen.

Fälschungen im Dienste der Gerechtigkeit

Ein Handeln im Geiste der Billigkeit – der subjektiv empfundenen Berechtigung – konnte auch darin bestehen, überkommene Rechtstexte umzuformen. Wir sind an die Unantastbarkeit des Wortlauts moderner Gesetze gewöhnt; selbstverständlich werden sie auf den i-Punkt genau, so wie sie erlassen sind, wiedergegeben. Nicht einmal eine Veränderung der sprachlichen Form wird geduldet, auch wenn es jedem in den Fingern juckt, das «verrückt gewordene Grenzzeichen» des § 919 unseres Bürgerlichen Gesetzbuches zu bereinigen. (Dort heißt es: Ein Grundstückseigentümer könne die Mitwirkung der Nachbarn an der Kennzeichnung der Grenze verlangen, «wenn ein Grenzzeichen verrückt oder unkenntlich geworden ist»). Nur der Gesetzgeber darf diese offenkundige Stilblüte beseitigen. Aber unsere Buchstabentreue ist jung.

Mittelalterliche Verfasser von Rechts- und Gesetzessammlungen fanden nichts dabei, die Texte in einem ihnen passender erscheinenden Sinne kurzerhand abzuändern. Bischof Burchard von Worms (1000–1025) gestaltete beim Abfassen seiner einflußreichen Rechtssammlung den Wortlaut mancher überkommenen Vorschrift nach Gutdünken einfach um. Er stieß auf die Anweisung, sämtliche Synoden – sämtliche Kirchenversammlungen – müsse der Papst genehmigen. Das schien ihm zu weit zu gehen, widersprach es doch der Praxis und seinem bischöflichen Selbstbewußtsein: Wenn er in Worms eine Synode abhielt (so mußte er sich fragen), sollte er die Zustimmung des Papstes einholen? Er schränkte ein: nur Generalsynoden – nur Versammlungen, die Grundsatzfragen behandeln (siehe S. 179) – unterlägen der Pflicht päpstlicher Ratifizierung. In dieser eingeschränkten Form setzte sich der Satz durch. Ein anderes Beispiel: «Ehrfürchtig gebeugt» (devote curvati), so stand es in Burchards Vorlage, solle man sich die Evangelienlesung anhören; das fand Burchard offenbar unpassend, nicht mehr zeitgemäß; er strich einfach diese Verhaltensvorschrift. Das Verbot, «anrüchige Bücher» in der Kirche zu lesen, erweiterte Burchard hingegen; auch «unbekannte Bücher» sollten in der Kirche nicht gelesen, und es sollte nicht aus ihnen vorgetragen werden.

Aber Burchard von Worms wußte auch, wie er den Sätzen seiner Sammlung mehr Autorität verleihen konnte. Er veränderte in zahlreichen Fällen die Angabe über den Verfasser: Von den Beschlüssen einer Synode von Hohenaltheim (916) bei Nördlingen zum Beispiel behauptete er, sie stammten vom hoch angesehenen Kirchenvater Augustinus; er ersetzte einfach den Namen Hohenaltheim durch den Namen Augustinus. Die meisten Forscher, die auf Burchards Manipulationen stießen, weigerten sich, diesen hochangesehenen Bischof, aus dessen Leben und Schriften Redlichkeit sprach, einen Fälscher zu nennen. Aber die Textüberarbeitung und das Unterschieben fremder Sätze sind hier nicht anders zu bewerten als bei den großen Fälschungen wie den pseudoisidorischen Papstbriefen aus der Mitte des 9. Jahrhunderts (siehe S. 196), deren Verfertiger von aufgebrachten Kritikern «Erzbetrüger» genannt worden sind, würdig, «auf einem Scheiterhaufen» verbrannt zu werden.

Sinnvoller als der Versuch, einen «edlen» von einem «gemeinen» Fälscher zu trennen, erscheint die grundsätzliche Feststellung, daß in einer Welt subjektiver Berechtigungen Fälschungen in einem anderen Lichte erscheinen konnten. Ein moderner Interpret (Oskar Köhler) hat das mittelalterliche Fälschungsphänomen so umschrieben: «Was in der wissenschaftlichen Perspektive ‹Fälschung› eines Namens, eines Datums, eines Dokumentes ist, kann in einem andersartigen Geschichtsverständnis die naive Herstellung der Übereinstimmung zwischen Geschehen und der ‹rechten Ordnung› sein.»

Am eingängigsten ist die Erklärung des Universalhistorikers Fritz Kern (1884–1950), der mit ironischem Unterton gestand, er habe das mittelalterliche Recht und Rechtsgefühl vornehmlich deshalb näher untersucht, um eine «Seelenkunde der mittelalterlichen Fälscherei» zu geben. Kern schreibt: «Ich bin überzeugt, wenn es sich auch mangels Fälscherkonfession des Mittelalters schwer quellenmäßig belegen läßt, daß manch ein für sein Kloster Urkunden komponierendes Mönchlein, von Fälscherheiligen wie Pseudo-Isidor ganz abgesehen, in seinem Maulwurfsbau sich den Himmel verdient hat. War es denn nicht sozusagen aus Vernunft, Rechtsgefühl, leisen oder lauten Überlieferungen usw. klar und einleuchtend, daß jener Acker nicht dem bösen Vogt gehören *kann*, da er doch so geschnitten ist, daß er zu dem anstoßenden Klostergut ursprünglich gehört haben *muß*? Ist nicht klar, daß Konstantin, als er nach Neurom ging, in Altrom den Papst zum Erben einsetzen *mußte*? Ist nicht die Kirchenverfassung des 9. Jahrhunderts ein unerträglich verunstaltetes Ding gegenüber der reineren Form, wie sie in der alten Kirche bestanden haben *muß*?»

Fälschungen im Dienste der Heilsordnung

Manche Fälscher haben wirklich dem Himmel gedient. Wer Zeugnisse zur Abendmahlslehre, zu den Sakramenten, der Liturgie, der Fastenregel der Heiligen Schrift usw. erfand, kann doch nicht auf klingenden irdischen Lohn gehofft haben. Die Zahl solcher Fälschungen, die keinen materiellen Vorteil im Auge hatten, ist nicht gering. Als es zum Beispiel im 11. Jahrhundert für einen Mißbrauch gehalten wurde, schon Getaufte noch einmal mit Taufwasser zu besprengen, kam pünktlich – selbstverständlich gefälscht – ein Brief des urkirchlichen Papstes Clemens I. (ca. 88–ca. 97) ans Licht, der dieses verbot, und fand weite Beachtung, wobei der Text mancherorts weiter verändert wurde. Auf Klerikervorschriften wirkten Fälschungen ein, und ein Himmelsbrief war es, der die Sonntagsheiligung anwies.

Auch das gehört zur Erlebniswelt des mittelalterlichen Menschen: Überirdische Mächte konnten in sein Leben einbrechen, Dämonen oder Himmelsgeister Zeugnis geben. Selbst Luther hat noch ernsthaft an Höllenspuk und Hexerei geglaubt und sich nur für seine Person gegen die Verdächtigung gewehrt, von einem Incubus, einem Buhlgeist, abzustammen, ohne dessen Existenz grundsätzlich zu leugnen. Es gab Teufelsbriefe, wie jenes Belobigungsschreiben Satans an den Kardinal Johannes Dominici, Erzbischof von Ragusa († 1419), aus dem Jahre 1408, der dankenswerterweise die Kirchenunion verhindert habe und dem in der Hölle ein warmes Plätzchen zwischen Arius und Mohammed eingerichtet sei. Und es gab Himmelsbriefe – angeblich vom Himmel gefallene Briefe –, wie etwa das Bittgesuch des Apostels Petrus an die Franken vom Jahre 756, seiner, das heißt der römischen Kirche zu helfen. Himmelsbriefe haben die Gläubigen zum Gottesfrieden angehalten und zu den ersten beiden Kreuzzügen aufgerufen. Freilich bedurfte ein solcher Himmelsbrief, um Erfolg zu haben, des Rückhalts in der Gesellschaft: er bedurfte des festen Glaubens, daß der darin ausgesprochene Befehl befolgt werden müsse. Was auch die Verfasser der Jenseitsbriefe gedacht oder beabsichtigt haben, ob sie als Schreibhelfer fremder Geister, als irdische Sachwalter himmlischer Mächte, als Literaten mit einem Einfall oder wie immer gehandelt haben: viele Menschen des Mittelalters haben solche Schriftstücke in festem Glauben an ihre Echtheit aufgenommen.

Mangelte es dem Mittelalter an kritischem Vermögen?

Die Jenseitsbriefe, die an die Gutgläubigkeit erhebliche Anforderungen stellen, provozieren die Frage nach der intellektuellen Haltung des mittelalterlichen Menschen: Was war der Grund für die weitreichende Kritiklosigkeit des Mittelalters? Warum hat man so viele Fälschungen hingenommen? Das «finstere Mittelalter», so wurde gesagt (Ignaz von Döllinger), habe selbst eine «so plump angelegte Fiction» wie die pseudoisidorischen Papstbriefe einfach nicht durchschaut, und es werde eben erkennbar, so der Humanismusforscher G. Voigt (1827–1891), daß der Sinn für historische Kritik «eine Tochter des Humanismus» sei, also vor dem 15./16. Jahrhundert gar nicht dagewesen sei.

Einige Historiker haben wohl hie und da Zeugnisse kritischer Fähigkeit entdeckt, aber, so meinen sie, äußerer Zwang habe den Sieg der Wahrheit verhindert. Päpstliche Inquisitoren hätten jeden zu vernichten gedroht, der den Charakter romgünstiger Fälschungen bloßzustellen gewagt hätte. Manch scharfsinniger Kopf des Mittelalters, wie der Erzbischof Hinkmar von Reims (845–882), habe zum Beispiel die pseudoisidorischen Fälschungen wohl erkannt, sei aber gezwungen gewesen, die Wahrheit «grimmig im verschwiegenen Busen mit sich herumzutragen» (F. Thudichum).

Solche und ähnliche Erklärungen für die fehlende Kritik an den Fälschungen im Mittelalter befriedigen nicht. Denn lästige «Textkritiker» kamen nicht vor ein Ketzertribunal – die Inquisition ist ohnehin eine Einrichtung aus der Zeit nach den großen Fälschungen. Wohl hat es Kritik an Recht und Vermögen der Amtskirche gegeben. Aber es ging dabei nicht um Echtheit oder Unechtheit von Dokumenten, sondern um den evangelienfernen Zustand der Kirche: Waren die Apostel nicht allesamt arm gewesen, und da sollten üppige Privilegien wie die Konstantinische Schenkung gottgewollt sein? Sie verdarben den Zustand der Kirche, und darum waren sie falsch. Ein solches Urteil kam nicht aus dem Intellekt, sondern aus dem Glauben und aus der Sorge um das Seelenheil.

Daß Hinkmar von Reims die Wahrheit wohl erkannt, aber nicht habe verkünden können, ist wenig wahrscheinlich. Bei einigen Fälschungen zeigt er sich durchaus als brillanter Kritiker. Er deckt öffentlich und ungehindert chronologische Widersprüche auf, beweist aus anderen und unbezweifelbar echten Quellen, daß zu der Zeit, da die verdächtigen Briefe angeblich entstanden seien, die gegenteilige Anschauung herrschte. Aber eine solche Kritik ist bei Hinkmar die Ausnahme. Häufig greift er selbst zum Mittel der Fälschung, erfindet Visionen mit abschreckenden Bildern von Kirchenschändern, die im Fegefeuer gestraft werden, oder läßt Privilegien auftauchen, die seine Rechte belegen. Für Fälschungen, die ihm schadeten, fand Hinkmar von Reims einen besonders eleganten Ausweg: Er nahm sie auf und verfälschte sie abermals, diesmal in seinem Sinn. Hinkmar war zu seiner Zeit nicht der einzige, der den Texten mit dem Ziel einer ihm günstigen Interpretation nachhalf. Fälschung wird – das zeigt Hinkmars Haltung deutlich – nicht um der Fälschung willen behandelt, wie es ein moderner Philologe tut, dem Kritik Selbstzweck ist. Die Wirkung schädlicher Fälschungen ließ sich auch auf andere Art aufheben. Wäre Kritik die einzige Möglichkeit gewesen, Unheil aus Betrug abzuwenden, so hätte zum Beispiel Hinkmar von Reims sie wahrscheinlich mit Energie betrieben und hätte, modern gesprochen, «den Rechtsweg beschritten». Aber nicht selten versuchte man im Mittelalter, selbsttätig der Unbill seine – wie man es empfinden mochte – «Verbesserung» entgegenzusetzen. Fälschungen konnten wie bei Hinkmar mit Fälschungen beantwortet werden, und so begann ein für unser Gefühl wunderliches Wechselspiel, das sich in manchen Fällen über Jahrhunderte hinzog, wie bei den Hin- und Herfälschungen um den höheren kirchlichen Rang zwischen den «Patriarchen» von Grado und Aquileja und den «Primaten» von Trier und Reims.

«Mittelalterliche» Kritik

Die Schwäche der Kritik im Mittelalter kam kaum aus intellektuellem Unvermögen, aus einer minderen geistigen Kapazität, und war schwerlich ein Stummsein aus Angst. Die Fälschungen wurden nicht selten in einem anderen Geiste aufgenommen, der einem formalen Echtheitsbefund kein sonderliches Gewicht beimaß. Auch konnte Kritik an Fälschungen sich Mittel bedienen, die in jener Zeit wohl galten, uns aber abstrus erscheinen.

Allerorten versuchte man, Gottes durchwaltenden Geist aufzuspüren, in dem von der Heilsgeschichte her begriffenen Zeitablauf ebenso wie in der Erdbeschreibung (siehe S. 18). Gott wohnt auch in den Wörtern, und von daher erklärt sich die üppig wuchernde Wortdeutungslehre, die Allegorie.

Nehmen wir das am weitesten verbreitete Buch des Spätmittelalters, die Goldene Legende des Jakob von Varazze († 1298) aus dem 13. Jahrhundert, und schlagen unter dem Namen des heiligen Bernhard von Clairvaux († 1153) nach, des berühmten Zisterzienserabtes, der sein Zeitalter geprägt hat. Hier heißt es: «Bernardus kommt von ber, das heißt Abgrund oder Quelle, und Narde, welches ein klein Kraut ist, hitziger Natur und wohlriechend... Denn er – Bernhard von Clairvaux – war warm in glühender Liebe, klein in Demütigkeit in seinem Wandel, ein Quell im Ausfluß seiner Gelehrsamkeit, ein Abgrund in tiefer Weisheit und wohlriechend in Süßigkeit guten Rufs». In dem Namen Ber/nardus – das will die Goldene Legende aufzeigen – waren die Eigenschaften des Heiligen sichtbar. Das Wort ist hier keine äußerliche Etikettierung, sondern umschließt alle Eigenheiten des Menschen. Der Name Bernardus war deshalb nach verschiedenen Seiten zu wenden, um keine der im Namen eingeschlossenen Eigenschaften zu übersehen. Eine moderne Worterklärung, die sich an den äußerlichen Buchstaben hält, sollte hier gewiß nicht gegeben werden. Sie wäre für vordergründig gehalten worden, denn über das gottgewollte und im Namen eingeschlossene Wesen des Bernardus sagt sie nichts aus.

Diese Wort- und Namendeutung konnte Argumente für die Kritik liefern. Als Beispiel diene abermals die Konstantinische Schenkung. Der Konstantin dieser Urkunde war Kaiser, lateinisch Augustus. Der Name Augustus wurde vom lateinischen «augere» – vermehren – abgeleitet, so daß die deutsche Übersetzung des Kaisertitels «Semper Augustus» in Urkunden lautete: «allzeit Mehrer des Reiches». Daß Konstantin, der erste christliche Kaiser, statt Mehrer des Reiches, dessen Minderer hätte sein können, erschien undenkbar. Ein Augustus konnte seiner wesensmäßigen Eigenschaft nicht zuwiderhandeln. Also konnte – so die Schlußfolgerung – Konstantin eine reichsmindernde Urkunde wie die Konstantinische Schenkung nicht ausgestellt haben; die Schenkung muß demnach falsch sein.

Folgenlose «moderne» Kritik

Neben dieser in die mittelalterliche Mentalität eingebundenen und uns abwegig vorkommenden Kritik gab es durchaus Zeugnisse einer rationalen Kritik, die von ähnlichen Voraussetzungen wie die unsrige ausging. Ein gutes Beispiel bietet die Urkundenkritik, an die der Mittelalterforscher meist zuerst denkt, wenn er auf Kritik im Mittelalter zu sprechen kommt. Die päpstliche Kanzlei zum Beispiel versuchte wie jede Kanzlei, um nicht hinters Licht geführt zu werden, Fälschungen aufzuspüren und zu verfolgen, und sie mußte es um so aufmerksamer tun, als in der zweiten Hälfte des 12. Jahrhunderts die Zahl der Papstbriefe und Dekretalen geradezu sprunghaft zunahm. Jeder 5. Papstbrief, der uns aus der Zeit von den Anfängen des Christentums bis zum Jahr 1200 erhalten ist, wurde zwischen 1160 und 1200 geschrieben. In dem Zwielicht einer immer schwerer überschaubaren Masse päpstlicher Urkunden und Erlasse begannen sich berufsmäßige Falsifikatoren einzurichten. Es wird von Advokaten berichtet, die förmliche Fälschungsbüros unterhalten hätten. Die päpstliche Kanzlei führte bestimmte geheime Formalien ein, durch die sich ein echtes, von ihr ausgestelltes Privileg erkennen ließ, und hin und wieder konnte ein Fälscherring aufgedeckt werden. Besonders im englischen Raum waren Fälscher unkontrolliert und fleißig tätig – weit weg von Rom ließen sich eben Echtheitsprüfungen nicht so leicht durchführen.

Es war eine böse Überraschung für Papst Innozenz III., als 1198, unmittelbar nach seiner Weihe zum Papst, die Werkstatt einer Fälscherbande ausgehoben wurde, die sich sogar schon Siegel mit seinem Namen auf Lager gelegt hatte. Dieser Schock veranlaßte Innozenz

III., Regeln zur Prüfung einer Urkunde zu erlassen. Seine Vorschriften, die vor allem auf eine Untersuchung des Siegels abzielten, sind in das Kirchliche Gesetzbuch eingegangen und haben Schule gemacht. Sie sind auch in die weltliche Rechtsliteratur übernommen worden, aber selbst hier gibt es Zeugnisse, die sich für unser Rechtsempfinden grotesk ausnehmen. In einigen Handschriften werden im Anschluß an die Innozenz-Vorschrift Betrugsoperationen mit der Schnur, an welcher das Siegel hängt, beschrieben, und hier wird der Text geradezu eine Gebrauchsanweisung für Fälscher; denn als beste Art, eine zum Urkundenbetrug zerschnittene Siegelschnur – heute auf dem Röntgenbild leicht feststellbar – wieder zusammenzufügen, ist angeraten: «das muß aber von geschickten Frauenhänden geschehen».

Auch auf anderen Gebieten wurde die Notwendigkeit zu kritischer Überprüfung empfunden. Als der Verdacht auftauchte, daß der Wortlaut mancher Bibeltexte verderbt sei, legte man im 13. Jahrhundert in Paris Mustertexte an, an denen die verdächtigen Versionen geprüft werden konnten: ein durchaus modernes Verfahren.

Dennoch gilt die Feststellung: Eine bewußte und in feste Regeln gebrachte systematische Kritik ist im Mittelalter die Ausnahme gewesen. Freilich boten manche Fälschungen – zumal sehr grob gearbeitete wie etwa die pseudoisidorischen Papstbriefe – reichlich Ansatzpunkte für kritische Beobachtungen und Äußerungen. In der Tat finden sich in Handschriften und Werken immer wieder Belege, daß man die historische oder sprachliche Unvereinbarkeit mancher Quelle erkannt hat. Fraglos war man fähig, formale Widersprüche, die den gesunden Menschenverstand herausfordern, aufzudecken, aber man war selten bereit, die Beobachtungen zusammenzufassen und aus dem Befund Konsequenzen zu ziehen. Ein Werk brauchte wegen seines apokryphen Charakters nicht unbedingt wertlos zu sein. Der heilige Bonaventura († 1274) konnte im 13. Jahrhundert über eine Schrift urteilen: «Obwohl sie falsch ist, enthält sie dennoch vieles höchst Wahres». Nehmen wir die Haltung eines so universal begabten Mannes wie Nikolaus von Kues († 1464) aus dem 15. Jahrhundert. Er hat die Unechtheit der Konstantinischen Schenkung und einiger pseudoisidorischer Papstbriefe klar erkannt – eine seltene Ausnahme. Aber wie urteilt er? Wörtlich schreibt er: «Selbst wenn alle jene Schriften (als gefälscht) wegfallen sollten, die heilige römische Kirche ist dennoch der erste Sitz höchster Macht und Größe unter allen». Fälschungen können nach fester Überzeugung des Nikolaus von Kues einen gottgewollten Zustand nicht ändern.

Der Umbruch der Reformation: die Kritik folgt dem Glauben

Am Morgen des 10. Dezember 1520 zog Martin Luther vor das Elstertor zu Wittenberg und hat dort die kirchlichen Rechtsbücher zusammen mit der Bannandrohungsbulle Papst Leos X. (1513–1521) verbrannt. Das Bestürzende, das Revolutionäre war weniger das Verbrennen der Bulle – man hätte sie übrigens beinahe mitzunehmen vergessen – als vielmehr die Vernichtung der Rechtsbücher der abendländischen Christenheit auf dem Wittenberger Schindanger: Die Tradition war hingerichtet worden. Die ältesten Berichte, die den Vorfall melden, und Luther selbst in seiner Rechtfertigungsschrift zum Wittenberger Brandgericht erwähnen bezeichnenderweise nur das Schicksal der Rechtsbücher, nicht das der Bulle. Denn nicht um eine einzelne Bulle ging es; es war eine Absage an die heilige Ordnung der katholischen Kirche, an deren Rechtsinstanzen, die in Papst und Konzilien ihre Spitze hatten; was sie für rechtens erklärt hatten, sollte nicht mehr gelten. Maß aller Dinge sollte das Evangelium sein.

In Luthers Ruf nach Rückkehr zur Heiligen Schrift stimmten die Humanisten zunächst begeistert ein, denn ihre Devise klang zum Verwechseln ähnlich: Rückkehr zu den Quellen! Aber beide meinten Verschiedenes: Luthers Quelle war allein die Heilige Schrift, die der Humanisten waren die Heilige Schrift und die Tradition. Was scherte es Luther, daß päpstliche Erlasse anderthalb Jahrtausende hindurch eine Welt aufgebaut hatten, wenn das Papsttum (nach Luther) keine göttliche und in den Evangelien gestiftete Einrichtung war? Die Tradition bedeutete ihm nichts angesichts der Frage nach der göttlichen Gnade, und über scholastische und exegetische Tüfteleien hat er nur seinen Spott ausgeschüttet.

Kaum einer der Humanisten, die Luthers erstes Auftreten freudig begrüßt hatten, war bereit, ihm zu folgen. Im Gegenteil: Hatten sie vorher die alte Kirche scharf attackiert, so setzten sie nun, nachdem sie Luthers traditionsfeindliche Haltung begriffen hatten, ihre philologischen Künste ein, um die Vorzüge des Althergebrachten vor Augen zu führen. Aus Kritikern wurden Apologeten, die die Tradition als wertvolles und wertschaffendes Prinzip verteidigten. So mancher Stein, fest eingefügt in den Bau katholischer Tradition, stammte aus Fälschungen. Auch auf diese Stücke erstreckte sich das Lob der Tradition, denn man sah weniger die vielleicht unsaubere Herkunft als den substantiellen Wert, und vielleicht waren (so konnten sich die Leute fragen) die Merkmale der Unechtheit nur Zutaten einer ungünstigen Überlieferung. Man beeilte sich, durch kritische

Ausgaben die ursprüngliche Gestalt der Texte sichtbar zu machen. Die Kritik der traditionsfreundlichen Humanisten war bestimmt von dem Gedanken, daß den Schriften, von deren sittlichem Wert sie überzeugt waren, die unverdorbene Gestalt wiedergegeben werden müsse. Die Tradition selbst wurde nicht in Zweifel gezogen. Je tiefer die Humanisten von der Verehrung des Althergebrachten durchdrungen waren, um so weniger waren sie bereit, es aufzugeben oder es sich nehmen zu lassen. Bezeichnend ist die Haltung der deutschen Humanisten zu Beginn der Glaubensspaltung. Die älteren Vertreter, die Luther zunächst gefördert hatten, blieben nahezu ausnahmslos katholisch; erst eine jüngere, von Luther ausgehende Generation war bereit, mit der katholischen Tradition zu brechen. Die nichtkatholischen Humanisten deckten nun im Umkreis des alten Glaubens Fälschung auf Fälschung auf; die Konstantinische Schenkung war falsch, ebenso die pseudoisidorischen Dekretalen und vieles mehr. Diesen Humanisten ging es nicht darum, die Zeugnisse kritisch-objektiv zu prüfen; sie wollten zeigen, daß eine als Glaubensgut ohnehin wertlose Überlieferung überdies noch durch Fälschungen verunstaltet sei.

Halten wir das Bild fest, das uns die katholischen Verteidiger einer von Fälschungen durchsetzten Tradition und ihre konfessionellen Gegner bieten: Die Kritik folgte dem Glauben. Vom Ende her wird das Mittelalter in seiner geistigen Haltung eher verständlich. Uns mag die Vorstellung schwerfallen, daß es eine Zeit gegeben hat, in der formale Echtheit wenig galt. Doch gerade an der Nahtstelle zwischen Mittelalter und Neuzeit, zu Beginn der Glaubensspaltung, wird sichtbar, daß man erst dann das Formalindiz einer Fälschung hoch zu schätzen begann, als man sich innerlich der mittelalterlich-katholischen Welt entzogen hatte.

«Weder Seele noch Gehirn des Menschen haben in historischen Zeiten zugenommen»

Wurden die Menschen mit dieser Emanzipation klüger und besser, gab es einen Fortschritt? Gustav Freytag (1816–1895), der Autor der «Ahnen» und der «Bilder aus der deutschen Vergangenheit», glaubte ein Anwachsen von «Pflichtgefühl und Redlichkeit» zu Beginn der Neuzeit wahrzunehmen, stieß aber auf den energischen Widerspruch Jacob Burckhardts (1818–1897). Der sonst so ruhige Basler Gelehrte fuhr auf: «Weder Seele noch Gehirn der Menschen haben in historischen Zeiten zugenommen, die Fähigkeiten jedenfalls waren längst komplett! Daher ist unsere (Annahme), im Zeitalter des sittlichen

Fortschrittes zu leben, höchst lächerlich im Vergleich mit riskierten Zeiten, deren freie Kraft des idealen Willens in hundert hochtürmigen Kathedralen gen Himmel steigt».

Eine rational durchgebildete und auf diesseitigen Fortschritt achtende Neuzeit ist bereit, das Mittelalter dunkel zu finden, denn sie sieht in der eigenen Auffassung von Sittlichkeit und Geistigkeit – befreit von dogmatischen Fesseln – eine Erhellung menschlicher Existenz.

Denken wir einmal vom Mittelalter auf die Neuzeit zu, lassen wir doch das Mittelalter über uns urteilen: Es würde wahrscheinlich bei unserer durch keine Glaubenssätze eingeschränkten Kritiksucht Verantwortungslosigkeit und Anhänglichkeit an eine alberne und äußerliche historisch-philosophische Bildung feststellen. Wo bleibt – so könnte es fragen – die für jeden Christenmenschen vordringliche Sorge um ein selbstheiligendes, gottgefälliges Leben, wo das Suchen nach der wahren Ordnung? Was heißt hier Fälschung, wo es doch darum geht, der von Gott gesetzten Wahrheit zum Sieg zu verhelfen? Wahrheit kann doch nur das sein, was sich einfügt in die Welt eigener Überzeugung und eigenen Glaubens.

«Mundus vult decipi.»
Über den Wunsch der Menschen, betrogen zu werden

In Stuttgart gab es bis vor kurzem einen Laden mit militärischen Antiquitäten, vornehmlich aus der Zeit des Nationalsozialismus. Sein Inhaber, Konrad Kujau, saß zeitweise in einem Hinterzimmer dieses Ladens, informierte sich hauptsächlich anhand eines einzigen Buches über die persönlichen Daten Adolf Hitlers und erfand ein Tagebuch des «Führers», das er mit schwungvoll imitierter Schrift in die Welt setzte. Es wurde zunächst von Journalisten, die gern (wie die Ärzte den hippokratischen Eid) ihre Sorgfaltspflicht herausstellen, und von ausgewiesenen Historikern, Kennern der Zeit und der Szene, als echt angesehen. Neun Millionen Deutsche Mark sollen bei dieser Sternstunde eines Quellenfundes durch eine Hamburger Illustrierte aufgewandt worden sein.

Man tue den Vorfall nicht als Burleske ab; das Satyrspiel hat eine durchaus ernste Seite. Im Prozeß gegen Kujau und Konsorten ist auf das Verhalten der Betrogenen hingewiesen worden, die den Betrug mit geradezu auslösender Billigung hingenommen hätten. Der Vorgang sei nur möglich gewesen «wegen des erheblichen Mitverschuldens der Betrogenen». Der Schreibkünstler Kujau führte sich geradezu wie ein Vertragspartner auf: Er werde dem geschädigten Verlag – so verkündete er – keinen Pfennig zurückzahlen, denn er habe «gute Arbeit geleistet».

Der Fall steht nicht allein. In Italien geschah mit Mussolini-Texten ähnliches. Zwei alte Damen, die das Mussolini-Bild in der italienischen Öffentlichkeit für zu düster gehalten und deshalb ein «Diario», ein Tagebuch des Duce, angefertigt hatten, mußten, als sie sich zur Tat bekannten, einige Mühe aufwenden, um hartnäckige Anhänger der Echtheit von dem wahren oder besser: falschen Charakter ihrer Schriftstücke zu überzeugen. Offenbar besteht bei Betrogenen zuweilen eine von einem gewissen Wunschdenken beeinflußte Bereitschaft, die Falsifikate als echt anzusehen: dem Willen des Betrügers entspricht eine Disponiertheit des Betrogenen, und im Munde eines Konrad Kujau wäre das geflügelte Wort, das spätestens seit dem 16. Jahrhundert umlief, so unpassend nicht: «Mundus vult decipi, ergo decipiatur.» Die Welt will betrogen werden, also mag sie betrogen werden.

«Mittelalter – Zeit der Fälschungen»

Für den Mediävisten ist die Betrugsaffäre um die Hitler-Tagebücher ebenso tröstlich wie belehrend. Da nennt man das europäische Mittelalter eine «Zeit der Fälschungen», beobachtet das weitreichende Fehlen eines kritischen Sinns in jener Epoche, bedauert sogar deren rückständiges sittliches Gefühl, und in unserer aufgeklärten und moralisch so gefestigten Zeit kann ein teilweise durchaus erfolgreicher Betrugsversuch unternommen werden, der sich im Vergleich zu manchen Fälschungen des Mittelalters geradezu primitiv ausnimmt. Unser zeitgenössischer Tagebuch-Fälscher bekannte denn auch erstaunt, er könne immer noch nicht recht glauben, daß es so leicht gewesen sei, die Leute zu täuschen.

Immerhin: Der Betrug unserer Tage ist aufgeflogen, die Strafverfolgungsbehörde hat den Fall aufgegriffen, und die Verwendung dieser Materialien als einer historischen Quelle verbietet sich von selbst. Ist das der ganze Abstand zum Mittelalter, zu dessen Merkmal zahlreiche Fälschungen und ihre Wirksamkeit gehören, daß Kritik und Unechtheitsnachweis selten aufkamen, und wenn sie aufkamen, nicht unbedingt etwas verschlugen?

Europäisches Mittelalter – Feudalzeit – «Zeitalter des Glaubens» (W. Durant): das heißt Konstantinische Schenkung (siehe S. 125 ff. und S. 204 ff.) und «der Heilige Rock zu Trier samt den 20 anderen heiligen ungenähten Röcken», heißt Himmels- und Teufelsbriefe (siehe S. 202 f.), heißt mehrere Wagenladungen Katakombenknochen als apotropäische Märtyrergebeine im römischen Pantheon und so viele Partikel vom Kreuze Christi, daß man rund ein Dutzend Schächerbalken daraus zusammensetzen könnte. Da findet sich ein Papst – Kalixt II.: der Papst des Wormser Konkordats von 1122 –, der sich als veritabler Fälscher nachweisen läßt (siehe S. 197), und von den auf uns gekommenen 270 Urkunden Karls des Großen sind rund hundert unecht. Vor der ersten echten Papstdekretale aus dem Ende des 4. Jahrhunderts liegen mehrere Hundert viel später erfundene Papstbriefe und -dekrete (siehe S. 196). Legenden und Wundererzählungen wuchern, wie die phantasievollen Geschichten des Christophorus und der heiligen Barbara, deren beider Namen wegen zu großer Legendenhaftigkeit kürzlich aus dem römischen Generalkalender gestrichen worden sind. Da ist die ebenso groteske wie rührende Szene der heiligen Kümmernis, der ein guter Gott über Nacht einen Bart wachsen ließ, damit sie das dem Heidenprinzen gegebene Eheversprechen nicht einlösen mußte: eine von der Physiognomie eines Kruzifixes, des Volto santo von Lucca, abgeleitete Legende. Es gibt, um ein anderes Feld zu betreten, kaum ein altes Bistum der abendländischen Kirche, das nicht mit einer Gründungsfiktion beginnt und das frei ist von Fälschungen.

In keinem Zeitalter der europäischen Geschichte dürften Fälschungen eine größere Rolle gespielt haben als im Mittelalter. Wir Mittelalter-Historiker – so beschreibt, ein wenig übertreibend, Robert Lopez unser heuristisches Geschäft – verhalten uns gegenüber mittelalterlichen Dokumenten anders als heute ein Richter gegenüber einem Angeklagten: «We regard them guilty until proved innocent» – wir halten sie für falsch, bis die Echtheit bewiesen ist.

Lassen wir offen, ob der Fälschungsbefund ein spezifisches Merkmal des europäischen Mittelalters darstellt oder einem «Mittelalter» schlechthin eignet. Lassen wir auch die Frage beiseite, zu welchen Zeiten in der Geschichte Europas Fälscherkunst und Fälschereifer in besonders hoher Blüte gestanden haben, ob vielleicht im 9. Jahrhundert, wie Wilhelm Levison (1876–1947) vorschlug, oder ob der ganze Zeitraum vom 8. bis zum 12. Jahrhundert die günstigsten Voraussetzungen für die «Massenepidemie der Fälscherei» bot, wie Marc Bloch (1886–1944) meinte.

Es geht um die für das ganze Mittelalter geltende Frage, welche Disposition an Geist und Gesinnung bestand, um dieses Phänomen hervorzubringen. Übergehen wir das hauptsächlich vom positivistischen Hochgefühl des vorigen Jahrhunderts getragene Verdikt, ein intellektuelles Defizit und die Strenge inquisitorischer Behörden hätten Kritik im Mittelalter kaum aufkommen lassen, und verzichten wir darauf, die Behauptung zu prüfen, daß Sitte und Moral mit der Zeit und auf unsere Zeit zu Fortschritte gemacht hätten (siehe S. 198).

Unser Ziel sollte es sein, die Relation zwischen Fälschung und Kritik, zwischen Betrug und Hinnahme von Betrug zu prüfen, denn jeder Betrug benötigt zum Aufkommen und zur Wirksamkeit ein entsprechendes soziales, psychologisches und vielleicht sogar ontologisches, zur conditio humana gehörendes Umfeld.

Echtes und Falsches und wie man es zu bestimmen trachtete

Es sei mit der Feststellung begonnen, daß der Betrug und der Wille zur Abwehr des Betrugs fraglos zu den Konstanten jeder menschlichen Gemeinschaft gehören. Aber bereits die Art, wie solchen Versuchen zuweilen begegnet wurde, unterscheidet das Mittelalter von unserer Epoche. Wenn Kaiser Otto I. 967 ein Edikt erläßt, über die Echtheit einer Urkunde solle im Falle des Zweifels ein Zweikampf entscheiden, so ist der Boden rationaler Argumentation verlassen: man vertraut sich Gott in dem festen Glauben an, daß er die gerechte Sache siegen lasse. Immer wieder wird des Augustinus Wort zitiert, daß «Gott die Quelle der Gerechtigkeit» sei (siehe S. 200). Unter der Voraussetzung dieses Glaubens erscheint das Verfahren durchaus angemessen, durchaus «vernünftig».

Die Gerechtigkeit Gottes bevorzugt nicht einmal den Rechtgläubigen, sie ist wirklich unparteiisch. Wipo († nach 1046) berichtet zu Beginn des 11. Jahrhunderts von einem zur Klärung der Rechtslage anberaumten gerichtlichen Zweikampf: der auf sein gutes Recht vertrauende heidnische slawische Kämpfer überwindet den auf seinen Glauben bauenden christlichen Ritter, und Wipo kommentiert die für ihn offenbar wunderliche Situation: Der Christ habe eben nicht sorgfältig beachtet, «daß Gott, der die Wahrheit ist, alles in einem wahren Urteil ordnet». Der Heilige Geist hilft dem Gerechten, denn er flieht «den Trug und den Lügner», heißt es in den Papsturkunden. Hier wird zur Abwehr der Fälschung nicht der Intellekt bemüht, sondern Gottes ordnende Kraft.

Aber auch umgekehrt verläßt sich der aktive Fälscher, so er sich als Vertreter einer vor Gott gerechten Sache empfindet, auf dessen Billigung. Mit dubiosen Privilegien war zu Beginn des 13. Jahrhunderts Thomas von Evesham aus England – das damals besonders viele Fälschungen hervorbrachte (siehe S. 206) – zu Papst Innozenz III. nach Rom gereist, zu dem Papst, der durch Verordnungen die Urkundenkritik wecken und in geregelte Bahnen lenken wollte (siehe S. 207). Thomas beschreibt seine Angst, als Papst Innozenz und die im Rund versammelten Kardinäle zur Prüfung der fest eingelegten Schnur an Urkunde und Siegel zerrten. In dem Gelingen seines Versuchs sieht er die Berechtigung seines Tuns bestätigt.

Wenn schon ein Fälscher, der den persönlichen Vorteil im Auge hatte, sich mit Gottes Gerechtigkeit in Übereinkunft dünkte, um wieviel mehr jener Täter, der seine Kunst zu gemeinnützigem und gottgefälligem Tun einsetzte: der Verfasser einer Rechtssammlung, der seine Texte auf den richtigen Sinn, wie er ihn verstand, brachte (siehe S. 201); der Gestalter einer Abendmahlslehre, von der er annahm, daß sie in urkirchlichen Zeiten bestanden habe und für die er entsprechende Belege schuf; der Erfinder eines Himmelsbriefes, der die gottgewollte Sonntagsheiligung anwies und so weiter (siehe S. 202). Die überirdische Welt ist in die Ausgestaltung einbezogen, die Heiligenlegenden mit ihren Mirakeln, die Jenseitsvisionen mit ihren Berichten von furchtbaren Strafen für Sünder, die Reliquienhändler mit ihren heilenden und heilswirksamen Gegenständen. Daß auch hier häufig handfestes irdisches Vorteilsdenken im Spiele war, ist fraglos richtig.

Der raffinierte Erzbischof Hinkmar von Reims hat im 9. Jahrhundert dieses Mittel zur Laienverschreckung eingesetzt; eine von ihm verbreitete Jenseitsvision bewies, daß, wer Kirchengut entfremdet, Qualen in der Hölle erleiden muß (siehe S. 204). Karl der Große wußte um die irdische Raffgier seiner Geistlichkeit und richtete 813, kurz vor seinem Tode, an die Reichskirche die Anfrage, ob Geistliche immer noch Meineide und falsche Zeugnisse veranlaßten, um Besitz an sich zu ziehen, und ob mit Reliquien weiterhin Geschäfte gemacht würden. Berühmt und berüchtigt war der Schacher um Grabstätten zwischen Mönchen und Weltgeistlichen: Wer wohl dem toten Sünder den heilswirksameren Platz für das Jüngste Gericht anzubieten habe, und falsche Papstdekretalen unterstützten besonders das Angebot der Mönche.

In dieser Welt nach einer formalen, sozusagen einer wissenschaftlichen Kritik in unserem Sinne zu suchen, verfehlt das Selbstverständnis jener Zeit, aber Kritik, die den gesunden Menschenverstand spielen läßt, hat es selbstverständlich gegeben. Falsche Dekretalen wurden am inneren Widerspruch erkannt. Daß der Petrusnachfolger Papst Clemens I. (ca. 88–ca. 97) nicht an den Herrenbruder Jakobus († ca. 61) geschrieben haben konnte, wenn Jakobus vor Petrus gestorben war, haben mittelalterliche Benutzer dieser Briefe reihenweise festgestellt. Daß die Apostelkanones von manchen als unecht angesehen werden, steht in Hunderten von Rechtshandschriften als Einleitung zu diesen Texten. Aber es ist auffällig, wie wenig ein formaler kritischer Einwand verfolgt und zu einem den Rechtsinhalt anfechtenden Beweis ausgebaut wird. Dementsprechend finden sich andrerseits Fälschungen, die sich in die Vorstellungswelt stimmig und nahtlos einfügen und trotz ihres apokryphen Charakters respektiert werden. Hochmittelalterliche Juristen erklärten, dieses und jenes Kapitel sei zwar von manchen Vätern für apokryph gehalten worden, «in neuer Zeit aber, da sie von allen aufgenommen würden, erachtet man sie von höchster Autorität». Das zentrale kirchliche Rechtsbuch des Hochmittelalters, das Dekret Gratians, dürfte bis zu einem Fünftel Fälschungen enthalten, ohne daß dieses Material dadurch etwas an Wirkung einbüßte. Vinzenz von Beauvais im 13. Jahrhundert verfaßte eine «Apologie der Apokryphen», in der es heißt: «Mögen sie echt oder falsch sein, sie können... ohne Gefahr für die Seele geglaubt und gelesen werden.» Sein Zeitgenosse der heilige Bonaventura vermerkte zu einer erwiesen falschen Schrift: Obwohl sie falsch sei, enthalte sie dennoch vieles höchst Wahre (siehe S. 207). Es gibt selbstverständlich auch schädlich Apokryphes, aber dies könne nur, so wurde distinguiert, von Ketzern stammen, und der Bedeutungsgehalt des Wortes «apokryph» wäre mit der Umschreibung «unecht, unechten Ursprungs» zumindest ungenügend wiedergegeben. «Apocryphus» galt vielfach als Synonym von «haereticus»: Was falsch ist, kommt von Ketzern – ungeachtet der Frage, ob es in einem formalen Sinne echt oder fingiert ist.

Gläubige Kritik und kritischer Glaube

Als sich im Spätmittelalter mit dem Humanismus ein geschärfter philologischer, aber auch theologischer Sinn an die Überprüfung der Textüberlieferungen machte, wurde man auf mancherlei Unstimmigkeiten aufmerksam und notierte sie als Fälschungen. Lorenzo Valla († 1457) erwies mit hauptsächlich sprachlichen Argumenten die Konstantinische Schenkung als Fälschung. Etwas früher war Nikolaus von Kues († 1464) zum gleichen Ergebnis gelangt und hatte zudem die Unechtheit einiger weit verbreiteter frühpäpstlicher Dekretalen aufgezeigt. Aber von dieser Seite drohte der Kirche und dem Papsttum keine Gefahr, und die Autoren machten in der Kirche Karriere und lebten von Kirchenpfründen.

Höchst empfindlich aber reagierte die Amtskirche, als zum Beispiel die Anhänger Arnolds von Brescia († 1155) im 12. Jahrhundert, die Waldenser und später die Hussiten die Konstantinische Schenkung ablehnten. Sie wurden als Ketzer angesehen und belangt, nicht weil sie formale, historisch-philologische Kritik an dem Dokument geübt hatten, sondern weil sie seinen Inhalt und seine Gültigkeit in Frage stellten und damit die ekklesiologischen und materiellen Grundlagen der Kirche bedrohten (siehe S. 204). So gesehen war die Frage der formalen Echtheit oder Unechtheit unerheblich.

Mit dieser Beobachtung sollten wir an das konfessionelle Zeitalter herantreten, an Reformation und Gegenreformation, als die zum Bilde der Kirche gehörenden Fälschungen innerhalb des kirchlichen Traditionsgutes aufgedeckt wurden (siehe S. 208 f.). Es waren vor allem nichtkatholische Gelehrte, die hier ihre Triumphe feierten. Aber diesen in schwerer philologischer Rüstung einherschreitenden, scheinbar unbestechlichen Humanisten und Theologen ging es nicht immer und nicht unbedingt darum, die Zeugnisse kritisch-neutral zu prüfen.

Ihre Kritik folgte weitgehend dem Glauben und blieb soweit «mittelalterlich». Dazu kam eine Art Domino-Effekt. Waren die ersten Fälschungen entdeckt und bewiesen, so waren die Augen geöffnet und bereit, weitere zu finden, und man fragte sich, warum dieser mit Händen zu greifende Sachverhalt nicht schon früher wahrgenommen worden war.

Moderne «Entzauberung» und postmoderne «Wiederverzauberung» der Welt

Der Emanzipation im Glauben folgte die Emanzipation aus dem Glauben, folgte die Aufklärung: der Versuch des Menschen, zu sich selbst zu finden und Schluß zu machen mit der Verunstaltung menschlicher Existenz durch nicht belegbare Glaubenslehren. Im Lichte der Aufklärungshistorie war die Menschheit auf dem Wege von einer barbarischen und abergläubischen «populace» zu einer Gemeinschaft vernunftbestimmter Wesen. Nur in den Zeiten der Unvernunft hätten Fälschungen unerkannt und kirchliche Dogmen wirksam sein können. Mit dem Siege der Vernunft werde das nicht mehr möglich sein; deshalb «Écrasez l'infâme», so unterschrieb Voltaire (1694–1778) seine Briefe: tilgt die Kirche und die Schande religiöser Unvernunft. Exakt beantwortete Pierre Simon Laplace (1749–1827) die Frage nach Gott: «Ich benötige diese Hypothese nicht.» Die Überzeugung von der vernunftmäßigen Durchschaubarkeit der Welt gab der Wissenschaft die großartige Perspektive, daß man, um Max Weber (1864–1920) zu zitieren, «wenn man nur wolle, es jederzeit erfahren könne, daß es also prinzipiell keine geheimnisvollen und unberechenbaren Mächte gebe, die da hineinspielen... Das aber bedeutet: die Entzauberung der Welt» (siehe S. 251).

Vielleicht gehört es zu den großen Irrtümern der Aufklärung und des sich als Emanzipation begreifenden wissenschaftlichen Fortschrittsglaubens, daß der Mensch frei würde, wenn er die Fesseln eines rational nicht faßbaren Glaubens abstreift, in die er frühere

Generationen geschlagen sah. Schon immer gab es angesichts der Fortschrittseuphorie Bedenkende und Bedenkliche, aber in einer Zeit, da die mit der «Entzauberung der Welt» verbundene Dienstbarmachung der Natur auch dem Menschen selbst neue Fesseln anlegt, mehren sich die Stimmen, die der Vernunft auf dem Wege zum Glück mißtrauen – ungeachtet der sehr suggestiven These Lucien Lévy-Bruhls (1857–1939), daß kraft Anlage auch im Denken des modernen aufgeklärten Menschen das logische Element neben Unlogischem (oder Prälogischem), Rationales neben Irrationalem steht. Nicht zufällig wird gerade jetzt von philosophischer Seite «Die Wahrheit des Mythos» (so der Titel des Buches von K. Hübner, 1985) verkündet; gemeint ist jener Wesenszug, der unsere Kultur und unser Bewußtsein im Gleichgewicht hält: das Bedürfnis nach und die Ehrfurcht vor dem Numinosen. Bis vor gar nicht langer Zeit war das Bewußtsein der säkularen Kultur von der Erwartung bestimmt, daß die von Max Weber beschriebene «Entzauberung der Welt» gradlinig fortschreiten würde zu einer immer höheren Stufe wissenschaftlich-technischen Weltverständnisses, dessen Ende freilich im ungewissen bleibt. Allmählich jedoch greift die Überzeugung um sich, daß die mit der Modernisierung verbundene Sinnentleerung schwer tragbar ist. «Wiederverzauberung der Welt» (The Reenchantment of the World) nennt denn auch Morris Berman (*1944) im Kontrapunkt zu Max Weber seinen Versuch, der «psychischen Entfremdung» zu begegnen, und setzt hinzu: «Am Ende des Newton'schen Zeitalters» (englisch 1981, deutsch 1983). Morris Berman gilt als der Historiker unter den Anhängern der in den USA, speziell in Kalifornien, aufgekommenen New-Age-Bewegung, die unter dem Einfluß fernöstlicher Religiosität eine «ganzheitliche» und sich von der «mechanistischen» Gesellschaft abwendende Spiritualität suchen.

Diese und ähnliche Versuche sind Anzeichen für die Sehnsucht des modernen Menschen nach einer Orientierung über die Angebote des Rationalismus hinaus. Die negativen Erfahrungen mit der sogenannten autonomen Vernunft und die Freisetzung der modernen Wissenschaft von moralischen Rücksichten haben ein Vakuum geschaffen, in das sich neue Heilslehren «in der Beliebigkeit privater Aneignung» (W. Pannenberg) festsetzen konnten und können. Schon vor dem Ersten Weltkrieg hatte Ernst Troeltsch (1865–1923) die mit der Autonomie der Vernunft aufkommende Konfusion umschrieben: «Die unmittelbare Folge einer solchen Autonomie ist... notwendig ein immer gesteigerter Individualismus der Überzeugungen, Meinungen, Theorien und praktischen Zielsetzungen»; es entstände ein «Tummelplatz der zahllosen Revolutionen und Emanzipiertheiten, die, heute so billig, zum Tagesruhm der Ehrgeizigen und zu Anregungen der Reizbedürftigen dienen».

So gesehen haben wir heute wieder viele «Mittelalter» – wenn wir dem historischen Mittelalter damit nicht unrecht tun: die Mun-Sekte, die Bhagwan-Anhänger, politische Ideologien und ökologische Doktrinen, auch sogenannte wissenschaftliche Überzeugungen. Erinnern wir uns an das boshaft-köstliche Wort Bernard Shaws, die weltdeutenden Theorien unserer Physiker und Astronomen und unsere Leichtgläubigkeit ihnen gegenüber würden «das Mittelalter in ein Aufbrüllen skeptischer Lustigkeit aufgelöst haben». Jeder gläubige Mensch – und das im weitesten Sinne – hegt einen Bereich, in welchem er die rationale Beweisbarkeit nicht gelten läßt: Wer will Gott, ein Leben nach dem Tode oder gar die Trinität beweisen, die Thomas Mann «die wunderlichste dogmatische Zumutung» genannt hat, die dem Glauben je gestellt worden sei? Gespeist wird dies alles aus der Sehnsucht nach einer existentiellen Wahrheit, unerreicht und unerreichbar von der zergliedernden und oft genug zersetzenden Vernunft, und wenn uns sogar der Mathematiker Douglas R. Hofstadter in seinem Bestseller «Gödel, Escher, Bach» versichert: «Beweisbarkeit ist (selbst in der Mathematik) ein schwächerer Begriff als Wahrheit», so erscheint die Denkform «Mittelalter» rehabilitiert. «Mittelalter» ist nicht nur eine vergangene Epoche, es ist auch die heute noch gegenwärtige Überzeugung, die Wahrheit oder wenigstens den Fetzen einer Wahrheit zu besitzen, der alles andere, unbeschadet rationaler Erwägungen, unterzuordnen ist.

Lehrstück «Mittelalter»: die Wahrheit bestimmt das System

Konrad Kujau – «Mundus vult decipi». Ich möchte den lateinischen Spruch medial übersetzen: Die Welt will sich betrügen, will sich täuschen. Wir kennen solche Fälle, da sich ein ehrenwertes Mitglied der menschlichen Gesellschaft in einem Grade in eine zunächst gespielte Rolle hineinlebt, daß es die Fremdrolle total annimmt. So dürfte sich der antikisierende Petrus Diaconus von Montecassino im 12. Jahrhundert gefühlt haben, der wunderliche und zugleich sehnsuchtsvolle «fiktive Wirklichkeiten» von der Gestalt und Größe Roms entwarf, und in unserem Jahrhundert Sir Edmund Backhouse, 1944 als gelehrter «Eremit von Peking» gestorben, zu Lebzeiten unerkannt als Fälscher einer aufsehenerregenden chinesischen Kaisergeschichte. Und wenn Konrad Kujau, wie er behauptet, «gute Arbeit» geleistet hat, so ist er nahe an einer Selbstidentifizierung mit Adolf Hitler, der nur durch ein biographisches Mißgeschick bei Kujau nicht hat Nachhilfeunterricht nehmen können. Neben dem Individualschicksal steht das allgemeine. Ein Fall Kujau ist zugleich ein Gradmesser dessen, was der Gesellschaft zugemutet werden kann. Niemandem sind Kujaus Produkte aufgezwungen worden, und die sich haben täuschen lassen, waren teilweise bereit, sich täuschen zu lassen.

Ich habe eingangs den Kujau-Betrug tröstlich und lehrreich genannt, und der Trost besteht nicht zuletzt darin, daß gleichsam in einem freien Spiel der Kräfte die angeblichen Tagebücher geprüft und schließlich für gefälscht erklärt werden konnten. Hier eben gibt es Unterschiede zwischen den Zeiten und den Gesellschaften. Jedes geschlossene System, jede totalitäre Gesellschaft prüft vor allem die inhaltlichen Differenzen zur amtlichen Lehrmeinung, die formale und materielle Richtigkeit ist letztlich sekundär. Daß die Konstantinische Schenkung wahrscheinlich im 8. Jahrhundert von römischen Geistlichen gefälscht worden ist, interessierte den mittelalterlichen Inquisitor nicht, und nicht unbedingt, jedenfalls nicht auf induktivem Wege, interessierten die «Beweise» des Vererbungsbiologen Trofim Lyssenko (1898–1977). Es mochte genügen, daß er – wie er vorgab: auf verschiedene Weise, zum Beispiel durch Adaption des Weizens an die Unbilden Sibiriens – die Unbezweifelbarkeit der dialektisch-materialistischen Vererbungslehre zu bestätigen schien, nach der neue Erbeigenschaften binnen kurzem durch Umweltbedingungen gelenkt werden können. Die Natur hatte der Lehre zu folgen, und die Richtigkeit wurde von der Stimmigkeit im System abgeleitet. «Die Rettung der Wissenschaft», so hat es der seinerzeit linien- und Lyssenko-treue Robert Havemann (1910–1982) formuliert, «geschieht ... durch die systematische, planmäßige, klare, konsequente Anwendung des dialektischen Materialismus auf (die) Wissenschaft». Wäre nicht eine Betrugseinheit zu erfinden: 1 «Kujau» ist diejenige falsifikatorische Potenz, die hinzunehmen man nicht mehr bereit ist, auch wenn «gute Arbeit» geleistet worden ist?

«Pax exsuperat omnem sensum»

Von einer rastlosen Vernunft nicht umgetrieben zu werden, kann wie ein Geschenk erscheinen. Bei allen wichtigen christlichen Zeremonien werden die Gläubigen verabschiedet mit dem apostolischen Segen: dem Wunsch nach dem Frieden Gottes, der «höher ist als alle

Vernunft» («Pax Dei, quae exsuperat omnem sensum», Phil. 4, 7). Wir haben die durch Aufklärung und wissenschaftlichen Fortschritt nicht verdrängte Bereitschaft des europäischen Geistes beobachtet, sich etwas vormachen zu lassen: «Mundus vult decipi». In diesem Spruch – bei allem Zynismus und aller Banalität, die ihm innewohnen – ist ein Grundzug menschlicher Existenz angedeutet: die Sehnsucht nach einem sinngebenden vernunftfreien Raum. Was von der Vernunft nicht erreicht wird, kann von ihr nicht aufgehoben werden.

Die Sorge um den rechten Text

«Im hohen sommer des jahrs 1839 oder 1840, als ich zu Cassel bellevuestrasze no. 10 ebner erde wohnte, wurde ich eines morgens zwischen drei und vier uhr durch heftiges klopfen an die hausthür aus dem schlafe geweckt, und empfieng ... die meldung, dasz ein fremder da sei, der mich dringend zu sprechen verlange. kaum hatte ich mich notdürftig angekleidet, so trat ein mir unbekannter mann ins zimmer, und begann, eine rolle papier in seiner hand haltend, ohne umschweif mir zu eröfnen, mit der westfälischen post eben angelangt und im begrif um fünf uhr auf dem Frankfurter eilwagen seine reise fortzusetzen, habe er gelegenere zeit nicht finden können, den mir zugedachten besuch abzustatten, dessen zweck kein anderer sei, als eine mitgebrachte urkunde meinen augen vorzulegen und mich um die deutung eines darin vorkommenden ihm unverständlichen ausdrucks zu ersuchen ... er entrollte nunmehr die urkunde, welche im jahr 1120 niedergeschrieben war, und hob aus ihr den Satz ‹*manifesto autem dei judicio eo morsacio interfecto*› mit der bitte hervor, ihm den schwierigen Ausdruck ‹*morsacio*› zu erklären.»

Der in der Nacht aus dem Schlaf geklopfte Berichterstatter ist Jakob Grimm (1785–1863), der ältere der beiden Brüder, die damals 1839/40 aus Göttingen vertrieben und in Kassel untergekommen waren. Der Reisende war ein Unbekannter, aber auch seiner sei gedacht: «Denn man muß dem Weisen seine Weisheit erst entreißen» – wenn auch zu unpassender Stunde.

Jakob Grimm oder gelebte Philologie

Man ist versucht zu fragen, ob dieser Vorfall heute wiederholbar wäre: ob heute kein unüberwindlicher Anstoß daran genommen wird, in der Nacht zwischen drei und vier Uhr einen Philologen aus dem Bett zu läuten und ihn mit einer gelehrten Frage zu konfrontieren. Für Jakob Grimm war das Benehmen des Durchreisenden mehr erstaunlich als unmöglich; er war zu jeder Tages- und Nachtzeit Philologe. Sein Leben, sein Alltag waren ganz der Philologie anheimgegeben, wie er umgekehrt von seinem von ihm sehr weit gedachten Publikum die Lektüre seiner Werke – und sei es die des Deutschen

Wörterbuches im Familienkreise – erwartete. Sein Arbeitsdrang kam nicht nur aus berufsethischer Verpflichtung; ihn trug das Bewußtsein einer umfassenden gesellschaftlichen, ja geradezu menschheitlichen Aufgabe. Grimm stand mit solcher hohen Auffassung von der Philologie nicht allein. Die Schaffenszeit der Brüder Grimm fällt in die Epoche einer sich mächtig entwickelnden, im Geist der Romantik betriebenen historisch-kritischen Philologie. Man besann sich auf die Überlieferung, deren Quellen und Texte in eine gereinigte Gestalt überzuführen als Verpflichtung aufgefaßt wurde. Eine die Überlieferung kritisch sichtende Philologie erschien als Werkzeug und Tugend zugleich: als Voraussetzung für die historische Wahrheitssuche und als Indiz für die Wahrhaftigkeit wissenschaftlichen Tuns. Leopold Ranke (1795–1886), der als Lehrer im Zentrum einer historisch-kritischen Schule stand, obwohl sich in seinen Schriften eine ausdrücklich definierte Methode der Quellen- und Textkritik nicht findet, Ranke hat in wiederholten Wendungen ein «kritisches Studium der echten Quellen» gefordert, das zur «Vergegenwärtigung der vollen Wahrheit» unerläßlich sei, und Karl Lachmann (1793–1851), obwohl vor allem Editionspraktiker, wollte mit seinen methodisch grundlegenden Textausgaben mehr als eine Technik vermitteln. Er sah in ihnen, wie er schrieb, eine Anleitung «zu sorgfältiger Treue, zum Eifer für die Wahrheit und wider den Schein».

Die historisch-kritische, die streng philologische Methode des 19. Jahrhunderts verbreitete das Bewußtsein, daß nach einem Dämmerschlaf der Jahrhunderte nun endlich das große geistige Sammeln und Sichten einsetzen müsse, um in einem umfassenden Sinne Inventur zu halten über die gesamte Überlieferung und Kultur. So radikal und selbstbewußt der Neubeginn sich auch gab: es war nicht das erste Mal, daß man umfassend über Texte und Überlieferung nachdachte und nachforschte. Der kritischen Philologie des 19. Jahrhunderts gingen Zeiten ähnlicher Überlegungen und Bewegungen voraus; sie stand in einer Abfolge textkritischer Besinnungen, wie sie im abendländisch-christlichen Kulturkreis immer wieder vorgekommen sind.

Vom antiken Dichterwort zum christlichen Gotteswort:
Über den Wandel des Wortwertes

Es ließe sich zeitig beginnen: im 3. vorchristlichen Jahrhundert bei jenen griechischen Gelehrten in Alexandrien, die eine wissenschaftliche Philologie begründet haben in der Überzeugung, daß es von Wert sei, das geistige Erbe der Alten zu bewahren. Vielleicht waren diese ersten Philologen des frühen Hellenismus mehr Dichter als Kritiker, denn sie wollten ihr Talent an den Meisterwerken der Vergangenheit schulen. Ihre Aufmerksamkeit galt dem Norm- und Formwert der klassischen Dichtung. Aber mit ihrem auf das Klassische gerichteten Blick erkannten sie, daß die überlieferten Texte nicht immer ihre unversehrte Gestalt bewahrt hatten, und sie waren darauf aus, spätere Überlagerungen auszumachen und auszuscheiden. Damals bereits tauchte jenes Bild auf, das immer wieder und bevorzugt von den Humanisten verwendet wurde, bis es schließlich zu einem Grundbegriff der Wissenschaft wurde: das Bild der «reinen Quelle» im Kontrast zu den getrübten abgeleiteten Gewässern.

Die von den alexandrinischen Gelehrten angeregte antike Philologie hat sich bis weit in die christliche Zeit hinein gehalten, selbst als Umwelt und Gegenstand sich gründlich geändert hatten. Denn so zünftig philologisch sich christliche Autoren und Grammatiker auch gaben, so mußte im Mittelpunkt christlicher Anstrengungen ein Text ganz anderer Qualität stehen. Der Bibel war nicht mit Menschenwitz und rationalen Argumenten beizukommen (zur allegorischen Bibelauslegung siehe auch S. 128f.); es war – wie es Papst Gregor I. (590–604) formulierte – unangebracht, Eröffnungen des Heiligen Geistes den grammatischen Regeln des Donat (der um die Mitte des 4. Jahrhunderts eine lateinische Elementargrammatik verfaßt hatte) zu unterwerfen. Den göttlich inspirierten Text der Bibel zu begreifen, dazu bedurfte es mehr als nur grammatisch-philologischer Künste. Profane Textkritik und Philologie versagten, wo das Wort über die reine Buchstabenbedeutung hinaus einen höheren Sinn, einen «sensus spiritualis», umschließen konnte. Das Wort «mors», Tod, mit dem todbringenden Kriegsgott Mars und mit dem Adjektiv «amarus», bitter, zusammenzubringen, entsprach philologischer, von der Antike übernommener etymologischer Gepflogenheit. Die Bibel jedoch gab einen höheren Blick frei. Das Wort «mors» ließ sich von morsus ableiten, dem Biß, den Adam wider Gottes Gebot in den Apfel getan hatte. Des Menschen Tod ist dieser Sünde Sold, und von christlichen Autoren der Antike bis noch zu den Wörterbüchern der Humanisten findet sich diese Ableitung, so zum Beispiel bei Marius Mercator im 5. Jahrhundert, bei Papias aus der Mitte des 11. Jahrhunderts, bei Huguccio (†1210), bei Johannes von Genua (†ca. 1298) und noch in Reuchlins (†1522) 1475 erschienenem und weitverbreitetem Vocabularius breviloquus.

Einem mittelalterlichen Bibelphilologen, dem solche Zusammenhänge vor Augen standen, mußte es unmöglich erscheinen, für «mors» irgendein Synonym zu setzen, mochte dieses auch äußerlich passender erscheinen. Die lateinische Sprache war neben der hebräischen und der griechischen die dritte heilige Sprache, in der Gott sich hat mitteilen können. Göttlicher Immanenz teilhaftig, ließ sie mit «mors» in einem spirituellen Sinne das Heilsgeschehen erkennen.

Ein Buch wie die Bibel, auf dem so viel erlösende Erwartung lag, war Verzerrungen verschiedener Art ausgesetzt, weshalb gerade der Bibeltext in seiner heilsträchtigen Substanz wie kein anderer im rechten Wortlaut erhalten werden mußte. Die Legende, daß die alte griechische Bibelübersetzung, die sogenannte Septuaginta – bezeichnenderweise eine in Alexandrien vollbrachte Leistung –, an 70 Tagen von 70 Gelehrten getrennt in 70 Zellen angefertigt worden sei, wobei der Geist Gottes die Griffel zu 70-facher Übereinstimmung geführt habe, diese Legende kennzeichnet die gläubige Sehnsucht; die Wirklichkeit sah anders aus.

Schon aus technischen Gründen mußten im Zeitalter der Handschriften trotz aller Aufmerksamkeit Fehler und Unterschiede sich einschleichen, und das um so eher, als die Bibel das am häufigsten abgeschriebene Buch ist. Wir wissen aus einem Polizeiprotokoll des Jahres 303, aus der Zeit der diokletianischen Christenverfolgung, daß bei Haussuchungen in der mittelgroßen afrikanischen Stadt Cirta, dem heutigen algerischen Constantine, 34 lateinische Bibelhandschriften beschlagnahmt worden sind. Man mag diese Angabe mit der Zahl und der Größe der anderen Christengemeinden in Verbindung bringen, um eine Vorstellung zu erhalten von der Menge damals umlaufender Bibeltexte, die – handschriftlich wie sie waren – gewiß nicht selten voneinander abwichen.

Hier war, um einen überzeugenden und als verbindlich geltenden Text herzustellen, ein Philologe überragenden Formats gefordert. Er fand sich in der Person des Kirchenvaters Hieronymus (ca. 347–420), der angeregt – er selbst sagt «gezwungen» – von Papst Damasus (366–384) in den Jahren 383 bis 405 das Alte und das Neue Testament unter Rückgriff auf die jeweilige Ursprache ins Lateinische übersetzte. Wir können das Vorgehen und die Technik des Hieronymus recht genau verfolgen: wie er zunächst mit einer stückweisen Revision älterer Übersetzungen es versucht hat, wie er mit einer Vielzahl konkurrierender Versionen rang (es seien fast ebenso viele Versionen wie Handschriften, stöhnt er), welche Schwierigkeiten er schließlich bei der Übertragung selbst zu überwinden hatte.

Die Leistung des Hieronymus kann kaum überschätzt werden, denn es ging nicht bloß darum, eine präzisere lateinische Übersetzung zu schaffen: philologischer und textkritischer Verstand allein genügten nicht. Hieronymus hatte z. B. zu berücksichtigen, daß manche überkommene Wendung, mochte sie auch nicht die beste Form der Wiedergabe darstellen und theologisch unzulänglich sein, im kirchlichen Leben so fest verankert war, daß eine Neufassung weithin auf Ablehnung stoßen mußte. Und so übersetzte er jene vorhin schon zitierte Stelle der Genesis (2, 17), wo Gott dem ersten Menschen Adam vom Baum der Erkenntnis zu essen verbot: «denn welches Tages du davon issest, wirst du des Todes sterben» (so lautet die Stelle in Luthers Deutsch). Wir wissen aus einer Werkstattnotiz des Hieronymus, daß er selbst statt «den Tod sterben» (morte mori) «sterblich sein» (mortalis eris) für die sinnvollere Wiedergabe gehalten hat. Wenn der Mensch Adam vom Baum der Erkenntnis ißt, wird er nicht etwa auf der Stelle tot umfallen, sondern sterblich sein, wie alle nach ihm kommenden Menschen – fraglos ein präziserer Sinn, auf den Hieronymus sehenden Auges verzichtet hat, ebenso wie er sich hütete, den Bezug von mors und mordere, von Tod und Apfelbiß, durch irgendein Synonym zu zerstören. Angesichts des eingeengten Formulierungsspielraums ist es erstaunlich, wie kraftvoll und geschlossen das Werk des Hieronymus ausgefallen ist. Seine Bibelübertragung hat sich erst allmählich durchgesetzt, ist dann aber die Versio Vulgata und schließlich der offizielle Bibeltext der abendländischen Kirche geworden.

Die Sorge gegenüber heilsnotwendigen Texten

Die Bibel ist wahrhaftig nicht das einzige Buch, an dem sich in der christlichen Spätantike und im Mittelalter textkritischer Geist zu bewähren hatte: Justinians (527–565) Rechtskodifikationen, die Konzilienübertragungen des Anastasius Bibliothecarius († 879), später das Urkundenwesen, das Überwachen des Breviertextes (des Stundengebets der Mönche und später aller Kleriker) und manche andere Beispiele ließen sich nennen. Aber in einer ganz und gar christlich durchgeformten Gesellschaft erforderten die normativen Sätze der Bibel eine erhöhte Aufmerksamkeit, und an der Geschichte ihres Textes läßt sich beispielhaft immer wieder die Sorge erkennen, ob man wohl den rechten Wortlaut besitze.

Papst Damasus hatte den Anstoß zur Vulgata des Hieronymus gegeben, von Karl dem Großen (768–814) sind mehrfach Weisungen ergangen, für einen sauberen Bibeltext zu sorgen, am eindringlichsten in einem eigenen Brief über die Pflege der Wissenschaften, in welchem es heißt, wer gottgefällig leben will, müsse auch gottgefällig reden, denn es stehe geschrieben: Aus deinen Worten wirst du gerechtfertigt werden und aus deinen Worten wirst du verdammt werden. Karls Interesse an einer unverfälschten Fassung der Heiligen Schrift ist im Rahmen jener großen Erneuerungsbewegung zu sehen, die mit dem Namen der «Karolingischen Renaissance» oder, wie neuerdings vorgeschlagen worden ist, «Correctio» bezeichnet zu werden pflegt und deren belebender Mittelpunkt Karl der Große selbst gewesen ist. Man hat als ein Leitwort dieser Zeit die «norma rectitudinis», den Maßstab der rechten Ordnung, herausgestellt, und ohne daß der Wendung selbst eine besondere Ausschließlichkeit zugekommen wäre, ist in der Tat in vielen Bereichen der Eifer zu spüren, ordnende Maßstäbe einzurichten: im Reichsaufbau, in der Kirchenorganisation, im Rechtswesen und so weiter. Stand im Mittelpunkt des Ordnungsinteresses ein Text, so versicherte man sich seiner reinen Gestalt, und dieses Streben nach authentischen Texten ist ein spezifisches Zeichen der karolingischen Erneuerungsbewegung. Karl der Große selbst ließ aus dem Ursprungskloster Montecassino eine Abschrift der Regula S. Benedicti holen, die das Vorbild abgab für die weitere Verbreitung der Benediktregel im Karolingerreich. Von einer ähnlichen Absicht ist die von Karl angeregte Bibelrevision getragen. Ihr berühmtestes, aber durchaus nicht einziges Zeugnis ist die sogenannte Alkuin-Bibel. Abt Alkuin von Tours († 804), Karls Hoftheologe und kirchenpolitischer Berater, stellte seit 796 einen geläuterten Vulgata-Text zusammen, der dank der Emsigkeit der Schreibschule von Tours in alle Teile des Reiches verschickt und dort wiederum zum Muster weiterer Abschriften genommen wurde: über 40 in den nächsten Jahrzehnten hergestellte Exemplare sind noch heute nach über 1100 Jahren ganz oder bruchstückhaft erhalten.

Alkuins Bibel war das Werk braver Ordentlichkeit. Mit schärferem kritischen Sinn revidierte Alkuins jüngerer Zeitgenosse Bischof Theodulf von Orléans († 821) den Bibeltext: er überprüfte unermüdlich den Wortlaut, besorgte sich vornehmlich aus Italien Vulgata-Handschriften zum Vergleich, besserte ständig an einem Werkstattexemplar herum und griff sogar auf den hebräischen Text zurück, indem er einen getauften Juden die Übertragung des Hieronymus durchsehen ließ.

Nehmen wir die Sorge um den rechten Bibeltext auch für die nächsten Jahrhunderte als Zeichen textkritischer Wachsamkeit, so stoßen wir auf eine ganze Reihe bemerkenswerter Leistungen. Der Abt von Cîteaux Stephan Harding († 1134) verglich zu Beginn des

12. Jahrhunderts, wie schon Theodulf von Orléans, Vulgata-Manuskripte und zog, als er im Alten Testament grobe Ungereimtheiten entdeckte, gleichfalls sach- und sprachkundige Juden heran, deren Urteil ihn bewog, mehrere Verse in seiner Handschrift rigoros auszuschaben: ein erstaunliches Zeichen selbstbewußter Kritik. Wenig später wandten die mittelalterlichen Universitäten ihre Aufmerksamkeit Problemen des Bibeltextes zu, und im 13. Jahrhundert erlebte die Bibelkritik eine hohe Blüte mit Paris als Mittelpunkt. In den Einleitungen zu den sogenannten Bibelkorrektorien – Zusammenstellungen von einem Normaltext der Vulgata und Varianten – ist dargelegt, auf welchem Wege ein reiner Text gewährleistet werden sollte. Die Kriterien der Durchsicht sind so bedacht, daß ein moderner Darsteller zu dem Urteil kam: «Bei Revision des Vulgatatextes dürfte auch heute kein anderes Verfahren eingeschlagen werden» (H. Denifle).

Die Sorglosigkeit gegenüber der Überlieferung

Die karolingische Bibelrevision, Abt Stephan Harding und die Korrektorien des 13. Jahrhunderts: Sie zeigen, daß selbst in dem als weithin kritiklos angesehenen Mittelalter hie und da der Wille aufgetaucht ist, über die Gestalt eines Textes ins klare zu kommen. Jedoch mit den Augen des Humanismus und moderner Kritik gesehen liegen neben diesem partiellen Licht weite Gebiete eines dumpfen, finstergläubigen Mittelalters, in welchem von einem Streben nach kritisch gesicherter Tradition nur wenig zu spüren ist. Man sorgt sich im allgemeinen kaum um reine Texte, auch wenn man, wie Otloh von St. Emmeram († nach 1070) berichtet, bei unverständlichen Stellen nach guten und klärenden Handschriften Ausschau hält. Texte werden, so scheint es, hemmungslos verunstaltet, neue Zeugnisse hinzuerfunden, in historische Berichte Legenden einbezogen, und die Kritik scheint so weit herabgesunken, daß angeblich vom Himmel gefallene Briefe ernsthaft hingenommen werden und so weiter. Wer nicht von einer Rückständigkeit des Mittelalters ausgehen will, der wird nach einer Erklärung für dies in modernen Augen vielfach gebrochene Verhältnis zum Text und zu rationaler Kritik im Mittelalter suchen müssen.

Zahlreiche äußerliche Verschiedenheiten ließen sich zur Erklärung anführen: mangelnde literarische Bildung und Ausbildung, technische Unvollkommenheiten und ähnliches mehr. Doch reicht all dies nicht aus. Der Grund liegt tiefer, liegt in der Mentalität: in einer anderen Art der Begegnung mit dem Text. Das Bewußtsein des

Eigenwertes alles Geistigen, der Respekt vor fremder Intention und Leistung waren im Mittelalter vielfach nur schwach entwickelt. Statt dessen konnte es der mittelalterliche Schreiber und Interpret für angebracht halten, seine eigene Existenz und Vorstellung in den Sinn eines Textes einzubeziehen. Der Benediktinermönch Paschasius Radbertus († ca. 859) zitierte den berühmten Vers des Vergil von der Arbeit, die alles besiege: «labor omnia vincit». Aber während bei Vergil die Arbeit charakterisiert ist als der «labor improbus», die verruchte Arbeit, heißt es bei Paschasius Radbertus «pius labor»; die fromme Arbeit besiegt alles: «pius labor omnia vincit». Dem Benediktiner Paschasius Radbertus war die in frommem Gehorsam zu verrichtende Arbeit aufgegeben durch sein Ordensgelübde, denn Benedikt von Nursia († 547?) hatte die körperliche Arbeit – dem antiken Gebildeten eine «sordida ars», eine schmutzige Fertigkeit, die man füglich Banausen überließ – religiös-sittlich aufgewertet und in den Dienst mönchischer Selbstheiligung gestellt: ein Grundpfeiler des abendländischen Arbeitsethos. Das Verfahren des Paschasius Radbertus läßt sich als interpretatio christiana verstehen, als Angleichung an christliche Auffassung. Wenn aber in zahllosen Fällen rechtliche Grundsätze, Urteile von Kirchenvätern, sogar Gesetzestexte und vieles andere verändert und manche Zeugnisse einfach erfunden werden, kann von einer schlichten Angleichung an eine gewandelte Lebensform und Lebensauffassung nicht mehr die Rede sein; wenn vor kaum einem Text haltgemacht wurde, offenbart sich ein Geist, der weit entfernt ist von Respekt vor fremden Aussagen und vor dem Wortlaut von Vorschriften (siehe auch S. 201).

Die Kirchenväter hatten die Ehe als Konsenskontrakt aufgefaßt, gestiftet durch Willensübereinstimmung der Partner; Hinkmar von Reims († 882) begriff die Ehe als «copula carnalis», als fleischliche Gemeinschaft, und er zitierte als Beleg einen Satz, den er Schriften des Papstes Leo aus dem 5. Jahrhundert entnahm, mit einem eingeschobenen «non» zum Widersinn verkehrte und als dessen Autor er schließlich Augustinus nannte, der das Gegenteil geschrieben hatte: eine schier unglaubliche Vergewaltigung der Überlieferung. Das ist beileibe keine Ausnahme. Bischof Burchard von Worms († 1025) zitierte zu Beginn des 11. Jahrhunderts in seiner Rechtssammlung über 80mal Augustinus als Autor; höchstens zehn Prozent dieser Texte stammen wirklich von diesem Kirchenvater, in den meisten Fällen überdies bis zur Unkenntlichkeit verunstaltet. Alle übrigen rühren von anderen Verfassern her oder sind überhaupt Fiktionen Burchards. Wo bleibt hier die Wahrung fremden Geistesgutes, wo die

Absicht, Augustinus als Augustinus zu nehmen, und damit zusammenhängend: wo die Textkritik?

Man hätte Lust, Hinkmar und Burchard mit der Zeitmaschine eines H. G. Wells einzufangen und vor ein Tribunal moderner Philologen zu stellen: was sie sich wohl dabei gedacht hätten, Hinkmar und Burchard, fremde Texte zu verunstalten, neue unter falschem Namen zu erfinden und sich so wenig um das zu kümmern, was Augustinus wirklich geschrieben habe? Vielleicht würden Hinkmar und Burchard die ganze philologisch-historische Methode aus ihrer Sicht für müßigen Firlefanz erklären; denn nicht darum konnte es ihnen gehen, den historischen Augustinus sprechen zu lassen und die Gültigkeit der Verordnungen von äußerlichen Formen abzuleiten. Sie ließen Augustinus sprechen, wie er hätte sprechen sollen, und ein Rechtssatz gewann erst seinen Wert in der sinnvollen Übereinstimmung mit der eigenen Welt. Philologie aus historischer oder ästhetischer Distanz wollte das gar nicht sein. Man lebte mit seinem Augustinus und mit seinen Rechtssätzen, die eingefügt waren in eine höhere und von Gott gestiftete Ordnung. Die Übereinstimmung mit dieser aus tiefster Überzeugung gewahrten Ordnung erschien sinnvoller als ein unversehrter, aber nicht recht verständlicher Augustinus, als eine formal intakte, jedoch abwegige Vorschrift.

Daß in der Umgebung einer solchen, alles ins Subjektive einschmelzenden Gesinnung der Wunsch nicht weit verbreitet sein konnte, einen fremden Text durch historische und vergleichende Forschungen in seiner Andersartigkeit zu begreifen, liegt auf der Hand. Lediglich dort, wo das existentielle Bedürfnis wach wurde, das Wort, den Text an seinem wahren, an seinem historischen Ursprung zu erfassen, fanden sich Gelehrte, die in durchaus sachbezogener Überlegung nach einer Wiederherstellung des rechten und allein befolgenswerten Textes strebten. Friedrich Nietzsche, selbst ein gefallener Engel der Philologie, sah darin den Daseinszweck der Philologie überhaupt: «daß es Bücher gibt, so wertvolle und königliche, daß ganze Gelehrtengeschlechter gut verwendet sind, wenn durch ihre Mühe diese Bücher rein erhalten und verständlich erhalten werden» – dazu sei die Philologie da. Für königlich fürwahr mußten dem mittelalterlichen Gelehrten die Bücher der Bibel erscheinen, und wenn, so war hier historischer Sinn vonnöten, denn Gott kam nicht irgendwann und irgendwo zur Erde, sondern zu der Zeit, da ein Gebot vom Kaiser Augustus ausging und da Cyrenius Landpfleger in Syrien war. Wer die Reinheit der Evangelien und der Apostelbriefe suchte, der mußte sich zurückbegeben zu diesen Anfängen und versuchen, die Verschlechterung des Textes bis in die eigene Gegenwart aufzuheben. Bei Büchern, die Lebensformen gestiftet und erhalten haben, brach auch im Mittelalter immer wieder das Bedürfnis durch nach Rückkehr zum Ursprung, zu den Quellen.

«Zurück zu den Quellen»: Vom Humanismus zur kritischen Philologie

«Redite ad fontes», geht zurück zu den Quellen, sichert die ursprüngliche Reinheit christlicher und heilswirksamer Lebensformen, ließe sich als Devise über diese Textbemühungen setzen; aber das wäre auf den ersten Blick verwirrend, denn «Zurück zu den Quellen» ist zugleich eine der Hauptlosungen der Humanisten seit Petrarca († 1374), seit dem 14. Jahrhundert. Die «Quellen» der Humanisten jedoch waren nicht mehr christliche Texte allein, sondern auch antike Schriften, denen man mit einem neuen Verständnis begegnete. Aber sie leisteten ähnliche Arbeit, das Mittelalter, das sich philologisch um die Bibel bemühte und der die Antike stärker einbeziehende Humanismus des Spätmittelalters und der frühen Neuzeit. Gemeinsames Ziel war die Erschließung und Sicherung der für die Lebensführung wichtigen Grundsätze, die von den Humanisten über das christliche Schrifttum hinaus auch in antik-heidnischen Werken gesucht wurde. Im Umgang mit Zeugnissen der Antike fanden sie zu der Anschauung, daß durch die Entfaltung der von Gott geschenkten menschlichen Fähigkeiten, wie sie bei hervorragenden Männern der Antike sichtbar geworden waren, der Wert des irdischen Daseins gesteigert werde. Zu dem inneren Erlebnis nachahmenswerten Menschentums kam eine formale Schulung. Die antike Literatur läuterte das Sprachempfinden der humanistischen Gelehrten, und sie setzten ihre neu geschärften Fähigkeiten zur Überprüfung des christlichen Textgutes ein. Das brauchte keine unüberbrückbaren Gegensätze zu schaffen. Christentum und heidnische Antike standen zueinander in einer von Spannung nicht freien, aber belebenden Harmonie, und es ist gewiß kein Zufall, daß nicht wenige der im neuen Geiste kritischen Humanisten – Petrarca († 1374), Lorenzo Valla († 1457), Erasmus († 1536) zum Beispiel – materiellen Rückhalt in kirchlichen Pfründen besaßen. Lorenzo Valla, die wohl stärkste kritische Begabung des italienischen Humanismus, bewährte sein sprachliches Urteilsvermögen sowohl bei der Aufdeckung des Betrugs der Konstantinischen Schenkung wie bei Textverbesserungen zum Neuen Testament. Valla lehnte z.B. die Sprachgestalt mancher Vulgata-Stelle mit dem Bemerken ab, sie sei «plump und unelegant». Mit stilkritischen Mitteln wurde die Übersetzung des Hieronymus, obwohl von der Kirche approbiert und in vielen liturgischen und rechtlichen Bereichen als maßgeblich zitiert, wie ein profaner Text durchkorrigiert. Der Satz Papst Gregors I. wurde gleichsam umgekehrt: Warum sollte der Heilige Geist sich nicht in die beste der sprachlichen Möglichkeiten kleiden und sich nicht nach grammatischen Regeln richten?

Erasmus von Rotterdam druckte 1505, gut zwei Menschenalter nach der Niederschrift, Lorenzo Vallas «Bemerkungen zum Neuen Testament» ab, glücklich zwar über den Fund, jedoch in Furcht vor dem Aufschrei konservativer Theologen: «Unerträglich diese Unverschämtheit, so werden sie sagen, daß ein homo grammaticus, nachdem er alle Wissenschaften durchgehechelt hat, seine freche Feder nicht einmal vor der Heiligen Schrift zurückhält.» Es ist des Erasmus Hauptsorge, daß die bonae litterae, eine den Text und die Seele heilende Philologie, von Menschen barbarischer Gesinnung zurückgewiesen und bekämpft würden. Sein Ziel sei es, so sagt er, einen reinen Text herzustellen. Er bemäkelte nicht den Matthäus und nicht den Lukas, sondern diejenigen, die sie aus Unwissenheit und Unachtsamkeit verdorben haben: «Was wünscht man denn», fragt er, «daß die Kirche den Text so rein als möglich besitze oder nicht?» Der Kritiker als Wächter über den rechten Text wollte zugleich die Voraussetzungen für eine rechte Lebensform und Orthodoxie schaffen.

Der philologische Sinn jener Humanisten war nicht darauf gerichtet, eine Kritik zu betreiben, die sich Selbstzweck ist: die «oft betonte quellenkritische Haltung der Humanisten (ist) sekundär» (J. Engel). Viel stärker beherrschte sie der Gedanke, den Schriften, von deren sittlichem Wert sie überzeugt waren, die unverfälschte Gestalt zurückzugeben.

Dieser Humanismus des 15. und 16. Jahrhunderts mit seiner Freude an der Überlieferungskritik und seinen zahlreichen Textausgaben wird gern in Beziehung gesetzt zur kritischen Philologie und zur neu aufkommenden historisch-kritischen Methode im 19. Jahrhundert, zumal nicht wenige der frühen Editionsunternehmungen von der kritischen Philologie umfassender und mit neuer Energie aufgenommen worden sind. Es könnte scheinen, als bestände zwischen beiden, zwischen dem Humanismus und der kritischen Philologie des 19. Jahrhunderts, kein Unterschied, als habe man das editorische Geschäft im 19. Jahrhundert eben gründlicher, sonst aber im gleichen Geiste wie die Humanisten betrieben. Das äußere Bild trügt. Der frühe Humanist versprach sich vom Umgang mit den gereinigten Schriften eine sittliche Bereicherung; dem kritischen Philologen geht es zuvorderst um eine wertneutrale, überlieferungs- und verständnisgerechte Bearbeitung der Schriften. An die Stelle des humanistischen Dienstes an der Seele ist der philologische Dienst an der Sache getreten.

Das Credo der «sogenannten streng philologischen Methode», wie sie im 19. Jahrhundert in Kreisen etwa um Karl Lachmann (1793–1851), August Boeckh (1785–1867), Gottfried Hermann (1772–1848), Otto Jahn (1813–1869) entstanden ist, hat Theodor Mommsen (1817–1903) beschrieben als die «einfach rücksichtslos ehrliche, im großen wie im kleinen vor keiner Mühe scheuende, keinem Zweifel ausbiegende, keine Lücke der Überlieferung oder des eigenen Wissens übertünchende, immer sich selbst und anderen Rechenschaft legende Wahrheitsforschung».

Von Mommsen auch stammt das berühmte Wort von der «voraussetzungslosen Forschung», «die nicht das findet, was sie nach Zweckerwägungen und Rücksichtnahmen finden soll und finden möchte, was anderen, außerhalb der Wissenschaft liegenden praktischen Zielen dient, sondern was logisch und historisch dem gewissenhaften Forscher als das Richtige erscheint, in ein Wort zusammengefaßt: die Wahrhaftigkeit». Die streng philologische historisch-kritische Methode ruht in sich und bezieht ihren ethischen Wert aus der Wahrhaftigkeit im Gebrauch philologischer und historischer Mittel; sie kann sich an jedem Studienobjekt bewähren und bei Verlust christlicher und selbst humanistischer Sinngebung zu einer Art Glaubensersatz aufsteigen. Im rechten Tun liegt ihre Seligkeit, und so sehr ist der auf die Lösung von Textproblemen versessene kritische Philologe zum Prototyp des ganz der Sache hingegebenen Wissenschaftlers geworden, daß Max Weber (1864–1920) seine Gesinnung als Forschermerkmal schlechthin herausgestellt hat: «Wer nicht die Fähigkeit besitzt», sagte er in seinem Vortrag ‹Wissenschaft als Beruf›, «sich hineinzusteigern in die Vorstellung, daß das Schicksal seiner Seele davon abhängt: ob er diese, gerade diese Konjektur an dieser Stelle dieser Handschrift richtig macht, der bleibe der Wissenschaft ja nur fern.» In dem Drängen nach dem rechten Text, so scheint es, stellt sich das Erlebnis «Wissenschaft» besonders rein dar.

«... die Aufgabe des Historikers sei Verstehen»

In diesem Zusammenhang sind auch die Monumenta Germaniae Historica zu sehen, jene «Gesellschaft zur Erschließung der Quellen des Mittelalters», wie sie sich selbst im Untertitel nannten, die auf vielen Feldern voranging in der kritischen Aufarbeitung der Überlieferung. Bei ihrer Gründung, im Zeitalter der nationalen Romantik, war das patriotische Motiv stärker als das wissenschaftliche, und in den ersten Anfängen der Gesellschaft findet sich wenig vom strengen Geist der historisch-kritischen Methode. Um das Projekt vorzustellen, hatte der Freiherr vom Stein 1818 den weithin unbekannten und auch unbekannt gebliebenen badischen Archivar Karl Georg Dümgé (1772–1845) beauftragt, ein Papier auszuarbeiten, das unter dem Titel «Ankündigung und Plan-Entwurf» gedruckt und verschickt wurde. In den methodischen Grundsätzen für die künftigen Quellenausgaben berief sich Dümgé auf den damals 80jährigen Tübinger Professor Christian Friedrich Rösler (1736–1821), einen kauzigen und ganz dem 18. Jahrhundert verhafteten Mann, der Jahrzehnte früher im Vorwort einer «Chronica medii aevi» (zuletzt 1798) durchaus vernünftige Editionsgrundsätze vorgetragen hatte – so forderte er das Erfassen der handschriftlichen Überlieferung –, nur hatte er sich selbst nicht danach gerichtet. Der Name Röslers, den der «Plan-Entwurf» den «ehrwürdigen Veteran unter Deutschlands öffentlichen Lehrern der Geschichten» nennt, steht an der Spitze derjenigen, die sich erboten hatten, an dem nationalen Werk, wie es hieß, «edler deutscher Männer» mitzuarbeiten. Daraus ist, man muß sagen: zum Glück nichts geworden: Dümgé verschwand, und Rösler starb. Georg Heinrich Pertz (1795–1876), den die Gesellschaft schon auf Reisen nach Österreich und Italien geschickt hatte, übernahm die wissenschaftliche Leitung der Monumenta und öffnete sie den höheren kritischen Anforderungen, bald nachhaltig unterstützt von dem Mitarbeiter Georg Waitz (1813–1886), der durch Lachmanns und Rankes Seminare gegangen war. Was patriotischer Dilettantismus begründet hatte, übernahm ein sachgebundenes Expertentum.

Die Monumenta Germaniae Historica haben in ihrer langjährigen Geschichte kein eigentliches Editionsschema, kein Patentrezept zur Herausgabe von Quellen entworfen. «Wer nichts über die Sache versteht, schreibt über die Methode», hat Gottfried Hermann, einer der Väter der kritischen Philologie zu Beginn des vorigen Jahrhunderts, bemerkt; von solchem Vorwurf haben sich die Monumenta freigehalten, indem sie in den Editionen selbst ihre Prinzipien zur

Geltung brachten, in ständiger Korrespondenz mit der fortschreitenden Erkenntnis, den gewandelten Bedürfnissen und den technischen Verbesserungen. Dem heutigen Betrachter stellen sie sich als eine vom Geiste der historisch-kritischen Methode angeregte und getragene Institution dar, die in ihren Textausgaben den Überlieferungsstoff zu gliedern und vorbildhaft dem Benutzer anzubieten unternommen hat. Benedetto Croce (1866-1952) sprach im Zusammenhang mit der «scuola filologica tedesca» von dem Modellcharakter der Monumenta-Editionen. Der Engländer Sir David Knowles (1896-1974) hat 1960 in einem vor der Royal Historical Society in London gehaltenen Vortrag den Monumenta für ihre Leistung «reichlichen Dank» abstatten wollen: Historiker aller Länder seien nun dabei, mittelalterliche Texte zumindest nach den Grundsätzen herauszubringen, die von den Monumenta gelehrt worden seien, und er identifiziert die Mittelalterforschung überhaupt mit der Existenz und der Lebenskraft der Monumenta. Sie hätten einen unaufgebbaren Platz, «solange ein kritisches Mittelalterstudium den Einwohnern von Europa je von irgendeinem Interesse ist».

Jedoch ein stark dem Technischen verhaftetes Editionsbemühen, wie das der historisch-kritischen Methode, birgt die Gefahr in sich, zu einer handwerklichen Mache zu erstarren und das Bereitstellen des Textes bereits für die historische Aussage selbst zu nehmen. Zeitig wurde vor dieser Verständnisverkürzung gewarnt. Bereits 1857, bevor die Energie des Präsidenten Georg Waitz eine Editionslawine der Monumenta auslöste, schrieb Johann Gustav Droysen (1808-1884): «Wir sind in Deutschland durch die Rankesche Schule und die Pertzischen Arbeiten (der Monumenta Germaniae Historica) auf unleidliche Weise in die sogenannte Kritik versunken, deren ganzes Kunststück darin besteht, ob ein armer Teufel von Chronisten aus dem andern abgeschrieben hat... Es hat schon einiges Kopfschütteln veranlaßt, daß ich... behauptet habe, die Aufgabe des Historikers sei Verstehen...» Droysen hat seine Klage in einem misanthropischen Privatbrief geäußert, und als wollte er der «sogenannten Kritik» von Ranke und Pertz ein Gegenmittel verschreiben, äußerte er im gleichen Brief «den tollkühnen Entschluß», «im nächsten Semester Enzyklopädie und Methodologie der historischen Wissenschaften zu lesen». Hier liegen die Anfänge von Droysens «Historik», über die er 1857 zum erstenmal las.

Droysens Vorbehalt ist berechtigt; die Gefahr der Verkümmerung zur Editionsvirtuosität bestand und besteht durchaus. Jede Quelle drängt über die Edition ihres Wortlauts hinaus zur Aussage und fordert für das rechte Begreifen die Einbeziehung außerhalb des Textes liegender Gesichtspunkte und Verständnisfelder: gesellschaftlicher, soziologischer, theologischer oder noch anderer. Immerhin sollte man die Gefahr für die Monumenta Germaniae Historica kaum gefährlicher einschätzen als für die Mediävistik und die Geschichtswissenschaft überhaupt. Gewichtiger als eine stets dem Detail hingegebene Textforschung ist das allgemeine Bewußtsein: daß es zunächst darum gehen muß, in das Eigenverständnis der Schriften und der Zeiten einzudringen. Die entscheidenden Entdeckungen sind nicht im kritischen Apparat, sondern über die Individualität früherer Menschen und Zeiten gemacht worden. Die Sorge um den rechten Text bedeutet auch die Sorge um das rechte Verständnis der kritisch aufgearbeiteten Überlieferung, und beides hat ein Herausgeber in den Blick zu nehmen und im Blick zu behalten.

Damit aber der Historiker in die Lage versetzt wird, das rechte Verständnis zu suchen, bedarf er der freiheitlichen Duldung und der Unterstützung durch die Gesellschaft: eine nicht zu allen Zeiten und nicht überall gewährte Voraussetzung. In diesem Sinne gibt es keine gleichsam anthropologisch bedingte historia perennis, keine philologia perennis, keine ewige Philologie, um einen jüngst geprägten Ausdruck zu gebrauchen (R. Pfeiffer), keine unzerstörbare, stets das Wesen fremden Menschentums aufsuchende Philologie oder Historie. Die Freiräume, in denen sie gedeihen, können verlorengehen. Bei aller Sorge um den rechten Text sollte der Historiker nicht minder die Sorge um die Voraussetzung mitbedenken, sich um den rechten Text sorgen zu dürfen.

V

Freude, Wissen, Neugier:
Begegnungen mit dem mittelalterlichen
Anderssein

«Jubel».
Eine historische Betrachtung über den Anlaß zu feiern

Es wird heute viel gefeiert – nicht nur alle «Jubeljahre». Was aber macht inmitten der vielen Anlässe das Besondere eines Jubiläums aus? Das Jubiläum oder das Jubeljahr, der «annus iubileus», hat seinen festen Beginn: Es ist das Jahr 1300, das Heilige Jahr, das Papst Bonifaz VIII. (1294–1303) eingerichtet hat. Die Bezeichnung «Jubiläum» oder «Jubeljahr» trug dieses Heilige Jahr von Anfang an, denn man war sich der Herleitung aus dem Alten Testament und vom hebräischen Wort «Jobel» bewußt. «Jobel», das heißt: der Widder, das Widderhorn sowie der Klang dieses Horns, wenn nach 7 × 7 Jahren das 50. Jahr angekündigt wird: der Beginn des «Versöhnungsjahres», in dem (wie es im Alten Testament Lev. 25, 10 steht) «jedermann wieder zu dem Seinen kommen soll» und die Schulden erlassen werden. Mit dem hebräischen Wort «Jobel» verband man das griechische ἄφεσις und das lateinische «Remissio», d. h. Freilassung oder Nachlaß, und der große enzyklopädische Lehrmeister des Mittelalters Isidor von Sevilla († 636) schrieb um 600: «Unter Jubel versteht man das Jahr des Nachlasses».

Mit diesem aus dem Ernst des Alten Testaments kommenden «Jubel» konnte das lateinische Ohr ein eigenes, freudvolles Wort verbinden: «iubilare» und «iubilum», den aus ländlicher Umgebung hervorgegangenen Zuruf, das Frohlocken, das auch Gott und seiner Güte gelten konnte: «In dulci iubilo, singet und sit vro», wie es in dem bekannten mittelalterlichen lateinisch-deutschen Weihnachtslied heißt, und der Meßgesang kannte den «Jubilus» des Alleluja.

Das Jubeljahr 1300 versprach allen Römern, die die Basiliken der Apostel Petrus und Paulus an dreißig Tagen, und allen Pilgern, die diese an 15 Tagen büßend und bekennend besuchten, den «vollkommenen Nachlaß der Sündenstrafen». Zugleich wird in der Stiftungsbulle festgelegt, daß «in jedem hundertsten Jahr» ein neues Jubeljahr mit wiederum vollkommenem Ablaß folgen soll. 100 Jahre sind eine lange Zeit, und Papst Clemens VI. (1342–1352) hat 1343 den Abstand auf 50 Jahre verkürzt, «weil – wie ein zeitgenössischer Chronist schrieb – das Leben der Menschen dahingleitet und abnimmt und die

Krankheit die Welt überschwemmt.» 1350 war dementsprechend ein neues Jubiläum, ein neues Heiliges Jahr, zu einer Zeit, als weite Teile Europas unter den Folgen einer verheerenden Pest litten. Aber auch 50 Jahre waren für ein mittelalterliches Menschenleben sehr lang, zu lang, wenn die durchschnittliche Lebenserwartung bei etwas über 30 Jahren lag. Papst Urban VI. (1378–1389) verringerte die Frist auf 33 Jahre: die Lebenszeit Christi, dessen Opfertod den Sündennachlaß ermöglichte. Aber auch damit war der bis in unsere Zeit reichende Rhythmus noch nicht gefunden: 1475 ist der heute gültige Zyklus von 25 Jahren eingerichtet worden, so daß das Wort «Jubiläum» eine Bedeutung erhalten hat, die zum Beispiel im Grimmschen Wörterbuch (1877) so umschrieben ist: «Jubiläum... jubelfest... (ursprünglich) im geistlichen sinn...: heute im allgemeinen gebrauche, von einer hundert-, fünfzig-, fünfundzwanzigjährigen gedenkfeier.» Das «echte» Jubiläum orientiert sich an der Zeiteinheit von 25 Jahren.

Beim Jubel gibt es nichts zu lachen

Was veranlaßte Papst Bonifaz VIII., einen nüchternen Juristen, ein Jubiläum im Jahre 1300 anzusagen? Bonifaz erinnert in der Verkündungsbulle an die Pflicht seines Amtes, für das Seelenheil jedes einzelnen zu sorgen, und die damalige Christenheit nahm das Angebot des Papstes, in Rom den bislang nur bei Teilnahme am Kreuzzug bewilligten vollkommenen Ablaß zu erlangen, geradezu begierig auf.

Die Chronisten des Heiligen Jahres 1300 berichten einmütig von der tiefen Ergriffenheit der Pilger: «Wenn sie in der sonnigen Ferne den finsteren Wald der Türme der heiligen Stadt erscheinen sahen, so erhoben sie den Jubelruf ‹Roma, Roma›, wie Schiffer, die nach langer Fahrt auftauchendes Land entdeckten. Sie warfen sich zum Gebet nieder und richteten sich auf mit dem inbrünstigen Ruf: ‹St. Petrus und Paulus, Gnade!›» Die Sehnsucht nach vollkommenem Ablaß trieb die Menschen, nicht die Erwartung eines Festes voll diesseitiger Freude.

Wie schwer ein Mensch damaliger Zeit an seiner Existenz trug, ständig erinnert an seine Sündhaftigkeit, dafür gibt es viele Zeugnisse (siehe S. 20f. und S. 39f.). Er wurde auch darüber belehrt, daß die Sündhaftigkeit der Menschen ihre Lebenszeit ständig mehr verkürze, denn «lesen wir nicht in der Bibel, daß die Urväter 100 und 120 Jahre alt geworden sind?» (so Papst Innozenz III., 1198–1215). Die Überzeugung jener Zeit, daß die Lebenserwartung jetzt und in Zukunft abnehme, war ja ein Grund, die Jubiläumsfristen zu verringern.

Diese Gesinnung ließ für Lebensfreude und damit Festesfreude kaum Raum. Heiterkeit und Lachen, ist auch genau das, was der fromme Christ vermeiden sollte, denn: «das fröhliche Fleisch verführt zur Sünde» (so die Synode von Hohenaltheim 916). Das Lachen – nach Aristoteles († 322 v. Chr.) ein Wesensmerkmal des Menschen, das ihn von der Tier-, aber auch von der Götterwelt abhebt – galt als Defekt menschlichen Fleisches. Schon die Kirchenväter konnten sich nicht genugtun mit der Drohung, wer jetzt lache, werde im Jenseits weinen, denn Christus habe in der Bergpredigt verkündet: «Weh Euch, die Ihr lacht, denn Ihr werdet trauern.» Der Kirchenvater Augustinus († 430) hat eine Formulierung gefunden, die sprichwortartig umlief: «Es lachen die Menschen, es weinen die Menschen, und daß die Menschen lachen, muß man beweinen». Der große Prediger des Hochmittelalters Abt Bernhard von Clairvaux († 1153) hielt seinem Freund Humbert von Igny, der in seinen Armen verschieden war, an der Totenbahre die Leichenrede. Als besondere Leistung hob er den tiefen Ernst in der Haltung des Verstorbenen hervor, «auf dessen Gesicht nie ein Lachen erschienen» sei. Nicht nur die Sündhaftigkeit des Menschen verbot das Lachen: Christus habe dreimal geweint, aber niemals gelacht, das lehrte Petrus Cantor († 1197) an der Schule von Notre Dame in Paris.

Aber sollte es nicht so etwas wie Heiterkeit der Seele geben, die freudvolle Hoffnung auf die Gnadenmittel und den Erlöser? Sehr wohl, antwortete der berühmte Scholastiker Hugo von St. Victor († 1141), eine Generation älter als Petrus Cantor, aber «man muß wissen, daß die geistliche Freude den Geist niemals zum Lachen freigibt». Gelöstes, um nicht zu sagen: hemmungsloses Lachen wird mit mancherlei Gründen und in unterschiedlicher Schärfe abgelehnt, ist freilich trotz seines Unwertes nicht ganz zu unterdrücken. Der Mönchsvater Benedikt († ca. 547?) hilft sich mit einem Schriftzitat: «Der Tor hebt seine Stimme zum Gelächter, der Weise aber wird kaum schweigend lachen» (Sirach 21, 23).

Um dieses Wort dreht sich der großartige Disput, den Umberto Eco an zentraler Stelle seines Erfolgsromans «Der Name der Rose» angeblich im Jahre 1327 William von Baskerville und Jorge von Burgos führen läßt. Es steckt ein Stück Wahrheit in Ecos Fiktion, wenn eine angeblich verschollene Schrift des Aristoteles «Über das Lachen» als das Buch ausgegeben wird, dessen Verbreitung das kirchliche Zusammenleben erschüttern könnte und dessen Lektüre deshalb der finsterfanatische Klosterbibliothekar mit mörderischen Mitteln verhindert. Eco trifft hier durchaus mittelalterliche Mentalität.

Unziemliche Freuden

So sehr Lachen, Heiterkeit und Daseinsfreude als heilsgefährdend angesehen wurden, so hat doch immer wieder befreiender Unernst den drückenden Ernst durchbrochen, und beides mischte sich in einer uns zuweilen fremdartigen Widersprüchlichkeit. Jacob Burckhardt (1818–1897) sprach vom Unverständnis des modernen Europäers «für das Bunte und Zufällige» seines Mittelalters, von seinem «abgeschmackten Haß» auf das «Verschiedene, Vielartige»: auf der einen Seite tiefe Frömmigkeit bei den von der Kirche eingerichteten Festen, auf der anderen Seite unpassende Freude und grausames Vergnügen.

Kaiser Heinrich II. (1002–1024), der Heilige, wußte um die kümmerlichen Lateinkenntnisse des ehrenwerten Bischofs Meinwerk von Paderborn (1009–1036), und er stiftete einen Kaplan an, an der Stelle des Missale, wo für den König und sein Gefolge gebetet wird: «pro omnibus famulis et famulabus» (für alle Diener und Dienerinnen) durch Rasur den Wortlaut: «pro omnibus mulis et mulabus» herzustellen. Meinwerk trug denn auch während der Feiertagsmesse vor «für alle Maulesel und Mauleselinnen»: zum Gespött des Kaisers. Vielleicht sollte ich die Fortsetzung der Geschichte auch berichten: der bloßgestellte Meinwerk hat den schuldigen Kaplan vor versammeltem Domkapitel grausam auspeitschen lassen, ihn dann neu eingekleidet und zum Kaiser geschickt. Der fromme Kaiser, selbst ursprünglich zum Geistlichen bestimmt, hatte nichts an dem liturgischen Schabernack während der Feier gefunden, und der blamierte Bischof hat sich unchristlich gerächt.

Wenn das stimmt, was die Historiker behaupten: daß die Verinnerlichung des Christentums eigentlich erst im 11. Jahrhundert, angezeigt durch die Kirchenreform, erfolgt sei, so erscheint manches verständlicher.

Zum Beispiel das, was um 800 Erzbischof Arn von Salzburg (785–821), zu dessen Kirchenprovinz auch Altbayern gehörte, in einer erst kürzlich entdeckten Predigt behauptet. Es gäbe Laien, die an einem Feiertag zu einem Gelage kämen und (um sich lästiger Buß- und Fastenauflage zu entziehen) die Priester anweisen, ihnen aufzuerlegen, trotz Buße Fleisch zu essen und Wein zu trinken, während der grundhörige Priester gleichsam als sühnendes Kompensativ Messe lesen und Psalmen singen sollte. Der schlemmende Grundherr hatte sicherlich ein vortreffliches Gewissen dabei und glaubte den Himmel nicht verspielt, denn zur Übertretung war doch gleich die aufhebende

Sakramentalleistung mitgeliefert worden, entsprechend der damaligen Rechtsauffassung, daß die Tat irgendwie geahndet werden müsse, das Motiv jedoch keine Rolle spiele.

Die animalische Freude brach sich auch in frömmsten Zeiten Bahn: Die Carmina Burana, die Lieder aus Benediktbeuern, legen in ihrer überströmenden Daseinslust Zeugnis davon ab. Spielleute, die von Festivität zu Festivität zogen, zählten zwar zu den unehrenhaften Leuten, gehörten aber mit ihren derben Späßen zur Festausstattung, waren allerdings nicht immer gern gesehen; der düster-ernste König Heinrich III. (1039–1056) hat sie 1043 von seiner Hochzeitsfeier verscheucht. Ständig werden die Priester aufgefordert, frivole Festgelage zu meiden, und ein römisches Konzil von 826 verbietet, wie es heißt, «besonders den Frauen» üppige Festgelage an Heiligentagen auszurichten: Zahllos sind die Anweisungen, Leichenfeiern nicht in sinnlose Gastereien ausarten zu lassen, und frühmittelalterliche Konzilien untersagten streng den Tanz in der Kirche. Mit einigem Gruseln überlieferte man das «Tanzlied von Kölbigk» im Anhaltischen, wo angeblich in der Christnacht des Jahres 1021 zwölf junge Männer in der Vorhalle der Kirche zu tanzen anfingen und als Strafe ein geschlagenes Jahr hindurch haben tanzen müssen. Der theologischen Definition christlicher Freude (sie bestände darin, «Gottes Herrlichkeit zu schauen») hat man allerorten sicherlich zugestimmt und dennoch das obszöne «Nonnenkonzil» von Remiremont gelesen, das den Verfasser in unseren Tagen wegen Religionsfrevel vor den Richter brächte.

Die Feste im Jahresablauf

Ohne Frage: Der Drang nach Freude und Feiern bestand auch damals, und das Kirchenjahr gliederte das Leben der Menschen in Fest- und Arbeitstage. Um die vielen feststehenden Feier- und Heiligentage im Kopf zu behalten, dichtete man wunderliche Merkverse, z.B. für die erste Hälfte des Januar den Hexameter: Císio Jánus Epí sibi víndicat Óc Feli Márcel, was heißen soll: «Circumcisionem Janus sibi vindicat Epiphaniam, Octavam, Felicem, Marcellum» und was bedeuten soll: Der Monat Januar hat die Festtage 1. Januar (Circumcisio, Beschneidung des Herrn), 6. (Epiphanias), 13. (Oktav nach Epiphanias), 14. (Felix), 16. (Marcellus). Neben den großen Festen Ostern, Pfingsten und Weihnachten gliederten viele kleinere das Jahr: An Michaelis, den 29. September, knüpften sich Schulschluß, Jahrmärkte, Erntebräuche; zum Martinstag, zum 11. November, kündigte man, wechselte das Gesinde, zahlte Steuern und entrichtete Abgaben. An Feiertagen nahm man bevorzugt wichtige politische Handlungen vor: Kaiser und Könige ließen sich an Sonntagen oder an hohen Feiertagen krönen, päpstliche Bannbullen wurden häufig am Gründonnerstag erlassen, die Hanse versammelte sich zu Pfingsten. Reichs- und Hoftage, Verträge und Bündnisse wurden auf solche Feiertage festgesetzt. Der heilige Tag, der Feiertag, war nicht eine Zeit des erholsamen Nichtstuns, sondern besonders wichtigen Handelns. Selbst Schlachten, wie die Lechfeldschlacht Ottos I. 955 oder der Ungarnsieg Heinrichs I. 933, fanden an Tagen statt, an denen man das Gedenken bestimmter Heiliger – des Laurentius und des Longinus – feierte, deren Hilfe man erbat. Brach man zu einem Feldzug auf, so wählte man bevorzugt den 15. August: das Fest Mariä Himmelfahrt, wie überhaupt die «Himmelskönigin» als einer der tüchtigsten Schlachtenhelfer angesehen wurde.

Die Zahl der Festtage hat vom Frühmittelalter an im Laufe der Jahrhunderte zugenommen, war jedoch, wie auch heute, von Gegend zu Gegend höchst unterschiedlich. Papst Gregor IX. (1227–1241) hat 1232 bestimmt, daß es 85 arbeitsfreie und der Hinwendung zu Gott gewidmete Tage geben soll, die Diözesanfeste nicht eingerechnet. In der Zeit vom 13. bis zum 18. Jahrhundert gab es in manchen Diözesen weit mehr als hundert arbeitsfreie Tage, gar nicht so viel weniger als ein heutiger Arbeitnehmer erhält, dessen Freizeit mit Sonntagen, freien Samstagen, Feiertagen und Urlaub bei ca. 140 Tagen liegt. Vom 18. Jahrhundert an – mit der Aufklärung und bereits vor der Industrialisierung – setzte eine teilweise radikale Verminderung der Zahl der Feiertage ein.

Verletzungen der Feiertagsruhe wurden, zumal im Mittelalter, streng geahndet, und man erzählte sich viel über himmlische Strafen, die den Sünder trafen, wie den am Sonntag arbeitenden Holzknecht, der auf den Mond versetzt wurde. Andererseits war z.B. für einen Bauern Feiertagsarbeit unvermeidbar, aber die Zulässigkeit war strikt geregelt. Doch selbst hier, wo der Arbeitsfluß nicht unterbrochen werden konnte, erinnerte die Legende gern an den Lohn frommen Innehaltens. Als der gottesfürchtige Bauer Isidor seinen Pflug trotz dringender Arbeit verließ, um in der nahegelegenen Kirche zu beten, zog ein Engel weiter die Furchen.

Was an Anlässen zu feiern bislang beschrieben wurde, bewegt sich im Rahmen des normalen Kirchenjahres mit seiner ständigen Wiederholung. Aber auch geschichtliche Ereignisse bleiben nicht mit ihrem punktuellen Datum in Erinnerung, sondern in der jährlichen Wiederkehr ihres Gedenktages. Daß Kaiser Heraklius I. (575–641) das

Kreuz Christi bei der Eroberung Jerusalems 628 wiedergewann, daran dachte im Mittelalter kaum jemand, wenn er am 3. Mai das Hohe «Fest der Kreuzauffindung» (Inventio sanctae crucis) beging: Geschichte wird zum jährlich wiederkehrenden Fest, ohne Interesse für die Historizität des Ereignisses, und niemandem fiel es ein, etwa die zweihundert- oder dreihundertjährige Wiederkehr des Tages der Kreuzauffindung zu feiern. «Auf die alljährliche Wiederholung kommt es an, nicht auf das historische und als solches immer mehr entschwindende Datum» (J. Hennig).

Vergessener Geburtstag – erinnerter Todestag

Über der ständigen Wiederkehr der Gedenk- und Feiertage vergingen die Jahre, und viele Menschen damaliger Zeit konnten nicht sagen, in welchem Lebensjahr sie standen, wann genau sie geboren waren. Es mutet grotesk an, wenn wir von manchem großen Herrn, der das Schicksal Europas gestaltet hat, das Jahr seiner Geburt nicht mit Sicherheit anzugeben wissen: Für Karl den Großen († 814) galt lange 742 als wahrscheinlich, aber neuere Forschungen lassen 747 durchaus einleuchtend erscheinen. Vom vielleicht volkstümlichsten Kaiser des deutschen Mittelalters Friedrich I. Barbarossa († 1190) können wir nur den Zeitraum angeben, innerhalb dessen seine Geburt liegen dürfte: 1122, spätestens 1124/25. Mit den Todesjahren steht es zwar besser, aber ähnlich. Was wir am besten angeben können, ist nicht das Todesjahr, sondern der Todestag, und von vielen Heiligen, echten oder fiktiven Ereignissen kennen wir kaum mehr als eben den Todestag oder den Tag des Ereignisses. Starb jemand, dem sich ein geistlicher Konvent in irgendeiner Weise verbunden fühlte, so wurde sein Name unter dem Datum des Todestags ohne das Jahr eingetragen, damit seiner am jeweiligen Todestag gedacht und für seine Seele gebetet werden konnte. In den auf uns gekommenen Nekrologien, den Totenbüchern, sind über die Tage des Jahres verteilt viele Tausend Namen verzeichnet, in den mittelalterlichen Totenbüchern des Klosterverbandes von Cluny zum Beispiel etwa 96 000. Dank moderner EDV-Technik, die mehr speichern und kombinieren kann als ein menschliches Gehirn, werden wir bei manchen Einträgen in die Lage versetzt, den einen oder anderen Namen zu identifizieren.

Daß Lebenszeiten und Lebensalter damaliger Menschen häufig so schwer auszumachen sind, hängt auch mit der geringen Beachtung des Geburtstags zusammen. In der heidnischen Antike war der Geburtstag mit kultischem Aufwand gefeiert worden. Das Geburtstagsfest galt dem lebensbegleitenden Genius, dessen Altar mit Blumen und Kränzen geschmückt wurde; dem Festgott wurde geopfert, Freunde brachten Glückwünsche und Geschenke, Gelehrte ihre Bücher, wie Censorinus seine Schrift «Über den Geburtstag» seinem Gönner im Jahre 238 sinnigerweise an dessen Geburtstag dediziert hat. Die Stadt Rom feierte ihren Geburtstag, zu dem Horaz († 8 v. Chr.) die Festkantate schrieb. Groß aufgezogen wurden die Geburtstagsfeiern für den Kaiser mit Paraden, öffentlichen Festgelagen, Zirkusspielen, Tierhetzen. Für den Christen waren das abstoßende Schauspiele. Der stets aggressive Kirchenschriftsteller Tertullian († ca. 230) lehnte solcherart Festesaufwand ab: von den Christen werde auch der Tag des kaiserlichen Geburtstags mit Keuschheit, Mäßigkeit und Rechtschaffenheit begangen. Christliche Rigoristen lehnten überhaupt ab, den Geburtstag zu feiern, denn bedeute die Geburt nicht den Eintritt in die erlösungsbedürftige Welt und die Gefangennahme der Seele durch den sündhaften Körper? Es lassen sich reihenweise christliche Zeugnisse anführen, die das Eintreten des Menschen in die Welt als großes Unglück bezeichnen: in jenes Jammertal des Psalmisten, wo das «Elend des Menschseins» beginnt und wo dem Gläubigen das Lachen vergeht. Lediglich Sünder könnten sich, so schreibt Origenes († 254), über die Geburt freuen, wie denn auch in der Bibel nur der Pharao und Herodes ihren Geburtstag gefeiert hätten: beide durch Blutvergießen.

Als eigentlicher Geburtstag, als Geburt für Gott, galt schon bei manchen Kirchenvätern der Tauftag, an dem der Mensch «wiedergeboren wird aus dem Wasser und dem Heiligen Geist», der Tag der «Bluttaufe» (Martyrium) oder der Todestag als Tag der Vollendung des immer gefährdeten Lebensweges und das Eingehen in den Frieden Gottes. Der Feiertag eines Heiligen – sein «dies natalicius», sein Geburtstag – ist deshalb stets der «dies obitus», der Tag seines Hinscheidens, denn ein Heiliger wird – himmlischer Fürbitter, der er ist – für die Christenheit erst lebendig, wenn er stirbt, wenn er bei Gott ist. Als «dies natalis», als Geburtstag, wurde auch das Eintreten in einen geistlichen Stand angesehen; der Mönch, der Priester beginnen diesen Tag feierlich, und berühmt sind die seit dem 4. Jahrhundert aufkommenden «Geburtstags»-Predigten mancher Päpste anläßlich der Feier der Wiederkehr ihres Weihetages. Ein Papst mit seiner Binde- und Lösegewalt wird durch die Weihe geboren, nicht durch das Eintreten in diese sündhafte Welt.

Der Geburtstag als Tag körperlicher Geburt wird erst wieder gegen Ende des Mittelalters da und dort zaghaft gefeiert. Kaiser Friedrich II.

(†1250) hat 1233 die Feier des Stephanstages (26. Dezember), seines Geburtstages, befohlen, und der Frühhumanist Albertinus Mussatus (†1329) verfaßte ein Gedicht anläßlich seines 56. Geburtstags, zwar des Tages, aber nicht des Jahres sicher, denn er macht den Vorbehalt: wenn meine Mutter mich richtig unterrichtet hat. Der Namenstag, vorher nur selten gefeiert, erhielt in der Zeit der katholischen Reform besonderes Gewicht, als man der protestantischen Ablehnung der Heiligenverehrung zu begegnen suchte; das Konzil von Trient im 16. Jahrhundert war auch hier richtungsweisend: es hat den katholischen Gläubigen nachdrücklich empfohlen, jedem Täufling einen Heiligennamen zu geben und diesen Namenstag festlich zu begehen. Ein Theologie-Lexikon vermerkt dazu noch heute: «Geburtstag wird bei den Katholiken im Hinblick auf die Erbsünde gewöhnlich nicht gefeiert... Über dem Geburtstag steht der Namenstag, weil er an den Tauftag, den Geburtstag für den Himmel und die Gemeinschaft der Heiligen, erinnert.»

Staufische Feste – Burgundische Bankette – Barocker Pomp

Aber das in das Kirchenjahr eingebettete Fest ist von der Feier zu trennen, denn (um einen modernen Theologen zu zitieren) «jedes Fest schließt eine Feier ein, aber nicht jede Feier ist ein Fest» (Th. Klauser). Es gab und gibt im privaten wie im öffentlichen Leben genug Ereignisse, deren außerhalb des Kirchenjahres mit Feiern gedacht wird: Taufe, Verlöbnis, Hochzeit, Beerdigung, und standes- und epochenbedingt z.B. Schwertleite, Wahl, Weihe, Investitur, Belehnung, Zunftfeste oder bei einem Herrscher und seiner Umgebung: Krönung, Reichs- und Hoftage, Synoden usw. Wohl enthielten auch diese Feiern in früheren Zeiten noch einen liturgisch-kirchlichen Kern, aber sie uferten teilweise aus zu riesigen Selbstdarstellungen mit weitgehend weltlichem Spiel.

Auf dem Höhepunkt seiner Macht – nach dem Frieden von Venedig 1177 und nach dem Sturz Heinrichs des Löwen 1180 – feierte Friedrich Barbarossa Pfingsten 1184 den Hoftag zu Mainz, in dessen Mittelpunkt die Schwertleite – die Aufnahme in den Ritterstand – seiner beiden ältesten Söhne stand. Die Zeitgenossen waren vom Aufwand und vom Verlauf überwältigt, und die Quellen nennen 40000, ja 70000 Teilnehmer, die aus ganz Europa zusammengekommen seien. Vielleicht sind die Zahlen nicht einmal sehr übertrieben, wenn wirklich 20000 Ritter auf den Mainzer Hofwiesen zu Kampfspielen aufgeritten sind. Dichter haben das Fest besungen: Kein Fest, sagt Heinrich von Veldeke († ca. 1190) in seiner «Eneid», war je so prächtig wie jenes, als Aeneas die Lavinia heiratete (in der Vorzeit Roms also) – ausgenommen das Fest von Mainz, «dâ der Kaiser Friederîch / gaf twein sînen sonen swert»; für Guiot de Provins († ca. 1205) hatte dieses Mainzer Hoffest den Rang der Feste Alexanders des Großen und König Artus', des Meisters der Tafelrunde. Für beide Dichter gibt es Entsprechungen des Mainzer Pfingstfestes nur im Mythos. Zu diesem Fest gehörten Turniere, Musikdarbietungen, Tanz: Ausdruck einer ritterlich-höfischen Kultur. Aber den Auftakt gab eine kirchliche Messe, wie zu der Resonanz, die das Fest auslöste, auch Stimmen kirchlicher Kritik gehörten: Gottes Strafe sei es gewesen, daß ein Wolkenbruch einen Teil der riesigen Zeltstadt mitsamt einer aus Holz gezimmerten Kapelle zum Einsturz gebracht habe. Selbst in diesem höfisch-weltlichen Treiben hat die Kirche eine gestaltende und mahnende Funktion.

Gehen wir rund drei Jahrhunderte weiter in das 15. Jahrhundert, in die Zeit nach der großen Pest, durch die das Lebensgefühl in allen Teilen Europas verändert, intensiviert wurde. Gerade das Bewußtsein der Hinfälligkeit verschrieb die Menschen dem Genuß des Augenblicks und ließ sie Feste von barbarischer Prunkhaftigkeit gestalten. Denn, «je größer der Kontrast zu dem Elend des täglichen Lebens ist, um so unentbehrlicher wird das Fest, und um so stärkere Mittel sind nötig, um im Rausch von Schönheit und Genuß jene Sänftigung der Wirklichkeit zu empfinden, ohne die das Leben schal ist. Das fünfzehnte Jahrhundert ist eine Zeit heftiger Depressionen und gründlichen Pessimismus.» (J. Huizinga). Das weltliche Fest löste sich von der kirchlichen Form – von der Liturgie und auch vom Zusammenwirken mit ihr – und wurde zum Selbstzweck.

Bewundert wurden damals die Feste des burgundischen Hofadels, der sich überschlug an Leistungen des Geschmacks und der Geschmacklosigkeit. Da wurden Riesenpasteten aufgefahren, in deren Innern 20 Musikanten verschiedene Instrumente spielten, Wunderwerke der Technik tauchten auf: ein Walfisch, ein Vogel, der aus dem Maul eines Drachens flog. 1468 wurde der über 10 m hohe Turm von Gorkum als Tafelaufsatz aufgestellt, aus dessen Schallöchern mechanische Wildschweine Trompete bliesen und Ziegen eine klangvolle Motette vortrugen. Immerhin gab es hier etwas zu feiern: es war die Hochzeit Herzog Karls des Kühnen von Burgund († 1477) mit Margaretha von York. Der burgundische Hofadel veranstaltete aber auch Feste, hauptsächlich Bankette, bei denen sich ein Fest aus dem anderen entwickelte. Ein Gastgeber bot einem angesehenen Gast einen Kranz; nahm dieser ihn an, so war ihm die Ausrichtung der nächsten fête übertragen und so fort. Die Ausgestaltung wurde immer üppiger, immer protziger, ging von den Rittern über die großen Herren zu den Prinzen, und am Ende stand zum Beispiel 1454 ein Riesenbankett des Herzogs Philipp des Guten (1419–1467) in Lille.

Dennoch wäre die Annahme nicht richtig, diese Hofgesellschaft hätte sich einem platten Hedonismus hingegeben. Auf jenem Festessen Philipps von 1454 haben die ritterlichen Gäste bei aufgetragenem Fasan das sicherlich ernstgemeinte Gelübde abgelegt, auf Kreuzfahrt wider die Türken zu gehen, denn ein Jahr zuvor war Konstantinopel gefallen. In unmittelbarer Nachbarschaft zu dieser prassenden Gesellschaft gab es oft an demselben Ort die abgeschiedene und nach innen gerichtete Welt der «Devotio moderna», die Häuser der Windesheimer Brüder mit ihrer Christus-Mystik und dem Suchen nach biblischer Wahrheit. Margaretha von York, deren Hochzeit – wie gesagt – mit festivalartigem Prunk, um nicht zu sagen: Firlefanz gefeiert wurde, war eine tiefreligiöse Frau, die eben jene reformierten Klöster förderte. Eine der vornehmsten Damen am burgundischen Hof, Beatrix von Ravestein, trug unter ihrer Prunkrobe «auf nacktem Fleisch», wie es heißt, ein härenes Gewand und fastete, wenn es das Hofleben zuließ.

Rund 200 Jahre später, im Zeitalter des Barock, erreichte die Kunst, Feste zu feiern, eine neue Stufe. Der Aufwand ist so groß und die Festfolge ist so dicht wie nie zuvor. Es sind so gut wie allein die Höfe, die diese Feste gestalten, denn die barocken Feste dienen sowohl der politischen Repräsentation, wie sie geradezu die Art zu leben darstellten. Ein Fest löst das andere ab, ohne daß sich die Teilnehmer Ruhe gönnen. Außerhalb des Hofes verläuft das Leben im natürlichen Rhythmus von Festtag und Werktag. «In der höfischen Welt jedoch ist... alle Zeit Festzeit. Das höfische Leben ist totales Fest. In ihm gibt es nichts als das Fest, außer ihm keinen Alltag und keine Arbeit, nichts als die leere Zeit und die lange Weile... So scheint die Jagd nach dem Vergnügen nichts als Flucht aus der Langeweile, dem Gespenst, das auf den Schlössern des Landadels umgeht und die Provinz entvölkert» (R. Alewyn). Die Höfe Europas werden «das Vorbild einer ganzen Geselligkeit», wie Jacob Burckhardt sich ausdrückte, und sie überbieten sich in der Ausgestaltung dieser Feste.

Anlaß zum Feiern ist häufig nichts als die Einladung des Potentaten. Ganze Länder werden ausgeplündert, um Schlösser wahnwitzigen Ausmaßes zu errichten und um jene Feste der großen Illusion – häufig bei Nacht – zu veranstalten, für deren Komposition und Durchführung ganze Heere von Bediensteten und Beauftragten aufgeboten und bezahlt werden mußten, in einem bankrotten Finale manchmal nicht bezahlt werden konnten. Es sind die Feste der späten Medici in Florenz, die zunächst bestaunt werden, in Konkurrenz zum päpstlichen Rom und zum Mantua der Gonzaga, doch wird bald alles überstrahlt vom Hof der Bourbonen, vornehmlich Ludwigs XIV. (1643–1715). Diese auf Repräsentation ausgerichteten Feste liefen ab ohne ein kirchliches Regulativ, das sich noch im Burgund des 15. Jahrhunderts angedeutet hatte. Selbst die religiösen Feste des bigotten Cosimo III. Medici († 1723) wurden von einem prunkenden barocken Pathos getragen, das die Kunstform über den Inhalt stellte.

Heutige Anlässe zu «feiern»

Die an ein Kirchenfest sich haltende Mainzer Pfingstfeier von 1184, der raffinierte Aufwand burgundischer Adelsfeste im 15. Jahrhundert und die entleerte Pracht barocker Repräsentationsdarbietungen sind verschiedene Arten und Stufen des Feierns; um mit Sigmund Freud zu sprechen: des «gestatteten Exzesses». Immer größer wird die Entfernung zur kirchlichen Mahnung, des diesseitigen Jammertales gewärtig zu sein, und selbst den Kirchenfesten ist der drückende, ja grimmige Ernst früherer Zeiten genommen. Von der kirchlichen Feier sondert sich das weltliche Fest ab, und als Anlaß zu feiern gilt nicht mehr unbedingt ein feierlicher Anlaß, denn Diesseitsfreude wird von der Jenseitssehnsucht getrennt.

Zu den alten, zum Teil profanisierten Festen treten bis auf unsere Zeit neue, die einen ganz anderen Ursprung und Inhalt haben. Da sind die «nationalen Gedenktage», die Sedan- und Reichsgründungstage, der 17. Juni, der 4. Juli, der 14. Juli, der 20. September usw.; da ist der 1. Mai, der am amerikanischen Moving Day des Jahres 1886 mit Blut erstritten wurde und der bald – entsprechend dem gesellschaftlichen Selbstverständnis – sehr verschieden gefeiert wurde und wird: mit Arbeitsruhe als einer Art «Probe für einen Generalstreik» (Aristide Briand, 1862–1932) oder mit der Perversion des «Zwanges zu freiwilliger Arbeit» (Maxim Gorki, 1868–1936), zu der die riesigen Aufmärsche gehören. Da sind auch sonderbare, durchaus liebenswürdige Blüten: der 14. Februar, der Valentinstag, den eine tüchtige Blumenindustrie nachdrücklich ins Bewußtsein rückt; der Muttertag, den eine dankbare Tochter ihrer kurz vorher verstorbenen Mutter

1907 in Philadelphia ausgerufen hat und der zu ungemeiner kommerzieller Pracht hochgejubelt worden ist. Hinzu treten die zahlreichen Feiern in unserem privaten Bereich.

Ich halte inne angesichts der geradezu ungehemmten Fülle von Anlässen zu feiern, um zu fragen: was heißt eigentlich heute «Feiertag»? Ich schlage ein druckfrisches Konversationslexikon auf und finde als erste Bedeutung: «arbeitsfreier Tag». Wir alle kennen den Jargon vom «Krankfeiern», von der «Feierschicht», die nichts anderes bedeutet als Nichtstun. In dem Sinne eines «far niente» ist das Jubiläum seines einstigen Inhalts, eine Möglichkeit des Sünden- und Schuldnachlasses zu sein, beraubt. Dabei stände es manchen Jubelfeiern heutiger Tage nicht schlecht an, den ursprünglichen Sinn mitzudenken. Ließe sich nicht zum Beispiel einer Einrichtung der Wissenschaft – die Bayerische Akademie der Wissenschaften feierte ihr 225jähriges Bestehen, die Max-Planck-Gesellschaft ihr 75jähriges – die Frage vorlegen, ob sie durch ihr unbeirrtes und fortschrittsgebundenes Tun Schuld auf sich lade, zumindest auf sich geladen habe und eines «Ablasses» bedürfe? Kein Krieg und keine Grausamkeit haben die Welt so stark verändert wie die Wissenschaft und die von ihr herbeigeführten und bereitgestellten Möglichkeiten. An nicht wenigen Stellen ist die Wissenschaft aufgerufen, manche im Ursprung von ihr selbst ausgelösten Schäden zu beheben. Hebt Wissenschaft Wissenschaft auf, so daß die Endbilanz gleich Null ist?

Wissenschaft bedeutet zugleich mit dem Forschungszwang die Herbeiführung von Irreversiblem; nicht einmal unsere Gesinnung kann in den Zustand einer intellektuellen Unschuld zurückversetzt werden; unsere Überzeugung von der Rationabilität der Welt geht davon aus, «daß man, wenn man nur wolle, ... alle Dinge – im Prinzip – durch Berechnen beherrschen könne» (siehe auch S. 217). Macht diese von Max Weber (1864-1920) behauptete «Beherrschung» die Welt bewohnbarer und uns glücklicher?

Vom Sinn des Jubiläums

Wenn in der Vergangenheit wissenschaftliche Einrichtungen ihre Jubiläen begingen, verband sich meist der Stolz über das Geleistete mit einem ungebrochenen Fortschrittsglauben. Man solle die Wissenschaft nur wirken lassen, sie werde es schon recht machen. Bei der Hundertfünfzigjahrfeier der Bayerischen Akademie der Wissenschaften im Jahre 1909 schloß der Historiker Karl Theodor von Heigel (1842-1915) seine Festrede mit einem Wort des Geologen Leopold von Buch (1774–1853): «Gott schütze die Freiheit der Akademien, welche zum regen Leben reiner Wissenschaftsmänner notwendig ist.» Und der Jubiläumsredner Friedrich Baethgen (1890–1972), auch er Historiker, beschrieb 1959 mit Goethe das vorwärtsdrängend Faustische in der Brust des Gelehrten: «Im Weiterschreiten find er Qual und Glück, er, unbefriedigt jeden Augenblick.»

Heute, wo uns die Selbstsicherheit verläßt, sollte an den ursprünglichen Sinn eines Jubiläums als einer Gelegenheit erinnert werden, über so etwas wie Schuld und Versäumnis nachzudenken und am Ende vielleicht Schuldnachlaß zu erbitten, andrerseits auch, wie ein zeitgenössischer Kommentator der Verkündigungsbulle Bonifaz' VIII. schrieb: Schuldnachlaß zu gewähren, beides ein Grund zum Feiern. In dieser Ambivalenz sei das Wort «Jubiläum» in seiner alten Bedeutung begriffen; es sollte im privaten wie im öffentlichen Leben über die vielfach banale Feierei der eigenen Existenz hinaus der Frage Raum geben, ob nicht Grund vorhanden sei, Schuldnachlaß zu erbitten und Schuldnachlaß zu gewähren.

Der Laie und das mittelalterliche Recht.
Darf ein Nichtjurist Rechtsgeschichte treiben?

Lassen Sie mich ein privates Erlebnis berichten. Wie jeden Gelehrten, so plagt auch mich eine starke Neugier, und diese Neugier fügte es, daß ich vor rund dreißig Jahren dank der Vermittlung eines befreundeten Arztes an einer großen chirurgischen Operation teilnehmen durfte. Im Krieg hatte ich, wie viele meiner Generation, Blut und Grausamkeit erlebt, und ich kam mir genügend immunisiert vor gegen die anstehende Magenresektion, die damals an einer schwer herzkranken Patientin mit nur örtlicher Betäubung vorgenommen werden sollte. Ich stand in weißer sterilisierter Kleidung in einigem Abstand vom Operationstisch, entsprechend der Anweisung des messerführenden Chirurgen, eines weitgereisten und unerschütterlichen Balten, der seine ärztliche Kunst zwischen Spitzbergen und dem ehemaligen Deutsch-Ostafrika erprobt hatte. Ich sollte mich unauffällig unter der Operationsmannschaft und diese nicht behindernd bewegen, und wenn mir schlecht würde, hätte ich rechtzeitig und ohne Aufheben den Saal zu verlassen und (aus Gründen aseptischer Sicherheit) nicht mehr zurückzukehren. Um es kurz zu machen: Ich harrte aus – bis es zu spät war. Plötzlich war mir schwarz vor Augen, und ich wachte auf einer Bank im Vorraum des Operationssaales wieder auf. Mir war die Sache entsetzlich peinlich. Ich fragte meinen medizinischen Freund, der bei dem Eingriff assistiert hatte, was denn der Chefarzt zu dem Vorfall gesagt hätte, und er zitierte dessen grimmige Worte, deren Verächtlichkeit durch den baltischen Tonfall sicherlich noch erhöht war: «Legt den verfluchten Philosophen vor die Tür».

Über Nutzen und Nachteil der Juristen für das Leben

Dieser Satz: «Legt den verfluchten Philosophen vor die Tür», könnte auch aus Juristenmund kommen, wenn ein Historiker, ein Nichtjurist, sich mit dem Recht und seiner Geschichte befaßt. Der Jurist und Professor für deutsche Rechtsgeschichte Karl Kroeschell warnt vor einer von Historikern betriebenen, in seinen Augen einseitigen Verfassungsgeschichte; sie habe zu sehr beschreibenden Charakter und laufe Gefahr, des normativen Gehalts entkleidet zu werden. Der Rechtsdogmatiker und Römischrechtler Hans-Julius Wolff wies den juristischen Laien sogar bei den Bereichen und Epochen vor die Tür, in denen Recht und Rechtsprechung noch nicht von eigens ausgebildeten Sachkennern gepflegt wurden, denn: «alle rechtlichen Institutionen und jede Anwendung rechtlicher Grundsätze, und vielleicht am meisten da, wo ihre Urheber nicht selbst juristische Spezialisten waren, (können) nur von Juristen verstanden werden.» Man beachte die Zuspitzung: «vielleicht am meisten da, wo die Urheber rechtlicher Grundsätze nicht selbst juristische Spezialisten waren.»

»Juristische Spezialisten» hat es – von wenigen Ausnahmen abgesehen – im Europa des frühen Mittelalters nicht gegeben. Der Berufsstand des Juristen entwickelte sich im Laufe des 12. und 13. Jahrhunderts im kirchlichen wie im weltlichen Bereich. Während bis in diese Zeit Rechtsprechung und Rechtsfindung innerhalb der Gesellschaft vonstatten ging, ohne daß für den auf diesem Felde Tätigen eine besondere Schulung mit einer Art Eignungsnachweis vorausgesetzt war, bildete sich von dieser Zeit an allmählich die Expertengruppe der Juristen heraus: ein Vorgang, der damals von nicht wenigen bedauert wurde. Zumal auf kirchlichem Felde tauchte immer wieder die Klage auf, daß durch die Juristen das göttliche Recht entfremdet, ja verfälscht werde:

> Lärmend wird das Recht gelehrt, Christi Stimme endet.
> Rechtsgelehrte Prahlerei sich vom Kreuz abwendet.
> Zwischen Unkraut und Gestrüpp Weizen ist verkommen.
> Gottes fleischgeword'nes Wort wird nicht mehr vernommen.
>
> Wozu sind uns diese gut: Johann und Martinus,
> Jakob, Azo, Bulgarus und auch Placentinus?
> Durch sie, nicht nach Gottes Recht, wird die Welt regieret.
> Recht des Himmels gilt nicht mehr, neues Recht regieret.

Lateinisch lauten diese Zeilen:

> Leges scolis intonant, Christus obmutescit
> Legalis iactantia crucem expavescit
> Inter tot zizania triticum languescit
> Verbumque caro factum prorsus evanescit.
>
> Quid Johanne(s), Jacobus, et quid de Martino?
> Quid Aço, quid Bulgarus, quid de Placentino?

Per hos mundus regitur iure non divino
Ius celeste tollitur iure repentino.

Das Gedicht ist abgefaßt im Rhythmus der schmissig-aggressiven «Vagantenstrophe», die über das Studentenlied «Meum est propositum in taberna mori» (in der Übersetzung von L. Laistner: «Mein Begehr und Willen ist: in der Schenke sterben») in Kommersbüchern weite Verbreitung gefunden hat. Das Studentenlied nimmt ein Gedicht des genialen, aber uns immer noch unbekannten «Erzdichters», des Archipoeta, aus den Jahren um 1160 auf.

Dieses aus dem beginnenden 13. Jahrhundert stammende und mit Bibelanklängen spielende Gedicht hat wahrscheinlich einen lombardischen und in Bologna ausgebildeten Geistlichen zum Autor und ist gegen den Juristenpapst Innozenz III. (1198–1216) gerichtet, durch den die «Verrechtlichung» der Kirche als einer in die Fesseln der Gesetze geschlagenen Heilsanstalt einen großen Schub erhalten hat. Die genannten sechs Juristen gehören zur ersten Garnitur der Rechtsgelehrten des ausgehenden 12. und beginnenden 13. Jahrhunderts. Als Kaiser Friedrich I. Barbarossa 1158 zur Definition der Reichsrechte die führenden Rechtskenner zusammenrief, waren unter den vier, die er zitierte, drei in diesem Gedicht genannte: Bulgarus, Martinus und Jacobus. Johannes ist wahrscheinlich Johannes Bassianus († 1197), der Lehrer des ebenfalls genannten Azo († ca. 1220) und selbst ein Schüler des Bulgarus wie Placentinus († 1192). Sie alle gehören zu den großen Interpreten des römischen Rechts, die Bologna als Zentrum des Rechtsstudiums berühmt und anziehend gemacht haben. Gegen sie, die das göttliche Recht durch Juristenrecht ersetzen, richtet sich der direkte Angriff, der indirekt Innozenz III. treffen soll.

Mittelalterliche Unbekümmertheit – auch in der mittelalterlichen Rechtswissenschaft

Berufs- und geistliche Stände wurden im Mittelalter immer wieder nach ihrem Wert befragt. Solcherart Erörterungen bildeten geradezu eine eigene literarische Gattung: Ob der Mönch oder der Kanoniker für das Seelenheil der Menschen mehr tue? Was der Wehrstand, was der Lehrstand und was der Nährstand, die drei klassischen Stände des Mittelalters, für das Erdenleben wert seien? Und so weiter. Hierher gehört auch die vielbehandelte Frage, ob ein Jurist oder ein Theologe für das Kirchenregiment nützlicher sei (Utrum iurista vel theologus plus proficiat ad regimen ecclesiae), wer von den beiden eher in den Himmel käme und so weiter. Auch die mittelalterliche Jurisprudenz, nicht nur die kirchliche, mußte sich immer wieder die Frage nach ihrem Beitrag zur Ausgestaltung einer wahrhaft christlichen, das heißt gottgefälligen Welt gefallen lassen. Die Bewertungsgrundsätze waren nicht eigentlich juristischer Natur.

Umgekehrt holten sich die ausgebildeten Juristen des Mittelalters ihre Leitsätze manchmal aus Gebieten, die ihrer Tätigkeit fern lagen, und gingen hier mit bemerkenswerter Unbekümmertheit vor. Ich wähle als Beispiel das Sprichwort «Not kennt kein Gebot» (Necessitas non habet legem). Niccolò Machiavelli (1469-1527) hat diesen Satz aufgenommen, um seine Staatstheorie darauf zu gründen (la necessità non ha legge). Wenn die Staatsräson es notwendig erscheinen läßt, sei es dem Fürsten erlaubt, auch gegen Treue, gegen Barmherzigkeit, gegen Menschlichkeit, gegen Religion zu handeln. Man hat das Wort von der Not, die kein Gebot kennt, von Machiavelli ausgehend zurückverfolgt, hat auf den Kanzler der Pariser Universität Johannes Gerson (1363-1429) und auf Friedrich II. (1194-1250), den Staufer, verwiesen, aber es begegnet noch früher. Eine Schlüsselstellung nimmt Gratian mit seinem Dekret (um 1140) ein, das alle früheren Rechtssammlungen verdrängte. Auch wenn üble Menschen heilsvermittelnde Sakramente austeilen, schreibt Gratian in einem von ihm selbst verfaßten Zusatz, wirken diese bei den Empfangenden: «Weil ja Not kein Gebot kennt, sondern sich selbst zum Gesetz macht, sind jene heilsnotwendigen Sakramente, weil sie nicht wiederholt werden können, wirksam.» Gern wird als Vorlage auf ein Kapitel der um 850 entstandenen pseudoisidorischen Dekretalen (siehe S. 178) verwiesen, wo es heißt, nur an geweihten Orten solle Messe gelesen werden, anderswo nur in höchster Not, «weil ja die Not kein Gebot kennt» (quoniam necessitas legem non habet). Aber das Sprichwort reicht noch weiter zurück. Mit der gleichen Formulierung läßt ein Pariser Konzil des Jahres 829 Nottaufen zu, und Papst Stephan II. (752-757) bestimmt 753, man könne auch mit Wein taufen, «wenn die Not es erfordert». Frühkirchliche Päpste und Kirchenväter lassen bei Not das Gesetz mit diesen Worten durchbrechen. Alle diese Sätze bewegen sich ausnahmslos im sakramental-liturgischen Rahmen; von ihnen hatte die pseudoisidorische Sentenz wohl die größte Verbreitung. Von dort wurde der Satz – teilweise mit Verweis auf Pseudoisidor – dann auch für den Mundraub bei Hunger eingeführt, für die Tötung eines Diebes in der Nacht, zunächst immer noch beschränkt auf den Bereich des privaten Rechts und des Strafrechts. In der Folgezeit, auf das Spätmittelalter zu, wurde das Wort in den staatsrechtlichen Bereich übernommen: Der gerechte Krieg, das allgemeine Wohl ließen die Ausnahme zu; der französische König forderte mit dem Spruch von dem Gebot aus Not eine außerordentliche Steuer.

Ähnlich wie mit «Not kennt kein Gebot» steht es mit der Maxime «der Wille stehe für die Vernunft» (Sit pro ratione voluntas). Die Worte – Teile eines Hexameters – stammen aus einer Satire des römischen Dichters Iuvenal († ca. 138) und charakterisieren dort – böswillig – das Wesen der Frau, die, statt Vernunft gelten zu lassen, ihren Willen durchsetzen will: «Das will ich, das befehle ich: mein Wille bestehe statt der Vernunft» (Hoc volo, sic iubeo: sit pro ratione voluntas). Die Kanzlei Kaiser Friedrich Barbarossas (1152–1190) und die Staatstheoretiker des Spätmittelalters verwenden den Satz, der aus der Sphäre des antiken Salons stammt, für den über dem Gesetz stehenden Herrscher. Der Wille des Königs, der das «beseelte Gesetz», die lex animata, darstellt, gibt den Ausschlag, sogar jenseits einer Vernunfterwägung; der König dürfe sagen: «Mein Wille steht für eine Begründung» (Stat pro ratione voluntas). Der Hintergrund solcher Worte würde nicht deutlich, wenn man sie allein in ihrer juristischen Funktion betrachtete. Die Unbekümmertheit des Mittelalters und damit ein Stück seines Wesens geriete aus dem Blick.

Der Laien-Jurist des frühen Mittelalters

Die genannten Beispiele gehören überwiegend einer Epoche an, da sich eine Jurisprudenz als eigene Wissenschaft und als eigenes Fach an den Universitäten zu etablieren begann. In der davorliegenden Zeit herrschten neben der eben angedeuteten Unbekümmertheit in der Übernahme von Argumenten und Sentenzen weithin juristische Ignoranz und laienhaftes Gebaren. Nehmen wir als Muster die Päpste, denen ständig rechtliche Entscheidungen und gesetzgeberische Maßnahmen abgefordert wurden; betrachten wir kurz das Papsttum seit seiner Lösung von Byzanz und gleichzeitigen Hinwendung zum Westen in der Mitte des 8. Jahrhunderts bis zum beginnenden 12. Jahrhundert.

Einige Schlaglichter: Ostern 774 eilte Karl der Große von der Belagerung der langobardischen Stadt Pavia nach Rom, um das hohe Kirchenfest an den Apostelgräbern zu feiern. Papst Hadrian I. (772–795) benutzte die Gelegenheit, um dem fränkischen König eine kirchenrechtliche Sammlung zu überreichen, zusammen mit einem

Gedicht, das diese Sammlung dem fränkischen König besonders empfahl: Er – Karl – sei immer auf dem Pfad des Gesetzes, wenn er sich an diese Beschlüsse halte. Man hat in diesem Werk (der Collectio Dionysio-Hadriana, wie sie mit ihrem gelehrten Namen heißt) das «vorbildliche Rechtsbuch für den Gebrauch in der fränkischen Kirche» gesehen (H. E. Feine), aber von der «Vorbildhaftigkeit» ist nicht viel zu spüren, weder auf der Seite des Gebers, des Papstes, noch auf der des Empfängers, des fränkischen Herrschers. Die päpstliche Kanzlei zog neben der Sammlung Hadrians andere, teilweise abseitige Sammlungen heran, ohne daß Sinn und Konsequenz erkennbar wären. Und im Reiche Karls des Großen? Erst 15 Jahre nach der Übergabe der Hadrianischen Sammlung wird sie das erste Mal für uns sichtbar ausgeschrieben, und neben ihr bleiben rund ein Dutzend anderer kanonistischer Werke in Umlauf und Benutzung. Stellen wir die Frage, welches Werk während der Regierungszeit Karls des Großen (768–814) am ausgiebigsten ausgeschrieben wurde, so fällt die Antwort nicht zugunsten der Sammlung Hadrians aus. Die große Reformsynode von Arles im Jahre 813, durchgeführt in Anwesenheit königlicher Sendboten und später anstandslos geprüft vom kaiserlichen Hof, schreibt geradezu seitenweise eine spanische Sammlung aus: ausführlicher ist in dieser Zeit kein Werk zitiert worden. Offensichtlich galt das Rechtsbuch Papst Hadrians trotz der Anempfehlung nicht als normativ – eine andere Rechtssammlung allerdings auch nicht.

Ein anderer Fall: Papst Nikolaus I. (858–867), von dem man gesagt hat, daß er «der wahrhafte Gegenspieler Karls des Großen» gewesen sei (O. Cartellieri) und daß er «das Bewußtsein seiner päpstlichen Allgewalt lebendig in sich» getragen habe (E. Dümmler), hat mit seinen Entscheidungen auf das Kirchenrecht nachhaltig eingewirkt: Kein Papst des Frühmittelalters, außer Gregor I. (590–604), ist im Corpus Iuris Canonici so umfangreich und häufig berücksichtigt wie er. Aber groteske Merkwürdigkeiten kamen auch bei ihm vor. 858 fragen westfränkische Bischöfe bei ihm an, was es mit dem Brief des Papstes Melchiades (311–314) auf sich habe, der in Rom aufbewahrt werde; in ihm werde doch die Absetzung eines Bischofs geregelt. Wortreich antwortet daraufhin Papst Nikolaus, doch auf die zentrale Frage nach dem Melchiadesbrief geht er mit keinem Wort ein. Das konnte er auch nicht, denn das Schreiben des päpstlichen Zeitgenossen Kaiser Konstantins († 337) war erst ein Jahrzehnt vorher im Frankenreich erfunden worden und in Rom damals wahrscheinlich gar nicht bekannt. Was sagt hier der juristische Spezialist, der sich das rechte Verständnis «für jede Anwendung rechtlicher Grundsätze» gerade da vorbehält, wo «ihre Urheber nicht selbst juristische Spezialisten waren»?

Die Anwendung rechtlicher Grundsätze war im frühen Mittelalter eingeschränkt durch manchmal überwältigende Unkenntnis. Einer der gelehrtesten Männer der Zeit zwischen 900 und 1050 war Gerbert von Aurillac, seine ans Wunderbare grenzende Gelehrsamkeit hat ihm den Ruf des Zauberers und Schwarzkünstlers eingetragen. Als Papst Silvester II. (999–1003) hatte er einen Besitzstreit zwischen zwei Bistümern zu entscheiden. Er befragte die Rechtsbücher, führte sogar römisches Recht ins Feld, aber bei näherem Hinsehen stellt sich seine Vorlage als ein sprachlich wie sachlich zusammengestoppeltes Schriftchen heraus, das ein Jurist (M. Conrat/Cohn) für eine «Spielerei» erklärt hat, für die «ein vernünftiger Zweck ... nicht erfindlich sei». Offensichtlich hat sich Silvester beziehungsweise seine Kanzlei ohne besondere Rechts- und Quellenkenntnis einfach aus dem bedient, was eben in der Bibliothek zur Hand war. Genauso stoßen wir bei Synoden gerade des 10. Jahrhunderts immer wieder auf die Versicherung, man habe das kirchenrechtliche Schrifttum durchgesehen und sei auf folgenden Rechtssatz gestoßen; es folgt ein Zitat oder ein Hinweis, dessen Einschlägigkeit behauptet wird. Der Zufall regierte, denn es werden als Beleg nicht selten Exzerpte aus Werken angeführt, in denen die Rechtsquellen in chronologisch-historischer Ordnung aneinandergereiht sind. Man mußte das Buch also von Deckel zu Deckel durchsehen, um eine für den vorliegenden Fall heranziehbare Stelle aufzufinden, und häufig stand einige Seiten weiter die passendere, die man nicht gefunden hatte. Noch war der Wunsch, den kirchlichen Rechtsstoff durch systematisierende Erschließung durchschaubarer zu machen, nicht sehr stark, zumal mancherorts offenbar Bedenken bestanden, Auszüge aus dem Ursprungszusammenhang, wo die Konzilien mit allen Beschlüssen und die Papstbriefe mit allen Kapiteln zusammenstanden, zu lösen; man fürchtete den ursprünglichen Sinn zu verfehlen oder schwer überprüfbar zu machen. Hier sind juristische Laien am Werk, die nicht einmal über ein kirchenrechtliches Standardwissen verfügen, wie es doch die Päpste selbst seit der Alten Kirche schon von Priestern immer wieder fordern. Die Päpste des 10. Jahrhunderts müssen es hinnehmen, daß von manchem ihrer Schreiben offen gesagt wird, es sei «ohne kanonische Autorität» (948: nihil auctoritatis canonicae) oder müsse als ungültig angesehen werden, weil es «gegen Väterbeschlüsse» (994: contra patrum decreta) verstoße.

Das hätte sich Papst Gregor VII. (1073–1085) nicht gefallen lassen (siehe S. 81 ff.). Im Gegenteil. Ihm wurden wohlbegründete Ansprüche, althergebrachte Rechte vorgetragen, die er nicht gelten ließ, denn – so zitierte er ein von ihm reaktiviertes Kirchenväterzitat – «Christus hat nicht gesagt, ich bin die Gewohnheit, sondern ich bin die Wahrheit». Er kassierte reihenweise Entscheidungen seiner Vorgänger und verkündete, daß es dem Papst allein gestattet sei, bei Notwendigkeit neue Gesetze zu erlassen und daß diese neuen Gesetze von keinem Menschen als ungültig zurückgewiesen werden dürfen. War Gregor VII. Jurist? Man hat ihm eine sogar in Deutschland genossene juristische Ausbildung andichten wollen, aber seine Vertrautheit mit dem Kirchenrecht war nicht groß. Verglichen mit anderen Päpsten ist sein juristisches Belegmaterial ausgesprochen mager; auch ist er mit nur ganz wenigen Stellen in das bis zum Ersten Weltkrieg gültige Kirchenrecht, in das Corpus Iuris Canonici, eingegangen. Gregors VII. Stärke kommt nicht aus juristischer Kenntnis, sondern aus seiner religiösen Gesinnung. Nur wer der römischen Kirche folgt, kann des Seelenheils teilhaftig werden. Wer nicht mit ihr übereinstimmt, ist ein Ketzer: ein Satz, der damals als angebliches Ambrosiuswort aufkam und umlief und seinen Ursprung wahrscheinlich bei Gregor VII. und seiner Umgebung hat (siehe S. 35).

Der «juristische Spezialist» und die Verdrängung des Laien

Die Verantwortung der römischen Kirche für das Seelenheil, wie sie seit der gregorianischen Reform empfunden wurde, leitete eine Umstrukturierung der Kirche ein. Sie gewann immer mehr monarchischen Charakter; das Papsttum monopolisierte die kirchliche Gesetzgebung. Daher die ungeheure Flut päpstlicher Dekretalen vom 12. Jahrhundert an und die «amtliche» Regulierung des Kirchenrechts. Aber es gilt festzuhalten: Das Recht folgte der religiösen Gesinnung, auch wenn eine Entwicklung eingeleitet wurde, an deren Ende eine exklusive Rechtswissenschaft stand und eine Kirche, an deren Spitze seit der Mitte des 12. Jahrhunderts bevorzugt studierte Juristen traten. Auf den rechtskundigen Alexander III. (1159–1181) folgten fast ausnahmslos juristisch gebildete Päpste: Urban III. (1185–1187), Gregor VIII. (1187), Clemens III. (1187–1191), Coelestin III. (1191–1198); auch Innozenz III. (1198–1216) wird man anführen dürfen, vor allem aber die Berufsjuristen Innozenz IV. (1243–1254) und Bonifaz VIII. (1294–1303). Die weitere Papstgeschichte erlebte immer wieder Perioden, in denen es den Wählern angebracht erschien, die Kirchenleitung einem juristisch ausgewiesenen Kardinal anzuvertrauen. Um Beispiele aus jüngster Zeit anzuführen: Benedikt XV. (1914–1922) war promovierter Jurist, Pius XI. (1922–1939) Doctor iuris canonici, Pius XII. (1939–1958) Doctor utriusque iuris, Paul VI. (1963–1978) hatte an der Accademia dei nobili ecclesiastici unterrichtet und verschiedene Stellungen im päpstlichen Staatssekretariat bekleidet. Im Augenblick freilich sind Juristenpäpste weniger gefragt. Die pastorale Komponente wird seit Johannes XXIII. (1958–1963) stärker gepflegt, und auch Johannes Paul II. fühlt sich, um eine seit seinem Pontifikat in das «päpstliche Jahrbuch» neu eingerückte Formulierung aufzunehmen, als «Welthirte der Kirche».

Die katholische Kirche brauchte ebenso wie der Staat vom 12. Jahrhundert an den studierten Juristen, der durch den «Wald der Dekretalen» und Verordnungen, wie eine Klage lautete, hindurchfand. Hier gibt es eine Parallele, die nicht zufällig ist: der Laie, früher zusammen mit dem Geistlichen als Kirchenglied angesehen, steht jetzt außerhalb der Kirche, die allein von den Sakramentsträgern gebildet wird. Laie: das ist aber auch der an der Entwicklung des Rechts aktiv nicht teilhabende Nichtjurist. Die Sakramente und das Recht werden für den Laien – den Laien in einem doppelten Sinne – von Experten verwaltet.

Antwort auf die eingangs gestellte Frage: Der Nichtjurist sollte dürfen

Der Berufsjurist sollte den Laien, zumal wenn die frühmittelalterliche Rechtswelt sein Gegenstand ist, Rechtsgeschichte mit historischem Sinn treiben lassen. Gerade das Nicht-Normative in der Rechtsanwendung bedarf häufig, um zu vollem Verständnis zu gelangen, einer historischen Erklärung. Der «juristische Spezialist» sollte auch den Vorwurf Jacob Burckhardts vermeiden, in ihm wohne ein «abgeschmackter Haß» auf das Verschiedenartige und Vielartige des Mittelalters, eine Abneigung gegen den Zustand des damals halb oder ganz schlafenden Rechts; er identifiziere das Sittliche mit dem Präzisen und sei unfähig, das Bunte und Zufällige zu verstehen. Recht und Rechtsanwendung sind Ausdruck der jeweiligen Gesellschaft, nicht umgekehrt.

Das Interesse am Mittelalter in heutiger Zeit.
Beobachtungen und Vermutungen

«Geschichtsbücher, so scheint mir, sollten nicht vorwiegend von denen konsumiert werden, die sie produzieren. ...Darum versäume ich keine Gelegenheit, mich an andere Menschen zu wenden als an meine Schüler und Kollegen. Da ich meine Kompetenz nicht mehr mit gelehrtem Detail nachzuweisen brauche, spreche ich dabei eine andere Sprache ... Ich möchte möglichst viele Menschen erreichen, weil ich das außerordentliche Vergnügen, das mir Geschichte bereitet, anderen mitteilen will, und weil ich vom Nutzen gut dargestellter Geschichte überzeugt bin – gut dargestellt, das heißt in der nicht leicht zu treffenden Mischung von Scharfsinn und Leidenschaft.» Die humanistischen Fächer (und unter ihnen auch die Geschichte) «verdanken ihre Existenzberechtigung dem Interesse und dem Fassungsvermögen des Laienpublikums; sie existieren nicht zur Ausbildung von Fachleuten, sondern zur Erziehung von Laien; und deswegen sind sie mit Recht dazu verdammt unterzugehen, sobald sie den Kontakt mit dem Laien verlieren».

Zwei Zitate sind hier zusammengestellt, die sich fast nahtlos aneinanderfügen. Es ist nicht schwer zu erraten, daß keins aus der Feder eines deutschen Gelehrten stammt. Das eine Zitat kommt von Georges Duby († 1996), Professor am Collège de France in Paris, jener 1530 gegründeten Einrichtung ohne Ausbildungs- und Prüfungsverpflichtungen, deren Professoren sich ganz ihren Forschungen – nicht also didaktischen Aufgaben – widmen können. Das andere Zitat hat H. R. Trevor-Roper (*1914) zum Autor; es entstammt seiner Antrittsvorlesung als Professor für moderne Geschichte in Oxford (1957). Wie sagte Duby? «Da ich meine Kompetenz nicht mehr mit gelehrtem Detail nachzuweisen brauche, spreche ich dabei eine andere Sprache...» Duby setzt seine Gelehrsamkeit in Gemeinverständlichkeit um. Wer immer das tut, muß sich bei diesem «Umsetzen» mit seinem Publikum beschäftigen, um die richtige Einstellung zu finden – mit dem «Laienpublikum» sagt Trevor-Roper –, und damit hat es seine Schwierigkeiten.

Die Frage nach dem Publikum

Man sollte sich vor Augen halten, daß weite Teile der Bevölkerung Wissen und Orientierung nicht aus Büchern beziehen. Der deutsche Buchhandel lebt, so lautet eine Schätzung, etwa von 15–20 % der Bevölkerung, und überall, wo das Buch Wissensvermittler ist, werden die meisten Menschen von diesem Angebot nicht erreicht. Ihre Vorstellungen sind stärker geprägt von Fernsehen und Rundfunk, von der Zeitung, vom redseligen Nachbarn, vom Stammtisch, von Überresten der Vergangenheit, auf die sie in der häuslichen Umgebung oder auf Reisen stoßen und anderem mehr. Sie leben eher vom Zufall eines Informationsangebots, kaum geleitet von einem Bildungsstreben. In ihren Köpfen dürfte das Mittelalter aus stereotypen Bildern bestehen: das finstere Zeitalter mit Inquisition und Hexenverbrennungen, mit Rittern und geschundenen Bauern, mit Königen, Bischöfen und Päpsten, die untereinander offenbar ständig im Streit lagen, mit unverständlich großen und kunstvollen Kathedralen, engen Städten und zahlreichen Klöstern. Es sind hauptsächlich Ausschnitte aus der spätmittelalterlichen Welt, die in verschiedenartiger Brechung Bild und Schlagwort abgeben, manchmal horrorartig, manchmal aber auch mit einem Schuß Sehnsucht nach der noch nicht vergewaltigten Natur, ohne Kernkraft und Kunstdünger. Mittelalter – das ist die Nichtmoderne: keine Elektrizität, kein Auto, keine Eisenbahn, keine Zentralheizung. Die Welt der Nibelungen, des Robin Hood, mit dichten Wäldern und Pfeil und Bogen, geschaut im Fernsehen oder im Kino. Themen aus dem Robin-Hood-Stoff zum Beispiel sind weit über 20mal verfilmt worden. Wann diese Zeit war, bleibt recht vage. Das Mittelalter ist hier eben kein Zeitalter, sondern eine Lebensform. Wem «Rückfall ins Mittelalter» vorgeworfen wird, dem unterstellt man Primitivität, chaotische Rechtsvorstellungen, handfesten Aberglauben oder ähnliches.

Allerdings wird dem Bürger andererseits mancherlei Mittelalterliches – Angebliches und Wirkliches – geradezu aufgedrängt. Kaum eine Stadt oder ein Dorf, die nicht, wo es möglich ist, bei einer runden Jubiläumszahl an mittelalterliche Ursprünge mit Festschrift, folkloristischen Darbietungen und Feiern erinnern. Dafür sorgen schon die Fremdenverkehrsvereine. Da gibt es die Landshuter Fürstenhochzeit, die 1475 gefeiert wurde und ständig wiederkehrt wie die Corsa dei Ceri in Gubbio, die Giostra della Quintana in Foligno oder der Palio in Siena. Geschäftstüchtige Unternehmer vermarkten vorgeblich Mittelalterliches. In einer «Mittelalterlichen Kuchel» wird ein «Mittelalterliches Schlemmermahl» angeboten: «Die gemeinsame Völlerei beginnt um 20 Uhr und dauert bei 10 Gängen circa 3 Stunden» (so der Prospekt). Ein ganzes mittelalterliches Dorf – Düppel im Berliner Stadtteil Zehlendorf – ist eingerichtet worden. Es knüpft an eine an derselben Stelle untergegangene bäuerliche Siedlung des 13. Jahrhunderts an. In Kaltenberg, Kreis Landsberg am Lech (Besitz des Prinzen Luitpold von Bayern), gibt es, jeweils im Frühsommer, ein Ritterturnier (siehe S. 51). Eine beigegebene Straßenkarte ist mit den Worten überschrieben: «So kommen Sie ins Mittelalter.»

Dies alles ist freischwebendes, geldbringendes Mittelalter mit Bilderbuch- und Amüsiercharakter, besonders an Ferienplätzen Europas – von Andalusien bis Irland – angeboten, ohne festen historischen Ort. Ein historisches Grundgerüst – was die Engländer basic facts nennen – dürfte bei den europäischen Nachbarn stärker ausgebildet sein als bei den Deutschen.

Der Engländer selbst geringen Bildungszuschnitts kennt Hastings 1066, weiß, daß zu den Angelsachsen die Normannen hinzutraten, hat vom 100jährigen Krieg etwas gehört und erinnert sich der Heinriche III., IV., V. und der Richarde II. und III. aus Shakespeare's Königsdramen, auch wenn er die Personen durcheinanderbringt. Die Franzosen haben ihre Kreuzzüge und die heilige Johanna, die Spanier ihren Cid, die Reconquista, Alfons den Weisen und anderes.

Die Italiener – auch der Mann auf der Straße – zitieren nicht nur ihren Dante; sie sind in die Geschichte geradezu hineingeboren. Ursprung und Gestalt ihrer Städte fordern häufig eine geschichtliche Erklärung (man denke an Alessandria, an Grado: beide aus historischen Situationen entstanden). Die kommunistische Parteizeitschrift Italiens widmete kürzlich der «Aktualität des Mittelalters» in Italien einen respektvollen Artikel, und seit Jahren versammeln sich italienische Mediävisten zu Tagungen mit dem Thema «Medioevo oggi», deren Akten gedruckt werden. Es ist kaum Zufall, daß den größten Erfolg eines «historischen» Romans in den letzten Jahrzehnten das Buch des Italieners Umberto Eco darstellt «Il nome della rosa» (Der Name der Rose), das einen mittelalterlichen Stoff ungemein sachkundig aufarbeitet (siehe S. 241 f.). Die geradezu lawinenartige Verbreitung dieses Buches verlangt eine eigene Betrachtung (siehe S. 273 ff.).

Die Einbußen des «deutschen» Mittelalters

Um die unterschiedlichen Voraussetzungen für das Geschichtswissen und das Geschichtsverständnis in den einzelnen europäischen Ländern zu begreifen, müßten die jeweiligen Bildungs- und Erlebnisfaktoren geprüft werden, zum Beispiel die Behandlung der Geschichte im Schulunterricht, die politischen Parteien als Träger der Geschichte, deren Rolle im öffentlichen Leben, die persönlichen Erlebnisse und Erinnerungen und anderes mehr. Den Deutschen stellt sich über diese Bildungs- und Ausbildungselemente hinaus ein eigenes Problem. Kaum ein Fernsehfilm über einen historischen Stoff dürfte in der Bundesrepublik einen so starken Eindruck hinterlassen haben wie die wiederholt gesendete amerikanische Serie «Holocaust»: die Vernichtung jüdischer Menschen, in der Filmhandlung erlebt an individuellen Schicksalen.

Die schweren Verbrechen des Nationalsozialismus okkupieren das historische Interesse, und der Streit um die Frage, ob die Zeit des Nationalsozialismus historisch eingeordnet werden dürfe oder ein ahistorisches «Mahnmal» bleiben müsse, das nicht seinesgleichen habe, zeigt an, wie sehr das «Dritte Reich» als Barriere die Betrachtung früherer Zeiten versperrt. Die Beschäftigung mit Geschichte bedeutete lange Zeit – und für manche auch jetzt noch – so gut wie nur eine Auseinandersetzung mit der jüngsten Vergangenheit und reichte kaum vor das 19. Jahrhundert zurück, zumal manche Schulpläne die Degradierung der Vergangenheit zur Vorgeschichte der Moderne förmlich anwiesen. Die zermürbende Beschäftigung mit dem tragischen und zudem mit Verbrechen behafteten Gang der jüngsten deutschen Geschichte hat geradezu rhapsodisch die Frage in den Vordergrund treten lassen, wo denn die Stationen zur «deutschen Katastrophe» (F. Meinecke) lagen: bei Luther, bei Friedrich dem Großen, bei Bismarck?

Das deutsche Mittelalter war bei der Suche nach den Ursachen der Katastrophe kaum gefragt; es war in dieser Hinsicht wenig ergiebig, hatte aber andererseits die Verdrängung mancher Phänomene, die zum deutschen Mittelalterbild vor der Katastrophe gehörten, hinzunehmen. Ein Beispiel: 1928 konnte ein deutscher Mittelalter-Historiker vom Range und der Nüchternheit Adolf Hofmeisters (1883–1956) schreiben: die deutsche «Ostkolonisation» sei die «größte und unverlierbare Leistung des deutschen Volkes». Der Nachvollzug dieser Wertung fällt heute nicht leicht, da der größte Teil der deutschen «Ostkolonisation» (eben nicht «unverlierbar») zurückgenommen ist und die Kolonisation selbst nicht mehr als Leistung «des deutschen Volkes» als eines präzise umschreibbaren Gesellschaftskörpers aufgefaßt wird. Als wollte dem Historiker Hofmeister aus dem kleindeutschen Raum eine großdeutsche Stimme sekundieren, schrieb etwa gleichzeitig (1930) der gebürtige Niederösterreicher Hans Hirsch (1878–1940) in einem bekennerhaften Aufsatz («Das Mittelalter und wir») vom «Wunder deutscher mittelalterlicher Volkskraft..., demzufolge sich das Geltungsgebiet der deutschen Sprache auf dem Wege zumeist friedlicher Besiedelung im Osten geradezu verdoppelte». Zu den Altstämmen seien die Neustämme getreten, und diese allerdings schwebten in Gefahr. Es sei die Frage, «ob das deutsche Volk die wunderbaren Erfolge der mittelalterlichen Kolonisation wird behaupten können oder nicht». Es bestehe kein Zweifel, «daß bei einer dauernden Abtrennung der Neustämme, zu denen auch die Österreicher gehören, die merkwürdige Ähnlichkeit offenbar würde (und hier erfolgt ein Rückgriff auf das klassische Bildungsgut), die in diesem Falle das Schicksal des griechischen Volkes mit dem des deutschen verbinden würde». Wie die griechischen Kolonien dem Mutterland verloren gingen, so sah Hirsch die Gefahr, daß die «Neustämme» abgetrennt würden.

An beiden Zitaten wird deutlich, wie stark bis in die Zeit des Nationalsozialismus hinein vom Mittelalter her gedacht wurde: die Stammesgliederung, die Reichsentstehung waren noch gegenwärtig: «Deutschlands Mittelalter, Deutschlands Schicksal» (H. Heimpel). Der Österreicher Hirsch zählte trotz der bereits ein Dutzend Jahre bestehenden Donaurepublik im Nachklang großdeutscher Gedanken die Österreicher (die er als abgetrennten Neustamm wertet) selbstverständlich zum deutschen Volk.

Das gentile und aus dem Mittelalter kommende Bewußtsein eines Reichszusammenhangs ist den Deutschen durch die Katastrophe von 1945 weitgehend genommen. Aus der Ostkolonisation wurde die Flüchtlingsfrage, deren Bewältigung die Menschen mehr beschäftigte als das Räsonieren über eine angeblich unverlierbare historische Leistung. Zudem hat man zu bedenken, daß der Aufruf, sich im Osten zum Beispiel unter polnischen Herzögen anzusiedeln, sich nicht allein an die Deutschen richtete; es gab auch Polen, die den Vorzug des «Ius Teutonicum», des deutschen Rechts, erhielten. Vor 1945 war gerade dieser Teil der deutschen Geschichte, der sich in den Räumen Schlesien, Pommern, Ost- und Westpreußen, Sudetenland abspielte, mit der markigen und expansionistischen Propaganda des «Dritten Reiches» belastet worden, die einen eigenen Mythos schuf:

da gab es Lieder wie «Nach Ostland geht unser Ritt, hoch wehen die Fahnen im Winde» und «In den Ostwind hebt die Fahnen, denn im Ostwind stehn sie gut.»

An den beiden Liedern läßt sich zeigen, wie raffiniert die nationalsozialistische Propaganda sich an die gewachsene Geschichte anlehnte und sie korrumpierte. Beide Lieder nehmen sich zwar ganz ähnlich aus: sie sind in Liedform gekleidete Aufrufe zur Ostsiedlung, und beide bildeten einen festen Bestandteil des nationalsozialistischen Liedguts. Aber es besteht ein wesentlicher Unterschied. «Nach Ostland geht unser Ritt» ist ein altes flämisches Volkslied wahrscheinlich noch des 12. oder 13. Jahrhunderts, während «Wort und Weise» des anderen Liedes: «In den Ostwind hebt die Fahnen» von dem nationalsozialistischen Hofbarden Hans Baumann († 1988) erfunden wurden, dem auch das berüchtigte Lied «Es zittern die morschen Knochen» verdankt wird.

Die Ostsiedlung ist so stark von dem Geist des Nationalsozialismus überdeckt worden, daß es vieler tastender Versuche bedurfte, bis im internationalen Gespräch zwischen Historikern aus Ost und West eine gewisse Ausgewogenheit und ein besonnenes Urteil herbeigeführt wurden. In Schulbüchern hat sich die angestrebte Ausgewogenheit, die in den Augen manches Deutschen und manches Polen immer noch Schief- und Falschheiten enthält, nur beschränkt niedergeschlagen; in der deutschen Öffentlichkeit besteht auf der einen Seite weitgehende Interesselosigkeit und die Furcht, des Revanchismus bezichtigt zu werden, auf der anderen der teilweise hitzige Geist der sogenannten «Landsmannschaften», die an einem Recht auf Heimat festhalten («Schlesien bleibt unser»). Hier ist ein Bereich mittelalterlicher Geschichte, der – was das allgemeine Interesse betrifft – von dem Verlust der nationalen Identität besonders betroffen ist.

Vom Geist nationalsozialistischer Verunstaltung sind auch andere Bereiche mittelalterlicher Geschichte überschattet gewesen: der deutsche Ordensritter, dem die «Ordensburgen» der SS nachempfunden wurden; die germanische Frühzeit, deren Erforschung von nationalsozialistischer Seite – vom «SS-Ahnenerbe» – besonders gefördert wurde, denn hier sah man die Wurzeln einer «nordischen Rasse».

Nun hat allerdings nicht die ganze Mittelalterforschung im Dritten Reich sich dem ideologischen und politischen Druck gebeugt. Zum Beispiel haben jüdische Gelehrte wie Wilhelm Levison (1876–1947) und Ernst Perels (1882–1945) bei den Monumenta Germaniae Historica, dem «Deutschen Institut für Erforschung des Mittelalters», lange Zeit ihrer Editionsarbeit an der Frankengeschichte Gregors von

Tours (†593/4) und an den Briefen Hinkmars von Reims (†882) nachgehen können, auch wenn ihre Faszikel ohne Namennennung haben erscheinen müssen. Einem im Februar 1939 abgeschlossenen geheimen Dossier des «SS-Ahnenerbe», das erst nach dem Kriege bekannt wurde, ist zu entnehmen, daß gerade die Monumenta Germaniae Historica Anstoß erregten: Hier vornehmlich seien jüdische Gelehrte tätig, seit 1870 nicht weniger als fünfzig – heißt es da –, und sogar im Berichtsjahr (1939) habe man «trotz einer neuen Zeit» auf jüdische Mitarbeit nicht verzichtet. Nach dem Zweiten Weltkrieg konnte die Arbeit ohne die in anderen Fächern häufig tiefgreifende Unterbrechung fortgesetzt werden, und es erschien eine ganze Reihe von Büchern, die während der Zeit des Nationalsozialismus entstanden, aber von seinem Geist unbeeinflußt geblieben waren.

Geschichtsverdrossenheit und Wissensdefizit

Stand es im Falle der Mittelalterforschung nicht ungünstig, so war nach der Katastrophe des Zweiten Weltkrieges doch in weiten Teilen der Bevölkerung – und gerade unter den geistig Aufgeschlossenen – eine allgemeine Geschichtsverdrossenheit spürbar; man sprach vom «Abschied von der Geschichte» (so Alfred Weber, 1868–1958), vom «Verlust der Geschichte» (so Alfred Heuß, † 1995). Niemand wollte sich so richtig mit der Geschichte einlassen, die manchem nichts anderes war als – wie Arnold Toynbee (1889–1975) es formuliert hat – «ein verfluchtes Ereignis nach dem anderen» (just one damned thing after another). Auch als die Bereitschaft zunahm, sich mit der Geschichte wieder zu beschäftigen, wurden einige Bereiche – bei der Ostsiedlung und der Vorgeschichte ist es angedeutet worden – gemessen an der Aufmerksamkeit, die sie früher genossen, verhältnismäßig wenig beachtet.

Hinzu kamen andere Faktoren, die den Umgang und die Vertrautheit mit Geschichte zurücktreten ließen.

> In den historischen Verein
> wünscht er eingeführt zu sein,

dichtete Wilhelm Busch. Bei allem Respekt vor den tatkräftigen landesgeschichtlichen Vereinen dürfte das heutige bürgerliche Selbstverständnis ohne diese Sehnsucht auskommen, es trachtet eher nach einer Einführung in den Yachtclub, in den Rotary- oder Lionsclub. Auch gibt es nicht mehr jene breite Schicht historisch interessierter und wissenschaftlich tätiger Gymnasiallehrer, die einerseits in hochgelehrten «Jahresberichten» förderliche Forschungsbeiträge lieferten, andererseits – meist mit patriotischen Untertönen oder nach humanistischen Maximen – historisches Wissen vermittelten, um nicht zu sagen: einpaukten.

Oder um ein anderes Beispiel zu geben. Durch Jahrhunderte gehörte die epische Dichtung oder die historische Ballade zur Schullektüre, ob in der Elementarschule oder im Gymnasium: «Als Kaiser Rotbart lobesam / zum Heil'gen Land gezogen kam, / da mußt' er mit dem frommen Heer / durch ein Gebirge wüst und leer.» Diese Ballade, «Schwäbische Kunde» von Ludwig Uhland (1787–1862), dürfte früher eins der am häufigsten von Schülermund vorgetragenen Gedichte gewesen sein, doch ist es nicht das einzige Gedicht, das anekdotisch einen historischen Vorgang – hier den dritten Kreuzzug – beschreibt und sich damit im Gehirn des geplagten Schülers festsetzt. In der in preußischen Gymnasien vor dem Ersten Weltkrieg eingeführten «Auswahl deutscher Gedichte» von Ernst Theodor Echtermeyer (1805–1844), die es auf fast 50 Auflagen brachte, nehmen Gedichte aus dem Themenkreis «Sage und Geschichte» fast die Hälfte des Bandes ein. Das Mittelalter ist mit 33 Poemen vertreten. Der am häufigsten berücksichtigte Dichter ist mit acht Gedichten der eben genannte Ludwig Uhland, dessen treuherziger und doch zuweilen verschmitzter Balladenton den sich mit seiner Geschichte identifizierenden Deutschen besonders ansprach. In heutigen Deutschbüchern (zumindest in bayerischen) scheint Uhland ganz zu fehlen, und es ist auch kein eigener Abschnitt «Sage und Geschichte» oder Entsprechendes zu finden.

Beim alten Echtermeyer folgte auf Uhland Friedrich Schiller und auf diesen ein Fachhistoriker: Felix Dahn (1834–1912), dessen vielbändiges Standardwerk «Die Könige der Germanen» auch heute noch nicht überholt ist. Von Dahn stammen düstere Gedichte wie «Gotentreue» und «Hagens Sterbelied», die bis in die Zeit nach dem Ersten Weltkrieg zum festen Kanon der Schullektüre gehörten. Dahn – Sohn eines Schauspielerehepaars und von besonderem patriotischen Pathos, für den ein Germane eigentlich schon ein Deutscher war – entsprach mit seinem Versuch, in dichterisch überhöhter Form von «deutscher Vorzeit» zu berichten, einem Typ bürgerlicher Geschichtsschreibung, der sich im Deutschland der zweiten Hälfte des 19. Jahrhunderts ausgebildet hatte und weit in das 20. Jahrhundert hineinwirkte. Dahns «Kampf um Rom» (1876) hat unzählige Auflagen erlebt und war ein häufiges Jugendgeschenk in Bürgerhäusern, die auf deutschnationale Bildung hielten. Diese Form der Popularisierung wurde von zünftigen Historikern durchaus nicht verächtlich behandelt, zumal eine ganze Reihe von Universitätslehrern unter die Romanschreiber gegangen war, so daß man von der Gattung des ‹Professorenromans› sprach. Nietzsche schüttete einen etwas verkrampften Spott über das «allgemein beliebte ‹Popularisiren›» gerade bei jungen Historikern aus, «das heißt, das berüchtigte Zuschneiden des Rocks der Wissenschaft auf den Leib des ‹gemischten› Publikums: um uns hier einmal für eine schneidermäßige Thätigkeit auch eines schneidermäßigen Deutsches zu befleißen.»

«... schwere Forschung hinter lieblicher Hülle verbergend»: der Experte und der Laie

Theodor Mommsen (1817–1903), der seine Römische Geschichte für den politisch und geschichtlich interessierten Bürger schrieb und 1902 den Nobelpreis für Literatur erhielt – die Verleihungsrede spricht von der «vollkommenen Geschichtsschreibung eines Mommsen» –, trat bewußt vor ein Laienpublikum, um, wie er es ausdrückte, «uns (die Fachhistoriker) nicht gänzlich vom Platz verdrängen zu lassen». Mommsen pflegte Freundschaft mit Gustav Freytag (1816–1895), dem von ihm durchaus akzeptierten Autor der «Bilder aus deutscher Vergangenheit» (1859–1867), die in den 20er Jahren in einer reich illustrierten Ausgabe unter der Betreuung des angesehenen Mediävisten Georg von Below (1858–1927) erschienen sind, die auch nach dem Zweiten Weltkrieg Neuauflagen erfahren haben und die kürzlich von einem besonderen Kenner der deutschen Geschichtsschreibung «vielleicht noch heute die schönste deutsche Geschichte» genannt wurden (E. Schulin). Mit dem Romanzyklus «Die Ahnen» versuchte Freytag, in den Geschicken einer Familie von der germanischen Frühzeit bis zum Beginn des 19. Jahrhunderts die Geschichte des deutschen Volkes sich widerspiegeln zu lassen, und eine vorwiegend national und nationalliberal gesinnte Historikerschaft wußte ihm Dank. Heinrich von Treitschke (1834–1896) schrieb Gustav Freytag zu dessen goldenem Doktorjubiläum in einer offiziellen Grußadresse: Der Dank an diesem Tage gelte «dem Historiker, der, schwere Forschung hinter lieblicher Hülle verbergend, sinnig wie kein Zweiter, den Werdegang des deutschen Gemüts durch die Jahrhunderte verfolgt hat».

Nach dem Zweiten Weltkrieg waren es nicht selten Bücher ausländischer Historiker, die im deutschen Sprachraum ein breites Publikum fanden. Aus dem Bereich der mittelalterlichen Geschichte etwa:

Stephen Runcimans (*1903) Darstellung der Kreuzzüge, Régine Pernouds (*1909) schmissige Biographie Eleonores von Aquitanien, Le Roy Laduries (*1929) Auswertung der Inquisition Jacques Fourniers, des späteren Papstes Benedikt XII. (1335–1342), im kleinen Pyrenäendorf Montaillou, A. J. Gurjewitschs (*1924) zusammengetragenes «Weltbild des Mittelalters».

Den deutschen Historikern wurde vor gar nicht langer Zeit von Joachim Fest (*1926) «Unvermögen» vorgeworfen, «Gefühl und Gedanke» der Öffentlichkeit für ihre Geschichte zu mobilisieren, obwohl es «noch nie in der Geschichte der Bundesrepublik ein derartig breites, ganz elementares Interesse an der Vergangenheit» gegeben habe wie jetzt. In der Tat lassen sich unter diesem Aspekt aus dem mittelalterlichen Bereich nur wenige deutsche Titel nennen, Arno Borsts «Lebensformen im Mittelalter» (1973) etwa, und in jüngster Zeit die Bücher von Edith Ennen über die Frauen und von Werner Rösener über die Bauern im Mittelalter, obwohl auch hier der große Durchbruch, wie er etwa dem Buch von Le Roy Ladurie gelungen ist, noch aussteht. Den Markt für ein breiteres Publikum beherrschen hier stärker Schriftsteller und sogenannte Sachbuchautoren. Zu diesen Routiniers der Feder (und es gibt respektable Könner unter ihnen wie Hermann Schreiber und Barbara Tuchman) haben manche Verleger offenbar mehr Vertrauen als zu Fachhistorikern. Es wirkt schon leicht komisch, wenn gelegentlich im Klappentext eines Buches versichert wird, der Autor habe sich ein geschlagenes Jahr mit dem Stoff beschäftigt – einem Stoff, mit dem Gelehrte sich ihr ganzes wissenschaftliches Leben abgeben.

So wenig sich die deutsche Fachhistorie im allgemeinen einem breiteren Publikum zugewendet hat: vor einigen Jahrzehnten waren die Weichen anders gestellt. Die Historische Zeitschrift, das offiziöse Organ der deutschen Historiker, hatte 1928 immerhin eine eigene Abteilung «Historische Belletristik» eingerichtet, in der populärwissenschaftliche Werke, freilich meist negativ und decouvrierend, vorgestellt wurden. Diese Sparte ist nicht weiter gepflegt worden; es blieb bei einem einmaligen Versuch. Auch anderwärts gab es durchaus hoffnungsvolle Ansätze. Die kulturgeschichtlichen Forschungen von und um Karl Lamprecht, seine von der Wirtschafts- bis zur Geistesgeschichte übergreifende Betrachtungsweise – um es auf diese grobe Formel zu bringen –, erzielten von der Jahrhundertwende bis in die Zeit des Ersten Weltkriegs eine enorme Breitenwirkung und fanden gerade beim geschichtsinteressierten Bürgertum starke Beachtung. Es dürfte nicht zuletzt dieser außerordentliche Erfolg gewesen sein, der die professionellen Historiker herkömmlichen national-konservativen Zuschnitts geradezu wütend über Lamprecht herfallen und ihn zum historischen Außenseiter, zum nicht ernstzunehmenden Dilettanten abstempeln ließ, dem schon aus methodischen Gründen zu mißtrauen sei. Lamprechts Schneisenschlag zu einer materiell-anthropologisch bestimmten Geschichtsbetrachtung hatte durchaus Erfolg – hauptsächlich jedoch außerhalb Deutschlands. Die Sichtweise Lamprechts wurde von dem Belgier Henri Pirenne (1862–1935) und dem Franzosen Marc Bloch (1886–1944) in modifizierter Weise aufgenommen, um schließlich mutatis mutandis mit der Historikergruppe um die Zeitschrift «Annales» (seit 1929) zu großem und bis in die Gegenwart reichendem Einfluß zu gelangen, auch wenn in jüngster Zeit vornehmlich von angelsächsischer Seite (G. R. Elton, L. Boyle) Vorbehalte angemeldet werden, weil durch das Herausarbeiten langlebiger Strukturen und die Fixierung auf sie das eigentliche Historische – das erzählte Ereignis – vernachlässigt werde: «Historians against History», so lautet der Vorwurf.

Der große und immer noch andauernde Erfolg der Schule der «Annales» beruht aber nicht nur auf ihrem modellhaften Vorgehen, ihrer faßlichen Systematik, ihrem fast sendungshaften Selbstbewußtsein, sondern nicht zuletzt auf dem gesuchten Gespräch mit einem interessierten Publikum. Man kann es deshalb keinen Zufall nennen, daß von dem «Annales»-Gründer Marc Bloch das kostbare Wort stammt: «Selbst wenn die Geschichte zu nichts anderem zu gebrauchen wäre, eines muß man ihr zugute halten: Sie ist unterhaltsam.» Georges Duby äußerte sich ähnlich, als er von dem «außerordentlichen Vergnügen» an der Geschichte sprach, das er anderen mitteilen wolle (siehe S. 262). Unter Anregung und Einfluß der «Annales», aus deren Schule einige der derzeit richtungweisenden Mediävisten Frankreichs hervorgegangen sind (zum Beispiel Duby, Le Goff), ist in Frankreich ein starkes Interesse geweckt worden für die mittelalterliche Gesellschaft, für das tägliche Leben mit seiner materiellen Ausstattung und seinen Sehnsüchten, für geistige Haltungen, für «Mentalitäten»: ein das Phänomen etwas verkürzender Ausdruck, so daß in letzter Zeit häufiger mit der Bezeichnung «histoire de l'imaginaire» operiert wird. Forschung wird hier bewußt – ich erinnere an Duby – unter Berücksichtigung eines interessierten nichtfachmännischen Publikums betrieben. «Der Triumph der Geschichte» – so hat einer der Herausgeber der «Annales» (J. Le Goff) kürzlich konstatiert – «ist unleugbar». Das Montaillou-Buch von Le Roy Ladurie hat in Frankreich die Zweihunderttausend-Marke weit überschritten, und der Altmeister der «Annales»-Schule Fernand Braudel (1902–1986) ist 1984 in die Académie Française gewählt worden.

Ein Fall für sich: Ecos Roman «Der Name der Rose»

Im September 1980 erschien in Italien der Roman «Der Name der Rose» des Bologneser Professors Umberto Eco (*1932) und brachte es dort innerhalb eines Jahrfünfts auf eine Million verkaufter Exemplare. Ähnliche Absatzerfolge werden aus Frankreich, England und den USA gemeldet, wo Rezensenten den Roman giftig als «ungelesenen Bestseller» einstuften: es sei eben schick, ihn bei einer Party als «conversationpiece» auf dem Kaffeetisch liegen zu haben. Im November 1982 ins Deutsche übersetzt, drang das Buch nach wenigen Wochen in die Spitzengruppe der Bestseller vor und hält sich dort ohne größere Einbrüche. Von der deutschen Ausgabe waren bis Ende 1986 über eine Million Bände abgesetzt, die Weltauflage beträgt 5–6 Millionen, Raubdrucke und Lizenzen für Buchclubs nicht mitgerechnet. Selbst eine Agatha Christie hat mit keinem ihrer Bücher innerhalb dieser kurzen Zeit so hohe Absatzzahlen erreicht. Das Gespräch – auch das gelehrte Gespräch – über diesen Roman reißt nicht ab, zumal Eco eine ebenso erhellende wie verwirrende Nachschrift nachgereicht hat. An Universitäten werden Seminare über den «Namen der Rose» abgehalten, Prüfungsarbeiten ausgegeben, Kolloquien angeboten, und es ist bereits eine umfangreiche Sekundärliteratur entstanden. Ein Ende der Eco-Welle ist nicht abzusehen.

Der Stoff: Morde in einer Benediktiner-Abtei im Appenin wegen eines Aristoteles-Codex im Jahre 1327 zur Zeit Ludwigs des Bayern (1314–1347) und Papst Johannes' XXII. (1316–1334). Das Sujet ähnelt von ferne dem von Gustav Freytags Roman «Die verlorene Handschrift» (1864): Die Suche nach einem Codex wird als Aufhänger benutzt zur Schilderung der Zeitumstände, aber welcher Unterschied in Erzähldichte und Hintergründigkeit. Erlebnisträger und Erzähler ist bei Eco ein Benediktinermönch namens Adson von Melk, der im Greisenalter seine Erlebnisse als jugendlicher Begleiter eines englischen Franziskaners, William von Baskerville, aufgezeichnet hat. Der Name ist eine erheiternde, wenn auch etwas frivole Kreuzung von Wilhelm von Ockham († 1349) und Sherlock Holmes' beziehungsweise Conan Doyles (1859–1930) Hund von Baskerville, und der brave Adson ist selbstredend der sich ob des Scharfsinns seines Meisters stets verblüfft gebende Dr. Watson. Das eigentlich Interessante ist jedoch nicht die schließlich mit sieben Morden aufwartende Kriminalgeschichte (auf die sich der Film gestürzt hat), sondern die großartig ausgestaltete Gedanken- und Realienwelt des Spätmittelalters. Selbst Insider haben den Riesenerfolg des Buches nicht vorausgesehen. Der italienische Verleger hatte, wenn man Ecos Aussage trauen darf, mit einem Absatz von «vielleicht» viertausend Exemplaren gerechnet, und in der Werbezeitschrift der deutschen Verleger «LIT» wurde der Roman mit den fast umsatzhemmenden Worten vorgestellt: «Ein Buch für Feinschmecker, für bedachtsame Genießer.» Das Buch erlebte einen Durchbruch ins breite Publikum, zur Überraschung auch des Mittelalter-Fachmanns. Denn Ecos Buch ist wahrhaftig nicht leicht zu lesen. Das ist nicht Walter Scotts (1771–1832) «Ivanhoe», nicht Victor Hugos (1764–1835) «Glöckner von Notre Dame», liegt weit entfernt von Gustav Freytags treuherzigen «Ahnen» und von Lion Feuchtwangers (1884–1958) romantisierter «Margarete Maultasch», alles Werke von Autoren, die sich – auch der habilitierte Germanist Freytag – eher als Literaten verstanden. Eco jedoch ist Gelehrter: Professor für Semiotik und Verfasser mehrerer, historische Fragestellungen einbeziehender Bücher, zum Beispiel über mittelalterliche Ästhetik allgemein und speziell bei Thomas von Aquin oder über mittelalterliche Erzählkompositionen – und daneben dieser Wurf. Dabei schenkt Eco, der freilich auch auf eine Zeit als Journalist und Fernsehredakteur zurückblicken kann, dem Leser nichts.

Das Buch ist getränkt mit mittelalterlichem und monastischem Geist, begonnen bei der Komposition, die mit ihrem Wochenablauf (1. Tag, 2. Tag und so weiter) an Boccaccios (†1375) Decamerone erinnert, der Tageseinteilung von der Prim und Matutin am Morgen und der Complet am Abend, bis hin zu wortwörtlich übernommenen Vergleichen und Exzerpten.

Dies alles geschieht so unauffällig, so wenig verfremdet, daß kaum einer der Rezensenten in den Feuilletons der Zeitungen das mediävistische Salz geschmeckt haben dürfte, und es grenzt ans Groteske, wenn eine schneidige Rezensentin von «abgedroschenen Kunstgriffen» und «trivialen Erzählschablonen» – eben mittelalterlichen – spricht (A. Vollenweider).

Ganze Partien mittelalterlicher Quellen hat Eco in seinem Verwirrspiel ausgeschrieben und umgestaltet, manchmal in einer für moderne Leser sicherlich ermüdenden Länge: über die Allegorie der Edelsteine, den Defensor Pacis des Marsilius von Padua (†1342/43), die cena Cypriani, die Visio Brendani, die Summa theologiae des Thomas von Aquin (†1274), das Ketzerhandbuch des Bernardus Gui (†1331),

Ockhams Dialoge und anderes mehr. Dreißig ausgeschriebene Quellen sollen es sein. Es sind sicher mehr, und nicht alles erschließt sich sogleich dem Verständnis, zumal auch Modernes hineinspielt. Nicht nur Conan Doyle (1859–1930) und Ellery Queen haben Pate gestanden: Dem Haupthelden William von Baskerville zum Beispiel ist die mittelhochdeutsche Übersetzung eines Satzes von Ludwig Wittgenstein (1889–1951), dessen Sprachlogik Eco ungemein schätzt, in den Mund gelegt: daß man die «Leiter der Erkenntnis» wegwerfen müsse, wenn man auf ihr hinaufgestiegen sei.

Sofort bei Erscheinen des Buches kam die Vermutung auf, in den radikalen, vom Armutsideal durchdrungenen Fratizellen und in den anarchischen Dolcinianern steckten verschlüsselt die «roten Brigaden», in den pragmatischen Franziskanern die Euro-Kommunisten, bereit zu einem «historischen Kompromiß».

Eco gibt eine Doppelbödigkeit offen zu: «Mein Mittelalter», sagt er in einer biographischen Rückschau, «geht zurück bis 1950. Ich habe meine Dissertation und mein erstes Buch über das Mittelalter geschrieben. Ich bin durchs Mittelalter zu Joyce und zur Avantgarde gekommen. Ich habe mich auch in den letzten zehn Jahren weiter mit dem Mittelalter beschäftigt, und das alles hat bewirkt, daß mir spontan der Gedanke kam, das Mittelalter als Modell unserer Zeit zu benutzen: durchzogen von Endzeiterwartungen, chiliastischen Weltuntergangsvisionen, breiten Ketzerströmungen, Banden, die zur Verbesserung der Menschheit Blutbäder anrichten, beherrscht von apokalyptischen Vorstellungen.»

In seinem in die Gegenwart wirkenden Facettenreichtum und dem häufigen Wechsel der Verständnisebenen ist deshalb Ecos «Name der Rose» nicht eigentlich ein historischer Roman – und darin gerade dürfte ein Grund seines Erfolgs liegen. Er bedient den historisch interessierten, den frommen-unfrommen Leser, den Action-Liebhaber, den Freund der Kriminalromane, den Aufschlüsse für die Gegenwart Suchenden und wen noch alles mehr.

Der vielfältige Reiz des Romans ist zugleich seine Einbuße, denn die hintergründige und den Leser ständig im Ungewissen lassende Ironie, die durch Übertreibung manches zur Karikatur werden läßt, nimmt dem Roman – unbeschadet seiner Anziehungskraft – den gerade zur mittelalterlichen Welt gehörenden Glaubensernst und mündet in einem sinn- und zukunftslosen Szenario: William von Baskerville ist eben doch nicht Wilhelm von Ockham.

Der «wahre» historische Roman

Der Erfolg von Ecos Roman sollte uns in Erinnerung rufen, was dem 19. Jahrhundert gegenwärtig war: daß Geschichtsschreibung und historischer Roman in der Erzählform eng zusammenhängen. Der Laie kann ohnehin Fiktion und berichtete Realität schwer unterscheiden. Vor einiger Zeit wurde eine Diskussion um ein «hellsichtiges» Goethegespräch über Deutschlands Zukunft geführt, das in Wirklichkeit Thomas Manns «Lotte in Weimar» entnommen war und das ein Schlaumeier als separates Fragment in den Literaturbetrieb eingeschleust hatte. Mit guten Gründen ist belegt worden, daß zwischen der Geschichtsschreibung Leopold Rankes und den historischen Romanen Walter Scotts ein Zusammenhang besteht (H. R. Jauss), und Augustin Thierry (1795–1856), gleichaltrig mit Ranke und berühmt durch seine Geschichte der normannischen Eroberung, hat Scott sein Vorbild genannt. In Frankreich, aber auch in England blieb Geschichtsschreibung zunächst ein Feld vorwiegend von Literaten, deren Werke – ob geschichtliche Darstellung oder geschichtlicher Roman – von Historikern durchaus ernst genommen wurden.

Jacob Burckhardt, der zum Beispiel Edward Bulwers «last days of Pompeji» in seiner Vorlesung behandelte, hat den, wie er sagte, «wahren historischen Roman» in die Betrachtung historiographischer Möglichkeiten einbezogen, allerdings mit Vorbehalten. Der Hauptvorbehalt betraf nicht den Roman als Fiktion, sondern den Zweck bloßer Unterhaltung. Burckhardt wendet sich gegen den «historischen Roman, welcher die Geschichte in lauter Amusement umsetzen will». Geistesarbeit dürfe «nicht zum bloßen Genuß werden», und er fährt fort: «Alle echte Überlieferung ist auf den ersten Blick langweilig, weil und insofern sie fremdartig ist. Sie kündet die Anschauungen und Interessen ihrer Zeit für ihre Zeit und kömmt uns gar nicht entgegen, während das moderne Unechte auf uns berechnet, daher pikant und entgegenkommend gemacht ist. Für den gewöhnlichen halbgebildeten Menschen ist ... aus der Vergangenheit auch das Vergnüglichste unverständlich und langweilig, weil ihm nichts auf den Leib zugeschnitten ist wie die heutigen Romane ... (Die) Vergangenheit (ist) in ihrer Äußerung Anfangs immer fremdartig und ihre Aneignung eine Arbeit.» Burckhardt resümierte seine Ansicht in dem Satz: «Der wahre historische Roman, wenn es ihn gäbe, wäre so schwer zu lesen als ein Geschichtsbuch». Ist in diesem Sinne Ecos «Name der Rose» ein «wahrer» historischer Roman, der die Geschichte nicht «in lauter Amusement» umsetzt?

Probleme der Darstellungsform und des Darstellungsinhalts

Mit seiner Wertung, der wahre historische Roman «wäre so schwer zu lesen als ein Geschichtsbuch», berührt Burckhardt ein Problem, das nicht nur bei der Vermittlung von Geschichte an ein Laienpublikum eine Rolle spielt, sondern im Wesen und im Selbstverständnis des Fachs angelegt ist: die Spannung zwischen Geschichtsforschung und Geschichtsschreibung.

Die analytische Aufarbeitung stört den Erzählfluß, wie umgekehrt «voraussetzungsloses» Erzählen nicht möglich ist, denn auch der «erzählende» Historiker muß aus der Fülle des Berichtbaren auswählen und manche Handlungsabläufe diachronisch zusammenstellen, Umwelt- und Entscheidungsanstöße rekonstruieren, objektive und subjektive Zwänge ausmachen. Die erzählende Form der Geschichtsdarstellung kann sich nicht mit dem vordergründigen Geschehnisablauf, gleichsam mit einer action-story, begnügen. Auch sie hat theoretische Prämissen, und selbst die auf den Markt drängenden «Alltags»-Geschichten («So lebten die ...») benötigen Sinnerklärungen und chronologische Fixierung, wenn sie nicht zeitlos und amorph in der Vordergründigkeit des bloßen Vorgangs stecken bleiben wollen. Hier liegen auch die Grenzen des stummen Bildes oder des Films als Vermittler des Geschichtlichen. Das Meditative, das Reflexive, die inneren Voraussetzungen äußeren Geschehens sind an das informierende und interpretierende Wort gebunden, und so wird ernsthaft betriebene Geschichte auch für das Laien-Publikum, um an Burckhardt zu erinnern, immer «Arbeit» sein.

Doch ein Historiker, der heute seinem Publikum diese «Arbeit» zumutet, sieht sich vor weiteren Schwierigkeiten. Wenn der Mensch zu seiner Eigenbestimmung Geschichte nötig hat, wenn er, um mit Dilthey zu sprechen, «sich nur durch Geschichte, nie durch Introspektion» erkennen kann, so stellt sich gerade den Deutschen, deren Nationalgeschichte in ein Niemandsland mündet, das Problem der Identität und der Perspektive. Worauf soll die Selektion des Stoffes zielen, worauf die Wertung beruhen, wenn ein Konsens über Kernfragen der eigenen Geschichte kaum herstellbar ist? Wer sich als Historiker heute an den interessierten Laien wendet, muß nicht nur mit einem – im Verhältnis zu früheren Zeiten – geringeren Wissen rechnen; er trifft zugleich auf höchst unterschiedliche Voreingenommenheiten und Erwartungen.

Andererseits herrscht eine nostalgisch bestimmte Bereitschaft, früheren und auch entfernten Lebensformen Aufmerksamkeit zuzuwenden, ja man ist versucht zu sagen: je entfernter und exotischer, desto hingebungsvoller. Der Erfolg der Tutanchamun-Ausstellung hat alle Schätzungen und Voraussagen der Museumsleute übertroffen. Insgesamt dürften mehrere Millionen Menschen die Schau gesehen haben. Es mag eine Portion Mystizismus in dem Wunsche stecken, vor diese geheimnisvollen altägyptischen Kunstwerke hinzutreten, die von einem geradezu unheimlichen Können zeugen und einen orientierungslosen Betrachter bereit machen, den windigen Theorien eines Erich von Däniken (*1935) Glauben zu schenken.

Gerade dieser sehnsuchtsvolle Mystizismus, der sich zum Geschehen in anderen, fiktiven Welten hingezogen fühlt, steht in hoher Blüte. Die Phantasien des Oxforder Anglisten und besonderen Kenners Beowulfs und Chaucers John Ronald Tolkien (1892–1973) haben eine begeisterte Gemeinde begründet mit Millionen von Lesern und eigenen Clubs, in der die düstere und mysterienhafte Welt der «Hobbits» und des «Herrn der Ringe» beschworen wird. In Nachbarschaft zu diesem Kult einer imaginären Welt bewegen sich Filmerfolge wie «Excalibur», dessen Stoff der Artussage entnommen ist, und mit größtem Erfolg sind in letzter Zeit Motive aus der Merlin-Sage und aus dem Artus-Stoff vielfach literarisch verwendet worden. Erstaunlich ist die Science-Fiction-Szene. Mit utopischen Geräten bewegen sich menschenähnliche Wesen durch das All, um hin und wieder in mittelalterlicher Aufmachung mit Schwert und Keule zu kämpfen.

Der Wunsch, aus der eigenen funktionalen Welt herauszutreten und sich über das Leben anderer Zeiten und Menschen – zumal unserer Vorfahren (man bedenke den Roots-Boom) – zu informieren, lockt ein zahlreiches Publikum in historische Ausstellungen. In den letzten Jahren gab es in der Bundesrepublik eine Flut großer und aufwendiger Ausstellungen: Karl der Große (1965), Karl IV. (1978), die Wittelsbacher (1980), Norddeutsches Bürgertum 1150–1650 (1985) und als der wohl größte Erfolg: die Staufer-Ausstellung in Stuttgart (1977). Innerhalb von nur sechs Wochen haben rund eine dreiviertel Million Besucher die wissenschaftlich teilweise anspruchsvolle Ausstellung gesehen; der vierbändige und fast zehn Pfund schwere Katalog ist mit über 170000 verkauften Exemplaren der größte Erfolg eines wissenschaftlichen Werkes über die Stauferzeit. Die Verbreitung des Katalogs der Stauferausstellung scheint eine Vermutung zu bestätigen: heute ist ein gekauftes Buch noch nicht unbedingt ein gelesenes Buch, und es wäre zumindest vorschnell, vom Verkaufserfolg auf ein sprunghaft angestiegenes Interesse oder gar auf einen hohen Kenntnisstand zu schließen, auch wenn speziell die staufische Epoche in letzter Zeit viele Liebhaber gefunden hat.

Im Rückblick: «Die Geschichte ist über die Historiker gekommen»

Fassen wir diese mehr kaleidoskopartigen als systematischen Darlegungen zusammen, die sich in vielerlei Richtungen – entsprechend dem Charakter von «Beobachtungen und Vermutungen» – fortsetzen ließen. Gefragt war nach dem Interesse des Publikums und nach den Chancen des Gelehrten, bei diesem Publikum Gehör zu finden. Sie stehen nicht schlecht für die Geschichte und besonders für das Mittelalter. Der Mensch der heutigen Industriegesellschaft – in einer technisierten und verplanten Umgebung – ist der Vergangenheit und dem Fremden, dem zuweilen Mystischen, geöffneter als früher, wenn auch der Zugriff weniger aufgrund eines breiten Geschichtskonsenses geschieht, sondern eher auf dem Wege privater, manchmal fast sektenhafter Aneignung.

Eine nationale Komponente ist kaum vorhanden, zumal die Deutschen in den Zuordnungsgrößen Volk, Reich und Nation unsicher geworden sind, und andere, überzeugende noch nicht gefunden haben. Manche Bereiche der mittelalterlichen deutschen Geschichte, wie etwa die Ostsiedlung, werden mit Befangenheit behandelt. Schwach ausgebildet ist infolge des auswählenden exemplarischen Unterrichts auch das chronologische Grundgerüst: Karl der Große schwebt durch die Zeiten, und phänomenologische Darstellungen über den mittelalterlichen Alltag, den Bauern, die Frau usw. tragen – bei allen Vorteilen bildhafter Schilderung – zur zeitlichen Orientierung wenig bei.

Sinnentleerende Verflachung gerade des Mittelalters ist es – und das suggestivste Medium, das Fernsehen, bringt diese Gefahr mit sich –, wenn man Bild und Geschehen ohne die dazugehörige Vorstellungswelt anbietet: zum Beispiel ohne das mittelalterliche Lebensgefühl, die drückenden eschatologischen Fragen, das ständige Suchen nach Gottes Plan. Wer die Sehnsüchte und die Ängste mittelalterlicher Menschen nicht wahrnimmt oder sie nicht ernst nimmt, wird kaum Verständnis aufbringen für eine Epoche, deren Hinterlassenschaft in unvernünftig großen Kathedralen, in nicht benutzbaren Weltkarten und in entpersönlichten Porträts besteht, und deren Menschen, durchdrungen von dem Gefühl der Sündhaftigkeit und in der Hoffnung auf Gnade, vielfach ein ebenso hingebungs- wie entsagungsvolles Leben geführt haben. Ein Sich-öffnen zu häufig Fremdem und ein geduldiges Hinhören sind hier nötig.

Wegen seiner Sinndichte ist das Mittelalter immer wieder angerufen worden: von der Romantik gegen den Vernunftglauben der Aufklärung, von den Vertretern einer universalistischen Idee gegen den Individualismus, von christlichen Traditionalisten gegen die Gefahr des «Untergangs des Abendlandes».

Was immer der Grund des Interesses des Publikums für das Mittelalter ist: die Historiker selbst haben das geschichtsfreundliche Klima, das vielfach eingebettet ist in eine umfassendere emanzipatorische Sehnsucht, kaum herbeigeführt. «Die Geschichte ist über die Historiker gekommen» (W. J. Siedler), und sie sollten es mit Duby halten: ‹keine Gelegenheit versäumen, sich an andere Menschen (außerhalb der Zunft) zu wenden.›

Literaturhinweise

Die zu den Beiträgen angeführte Literatur ist für den interessierten Laien, zugleich jedoch als Beleg für den mit dem Stoff vertrauten Leser gedacht. Kurze Kommentare sollen die Orientierung angesichts der sprunghaft gestiegenen Publikationsflut erleichtern. Die Angaben beschränken sich hauptsächlich auf deutsche Titel, auch wenn der Forschungsanteil vorwiegend in fremdsprachigem Schrifttum liegt. Eine Heranführung an die gegenwärtig laufenden Diskussionen ist nicht beabsichtigt.

Über das Mittelalterliche am Mittelalter

Über die Frage, was das Wesen und das Wesentliche des europäischen Mittelalters sei, gibt es eine ganze Bibliothek; ich beschränke mich auf eine enge deutschsprachige Auswahl. J. Burckhardts Sicht des Mittelalters vermittelt *W. Kaegi* in seiner weit ausholenden Biographie: «Jacob Burckhardt», besonders Bd. 6, 1 (1977), dessen Gegenstand sich verzahnt mit *J. Burckhardt*, «Über das Studium der Geschichte. Der Text der Weltgeschichtlichen Betrachtungen», nach der Handschrift herausgegeben von *P. Ganz* (1982). Unter dem Eindruck von Katastrophen wurde die seelische Stabilität des Mittelalters wiederholt angerufen (*H. Hesse* 1922: «Blütezeit des intuitiven Seelenlebens»): nach dem Ersten Weltkrieg von dem fast einen aggressiv-missionarischen Ton («Wahrheit ist noch immer ‹cum ira et studio› gefunden worden») anschlagenden Schüler des katholischen Philosophen Max Scheler *P. L. Landsberg*, «Die Welt des Mittelalters und wir. Ein geschichtsphilosophischer Versuch über den Sinn eines Zeitalters» (1922; danach in mehreren Auflagen und Auszügen gedruckt); nach dem Zweiten Weltkrieg von *M. Seidlmayer*, «Das Mittelalter. Umrisse und Ergebnisse des Zeitalters: Unser Erbe» (1948), 2. Aufl. besorgt von *H. Grundmann* (1967), der sich selbst «Über die Welt des Mittelalters», in: Summa historica (Propyläen-Weltgeschichte, hg. von *G. Mann* u. a. Bd. 11, 1965) originell und scharfsichtig geäußert hat. Merkmale des Mittelalters hat umschrieben *H. Heimpel*, «Über die Epochen der mittelalterlichen Geschichte», zuerst 1947, und: «Europa und seine mittelalterliche Grundlegung», zuerst 1949, beides abgedruckt in dessen: «Der Mensch in seiner Gegenwart» (2. Aufl. 1957). Wegweisend in seiner terminologischen Sicht wurde *O. Brunner*, «Inneres Gefüge des Abendlandes», in: Historia Mundi 6 (1958), mit bibliographischen Ergänzungen nachgedruckt von *W. Rösener* unter dem Titel: «Sozialgeschichte Europas im Mittelalter» (1978). Wie Mittelalterliches – häufig als selbstverständlich angesehen oder kaum wahrgenommen – beim modernen Europäer fortwirkt und das Wesentliche im Vergleich zu anderen Kulturkreisen ausmacht, zeigt reich an «Einsichten» *Th. Nipperdey*, «Die Aktualität des Mittelalters. Über die historischen Grundlagen der Modernität», in: Geschichte in Wissenschaft und Unterricht 32 (1981), nachgedruckt in dessen Aufsatzsammlung: «Nachdenken über die deutsche Geschichte» (1986). Erfrischend, wenn auch zuweilen von einem affektierten Aktualisierungsdrang ist *Régine Pernoud*, «Überflüssiges Mittelalter? Plädoyer für eine verkannte Epoche» (deutsch 1979). Anhand von hundert übersetzten und erklärten Quellenauszügen führt an das Mittelalter heran *A. Borst*, «Lebensformen im Mittelalter» (1973). Mit welchen «Problemen und Sachverhalten» man es im Mittelalter zu tun hat, will *H. Boockmann*, «Einführung in die Geschichte des Mittelalters» (1. Aufl. 1978) mitteilen. Anregend und informativ ist der Abdruck eines mit 20 Referenten besetzten Göttinger Kolloquiums: «Mensch und Umwelt im Mittelalter», hg. von *B. Herrmann* (1986). Unausgewogen in Stoffauswahl und Darstellungsbereichen, aber bemerkenswert als Versuch einer Gesamtsicht eines russischen Historikers: *A. J. Gurjewitsch*, «Das Weltbild des mittelalterlichen Menschen» (1980), vgl. etwa die Besprechungen von *E. Hlawitschka*, in: Zeitschrift für bayerische Landesgeschichte 46 (1983) und *H. Fuhrmann*, in: Deutsches Archiv für Erforschung des Mittelalters 37 (1981). Zur «historia» und zu dem davon ableitbaren mittelalterlichen Geschichtsverständnis vgl. *H.-W. Goetz*, in: *F.-J. Schmale*, «Funktion und Formen mittelalterlicher Geschichtsschreibung» (1985). Eine von der lange vorherrschenden Herrschaftsgeschichte abweichende Sicht möchten auch *J. Le Goff*, «Für ein anderes Mittelalter. Zeit, Arbeit und Kultur im Europa des 5.–15. Jahrhunderts» (1984) und *Georges Duby*, «Krieger und Bauern. Die Entwicklung der mittelalterlichen Wirtschaft und Gesellschaft bis um 1200» (1984) vermitteln. Mehrere Verlage haben vor allem Dubys publikumswirksame Bücher ins Deutsche übertragen lassen, so die «Zeit der Kathedralen. Kunst und Gesellschaft 980–1420» (1980); «Die drei Ordnungen. Das Weltbild des Feudalismus» (1981); «Europa im Mittelalter» (1986). Für das zuletzt zitierte Buch wird mit dem Satz Dubys geworben: «Die Trunkenheit des Gemetzels, die Freude am Blutvergießen, am Zerstören – und am Abend ein übersätes Schlachtfeld: das ist der moderne Geist des 11. Jahrhunderts.» Man tut Duby und seinem Kreis Unrecht, wenn man den Band nach diesem Satz beurteilt, aber es bleibt eine zuweilen plakative Darstellung mit geistvollen Zuspitzungen und Konstruktionen, die sich nicht immer aus den Quellen und aus den Zeitumständen belegen lassen. Als Beispiel diene das Buch von *J. Le Goff*, «Die Geburt des Fegefeuers» (1984), wo in ungemein geistvoller Weise die nicht nachvollziehbare Behauptung aufgestellt wird, daß die Vorstellung des Fegefeuers zwischen 1170 und 1190 an der Universität Paris «geboren» worden sei, als einige Magister das Adjektiv purgatorius, a, um (mit «Strafe» oder «Feuer» verbunden) durch das Substantiv «purgatorium» ersetzt hätten. Allerdings leiden die deutschen Fassungen dieser Bücher an den teilweise unverantwortbaren Übersetzungen, vgl. die desillusionierenden Bemerkungen von *W. Hartmann*, in: Deutsches Archiv 38 (1982) und ebenda 41 (1985), sowie von *K. Schreiner*, «Von der Schwierigkeit, mittelalterliche Mentalitäten kenntlich und verständlich zu machen», in: Archiv für Kulturgeschichte 68 (1986). Zur anregenden Perspektive Dubys vgl. *O. G. Oexle*, «Die ‹Wirklichkeit› und das ‹Wissen›. Ein Blick auf das sozialgeschichtliche Œuvre von Georges Duby», in: Historische Zeitschrift 232 (1981) und Duby selbst: «Über einige Grundtendenzen der modernen französischen Geschichtswissenschaft», in: Historische Zeitschrift 241 (1985). Anknüpfend an erstaunliche Erfolge von Büchern und Ausstellungen mit mittelalterlichem Sujet gibt es zumal in Italien und in Frankreich seit einiger Zeit eine lebhafte und durchaus lehrreiche essayistische Diskussion, die allerdings nicht frei ist von narzißtischen Zügen, vgl.

statt vieler die bis zum Harlekinhaften gehenden Vergegenwärtigungen von
U. Eco, «Auf dem Wege zu einem Neuen Mittelalter», in dessen Sammlung von
Essays und Glossen: «Über Gott und die Welt» (1985).

«Lebensqualität» im Mittelalter

Das unschöne neudeutsche Wort «Lebensqualität» wurde der Vokabel «Alltag»
vorgezogen, um die Zuordnung der Beispiele auf den Lebensablauf eines mittelalterlichen Menschen und den wesentlich schmaleren Blickwinkel anzudeuten.
Bewußt in Kauf genommen wurden die Lückenhaftigkeit und die Verschiedenartigkeit der herangezogenen Quellen, zugleich die eigentlich nicht zulässige Einebnung von Ort und Zeit. Mittelalterliche Realien wurden ausgeklammert, obwohl
eine sprunghaft angestiegene Literatur und nicht zuletzt das von der Österreichischen Akademie der Wissenschaften unterhaltene «Institut für mittelalterliche
Realienkunde Österreichs» in Krems viel Material, allerdings fast ausschließlich
des 15. Jahrhunderts, zusammengetragen und eine Reihe themenbezogener Bände
veröffentlicht hat; von seinem Leiter *H. Kühnel* stammt der Band: «Alltag im
Spätmittelalter» (1984). «Alltag» ist Mode, und die Literatur, qualifizierte und
unqualifizierte, ist unübersehbar; wie leicht die Darstellung zu einem amorphen
Geplauder werden kann, zeigt sich an einem Buch wie dem von *O. Borst*,
«Alltagsleben im Mittelalter» (1983), vgl. dazu die Besprechungen von *Th.
Vogtherr*, in: Deutsches Archiv 40 (1984) und *H.-W. Goetz*, in: Archiv für
Kulturgeschichte 67 (1985), der ein nach Lebenskreisen (Mensch, Familie, Klosterleben usw.), geordnetes, quellennahes Buch «Leben im Mittelalter vom 7.
bis zum 13. Jahrhundert» (1986) herausgebracht hat. Die großen Entwürfe von
Ph. Ariès, «Geschichte der Kindheit» (1975) und: «Geschichte des Todes» (1980)
sind mehr von reflektorischen Momenten geprägt als von geordneter Quellenkenntnis. Informativ ist *K. Arnold*, «Kind und Gesellschaft im Mittelalter»
(1980); *H. F. Etter/J. E. Schneider*, «Zur Stellung von Kind und Frau im Frühmittelalter», in: Zeitschrift für Schweizerische Archäologie und Kunstgeschichte 39
(1982) und *I. Walter*, «Die Sage der Gründung von Santo Spirito in Rom und das
Problem des Kindesmordes», in: Mélanges de l'École française de Rome 97
(1985). Zahlreiche Beiträge über die Rolle der Frau im Mittelalter sind ohne rechte
Quellenbasis mit dem Ziel verfaßt, die Schlechterstellung der Frau zu allen Zeiten
der europäischen Geschichte und somit auch im Mittelalter zu erweisen. Um
Auswertung hauptsächlich von Heiligenleben bemüht sich *Cl. Opitz*, «Frauenalltag im Mittelalter» (1985); ausgewogen *E. Ennen*, «Frauen im Mittelalter» (1984).
Breit in der Themenauswahl und die Zeit vom 4. bis zum 10. Jahrhundert
behandelnd: «Frauen in der Geschichte. VII. Interdisziplinäre Studien zur Geschichte der Frauen im Frühmittelalter», hg. von *W. Affeldt* und *A. Kühn (1986)*
mit einer umsichtigen Einführung (Frühmittelalter und Historische Frauenforschung) von *W. Affeldt*. Zur Literaturgattung «weltverachtender» Schriften (De
contemptu mundi) vgl. den Artikel «Contemptus mundi» (*L. Gnädinger, G. Silagi, W. Th. Elwert, D. Briesemeister, U. Schulze, K. Reichel*) in: Lexikon des
Mittelalters 3, 1 (1984). Zur Schrift «Über das Elend menschlichen Daseins» Papst
Innozenz' III. vgl. neben der Ausgabe von *M. Maccarrone* (1955) die Nachträge
bei: «Lotario dei Segni (Pope Innocent III), ‹De miseria condicionis humanae›», ed.

R. E. *Lewis* (1978) und das allerdings etwas karge Referat von W. *Wili*, «Innozenz III. und sein Werk. Über das Elend des menschlichen Daseins», in: «Studien und Texte zur Geistesgeschichte des Mittelalters», hg. von *J. Koch* (1953); ferner *J. Le Goff*, «Kultur des europäischen Mittelalters» (1970). Aus der reichen Armutsliteratur vgl. *M. Mollat*, «Die Armen im Mittelalter» (1984); *J. Wollasch*, «Gemeinschaftsbewußtsein und soziale Leistung im Mittelalter», in: Frühmittelalterliche Studien 9 (1975); *E. Boshof*, «Untersuchungen zur Armenfürsorge im fränkischen Reich des 9. Jahrhunderts», in: Archiv für Kulturgeschichte 58 (1976) und vor allem *O. G. Oexle*, «Armut, Armutsbegriff und Armenfürsorge im Mittelalter», in: «Soziale Sicherheit und soziale Disziplinierung», hg. von *Ch. Sachße* und *F. Tennstedt* (1986) über Armut als «gesellschaftliches» Phänomen und über die Beziehung von «Armut» und «Arbeit». Über Rentenverträge vgl. *F. Irsigler*, «Divites und pauperes in der Vita Meinwerci», in: Vierteljahrsschrift für Sozial- und Wirtschaftsgeschichte 57 (1970), und *G. Zimmermann*, «Ordensleben und Lebensstandard» (1973). Zu Tod und Sterben: *W. Goez*, «Die Einstellung zum Tod im Mittelalter», in: «Der Grenzbereich zwischen Leben und Tod», hg. von *W. Harms* (1976); *K. Stüber*, «Commendatio animae: Sterben im Mittelalter» (1976); *A. Borst*, «Zwei mittelalterliche Sterbefälle», in: Merkur (1980); *O. G. Oexle*, «Die Gegenwart der Toten», in: «Death in the Middle Ages», hg. von *H. Braet* und *W. Verbeke* (1983); *H. Fuhrmann*, «Die Fabel von Papst Leo und Bischof Hilarius», in: Archiv für Kulturgeschichte 43 (1961).

«... stehen Burgen stolz und kühn.» Vom Elend des Ritterlebens

Wegen der vielfältigen Zugänge zum Phänomen des Rittertums gibt es eine reiche Literatur. Zu Wesen und Erscheinungsform des Rittertums: «Das Rittertum im Mittelalter», hg. von *A. Borst* (Wege der Forschung 349, 1976), wo auch Borsts desillusionierender Aufsatz: «Das Rittertum im Hochmittelalter, Idee und Wirklichkeit», in: Saeculum 10 (1959), abgedruckt ist. Informativ, aber nicht frei von Eigentümlichkeiten *J. M. van Winter*, Rittertum. Ideal und Wirklichkeit (1969; Originalausgabe 1965). Fragmentarisch zwar, aber zupackend die Aufsätze in: «Das Ritterbild in Mittelalter und Renaissance.» Studia humaniora. Düsseldorfer Studien zu Mittelalter und Renaissance 1 (1985). Standes- und verfassungsgeschichtlich klärend *J. Fleckenstein*, «Das Rittertum der Stauferzeit», in: Die Zeit der Staufer, Katalog der Ausstellung 3 (1977) und *ders.*, «Über Ritter und Rittertum. Zur Erforschung einer mittelalterlichen Lebensform», in: Mittelalterforschung. Forschung und Information 29 (1981). Den Zugang vom Literarischen versuchen: «Ritterliches Tugendsystem», hg. von *G. Eifler* (Wege der Forschung 56, 1970) und *J. Bumke*, «Höfische Kultur», 2 Bde. (1986). Ungleichmäßig in der Thematik, jedoch reich an Detailinformationen: «Die geistlichen Ritterorden Europas», hg. von *J. Fleckenstein* und *M. Hellmann* (Vorträge und Forschungen 26, 1980). Populär und phantasievoll illustriert, aber mit gelehrtem Hintergrund: *L.* und *F. Funcken*, «Rüstungen und Kriegsgerät im Mittelalter. Ritter in Turnier und Schlacht. Kriegszüge und Belagerungen, Sturm auf Burgen und Befestigungen» (1979) und (durchaus mit Berücksichtigung des Forschungsstandes) *K. Brunner – F. Daim*, «Ritter, Knappen, Edelfrauen. Ideologie und Realität des Rittertums im Mittelalter» (1981), dazu die Besprechung von *W. Hartmann*, in:

Deutsches Archiv 38 (1982). In einem Kapitel «Spiel und Krieg» behandelt *J. Huizinga*, «Homo ludens. Vom Ursprung der Kultur im Spiel» (zuerst 1938, dann immer wieder aufgelegt) Rittertum und Ritterlichkeit als übergreifende Kulturphänomene; dazu der Kontrast der Realität: *G. Jäger*, »Aspekte des Krieges und der Chevalerie im XIV. Jahrhundert in Frankreich. Untersuchungen zu Jean Froissart» (1981). Ein Sammelband mit reichen Ergebnissen: «Das ritterliche Turnier im Mittelalter. Beiträge zu einer vergleichenden Formen- und Verhaltensgeschichte des Rittertums», hg. von *J. Fleckenstein* (1985).

Kaiser Karl der Große. Geschichte und Geschichten

Die Zahl der Darstellungen über Karl den Großen und sein Zeitalter ist kaum übersehbar, die Forschungsliteratur zu verschiedenen Spezialfragen nach Wert und Umfang recht unterschiedlich. Anläßlich des 800jährigen Jubiläums der Heiligsprechung Karls des Großen – durchgeführt von dem Gegenpapst Paschalis III. (1164–1168) und daher von zweifelhafter Gültigkeit – erschienen vier mächtige Sammelbände: «Karl der Große – Lebenswerk und Nachleben», hg. von *W. Braunfels* und anderen (1965), mit einem Registerband (1968). Der im ersten Band stehende, durch Informationsgehalt und klare Strukturierung sich auszeichnende Beitrag von *P. Classen* «Karl der Große, das Papsttum und Byzanz» ist nach dem Handexemplar des 1980 verstorbenen Verfassers neu herausgegeben von *H. Fuhrmann* und *Cl. Märtl* (1985). Als Übersicht über das Geschehnisgerüst und die einschlägige Literatur empfiehlt sich das Handbuch der europäischen Geschichte, hg. von *Th. Schieder*, Band 1: «Europa im Wandel von der Antike zum Mittelalter», hg. von *Th. Schieffer* (1976). Einhards «Vita Karoli Magni» liegt vor in: Monumenta Germaniae Historica. Scriptores in usum scholarum, hg. von *O. Holder-Egger* (Übersetzung zum Beispiel von *E. Meyer* in Reclams Universalbibliothek Nr. 1996). Eine Fundgrube für Vorfälle und Anekdoten aus dem Leben Karls sind die «Gesta Karoli» (Die Taten Karls) des St. Galler Mönchs Notker des Stammlers († 912) in: Monumenta Germaniae Historica. Scriptores rerum Germanicarum, Nova Series 12, hg. von *H. F. Haefele* (eine Übersetzung in der Freiherr vom Stein-Gedächtnisausgabe 7, 1960). Probleme der Herrschaft behandeln *H. Fichtenau*, «Das karolingische Imperium. Soziale und geistige Problematik eines Großreiches» (1949); *K. Hauck*, «Karl der Große in seinem Jahrhundert», in: Frühmittelalterliche Studien 9 (1975); *J. Fleckenstein*, «Das großfränkische Reich: Möglichkeiten und Grenzen der Großreichsbildung im Mittelalter», in: Historische Zeitschrift 233 (1981). Zur Kaiserkrönung vgl. den Sammelband: «Zum Kaisertum Karls des Großen, Beiträge und Aufsätze», hg. von *G. Wolf* (Wege der Forschung 38, 1972). Über die Rechtsvorgänge und -vorstellungen bei der Kaiserkrönung vgl. *O. Hageneder*, «Das crimen maiestatis, der Prozeß gegen die Attentäter Papst Leos III. und die Kaiserkrönung Karls des Großen», in: Festschrift F. Kempf (1983). Gute Übersichten von Sachkennern: *D. Bullough*, «Karl der Große und seine Zeit» (englisch 1966; als Heyne-Taschenbuch Nr. 24, 1979) und *P. Riché*, «Die Welt der Karolinger» (französisch 1973; wesentlich verbesserte deutsche Übersetzung von *C.* und *U. Dirlmeier* 1981). Ein knappes, jedoch weit ausgreifendes Resümee gab zuletzt *J. Fleckenstein*, «Karl der Große» (768–814), in: «Kaisergestalten des Mittelalters», hg. von *H. Beumann* (2. Aufl. 1986).

Papst Gregor VII., «Gregorianische Reform» und Investiturstreit

Gerade die Zeit der Kirchenreform von der Mitte des 11. Jahrhunderts bis in die ersten Jahrzehnte des 12. Jahrhunderts ist ein Feld verstärkter Forschung gewesen, ohne daß allerdings – und das nicht nur auf den deutschen Sprachraum bezogen – eine modernen Ansprüchen genügende Biographie Papst Gregors VII. oder der Reformpäpste insgesamt entstanden wäre. In Auswahl sind Briefe Gregors VII. und Heinrichs IV. übersetzt: «Quellen zum Investiturstreit 1», hg. von *F.-J. Schmale* (1978), und: «Quellen zur Geschichte Kaiser Heinrichs IV.», hg. von *F.-J. Schmale* und *I. Schmale-Ott* (1963). Noch immer mit Gewinn zu lesen: *E. Caspar*, «Gregor VII. in seinen Briefen», in: Historische Zeitschrift 130 (1924). Zum gesamten Zeitraum: *Y. Congar*, «Der Platz des Papsttums in der Kirchenfrömmigkeit des 11. Jahrhunderts», in: Festschrift H. Rahner (1961). *F. Kempf*, «Die Kirche im Zeitalter der gregorianischen Reform», in: Handbuch der Kirchengeschichte, hg. von *H. Jedin* III, 1 (1966); *H. Fuhrmann*, «Deutsche Geschichte im hohen Mittelalter», (3. Aufl. 1993). *U.-R. Blumenthal*, «Der Investiturstreit» (1982). Ein zu Ehren von *G. Tellenbach*, dem Autor des bahnbrechenden Buches «Libertas» (1936), abgehaltenes Kolloquium behandelt: «Reich und Kirche vor dem Investiturstreit», hg. von *K. Schmid* (1985). Mehrere biographische Essays sind in letzter Zeit erschienen: *A. Nitschke*, «Gregor VII.», in: «Die Großen der Weltgeschichte» 3 (1973); *W. Goez*, «Zur Persönlichkeit Gregors VII.», in: Römische Quartalschrift 73 (1978); *R. Schieffer*, «Gregor VII. – Ein Versuch über die historische Größe», in: Historisches Jahrbuch 97/98 (1979). Für das Wesen der Zeit und Gregors VII. wichtige Einzelfragen behandeln: *P. E. Hübinger*, «Die letzten Worte Papst Gregors VII.» (1973); *H. Zimmermann*, «Der Canossagang von 1077. Wirkungen und Wirklichkeit» (1975); *H. Fichtenau*, «Der Mönch Hildebrand», in: Festschrift J. Lenzenweger (1986), nachgedruckt in dessen «Beiträge zur Mediävistik» 3 (1986). Für die Geschichte Gregors VII. und der gregorianischen Reform ist eine eigene Reihe eingerichtet: Studi Gregoriani per la storia di Gregorio VII e della Riforma Gregoriana, Bde. 1–12 (1947–1985), zuletzt *B. Szabó-Bechstein*, «Libertas Ecclesiae. Ein Schlüsselbegriff des Investiturstreits und seine Vorgeschichte», Studi Gregoriani 12 (1985). In dieser Reihe sind auch die Akten des internationalen Kongresses erschienen, der im Mai 1985 in Erinnerung an die 900. Wiederkehr des Todestages Gregors VII. an seinem Sterbeort Salerno abgehalten worden ist: La Riforma Gregoriana e l'Europa (Studi Gregoriani 14, 1989).

Herzog Heinrich der Löwe. Sein Evangeliar und die Frage des «gerechten Preises»

Die Literatur über Heinrich den Löwen und über die mit seiner Gestalt zusammenhängenden Fragen ist in den letzten Jahren, nimmt man die an ein breites Publikum sich wendenden Beiträge hinzu, ins kaum Überschaubare angewachsen. Über Wissensstand und Problemlage informiert *K. Jordan*, «Heinrich der Löwe. Eine Biographie» (2. Aufl. 1980); Jordan, dem zahlreiche Einzeluntersuchungen über Heinrich den Löwen verdankt werden, hat auch die kritische Ausgabe der Urkunden Heinrichs besorgt (Monumenta Germaniae Historica, Laienfürsten- und Dynastenurkunden 1, 1941/49). Des Umbruchjahres 1180 wurde 1980 in verschiedenen Jubiläumsveranstaltungen, Tagungen und Vorträgen gedacht. Einige gehaltvolle Beiträge sind in den Blättern für deutsche Landesgeschichte 117 (1981) veröffentlicht: u. a. *K. Heinemeyer*, «Der Prozeß Heinrichs des Löwen»; *K. Jordan*, «Friedrich Barbarossa und Heinrich der Löwe»; *H. Patze*, «Die Welfen in der mittelalterlichen Geschichte Europas»; *H. Angermeier*, «König und Staat im deutschen Mittelalter». – Der Freistaat Bayern hat in drei aufwendigen Ausstellungen an die Belehnung der Wittelsbacher mit dem Herzogtum Bayern erinnert; eine dieser Ausstellungen war der «Zeit der frühen Herzöge (Von Otto I. bis zu Ludwig dem Bayern)» gewidmet; jede der drei Ausstellungen wurde durch einen Katalog und durch einen Band «Beiträge zur Bayerischen Geschichte und Kunst» ergänzt. In neuer Auflage liegt vor das Handbuch der Bayerischen Geschichte, hg. von *M. Spindler* 1: «Das alte Bayern. Das Stammesherzogtum bis zum Ausgang des 12. Jahrhunderts» (2. Aufl. 1981). Während das Institut für Bayerische Geschichte (München) den Bd. 44 (Heft 1) seiner Zeitschrift für bayerische Landesgeschichte unter das Thema «Das Haus Wittelsbach und die europäischen Dynastien» (darin u. a. *H. Patze*, «Die Wittelsbacher in der mittelalterlichen Politik Europas») stellte, publizierte die Niedersächsische Archivverwaltung einen Band «Heinrich der Löwe», hg. von *W.-D. Mohrmann* (1980; darin u. a. *A. Kraus*, «Heinrich der Löwe und Bayern»; *G. Theuerkauf*, «Der Prozeß gegen Heinrich den Löwen. Über Landrecht und Lehnrecht im Mittelalter»). Von der nicht durch das Jubiläum veranlaßten Literatur seien genannt: *O. Engels*, «Die Staufer» (6. Aufl. 1994), und ders., «Neue Aspekte zur Geschichte Friedrich Barbarossas und Heinrichs des Löwen», in: Schriften zur staufischen Geschichte und Kunst 3: Selbstbewußtsein und Politik der Staufer (1977). *K. Schmid*, «Welfisches Selbstverständnis», in: Festschrift G. Tellenbach (1968); abgedruckt in dessen Ausgewählten Aufsätzen: «Gebetsgedenken und adliges Selbstverständnis im Mittelalter» (1983). *K. Hoppe*, «Die Sage von Heinrich dem Löwen» (1952). – Zum Helmarshausener Evangeliar: Die Niedersächsische Landeszentrale für politische Bildung hat gleichsam eine Vorstellungsschrift herausgebracht: *K. Jordan/D. Kötzsche/W. Knopp*, «Das Evangeliar Heinrichs des Löwen» (1984). Von Forschungsbeiträgen seien genannt: *E. Krüger*, «Die Schreib- und Malwerkstatt der Abtei Helmarshausen bis in die Zeit Heinrichs des Löwen» (1972); *R. Haussherr*, «Zur Datierung des Helmarshausener Evangeliars Heinrichs des Löwen», in: Zeitschrift des Deutschen Vereins für Kunstwissenschaft 34 (1980); *F. N. Steigerwald*, «Das Evangeliar Heinrichs des Löwen» (1985); *H. Hoffmann*, «Buchkunst und Königtum im ottonischen und frühsalischen Reich» (1986). Die Vorträge eines 1985 in Braunschweig abgehaltenen Symposions: «Helmarshausen und das Evangeliar Heinrichs des Löwen.» Der Inselverlag bot für 28 000 DM (Subskriptionspreis; späterer Preis 34 000 DM) eine limitierte Faksimile-Ausgabe an; dazu erschien 1989, hg. von *D. Kötzsche*, ein Kommentarband. – Zum «Gerechten Preis»: *S. Hagenauer*, «‹Das iustum pretium› bei Thomas von Aquin» (1931); *J. Höffner*, «Der Wettbewerb in der Scholastik», in: Ordo 5 (1953), und ders., «Statik und Dynamik in der scholastischen Wirtschaftsethik» (1955); *J. W. Baldwin*: «The medieval theories of the just price» (1959); *W. Goez*, «Das Ringen um den ‹gerechten Preis› in Spätmittelalter und Reformzeit», in: «Der ‹Gerechte Preis›. Beiträge zur Diskussion um das ‹pretium iustum›» (1982).

«*Der wahre Kaiser ist der Papst.*» *Von der irdischen Gewalt im Mittelalter*

In veränderter Form, ergänzt durch Nachweise und Anmerkungen, ist der Beitrag unter dem gleichen Titel abgedruckt in: «Das antike Rom in Europa» (Schriftenreihe der Universität Regensburg 12, 1985). Zu der in der Überschrift vorgenommenen Zuspitzung: *A. M. Stickler,* «Imperator vicarius Papae. Die Lehren der französisch-deutschen Dekretistenschule des 12. und beginnenden 13. Jahrhunderts über die Beziehungen zwischen Papst und Kaiser», in: Mitteilungen des Instituts für Österreichische Geschichtsforschung 62 (1954). Zeugnisse der Zweigewaltentheorie stellt zusammen: *L. Knabe,* «Die gelasianische Zweigewaltentheorie bis zum Ende des Investiturstreits» (Historische Studien 292, 1936); die letzte, allerdings stark systematisierende Interpretation brachte *W. Ullmann,* «Gelasius I. (492–496). Das Papsttum an der Wende der Spätantike zum Mittelalter» (Päpste und Papsttum 18, 1981). Zum schwierig zu umschreibenden Auctoritas-Begriff gibt es viele Definitionsversuche, vgl. *J. Miethke,* Artikel «Autorität I», in: Theologische Realenzyklopädie 5 (1980). Literatur zu Gregor VII. ist oben S. 286 genannt. Grundlegend für unsere Frage ist *P. E. Schramm,* «Sacerdotium und Regnum im Austausch ihrer Vorrechte. ‹Imitatio imperii› und ‹imitatio sacerdotii›. Eine geschichtliche Skizze zur Beleuchtung des ‹Dictatus Papae› Gregors VII.», in: Studi Gregoriani 2 (1947), in überarbeiteter Form nachgedruckt in Schramms gesammelten Aufsätzen: «Kaiser, Könige und Päpste», IV, 1 (1970). Zu den einzelnen Herrschaftszeichen vgl. ebenfalls *P. E. Schramm,* «Herrschaftszeichen und Staatssymbolik. Beiträge zu ihrer Geschichte vom dritten bis zum sechzehnten Jahrhundert», 3 Bände (Schriften der Monumenta Germaniae Historica 13, 1–3, 1954–56); Ergänzungen zu Schramm in den «Nachträgen aus dem Nachlaß» (1978). Die Frage der Gewaltherleitung behandelt *H. G. Walther,* «Imperiales Königtum, Konziliarismus und Volkssouveränität» (1976). Der allegorischen Auslegung von Lukas 22, 35–38 gehen nach *W. Levison,* «Die mittelalterliche Lehre von den beiden Schwertern», in: Deutsches Archiv für Erforschung des Mittelalters 9 (1952) und *H. Hoffmann,* «Die beiden Schwerter im Hochmittelalter», in: Deutsches Archiv 20 (1964). Eine immer noch brauchbare Übersicht über die Auslegung des Constitutum Constantini bietet *G. Laehr,* «Die Konstantinische Schenkung in der abendländischen Literatur des Mittelalters bis zur Mitte des 14. Jahrhunderts» (Historische Studien 16, 1926) und die Fortsetzung: «Die Konstantinische Schenkung in der abendländischen Literatur des ausgehenden Mittelalters», in: Quellen und Forschungen aus italienischen Archiven und Bibliotheken 23 (1931/32). Zum Aufkommen der Tiara *G. Ladner,* «Die Papstbildnisse des Altertums und des Mittelalters», 3. Band (Monumenti di Antichità Cristiana pubblicati del Pontificio Istituto di Archeologia Cristiana II, ser. IV, 1984) und *N. Gussone,* Artikel «Papst, Papsttum», in: Lexikon der christlichen Ikonographie 3 (1971) und *ders.,* Artikel «Insignien, kirchliche», in: Theologische Realenzyklopädie 15 (1986).

Die Wahl des Papstes. Ein mittelalterliches Verfahren

Eine ausführliche Darstellung neueren Datums der Geschichte der Papstwahl in deutscher Sprache fehlt. Der hier abgedruckte Beitrag ist die überarbeitete und aktualisierte Fassung eines mit Einzelbelegen versehenen Aufsatzes: «Die Wahl des Papstes – Ein historischer Überblick», in: Geschichte in Wissenschaft und Unterricht 9 (1958). – Eine knappe Zusammenfassung letzten Standes bietet *C. G. Fürst*, Artikel «Papstwahl», in: Handwörterbuch der deutschen Rechtsgeschichte 3 (Lieferung 22: 1979). Bis auf seine Zeit von unübertroffener Präzision ist *P. Hinschius*, «System des katholischen Kirchenrechts», Bd. 1 (1869), dazu ergänzend *H. E. Feine*, «Kirchliche Rechtsgeschichte» (5. Aufl. 1972). Zur Ernennung des Nachfolgers in der Anfangszeit vgl. *K. Holder*, «Die Designation der Nachfolger durch die Päpste kirchenrechtlich untersucht», in: Archiv für katholisches Kirchenrecht 72 (1894). Zu der mit der Wahl zusammen zu sehenden Deposition: *H. Zimmermann*, «Papstabsetzungen des Mittelalters» (1968). Zu Kardinal und Kardinalskolleg: *C. G. Fürst*, «Cardinalis. Prolegomena zu einer Rechtsgeschichte des römischen Kardinalkollegiums» (1967). Sinn, Gestalt und Verunstaltung des Papstwahldekrets behandelt *D. Jasper*, «Das Papstwahldekret von 1059. Überlieferung und Textgestalt» (1986). Zum «Wägen der Stimmen», das deutschrechtlichen Ursprungs sein soll, und zum «Zählen der Stimmen» im kirchenrechtlichen Bereich, woraus sich die Forderung der Zweidrittelmehrheit entwickelte: *H.-J. Becker*, Artikel «Mehrheitsprinzip», in: Handwörterbuch der deutschen Rechtsgeschichte 3 (18. Lieferung, 1979). Mit Rückblick auf die Entwicklung seit 1059 *H. Appelt*, «Die Papstwahlordnung des III. Laterankonzils (1179)», in: Festschrift J. Lenzenweger (1986). Zum Aufkommen des Konklave und der Konklave-Ordnung vgl. *K. Wenck*, «Das erste Konklave der Papstgeschichte», in: Quellen und Forschungen aus italienischen Archiven und Bibliotheken 18 (1926) und den Überblick von *P. Herde*, «Die Entwicklung der Papstwahl im 13. Jahrhundert. Praxis und kanonistische Grundlagen», in: Österreichisches Archiv für Kirchenrecht 32 (1981). Die im Text ausführlich zitierte Quelle hat herausgegeben *K. Hampe*, «Ein ungedruckter Bericht über das Konklave von 1241 im römischen Septizonium», Sitzungsberichte der Akademie Heidelberg 1913. Ein Übersichtsband mit dem Schwerpunkt auf der Papst- und Königswahl ist dazu erschienen: «Wahlen und Wählen im Mittelalter» (Vorträge und Forschungen, hg. vom Konstanzer Arbeitskreis für mittelalterliche Geschichte 37, 1990). Hinführungen zur jetzigen Regelung bieten *G. May*, «Das Papstwahlrecht in seiner jüngsten Entwicklung», in: Festschrift W. M. Plöchl (1977); *W. M. Plöchl*, «Der alte Kardinal und das Recht», in: Festschrift B. Panzram (1972); *R. Metz*, «Der Papst», in: Grundriß des nachkonziliaren Kirchenrechts, hg. von *J. Listl, H. Müller, H. Schmitz* (1980); wiederholt in: Handbuch des katholischen Kirchenrechts, von denselben Herausgebern (1983).

Über die «Heiligkeit» des Papstes

Eine ausführliche und quellenkritische Darstellung speziell über die päpstliche Heiligkeit gibt es nicht. Grundlegend ist zur Zeit ein französisches Werk: *A. Vauchez*, «La sainteté en Occident aux derniers siècles du Moyen Âge» (1981). An deutschen Beiträgen seien genannt die zwar veraltete, aber durch die Belegnähe immer noch hilfreiche Darstellung von *P. Hinschius*, «System des katholischen Kirchenrechts», 4. Bd. (1888) und das «Lehrbuch des Kirchenrechts» von *E. Eichmann* und *K. Mörsdorf*, 3. Bd. (11. Aufl. 1979), wo der jetzige, auch durch den Codex Iuris Canonici von 1983 nicht wesentlich berührte Gang des Selig- und Heiligsprechungsprozesses behandelt ist. Ergänzend: *H. Maritz*, «Die Heiligen-, Bilder- und Reliquienverehrung», in: Handbuch des katholischen Kirchenrechts (1983) hg. von *J. Listl, H. Müller, H. Schmitz*. Unter dem Stichwort «Heilige, Heiligenverehrung» gibt die Theologische Realenzyklopädie Bd. 14, Lief. 5 (1985) eine Übersicht (von *K. Hausberger* u. a.). Für die Frühzeit: *B. Kötting*, Der frühchristliche Reliquienkult und die Bestattung im Kirchengebäude» (1965), der auch unter dem Stichwort «Heiligenverehrung» in: Handbuch theologischer Grundbegriffe 1 (1962) einen generellen Artikel verfaßt hat. *W. Ullmann*, «Über die rechtliche Bedeutung der spätrömischen Kaisertitulatur für das Papsttum», in: Festschrift W. M. Plöchl (1977) und *ders.*, «Die Machtstellung des Papsttums im Mittelalter. Idee und Geschichte» (1960, Übersetzung von: «The Growth of Papal Government in the Middle Ages: a study in the ideological relation of clerical to lay power», 1955). Stoffreich ist *St. Beissel*, «Die Verehrung der Heiligen und ihrer Reliquien in Deutschland bis zum Beginn des 13. Jahrhunderts» (1890). Zum Problem der persönlichen oder Amtsheiligkeit bei Gregor VII.: *D. Lindner*, «Die sogenannte Erbheiligkeit des Papstes in der Kanonistik des Mittelalters», in: Zeitschrift der Savigny-Stiftung für Rechtsgeschichte, Kanonistische Abteilung 53 (1967). Zum Aufkommen des Kanonisationsprozesses und zum päpstlichen Reservatrecht der Heiligsprechung: *R. Klauser*, «Zur Entwicklung des Heiligsprechungsverfahrens bis zum 13. Jahrhundert», in: Zeitschrift der Savigny-Stiftung für Rechtsgeschichte, Kanonistische Abteilung 40 (1954). Die Nützlichkeitserwägungen bei Heiligsprechungen betont stark *M. Schwarz*, «Heiligsprechungen im 12. Jahrhundert und die Beweggründe ihrer Urheber», in: Archiv für Kulturgeschichte 39 (1957). Über die Ablösung des Bischofsrechts: *J. Schafke*, «Das Recht der Bischöfe in causis sanctorum bis zum Jahre 1234», in: Festschrift Joseph Kardinal Frings (1960). Zur Herausbildung der förmlichen Kanonisation: *J. Petersohn*, «Die päpstliche Kanonisationsdelegation des 11. und 12. Jahrhunderts und die Heiligsprechung Karls des Großen», in: Proceedings of the Fourth International Congress of Medieval Canon Law (1976). Zum heiligmäßigen «Engelpapst» vgl. *F. Baethgen*, «Der Engelpapst. Idee und Erscheinung» (1943) und umfassend: *P. Herde*, «Cölestin V. (1294) (Peter vom Morrone). Der Engelpapst» (1981). Über die Anredeformen: *H. Dahm*, »Die Ehrenprädikate der geistlichen und weltlichen Stände des Mittelalters. Ursprung, Bedeutung, Entwicklung» (maschinenschriftliche Dissertation Marburg 1943); *Y. Congar*, «Titel, welche für den Papst verwendet werden», in: Concilium 11 (1975). Über Amtsbezeichnungen, Titel und Anreden vgl. *P. Mikat*, Artikel «Papst, Papsttum», in: Handwörterbuch der deutschen Rechtsgeschichte Bd. 3 (22. Lieferung, 1983).

Das Ökumenische Konzil und seine historischen Grundlagen

Den Kern des vorliegenden Beitrags bildet ein mit Nachweisen versehener Aufsatz: «Das Ökumenische Konzil und seine historischen Grundlagen», in: Geschichte in Wissenschaft und Unterricht 12 (1961). Die Ankündigung des Zweiten Vatikanischen Konzils 1959 und seine Durchführung 1962–1965 haben eine Literaturflut zur Konzilsgeschichte ausgelöst, ohne Kenntnis und Erkenntnis sprunghaft zu vermehren. Auch hier sind, wie bei der Papstwahl (siehe oben S. 289), die Ausführungen von *P. Hinschius*, «System des katholischen Kirchenrechts», 3. Bd. (1883) wertvoll geblieben. Hinschius dürfte sich beim Konzilsteil seines Kirchenrechts besondere Mühe gegeben haben. Nach den Beschlüssen des Ersten Vatikanischen Konzils 1870 und nach dem Kulturkampf, an dem sich Hinschius auf preußischer Seite beteiligt hatte, war die Frage nach dem ökumenischen Charakter und nach der Gültigkeit der Dekrete noch nicht verstummt. Hinschius begründete zur Enttäuschung der Altkatholiken die Rechtmäßigkeit des Ersten Vatikanischen Konzils. Unter dem Eindruck des Zweiten Vaticanum wurde eine eigene Zeitschrift (Annuarium Historiae Conciliorum, seit 1969) und eine eigene Darstellungsreihe ins Leben gerufen: «Geschichte der ökumenischen Konzilien», hg. von *G. Dumeige* und *H. Bacht* (zunächst französisch, ab 1963 deutsch); vgl. auch die Sammelbände: «Die ökumenischen Konzile der Christenheit», hg. von *H. J. Margull* (1961) und: «Das Konzil und die Konzile», hg. von *H. Botte* u.a. (1962). Mit Irrtümern durchsetzt ist: *K. Stürmer*, «Konzilien und ökumenische Kirchenversammlungen» (1962) und *R. Riemeck*, «Glaube, Dogma, Macht. Geschichte der Konzilien» (1985). Die Ereignisgeschichte referiert ebenso knapp wie präzise der Erforscher und Darsteller des Konzils von Trient *H. Jedin*, «Kleine Konziliengeschichte» (1. Aufl. 1959; 8. Aufl. 1969). Eine Übersicht gibt auch *G. Schwaiger*, «Päpstlicher Primat und Autorität der Allgemeinen Konzilien im Spiegel der Geschichte» (1977). Zu einzelnen Perioden: *M. Wojtowytsch*, «Papsttum und Konzile von den Anfängen bis zu Leo I. (440–461)» (1981); *H. J. Sieben*, «Die Konzilsidee der Alten Kirche» (1979) und: «Die Konzilsidee des lateinischen Mittelalters» (1984); in beide Bände sind frühere Aufsätze eingearbeitet. Zur Herausbildung der päpstlichen Generalsynoden: *A. Hauck*, «Die Rezeption und Umbildung der allgemeinen Synoden im Mittelalter», in: Historische Vierteljahrschrift 10 (1907). Konziliarismus: *K. A. Fink*, «Die konziliare Idee im späten Mittelalter», in: Vorträge und Forschungen, hg. vom Konstanzer Arbeitskreis für mittelalterliche Geschichte 9 (1965); «Die Entwicklung des Konziliarismus», hg. von *R. Bäumer* (Wege der Forschung 279, 1976); *B. Schimmelpfennig*, «Das Papsttum» (1984). Die «Ökumenizität» gemäß der Argumentation R. Bellarmins: *R. Bäumer*, «Die Zahl der Allgemeinen Konzilien in der Sicht der Theologen des 15. und 16. Jahrhunderts», in: Annuarium Historiae Conciliorum 1 (1969). Zum «Vatikanischen» und zum «Nachkonziliaren Kirchenrecht»: *U. Stutz*, «Der Geist des Codex Iuris Canonici» (1918), und damit korrespondierend: *B. Primetsdorfer*, «Vom Geist des Codex Iuris Canonici» (1983), in: Festschrift J. Lenzenweger (1986). *K. Hartelt*, «Das Ökumenische Konzil», in: Handbuch des katholischen Kirchenrechts (1983). Dazu die lateinisch-deutsche Ausgabe des Codex des Kanonischen Rechts (1984).

Mittelalter. Zeit der Fälschungen

«Mundus vult decipi». Über den Wunsch der Menschen, betrogen zu werden

Ausführlicher und versehen mit Belegen ist der Themenkomplex vom Verfasser behandelt in einem Kapitel «Über Fälschungen im Mittelalter» in: Einfluß und Verbreitung der pseudoisidorischen Fälschungen von ihrem Auftauchen bis in die neuere Zeit 1 (1972); eine knappe Bibliographie steht am Ende des Aufsatzes «Mundus vult decipi», in: Historische Zeitschrift 241 (1985). Die deutsche Fachliteratur zum Fälschungsphänomen gibt nur einen Ausschnitt der lebhaften internationalen Diskussion wieder. Über Fälschungen in Forschung und Wissenschaft berichten W. *Broad* und N. *Wade,* «Betrug und Täuschung in der Wissenschaft» (1984); A. *Fölsing,* «Der Mogelfaktor. Die Wissenschaftler und die Wahrheit» (1984); G. *Prause/Th. von Randow,* «Der Teufel in der Wissenschaft» (1985). Als allgemeine Einführung in das mittelalterliche Fälschungsproblem A. *von Brandt,* «Werkzeug des Historikers» (1. Aufl. 1958, danach viele Nachdrucke) und E. *Bernheim,* «Lehrbuch der historischen Methode» (5.–6. Aufl. 1908). Auf die Antike bezogen, aber zugleich von grundsätzlichem Gewicht: W. *Speyer,* «Die literarische Fälschung im heidnischen und christlichen Altertum. Ein Versuch ihrer Deutung» (1971); ergänzend: «Pseudepigraphie in der heidnischen und jüdisch-christlichen Antike», hg. von N. *Brox* (Wege der Forschung 484, 1977). Zu den Urkundenfälschungen: H. *Bresslau,* «Handbuch der Urkundenlehre in Deutschland und Italien», 1–2 (2. Aufl. 1912–1931). Musterhaft in der Analyse des Ursprungs und der verschiedenen Anreicherungen einer Legende W. *Levison,* «Das Werden der Ursula-Legende» (1928; auch Bonner Jahrbücher 132, 1927); zum Zusammenwachsen einer «Legendenlandschaft» *Th. Wolpers,* «Die englische Heiligenlegende des Mittelalters» (1964). Strukturen und Funktionen von Visionen behandeln W. *Levison,* «Die Politik in den Jenseitsvisionen des frühen Mittelalters», in: Festschrift F. *Bezold* (1921; nachgedruckt in dessen ausgewählten Aufsätzen: Aus rheinischer und fränkischer Frühzeit, 1948) und P. *Dinzelbacher,* «Vision und Visionsliteratur im Mittelalter» (1981). Reich an Quellenmaterial K. *Schreiner,* «›Discrimen veri et falsi›. Ansätze und Formen der Kritik in der Heiligen- und Reliquienverehrung», in: Archiv für Kulturgeschichte 48 (1966) und: «Zum Wahrheitsverständnis im Heiligen- und Reliquienwesen des Mittelalters», in: Saeculum 17 (1966). Zwar disparat, aber interessant als Versuch, zu einer Übereinstimmung zu kommen: «Die Lüge in psychologischer, philosophischer, juristischer, pädagogischer, historischer, soziologischer, sprach- und literaturwissenschaftlicher und entwicklungsgeschichtlicher Betrachtung», hg. von O. *Lipmann* und P. *Plaut* (1927; darin J. *Lindworsky* über das Problem der Lüge bei christlichen Ethikern). Die Disposition der Sprache beim Verhüllen der Wahrheit reflektiert ironisch und kenntnisreich H. *Weinrich,* Linguistik der Lüge (1966). Wechselseitige Fälschungen zur Erhöhung des hierarchischen Ranges behandelt A. *Poensgen,* «Geschichtskonstruktionen des frühen Mittelalters zur Legitimierung kirchlicher Ansprüche in Metz, Reims und Trier» (1973). Zum Verständnis der mittelalterlichen Rechtsvorstellung zunächst ein Beispiel der Verständnislosigkeit: F. *Thudichum,* «Kirchliche Fälschungen», Bde. 1–3 (1898–1911), der als antikatholischer Liberaler nur eine Schwarz-Weiß-Beurteilung kennt. Viel Anklang haben die Interpretationen von *F. Kern*, «Recht und Verfassung im Mittelalter» (zunächst zwei Beiträge in: Historische Zeitschrift 115, 1916, und 120, 1919; 1950 zusammengefaßt und mehrfach nachgedruckt, zuletzt Libelli 3, 1965) gefunden. Mit Einwänden des Juristen gegenüber dem Historiker Kern: *K. Kroeschell*, «Recht und Rechtsbegriff im 12. Jahrhundert», in: Probleme des 12. Jahrhunderts (Vorträge und Forschungen 12, 1968); *H. Hattenhauer*, «Über Recht und Wahrheit im Mittelalter», in: Geschichte in Wissenschaft und Unterricht 23 (1972); *R. C. van Caenegem*, «Das Recht im Mittelalter», in: Entstehung und Wandel rechtlicher Tradition, hg. von *W. Fikentscher, H. Franke, O. Köhler*, Bd. 2 (1980). Zur mittelalterlichen Wortauslegung *R. Klinck*, «Die lateinische Etymologie» (1970); die Ablehnung der Konstantinischen Schenkung unter anderem auf Grund der allegorischen Augustus-Auslegung erörtert *G. Laehr*, «Die Konstantinische Schenkung in der abendländischen Literatur des Mittelalters bis zur Mitte des 14. Jahrhunderts» (1926) und in seiner Fortsetzung in: Quellen und Forschungen aus italienischen Archiven und Bibliotheken 23 (1931–32). Unsere Kenntnis von ‹Jenseitsbriefen› hat sehr gefördert *W. Wattenbach*, «Über erfundene Briefe in Handschriften des Mittelalters, besonders Teufelsbriefe», Sitzungsberichte Berlin 1892, Heft 9. Die nationalliberalen «Süddeutschen Monatshefte» hatten ihr vorletztes Heft (August 1936, Jahrgang 33) der Rolle der Fälschungen gewidmet; in ihm haben u. a. behandelt *C. G. von Maassen* «Literarische Fälschungen», *H.-W. Klewitz* «Geschichtliche Fälschungen», *R. F. Merkel* «Kirchen- und religionsgeschichtliche Fälschungen». Zum Wandel der Einstellung gegenüber echter und falscher Literatur *P. G. Schmidt*, «Kritische Philologie und pseudoantike Literatur», in: Die Antike-Rezeption in den Wissenschaften während der Renaissance (1983). Über die Frage der Wahrheit und der dichterischen Fiktion *J. Knape*, «‹Historie› im Mittelalter und der frühen Neuzeit» (1984). Mit einem Versuch, literarische Fälschungen zu systematisieren: *E. Frenzel*, Artikel «Fälschungen, literarische», in: Reallexikon der deutschen Literaturgeschichte 1 (1958) und *dies.*, «Gefälschte Literatur. Wesen, Erscheinungsformen und bedeutsame Fälle», in: Börsenblatt für den deutschen Buchhandel 77a (28. 9. 1961). Die Monumenta Germaniae Historica haben im September 1986 in München einen internationalen Kongreß mit dem Thema «Fälschungen im Mittelalter» abgehalten, parallel liefen zwei Ausstellungen – «Literarische Fälschungen der Neuzeit» in der Bayerischen Staatsbibliothek und «Fälschungen und Fiktionen» im Bayerischen Hauptstaatsarchiv –, zu denen kommentierende Kataloge erschienen sind. Die Akten des Kongresses, vermehrt um weitere schriftliche Beiträge, sind in 5 Bänden (1988) und einem Registerband (1990) erschienen.

Die Sorge um den rechten Text

Ein Teil der Literatur zu den Kapiteln «Mittelalter. Zeit der Fälschungen» und «Mundus vult decipi» ist auch hier einschlägig. Informativ und gedankenreich *R. Pfeiffer*, «Geschichte der klassischen Philologie» (2. Aufl. 1978). Zu K. Lachmann: *S. Timpanaro*, «Die Entstehung der Lachmannschen Methode» (1971) ist die verbesserte deutsche Zusammenfassung zweier italienischer Aufsätze. Besonders erhellend zeigt Lachmanns Leistung und Grenzen *K. Stackmann*, «Mittelalterliche Texte als Aufgabe», in: Festschrift J. Trier (1964), verkürzter Wiederabdruck in: «Texte und Varianten. Probleme ihrer Edition und Interpretation», hg. von G. *Martens* und H. *Zeller* (1971). Originell in Ansatz und Quellen H. *Kantorowicz*, «Einführung in die Textkritik. Systematische Darstellung der textkritischen Grundsätze für Philologen und Juristen» (1921; nachgedruckt in dessen Rechtshistorischen Schriften 1970). Den allegorischen Sinn des Wortes und der Bibel erklärt eingängig F. *Ohly*, «Vom geistigen Sinn des Wortes im Mittelalter», in: Zeitschrift für deutsches Altertum und deutsche Literatur 89 (1958/59; Nachdruck Libelli Bd. CCXVIII, 1966, und in Ohlys Aufsatzsammlung: Schriften zur mittelalterlichen Bedeutungsforschung, 1977). Zur Bibelreform der Karolingerzeit B. *Fischer*, «Bibeltext und Bibelreform unter Karl dem Großen», in: Karl der Große. Leben und Werk 2 (1965). Zu Bibel und Bibelkritik vgl. die Artikel «Bibelübersetzungen» und «Bibelwissenschaft» in: Theologische Realenzyklopädie 6 (1980). Zur Überwachung des Bibeltextes H. *Denifle*, «Die Handschriften der Bibel-Correctorien des 13. Jahrhunderts», in: Archiv für Literatur- und Kirchengeschichte des Mittelalters 4 (1888) und A. *Landgraf*, «Zur Methode der biblischen Textkritik im 12. Jahrhundert», in: Biblica 10 (1929). Zu Erasmus und den bonae litterae vgl. J. *Huizinga*, «Europäischer Humanismus» (1958); R. *Pfeiffer*, «Humanitas Erasmiana» (1931) und «Die Wandlungen der Antibarbari», in: Gedenkschrift zum 400. Todestage des Erasmus von Rotterdam (1936). Über die Rolle der Monumenta Germaniae Historica bei der Durchsetzung der quellenkritischen Methode siehe D. *Knowles*, «Great Historical Enterprises» (1963) und R. W. *Southern*, «The Shape and Substance of Academic History» (1961). Ihre ersten hundert Jahre 1819–1919 hat dargestellt H. *Bresslau*, Geschichte der Monumenta Germaniae historica (1921). Literatur zu diesem Problemkreis bei H. *Fuhrmann*, «Überlegungen eines Editors», in: Probleme der Edition mittel- und neulateinischer Texte (1978).

‹Jubel›. Eine historische Betrachtung über den Anlaß zu feiern

Über die Wortgeschichte von Jubiläum ist grundlegend H. *Grundmann*, «Jubel», in: Festschrift Jost Trier (1954), nachgedruckt in dessen Ausgewählten Aufsätzen 3 (1978). Über das Jubeljahr 1300 erschien ein umfangreicher Sammelband mit hauptsächlich kunsthistorischen Beiträgen: «Roma anno 1300», hg. von A. M. *Romanini* (1983). Über das Verbot ausufernder Gelage vgl. O. G. *Oexle*, «Gilden als soziale Gruppen in der Karolingerzeit», in: Das Handwerk in vor- und frühgeschichtlicher Zeit (Abhandlungen der Akademie der Wissenschaften in Göttingen phil.-hist. Klasse, 3. Folge Nr. 122, 1981). W. *Dürig*, «Geburtstag und Namenstag» (1954) ist gerade für das Mittelalter recht lückenhaft. Weit ausholend E. *Strübin*, «Muttertag in der Schweiz», in: Schweizerisches Archiv für Volkskunde 52 (1956). Über die mittelalterliche Ablehnung des Lachens: J. *Suchomski*, «‹Delectatio› und ‹Utilitas›. Ein Beitrag zum Verständnis mittelalterlicher komischer Literatur» (1975), besonders aber G. *Schmitz*, «... quod rident homines, plorandum est. Der ‹Unwert› des Lachens in monastisch geprägten Vorstellungen der Spätantike und des frühen Mittelalters», in: Festschrift E. Naujoks (1980). Eine gute Orientierung über die kirchlichen Feste bringt immer noch K. A. H. *Kellner*, «Heortologie oder die geschichtliche Entwicklung des Kirchenjahres und der Heiligenfeste von den ältesten Zeiten bis zur Gegenwart» (3. Aufl. 1911); wichtige Ergänzungen zum mittelalterlichen Verständnis der Feiertage bei *H. M. Schaller*, «Der heilige Tag als Termin mittelalterlicher Staatsakte», in: Deutsches Archiv für Erforschung des Mittelalters 30 (1984). Vielfache Auskünfte gibt der Band: «Memoria. Der geschichtliche Zeugniswert des liturgischen Gedenkens im Mittelalter», hg. von *K. Schmid* und *J. Wollasch* (1984), darin besonders *G. Tellenbach*, «Die historische Dimension der liturgischen Commemoratio im Mittelalter.» Stoffreich sind die Artikel «Arbeitsruhe» *(F. Steinmetzer)*, «Fest» *(Th. Klauser)*, «Freude» *(O. Michel)*, «Geburtstag» *(A. Stuiber)* im Reallexikon für Antike und Christentum 1 (1950), 7 (1969), 8 (1972), 9 (1976); die Artikel «Feste und Feiertage» *(O. Bischofberger, E. Otto, D. Mach, H. Merkel, G. M. Martin, J. Ruddat)* und «Freude» *(A. B. du Toit, L. Steiger, H. Schröer)* in der Theologischen Realenzyklopädie 11 (1983) sowie der Artikel «Feste» *(Sartori)* im Handwörterbuch des deutschen Aberglaubens 2 (1929/30). Zum Mainzer Hoffest von 1184 vgl. *J. Fleckenstein*, «Friedrich Barbarossa und das Rittertum. Zur Bedeutung der großen Mainzer Hoftage 1184 und 1188», in: Festschrift H. Heimpel 2 (1972). Die Pracht burgundischer Feste hat unübertroffen ausgebreitet *J. Huizinga*, «Herbst des Mittelalters» (11. Aufl. 1975). Zu den Barockfesten vgl. *R. Alewyn*, «Das große Welttheater. Die Epoche der höfischen Feste» (2. Aufl. 1985). An Sammelwerken vgl. die auf mehrere Bände angelegte Publikation «Les fêtes de la Renaissance», hg. von *J. Jacquot* (1956 ff.), sowie: «Feste in Regensburg. Von der Reformation bis zur Gegenwart», hg. von *K. Möseneder* (1986). Über Feste aus heutiger katholischer Sicht *J. Pieper*, «Zustimmung zur Welt. Eine Theorie des Festes» (1963); was der in manchen Literaturkreisen hochgeschätzte *M. Bachtin* († 1975), «Literatur und Karneval. Zur Romantheorie und Lachkultur» (1969) über repressive «ernste Kultur» (Staat, Kirche, Feudalherrschaft) und oppositionelle «Lachkultur» (Volkskultur) schreibt, streift den Unsinn und ist, was das Mittelalter betrifft, ohne Quellenbasis.

Der Laie und das mittelalterliche Recht. Darf ein Nichtjurist Rechtsgeschichte treiben?

Das Urteil der beiden Juristen: *K. Kroeschell*, «Haus und Herrschaft im frühen deutschen Recht» (1968) und *H. J. Wolff*, «Der Rechtshistoriker und die Privatrechtsdogmatik», in: Festschrift F. von Hippel (1967). Zur Geschichte des Satzes «Not kennt kein Gebot» muß auf *G. Post*, «Studies in Medieval Legal Thought. Public Law and the State», 1100–1322 (1964) verwiesen werden. Übersichten über den Stand der Rechtskenntnis bringen das «Handbuch der Quellen und Literatur der neueren europäischen Privatrechtsgeschichte», Bd. 1: Mittelalter, hg. von *H. Coing* (1973), dem auch der Essay verdankt wird: «Das Recht als Element der europäischen Kultur», in: Orden Pour le Mérite für Wissenschaften und Künste. Reden und Gedenkworte 19 (1983). Stoffreich ist *M. Conrat (Cohn)*, «Geschichte der Quellen und Literatur des römischen Rechts im frühen Mittelalter» (1891); als klassisch gilt *P. Koschaker*, «Europa und das römische Recht» (4. Aufl. 1966). Wichtig für die Herausbildung des Rechtsstudiums und des Berufsstandes der Juristen: *P. Classen*, «Die Hohen Schulen und die Gesellschaft im 12. Jahrhundert», in: Archiv für Kulturgeschichte 48 (1966); der Aufsatz ist mit Ergänzungen nachgedruckt in Classens nachgelassenem Buch: «Studium und Gesellschaft im Mittelalter», hg. von *J. Fried* (1983), dem die Untersuchung verdankt wird: «Die Entstehung des Juristenstandes im 12. Jahrhundert» (1974). Einen großen Kenntniszuwachs brachte der eben erschienene Band des Konstanzer Arbeitskreises: «Schulen und Studium im sozialen Wandel des hohen und späten Mittelalters», Vorträge und Forschungen 30 (1986). Mit interessanten Einzelheiten *E. Genzmer*, «Kleriker als Berufsjuristen im späten Mittelalter», in: Festschrift G. Le Bras Bd. 2 (1965). Eine Zusammenfassung gab *G. Otte*, «Die Rechtswissenschaft», in: «Die Renaissance der Wissenschaften im 12. Jahrhundert», hg. von *P. Weimar* (1981). Zu den verschiedenen Rechtssammlungen der Karolingerzeit *H. Fuhrmann*, «Das Papsttum und das kirchliche Leben im Frankenreich», in: Settimane di studio del Centro italiano di studi sull'alto medioevo 27 (1981); zur «Verrechtlichung» der Kirche: *H. Fuhrmann*, «Das Reformpapsttum und die Rechtswissenschaft», in: Vorträge und Forschungen 17 (1973).

Das Interesse am Mittelalter in heutiger Zeit. Beobachtungen und Vermutungen

Über das Thema gibt es eine reiche, manchmal ins Belletristische gehende Literatur und zahllose mehr nebenbei gemachte Bemerkungen. *G. A. Craig* hat sich in sehr persönlicher Form in einem Vortrag «Der Historiker und sein Publikum» anläßlich der Verleihung des Historikerpreises der Stadt Münster (Dokumentation Stadt Münster 1982) geäußert; als «Vermächtnis» *M. Blochs* gilt dessen «Apologie der Geschichte oder der Beruf des Historikers» (franz. 1949, deutsch 1974). Orientierungshelfer im Wandel zu sein, nennt *Th. Schieder* die Aufgabe des Historikers: «Ohne Geschichte sein? Geschichtsinteresse, Geschichtsbewußtsein heute» (1973); vgl. auch *Th. Schieder*, «Geschichte als Wissenschaft. Eine Einführung» (2. Aufl. 1968), *R. Wittram*, «Das Interesse an der Geschichte: Zwölf Vorlesungen über Fragen des zeitgenössischen Geschichtsverständnisses» (2. Aufl. 1963), *H. Lübbe*, «Über den Grund unseres Interesses an historischen Gegenständen», in: Geisteswissenschaft als Aufgabe, hg. von *H. Flashar* u. a. (1978) und *Th. Nipperdey* mit seinem Vortrag anläßlich der Verleihung des Historikerpreises der Stadt Münster: «Neugier, Skepsis und das Erbe» (Dokumentation der Stadt Münster 1985), nachgedruckt in dessen «Nachdenken über die deutsche Geschichte» (siehe oben S. 281). Zur Lebendigkeit der «robusten historischen Kultur» in Italien vgl. den informativen Bericht von *J. Petersen*, «Geschichte und Geschichtswissenschaft in Italien heute», in: Zeitgeschichte und Politisches Bewußtsein, hg. von *B. Hey* und *P. Steinbach* (1986). Über die deutsche Geschichtswissenschaft nach dem Zweiten Weltkrieg vgl. statt vieler *E. Schulin*, «Geschichtswissenschaft in unserem Jahrhundert. Probleme und Umrisse einer Geschichte der Historie», in: Historische Zeitschrift 245 (1987); unter Schulins Leitung fand bei internationaler Beteiligung (unter Einschluß von Historikern der damaligen DDR) im September 1986 ein Kolloquium statt: «Deutsche Geschichtswissenschaft nach dem Zweiten Weltkrieg» (1945–1965) (1989 erschienen in den Schriften des Historischen Kollegs, Kolloquien 14). Lagebeschreibungen: Vorwürfe gegenüber der Historikerzunft formulierte *J. C. Fest*, «Noch einmal: Abschied von der Geschichte. Polemische Überlegungen zur

Entfremdung von Geschichtswissenschaft und Öffentlichkeit», in: *Fest:* Aufgehobene Vergangenheit. Portraits und Betrachtungen (1981). *K.-E. Jeismann,* «‹Identität› statt ‹Emanzipation›? Zum Geschichtsbewußtsein in der Bundesrepublik», in: Aus Politik und Zeitgeschehen. Beilage zur Wochenzeitung Das Parlament B 20-21/86 (17. 5. 1986); von grimmiger Misanthropie: *A. Heuß,* «Versagen und Verhängnis. Vom Ruin deutscher Geschichte und ihres Verständnisses» (1984). Der Frage des Verhältnisses von Geschichte und Medien wollte sich eine Arbeitsgemeinschaft annehmen, deren Publikationsorgan jedoch über einige Nummern nicht hinausgekommen ist: Geschichtswissenschaft und Massenmedien, hg. von *S. Quandt* 1 ff. (1981 ff.); vgl. auch *K. D. Bracher,* «Geschichte und Medium. Gedanken zum Verhältnis von Fernsehen und Geschichtsbewußtsein», in: Aus Politik und Zeitgeschehen. Beilage zur Wochenzeitung Das Parlament B 8/80 (23. 2. 1980). Aus der Sicht des Zeithistorikers, aber von allgemeinem Belang: *M. Broszat,* «Nach Hitler. Der schwierige Umgang mit unserer Geschichte» (1986). Zur nationalsozialistischen Mythisierung der Ostsiedlung: *W. Wippermann,* «Der ‹deutsche Drang nach dem Osten›. Ideologie und Wirklichkeit eines politischen Schlagwortes» (1981); *H. Boockmann,* «Der Deutsche Orden» (4. Aufl. 1994) schließt sein Buch mit einem Kapitel über: «Der Deutsche Orden in der Geschichtsschreibung und im historischen Bewußtsein des 19. und 20. Jahrhunderts». Über die Haltung der deutschen Geschichtswissenschaft, speziell der Mittelalterhistoriker, im Dritten Reich: *K. F. Werner,* «Das NS-Geschichtsbild und die deutsche Geschichtswissenschaft» (1967) und *K. Schreiner,* «Führertum, Rasse, Reich. Wissenschaft von der Geschichte nach der nationalsozialistischen Machtergreifung», in: Wissenschaft im Dritten Reich, hg. von *P. Lundgreen* (1985), der auch bei dem von Schulin organisierten und oben zitierten Kolloquium mit einem Beitrag vertreten ist: «Wissenschaft von der Geschichte des Mittelalters im Zeichen des Neubeginns: Kontinuitäten und Neuorientierungen im westlichen und östlichen Deutschland nach 1945». Aus eigenem Erleben: *K. Jordan,* «Aspekte der Mittelalterforschung in Deutschland in den letzten fünfzig Jahren», in dessen «Ausgewählten Aufsätzen zur Geschichte des Mittelalters» (1980) und *G. Tellenbach,* «Aus erinnerter Zeitgeschichte» (1981). Zur Situation der Monumenta Germaniae Historica *H. Heiber,* «Walter Frank und sein Reichsinstitut für Geschichte des neuen Deutschlands» (1966); speziell zu Levison: «In memoriam W. Levison (1876–1947)» (1977). Zu Fragen der Geschichtsdarbietung vgl. «Geschichte – Ereignis und Erzählung», hg. von *R. Koselleck* und *W.-D. Stempel* (1973); «Theorie und Erzählung in der Geschichte», hg. von *J. Kocka* und *Th. Nipperdey* (1979); «Formen der Geschichtsschreibung», hg. von *R. Koselleck* u. a. (1982); *W. J. Mommsen,* «Die Sprache des Historikers», in: Historische Zeitschrift 238 (1984). Zur Gattung der sogenannten Sachbücher: «Geschichte als Fluchtburg? Zum Phänomen historisches Sachbuch», hg. von *M. Bosch* (1979); dazu *B. Mütter* unter demselben Titel, in: Geschichte in Wissenschaft und Unterricht 31 (1980). Zum historischen Roman *R. Schörken,* «Geschichte in der Alltagswelt» (1981) und *B. von Borries,* «Könige, Ketzer, Sklaven. Historischer Roman und politische Sozialisation», in: Politische Didaktik 1978. Beide Beiträge machen deutlich, wie unvorbereitet das Phänomen «Eco» den deutschen Wissenschaftstheoretiker traf, vgl. die Analysen von *J. Wertheimer,* «Im Labyrinth der [Zeit]-Zeichen: Chronik eines Bestsellers», in: Arbitrium 1984 und *R. Imbach,*

«Der Teufel ist... die Wahrheit, die niemals vom Zweifel erfaßt wird», in: Civitas. Monatsschrift für Politik und Kultur, H. Januar-Februar 1983; *F. Hettler*, «Geschichte und Fiktion. Umberto Ecos ‹Der Name der Rose›», Magisterarbeit Universität Regensburg 1986, und vor allem *J. Petersohn*, «Ecos Echo – ein ‹Anstoß› für Mittelalterhistoriker?», in: Geschichte in Wissenschaft und Unterricht 37 (1986). Stimmen von Mittelalter-Historikern sind in einem Sammelband zusammengetragen: «‹... eine finstere und fast unglaubliche Geschichte?› Mediävistische Notizen zu Umberto Ecos Mönchsroman ‹Der Name der Rose›», hg. von *M. Kerner* (1987). *J. Burckhardts* Bemerkungen über den «wahren» historischen Roman stehen in einem Vorlesungsmanuskript «Über das Studium der Geschichte» (siehe oben S. 281). Zum Museums- und Ausstellungswesen hat sich vor allem *H. Boockmann* wiederholt geäußert, vgl. dessen Aufsatz: «Kulturhistorische Museen aus der Sicht eines Historikers», in: Museumsverband für Niedersachsen und Bremen, Mitteilungsblatt Nr. 30 – Juli 1986.

Text- und Bildnachweise

Textnachweise

Die in diesem Band vereinigten Aufsätze haben – soweit schon einmal gedruckt – eine von der letzten Publikationsform teilweise erheblich abweichende Gestalt, zumal sie aufeinander abgestimmt, von einem zu punktuellen Anlaß gelöst und auf den neuesten Stand gebracht werden mußten. Immerhin lassen die früheren Druckorte Veranlassung und Umstände der Beiträge erkennen.

Über das Mittelalterliche am Mittelalter 15
Der erste Entwurf des Beitrags geht auf einen Rundfunkvortrag zurück, abgedruckt in: «... keiner, dem Geschichte nicht etwas Wichtiges zu sagen hätte», hg. von U. Reiter (Serie Piper 159, 1977); in veränderter Gestalt übernommen von der Zeitschrift Damals 14 (1982); manches ist eingeflossen in des Verfassers Deutsche Geschichte im hohen Mittelalter (3. Aufl. 1993).

«Lebensqualität» im Mittelalter 39
Ursprünglich ein Rundfunkvortrag, abgedruckt in der Zeitschrift Damals 16 (1984).

«... stehen Burgen stolz und kühn». Vom Elend des Ritterlebens 51
Ursprünglich ein Rundfunkvortrag, abgedruckt in der Zeitschrift Damals 16 (1984).

Kaiser Karl der Große. Geschichte und Geschichten 65
Ursprünglich ein Rundfunkvortrag, abgedruckt u. a. in der Zeitschrift Damals 15 (1983).

Papst Gregor VII., «Gregorianische Reform» und Investiturstreit 77
Abgedruckt in: Gestalten der Kirchengeschichte, hg. von M. Greschat Bd. 11: Das Papsttum I (1985).

Herzog Heinrich der Löwe. Sein Evangeliar und die Frage des
«gerechten Preises» 100
Eröffnungsvortrag zur Ausstellung in der Bayerischen Staatsbibliothek «Das Evangeliar Heinrichs des Löwen und das mittelalterliche Herrscherbild», abgedruckt im gleichnamigen Ausstellungskatalog (1986).

«Der wahre Kaiser ist der Papst.» Von der irdischen Gewalt im Mittelalter . . 121
Ringvorlesung der Universität Regensburg, abgedruckt in: Das antike Rom in Europa (Schriftenreihe der Universität Regensburg 12, 1985).

Die Wahl des Papstes. Ein mittelalterliches Verfahren 135
Abgedruckt in: Geschichte in Wissenschaft und Unterricht 9 (1958).

Über die «Heiligkeit» des Papstes 151
Abgedruckt in: Jahrbuch der Akademie der Wissenschaften in Göttingen 1980.

Das Ökumenische Konzil und seine historischen Grundlagen 169
Abgedruckt in: Geschichte in Wissenschaft und Unterricht 12 (1961).

Mittelalter. Zeit der Fälschungen 195
Rundfunkvortrag, in gekürzter Form abgedruckt in der Frankfurter Allgemeinen Zeitung vom 4. Juni 1983.

«Mundus vult decipi.» Über den Wunsch der Menschen,
betrogen zu werden 211
Schlußvortrag des «16. Internationalen Kongresses der Geschichtswissenschaften» in Stuttgart am 1. September 1985, abgedruckt in: Historische Zeitschrift 241 (1985).

Die Sorge um den rechten Text 222
Vortrag zur 150-Jahr-Feier der Monumenta Germaniae Historica 1969, abgedruckt in: Deutsches Archiv für Erforschung des Mittelalters 25 (1969), und: Geschichte heute. Positionen, Tendenzen, Probleme, hg. von G. Schulz (1973).

«Jubel». Eine historische Betrachtung über den Anlaß zu feiern 239
Vortrag zur 225-Jahr-Feier der Bayerischen Akademie der Wissenschaften 1984, abgedruckt in: Bayerische Akademie der Wissenschaften. Jahrbuch 1985.

Der Laie und das mittelalterliche Recht. Darf ein Nichtjurist
Rechtsgeschichte treiben? 253
Rede anläßlich der Verleihung des Ehrendoktors der Juristischen Fakultät der Universität Tübingen 1981; ungedruckt.

Das Interesse am Mittelalter in heutiger Zeit. Beobachtungen und
Vermutungen 262
Text eines Referats, dessen erster Entwurf in Bologna 1982 vorgetragen und unter dem Titel «Il Medio evo e il lettore comune» in der Zeitschrift: Intersezioni. Rivista di storia delle idee 3 (1983) publiziert wurde; die hier abgedruckte Fassung enthält Teile der 1985 gehaltenen Theodor-Schieder-Gedächtnisvorlesung.

Bildnachweise

Umschlagbild. G. Vasari (Rom).
Die gesellschaftlichen Stände in mittelalterlicher Sicht. Aus dem einflußreichen astrologischen Werk «Pronosticatio in latino» des Johannes Lichtenberger von 1488, das bis 1499 in 14 verschiedenen Ausgaben erschienen ist, hier ein Holzschnitt der Ausgabe des Jacob Meydenbach (Mainz 1492; Hain nr. 10082 fol. 6r). – München, Bayerische Staatsbibliothek.
Das Bild des Erdkreises. Aus einer Handschrift von 1429 der Etymologien des Isidor von Sevilla († 636). – München, Bayerische Staatsbibliothek, Clm 7484 fol. 149v.
Das Bild des Erdkreises. Aus einer Handschrift des 11. Jahrhunderts der Etymologien des Isidor von Sevilla. – München, Bayerische Staatsbibliothek, Clm 10058 fol. 154v.
Der Gott dargebrachte Knabe. «Damals»-Archiv (Zeitschrift für geschichtliches Wissen, Gießen).
Kindstötung. Handschrift Ende 15. Jahrhundert, Dijon, Arch. hospitalière A 4 fol. 7r. – I. Walter, Die Sage von der Gründung von Santo Spirito in Rom und das Problem des Kindesmordes, in: Mélanges de l'École française de Rome 97 (1985).
Schlimmer Tod. Tympanon des Westportals der Kirche Saint Hilaire in Semur-en-Brionnais (Departement Saône-et-Loire) aus dem 12. Jahrhundert. – München, Zentralinstitut für Kunstgeschichte.
Vom Elend des Ritterlebens (Bayeux-Teppich). München, Zentralinstitut für Kunstgeschichte.
Vom Elend des Ritterlebens: der Pfeiltod bei Crécy 1346. Grandes Chroniques de France. – «Damals»-Archiv (Zeitschrift für geschichtliches Wissen, Gießen).
Reiterstatuette Karls des Großen. Paris, Louvre (vorher: Musée Carnavalet). – P.-E. Schramm – Fl. Mütherich, Denkmale der deutschen Könige und Kaiser Bd. 1 (München ²1981).
Kaiserkrone (Krone). Wien, Kunsthistorisches Museum.
Kaiserkrone (Dürer-Zeichnung). Wien, Sammlung Albertina.
Den Kaiser macht der Papst. Wahrscheinlich 1195–96 am Hof in Palermo entstandene Handschrift. – Bern, Burgerbibliothek, Cod. 120 fol. 105r.
Vom Aufschwung der Rechtswissenschaft (Juristenmausoleum). R. Grandi, I monumenti dei dottori e la scultura a Bologna 1267–1348 (Bologna 1982).
Vom Aufschwung der Rechtswissenschaft (Digesten). Justiniani Augusti Digestorum ... Codex Florentinus ... phototypice expressus Vol 1, Fasc. I (Rom 1902).
Das Löwenstandbild in Braunschweig. H. Fuhrmann – Fl. Mütherich, Das Evangeliar Heinrichs des Löwen und das mittelalterliche Herrscherbild (München 1986).
Das Krönungsbild im Evangeliar Heinrichs des Löwen. Wolfenbüttel, Herzog-August-Bibliothek, Cod. Guelf. 105 Noviss. 2° = München, Bayerische Staatsbibliothek, Clm 30055 fol 171v. – München, Bayerische Staatsbibliothek.
Die «Konstantinische Schenkung» im Bild. G. Vasari (Rom).
Die Tiara. München, Staatliche Münzsammlung.
Die Frage des Inquisitors nach der Anerkennung der Konstantinischen Schenkung. Kassel, Murhardsche Bibliothek der Stadt Kassel und Landesbibliothek, Ms. 2° iur. 58.
Erfundene Heilige. München, Bayerische Staatsbibliothek.

Namen- und Sachregister

Folgende Abkürzungen sind verwendet: B. = Bischof, Eb. = Erzbischof, Gf. = Graf, Gem. = Gemahlin, Hg. = Herzog, Hl. = Heilige(r), Jh. = Jahrhundert, K. = Kaiser, Kg. = König, Kl. = Kloster, MA. = Mittelalter, ma. = mittelalterlich, P. = Papst.
Die Literaturhinweise (S. 281 ff.) sind im Register nicht berücksichtigt.

Aachen 67, 71, 75 f., 86
– Pfalzkapelle 65, 75, 109
Aachener Kanonikerregel (816) 45
Abendländisches Schisma (1378–1415) 142, 146, 184
Ablaß 239 f.
Acta Apostolicae Sedis (päpstl. Gesetzblatt) 154
Adam 164, 224, 226
Adel 16, 55, 59, 79
Adelheid von Turin, Schwiegermutter K. Heinrichs IV. († 1091) 91
Adson von Melk, Romanfigur 273
Aegidius Romanus, scholastischer Philosoph und Theologe († 1316) 130
Aeneas (mythischer Gründer Roms) 248
Afrika 18
Agilolfinger, bayerisches Herzogsgeschlecht 69
Agnes von Poitou, Gem. K. Heinrichs III. († 1077) 87, 93
Ahlefeldt, dänisches Adelsgeschlecht 59
Akkon 55
Alanus Anglicus, Kanonist in Bologna (Anfang des 13. Jh.) 143
Alberich II., römischer Patricius († 954) 139
Alberich, Mitschüler P. Gregors VII. 86
Albertinus Mussatus, Frühhumanist († 1329) 247

Aldobrandeschi, toskanisches Adelsgeschlecht 84
Alessandria 264
Alewyn, Richard, Germanist († 1979) 249
Alexander der Große, Kg. von Makedonien († 323 v. Chr.) 248
Alexander II., P. († 1073) 88 f., 91, 93, 141, 157
Alexander III., P. († 1181) 105, 110 f., 141 f., 149, 153, 183, 260
Alexander VI., P. († 1503) 166
Alexander von Roes, Kanoniker in Köln († vor 1300) 37
Alexandrien 223 ff.
Alexandrinisches Schisma (1159–1177) 105, 141 f.
Alexius, legendärer Hl. 47
Alfons X. der Weise, Kg. von Kastilien († 1284) 264
Alkuin, Abt von St. Martin in Tours († 804) 75, 227
Allegorese 84 f., 128 f., 174, 199, 205 f., 224
s. a. Bibel
Aller 69
Alpen 70
Altenburg (Stadt in Thüringen) 107, 117
Altkatholiken 187
Alvarus Pelagius (Pelayo), päpstl. Pönitentiar († 1350) 165
Ambrosius, B. von Mailand, Kirchenlehrer († 397) 35, 260

Amme 42
Anagni 144
Anastasius I., oström. K. († 518) 123
Anastasius II., P. († 498) 162
Anastasius Bibliothecarius, Archivar und Bibliothekar der röm. Kirche († 879) 226
Andalusien 51, 264
Anders, Günther, Schriftsteller († 1992) 61
Andrea Dandolo, it. Geschichtsschreiber († 1354) 143
Angelsachsen 75, 264
Anjou 54
Annales. Économies. Sociétés. Civilisations, franz. Zeitschrift und hist. Schule 272f.
Anno II., Eb. von Köln († 1075) 26
Annuario Pontificio (päpstl. Jahrbuch) 131, 152
Anselm, Eb. von Canterbury († 1109) 20, 36, 80
Anselm II., B. von Lucca († 1086) 157
Ansfried, Schwertträger K. Ottos I. (962) 32
Anthropologie 11, 24
– ma. 20f., 39f., 240, 246
Antigregorianer (Gegner P. Gregors VII.) 83f., 162
Antike 16, 223f., 231
Antonius der Eremit, Einsiedler († 356) 26
Antoniusfeuer (Krankheit) 26
apokryphe Schriften 207, 215f.
Apostoliker (häretische Bewegung des 13./14. Jh.) 133
Appenin 95, 273
Aquileja (Patriarchat) 205
Aquitanien 56, 108
Araber 52, 57
Arbeit, ma. Verständnis 229
Archipoeta, Dichter (um 1160) 255
Architektur, ma. 19
Aristoteles, griechischer Philosoph († 322 v.Chr.) 41, 118, 241, 273
Aristoteles-Rezeption 133

Arius, Ketzer († 336), Arianer 49, 70, 203
Armbrust 57f.
Armenfürsorge, ma. 45f.
Armut im MA. 42, 47f., 79
Arn, Eb. von Salzburg († 821) 242
Arnold von Brescia, kirchenpolitischer Reformer († 1155) 216
Arnold von Lübeck, Abt und Chronist († 1212) 109
artes liberales s. Freie Künste
Artussage 51, 248, 278
Asien 18
Astronomie, ma. 22
Athalarich, Kg. der Ostgoten († 534) 137
Atto, Eb. von Mailand und Kardinal († um 1085) 94, 98
Aufklärung 217, 221, 244, 280
Augsburg 95
Augustinerchorherren 81
Augustinus, B. von Hippo, Kirchenlehrer († 430) 18f., 117, 129, 172, 199, 201, 214, 229f., 241
Augustinus Triumphus, Kanonist († 1328) 165
Augustus, röm. K. († 14) 230
Auschwitz 154
Austin, John, engl. Jurist († 1859) 39
Autoritätenreihen im Kirchenrecht 162, 172
Auxilius, fränkischer Kleriker († um 920) 176
Avignon 146
Awaren 69
Azo, Legist in Bologna († 1220) 254f.

Backhouse, Edmund, engl. Fälscher († 1944) 219
Bamberg 114, 140
Barbara, ma. Hl. 212
Bardowick 34, 108
Barockzeitalter 249f.
Bartholomäus Anglicus, Enzyklopädist († nach 1250) 41
Bartholomäus von Brescia, Kanonist († nach 1245) 182

Baethgen, Friedrich, Historiker († 1972) 252
Bauer, Bauernstand 52f., 55, 79, 244
Baumann, Hans, nat.soz. Liederdichter († 1988) 267
Bayern (Stamm, Land, Herzogtum) 69f., 100, 102f., 105, 107, 110, 115, 151
Beatrix von Portugal, Gräfin von Ravestein († 1462) 249
Beda Venerabilis, engl. Mönch, Kirchenlehrer († 735) 42
Bellarmin, Robert, Kardinal († 1621) 173
Below, Georg von, Historiker († 1927) 198, 270
Benedikt I., P. († 579) 167
Benedikt XII., P. († 1342) 271
Benedikt XIV., P. († 1758) 153
Benedikt XV., P. († 1922) 261
Benedikt von Nursia, Abt von Montecassino († 547?) 22, 229, 241
Benediktregel (Regula S. Benedicti) 227
Benno II., B. von Osnabrück († 1088) 49
Beowulf, altengl. Epos (7./8. Jh.) 278
Berlin 113, 264
Berman, Morris, am. New-Age-Historiker (* 1944) 218
Bern, Abt von Reichenau († 1048) 46, 49
Bernardus Gui, Dominikaner und Inquisitor († 1331) 274
Bernhard, Gf. von Anhalt und Hg. von Sachsen († 1202) 107
Bernhard, Abt von Clairvaux († 1153) 129f., 205, 241
Bernhard von Chartres, Frühscholastiker († um 1126) 11
Bernold von Konstanz, Geschichtsschreiber († 1100) 157, 182
Bertha von Turin, Gem. K. Heinrichs IV. († 1087) 23
Bertrada, Gem. Pippins des Jüngeren († 783) 68
Bessarion, Kardinal († 1472) 147

Bevölkerungsdichte im MA. 25f., 28
Bibel 116f., 162, 172
– allegorische Auslegung 128f., 199, 224ff., 230
– Text und Bibelkritik 207, 225–228, 230ff.
– Übersetzungen 225f., 232
Bibelkorrektorien 228
Bibliotheca Sanctorum (offiziöses Heiligenlexikon der kath. Kirche) 168
Bier 29
Biesbosch (Polderland südl. Dordrecht) 21
Bilderstreit (8. Jh.) 73, 177
Billigkeit (aequitas) 200
s.a. Rechtsverständnis des MA.
Bischof 179, 191
Bismarck, Otto von, Politiker († 1898) 15, 96, 265
Bloch, Marc, franz. Historiker († 1944) 30, 213, 272
Boccaccio, Dichter († 1375) 274
Boeckh, August, Philologe († 1867) 233
Boethius, röm. Philosoph und Staatsmann († 524) 17
Bogenwaffen 57f.
Böhmen 109
Bologna 255
Bolsena 84
Bonaventura, Kirchenlehrer († 1274) 207, 216
Bonifatius VIII., P. († 1303) 130, 132, 239f., 252, 260
Bonifatius, Missionar und Eb. von Mainz († 754) 42
Bonizo, B. von Sutri († um 1095) 96, 157
Bonizus, Vater P. Gregors VII. (11. Jh.) 84
Borkum 21
Borst, Arno, Historiker (* 1925) 57, 271
Braudel, Fernand, franz. Historiker († 1986) 273
Braunschweig 22, 56, 106f., 109f.

– Marienaltar des Doms 110f., 116
Bremen 106
Briand, Aristide, franz. Politiker († 1932) 250
Bruno, Giordano, Philosoph († 1600) 148
Buch, Leopold von, Geologe († 1853) 251f.
Buch des Lebens (Liber vitae) 114, 117
Bücher im MA. 116f.
– liturgische 113f.
Buchner, Max, Historiker († 1941) 198
Bulgarus, Legist in Bologna († um 1166) 254f.
Bulwer, Edward, engl. Schriftsteller († 1873) 276
Burchard I., B. von Worms († 1025) 82, 86, 156, 178f., 201, 229f.
Burchard von Ursberg, Chronist († nach 1231) 109
Burckhardt, Jacob, Historiker († 1897) 11, 37f., 69, 209, 249, 261, 276f.
Burgund 17, 93, 248ff.
Burke, Edmund, engl. Politiker und Publizist († 1797) 60
Burt, Cyril, Psychologe († 1971) 195
Busch, Wilhelm, Dichter und Maler († 1908) 67, 268
Bußbücher 40f.
Byzanz 31, 109, 123ff., 138, 196, 202, 257
s. a. Konstantinopel

Cahors 146
Canones Apostolorum 215
Canossa, Canossagang Heinrichs IV. (1077) 23, 93, 95f., 107
Canterbury 43
Capitani, Ovidio, it. Historiker (* 1930) 77
Caput ecclesiae (Papsttitel) 152
Carmina Burana (Liedersammlung des 13. Jh.) 23, 243

Cartellieri, Otto, Historiker († 1930) 258
Caspar, Erich, Historiker († 1935) 92, 125f.
Cassiodor, röm. Konsul und Schriftsteller († nach 580) 175
Cellarius, Christoph, Philologe, Historiker und Geograph († 1707) 16
Cena Cypriani (Parodie wohl des 5. Jh.) 274
Cencius, Mitschüler P. Gregors VII. 86
Censorinus, röm. Grammatiker (3. Jh.) 246
Cervantes, Miguel de, span. Dichter († 1616) 51
Chaucer, Geoffrey, engl. Dichter († 1400) 278
Chiavenna (Zusammenkunft von 1176) 106f., 109
Christie, Agatha, engl. Schriftstellerin († 1976) 273
Christophorus, ma. Hl. 49, 212
Cid, El, kastilischer Heerführer († 1099) 264
Clemens I., P. († um 97) 136, 202, 215
Clemens II., P. († 1047) 98, 140
Clemens III., Gegenpapst s. Wibert von Ravenna
Clemens IV., P. († 1268) 144
Clemens V., P. († 1314) 146
Clemens VI., P. († 1352) 239
Clemens VII., Gegenpapst († 1394) 146
Clemens VIII., P. († 1605) 148
Cluny, Kl. 21, 46, 86, 99, 245
Codex Iuris Canonici (Rechtsbuch der kath. Kirche)
– von 1917 171, 190f., 196
– von 1983 149, 153, 190f.
Coelestin III., P. († 1198) 25, 260
Coelestin IV., P. († 1241) 144
Coelestin V., P. († 1296) 146, 166
Colditz (Burg bei Leipzig) 117
Colonna, Ascanio, Kardinal († 1608) 148

Colosseum in Rom 84
Congar, Yves, franz. Theologe
 († 1995) 78, 155
Conrad (Cohn), Max, Rechtshistoriker († 1911) 259
Constantine (früher Cirta) 225
Corsa dei Ceri (Fest in Gubbio) 263
Cordoba 70
Corpus Iuris Canonici 91, 163, 258, 260
 s. a. Gratian
Crécy (Schlacht 1346) 58
Croce, Benedetto, it. Philosoph und Historiker († 1952) 235

Dahn, Felix, Historiker († 1912) 269
Dalmatien 91
Damasus I., P. († 384) 225 f.
Dänemark, Dänen 102, 128
Daniel, Prophet 31, 129
Däniken, Erich von, Schriftsteller
 (* 1935) 278
Dankwarderode (Pfalz Heinrichs des Löwen in Braunschweig) 106, 109
David, Kg. 157
Decretum Gelasianum (Bücherkanon aus dem 6. Jh.) 172
Decretum Gratiani (Kirchenrechtssammlung 12. Jh.) s. Gratian
Deichbau 21 f.
Dekretalen s. Papst, Briefe und ~
Dekretisten (Kommentatoren des Decretum Gratiani) 164, 181 f., 184
Denifle, Henri, Theologe († 1905) 228
Desiderius, Kg. der Langobarden
 († nach 774) 70
Desiderius, Abt von Montecassino
 (= P. Victor III.; † 1087) 99
Deusdedit, Kardinalpriester
 († 1098/99) 157, 180, 182
Deutscher Orden 55, 267
Deutschland, Deutsche 26, 28, 31, 37, 79, 91, 93, 95, 99, 113, 115, 151, 260, 264–267, 271, 276–279
 s. a. Geschichtskenntnisse und Geschichtsverständnis, Historische Ausstellungen

Devotio moderna (religiöse Reformbewegung des 14./15. Jh.) 249
Dialektik, ma. 80
Dictatus papae Gregors VII. (1075) 92 f., 124 ff., 156, 158
Dilthey, Wilhelm, Philosoph († 1911) 277
Dithmarschen 59
doctor angelicus (engelgleicher Lehrer) 17
 s. a. Thomas von Aquin
Dolcinianer (Sekte des 14. Jh.) 275
Döllinger, Ignaz von, Kirchenhistoriker († 1890) 158, 203
Donatus, röm. Grammatiker (4. Jh.) 224
Donau 23
Doyle, Conan, engl. Schriftsteller
 († 1930) 273, 275
Dreifelderwirtschaft 28
Droysen, Johann Gustav, Historiker
 († 1884) 235
Duby, Georges, franz. Historiker
 († 1996) 262, 272, 280
Dümgé, Karl Georg, Archivar
 († 1845) 234
Dümmler, Ernst, Historiker († 1902) 258
Durant, Will, am. Kulturhistoriker
 († 1981) 198, 212

Ebersberger Traditionen 82
Echtermeyer, Ernst Theodor, Schriftsteller († 1844) 269
Eco, Umberto, it. Professor und Schriftsteller (* 1932) 241, 264, 273 ff.
 – «Der Name der Rose» 264, 273–276
Ehe im MA. 229
Ehrenlegion 51
Einhard, Biograph Karls des Großen
 († 840) 67 f., 72
Einochs (Unibos) (Schwank des 10./11. Jh.) 82
Einstein, Albert, Physiker († 1955) 10 f.

Ekkehard, Abt von Aura, Geschichtsschreiber († nach 1125) 27
Elbe 23
Eleonore von Aquitanien, Königin von Frankreich und England († 1204) 56, 108, 271
Elisabeth I., Königin von England († 1603) 132
Elton, Geoffrey Rudolph, engl. Historiker († 1994) 272
Emma, legendäre Tochter Karls des Großen 67
Enciclopedia Cattolica 168
Endzeitberechnungen und -vorstellungen 19, 166
Eneo Silvio Piccolomini s. Pius II.
Engel, Josef, Historiker († 1978) 232
Engelpapst (papa angelicus) 165 f.
s. a. Coelestin V.
Engelsburg in Rom 98
England, Engländer 26, 58, 144, 206, 214, 264, 273, 276
Ennen, Edith, Historikerin († 1999) 271
Ennodius, Diakon und B. von Pavia († 521) 158 ff., 162
Erasmus von Rotterdam, Humanist († 1536) 231
Erdbeschreibung, ma. 18 f., 205
Erdmann, Carl, Historiker († 1945) 91, 94
Erlembald, Pataria-Führer († 1075) 94
Ernährung im MA. 20, 27 ff., 47 f.
Esau 199
Eugen, Prinz von Savoyen, Heerführer († 1736) 60
Eugen IV., P. († 1447) 185 f.
Europa im MA. 15, 18, 21 f., 25
Evangeliar Heinrichs des Löwen 100 f., 110–118
- Ausstattung 114 ff.
- Entstehungszeit 110 ff.
- Kauf durch die Welfen im 19. Jh. 112 f.
- Krönungsbild 110–114
- Versteigerung 1983 115

Exkommunikation 21, 80, 94 f., 97 f., 142
Exorzist 21

Fälscher, ma. 196 ff., 214
- berufsmäßige ~ im MA. 206
- Beurteilung in der Forschung 201 f.
Fälschungen, ma. 195–205, 212–217, 219 f., 229
- Absichten 202 f., 214 f.
- Beurteilung in der Forschung 198, 202 f., 213, 217
- Beurteilung im MA. 198 f., 200 ff., 207, 215 f.
- Einfluß auf das moderne Geschichtsbild 197, 217
- ma. Kritik an ~ 204–207, 212–216
- Legenden 196 f., 212 f.
- Papstbriefe 196, 212
- Reliquien 196 f., 212
- Strafe für ~ 198
- symmachianische ~ 159
- Urkunden ~ 195 ff., 200, 204, 206 f., 212 ff.
s. a. Pseudoisidorische Dekretalen, Textverfälschung
Familiengröße im MA. 25
Feine, Hans Erich, Rechtshistoriker († 1965) 258
Felix II., P. († 365) 137
Fest, Joachim, Publizist (* 1926) 271
Feste und Feiertage 242–251
- Geburtstagsfeste 245 f.
- kirchliche ~ 244 f., 250
- Namenstag 151, 247
- weltliche ~ 247 f.
- - in Burgund 248 ff.
- - im Barockzeitalter 249 f.
- - in der Gegenwart 250 f.
Feuchtwanger, Lion, Schriftsteller († 1958) 274
Feudalismus 16
Figgis, John Neville, Rechtshistoriker († 1919) 133
filioque (Bestandteil des Glaubensbekenntnisses) 185

Finke, Heinrich, Kirchenhistoriker († 1938) 165
Flandern 53
Florenz 88, 185 f., 250
Föhring (Ort bei München) 105
Franken (Stamm, Land, Herzogtum) 31, 52, 68, 70
Frankreich, Franzosen 17, 25 ff., 33, 37, 54, 58, 60, 76, 87, 113, 144, 146, 160, 264, 272 f., 276
Franz von Assisi, Hl. und Ordensgründer († 1226) 143
Französische Revolution 16, 19, 60
Fraticellen (Sekte des 14. Jh.) 133, 275
Frauen im MA. 25, 30, 40 f., 56
– Frauenarbeit 48
Freie Künste (artes liberales) 122
Freiheit der Kirche (libertas ecclesiae) 87
Freising 105
Freud, Sigmund, Arzt († 1939) 195, 250
Freytag, Gustav, Schriftsteller († 1895) 209, 270, 273 f.
Friedrich I. Barbarossa, dt. Kg. und K. († 1190) 24, 26, 32 f., 56, 76, 103–110, 117, 128, 130, 183, 245, 247 f., 255
Friedrich II., dt. Kg. und K. († 1250) 56, 143, 246 f., 256
Friedrich III., dt. Kg. und K. († 1493) 32
Friedrich II. der Große, Kg. von Preußen († 1786) 265
Friedrich II. von Staufen, Hg. von Schwaben († 1147) 102
Friesen 57
friesisches Volksrecht (Lex Frisionum) 40
Frundsberg, Georg von, Landsknechtsführer († 1528) 59
Fulda, Kl. 25, 27, 46, 49, 67

Geburt im MA. 39 ff.
Geburtstag 66, 100, 151, 245 ff.
Gegenpäpste 141 f.
Gelasius I., P. († 496) 123 f., 130

Geldwirtschaft im MA. 17
Gelzer, Heinrich, Historiker († 1906) 173
Gemüseanbau im MA. 28
Genoveva, Hl. 196
Georg V., Kg. von Hannover († 1878) 112 f.
Gerbert von Aurillac s. Silvester II.
Gerhoch, Propst von Reichersberg († 1169) 17 f., 103
Gerichtsbarkeit im MA. 106, 131, 179
Germanen 269
Gerok, Karl, Dichter († 1890) 65
Gerold, Gf. und Präfekt in Bayern († 799) 70
Geschichte im Schulunterricht 265, 267 ff.
Geschichtskenntnisse und Geschichtsverständnis 11, 264–270
Geschichtswissenschaft 16, 31, 267 f.
Gertrud von Supplinburg, Mutter Heinrichs des Löwen († 1143) 101 f., 111 f.
Getreide im MA. 28 f.
Gilbert von Pembroke († 1241) 60
Giostra della Quintana (Fest in Foligno) 263
Glaubensbekenntnis, apostolisches 35
Gleißberg (Burg in Sachsen) 117
Glücksrad (Rad der Fortuna) 101
Goebbels, Josef, nat. soz. Politiker († 1945) 135
Goldene Bulle (1356) 32
Goldene Legende (Legenda aurea) 49, 205
Gonzaga, Adelsgeschlecht aus Mantua 250
Gorki, Maxim, russ. Dichter († 1936) 250
Gorkum (Provinz in Südholland) 248
Goslar 53, 106, 109
Goethe, Johann Wolfgang von, Dichter († 1832) 252
Gott dargebrachter Knabe (puer oblatus) s. Kind
Gottesbeweis, ma. 80
Gottesfriede (Treuga Dei) 203

Gottesurteil 52, 200, 214
Gottesvorstellung, ma. 18 f., 44, 200, 205, 214
Göttingen 151, 222
Gottfried, Eb. von Mailand († nach 1075) 94
Grado (Patriarchat) 205, 264
Gratian, Magister († nach 1140) 163 f., 181, 216, 256
s. a. Corpus Iuris Canonici
Gregor I. der Große, P. († 604) 81, 89, 92, 150, 167, 172, 180, 224, 258
Gregor III., P. ((† 741) 138
Gregor VI., P. († nach 1046) 86
Gregor VII., P. († 1085) 17, 77, 81 ff., 89–99, 124 ff., 128, 141, 150, 156–162, 167, 180, 260
– Amtsauffassung und Weltsicht 81, 92 f., 156–162, 260
– Aussehen 85
– Briefregister 89 f., 92
– Dictatus papae 92 f., 124 ff., 156, 158
– Heiligsprechung 90
– und Heinrich IV. 93–98
– als Jurist 260
– Kritik an 162
– als Lehnsherr 91, 128
– Quellen über 89 f.
– Vita 90
– Wahl 89, 141
– letzte Worte 99
s. a. Hildebrand, Papst, Amtsheiligkeit
Gregor VIII., P. († 1187) 260
Gregor IX., P. († 1241) 130, 143, 244
Gregor X., P. († 1276) 145 f., 148 f., 166
Gregor XI., P. († 1378) 146
Gregor, B. von Tours, Geschichtsschreiber († 593/94) 267 f.
Gregorianer (gregorianische Reformer und Kanonisten) 78, 157 f., 180
s. a. römische Reformer, Antigregorianer

Gregorianische Reform 35, 77, 81, 122, 162, 242, 260
Griechen 73, 185 f., 266
Grimm, Jakob, Philologe († 1863) 222 f.
Grundgesetz der Bundesrepublik 15, 115
Grundherrschaft 78 f.
Guido, Eb. von Vienne s. Kalixt II.
Gurjewitsch, Aaron J., russ. Historiker (* 1924) 271

Hadrian I., P. († 795) 71 f., 257 f.
Hadrian VI., P. († 1523) 150
Hamburg-Bremen (Erzbistum) 98, 105, 196
Handwerk, Handwerker 30
Hannover 22
Häretikerpäpste 162
s. a. Anastasius II., Honorius I., Liberius, Marcellinus
Harnack, Adolf von, Kirchenhistoriker († 1930) 165
Hanse 244
Hartmann von Aue, Dichter († nach 1210) 48
Hastings (Schlacht 1066) 264
Hauck, Albert, Kirchenhistoriker († 1918) 176 f.
Hausbau im MA. 29
Haussherr, Reiner, Kunsthistoriker (* 1937) 111
Havemann, Robert, Chemiker († 1982) 220
Heer, ma. 52
s. a. Ritter
Heigel, Karl Theodor von, Historiker († 1915) 251
Heilige 152–156, 162, 245 f.
– Kanonisation (Heiligsprechung) 110 f., 152–155, 168
– Kult und Verehrung 153, 155 f., 158, 247
Heilige Tage 20, 243 f.
Heiliges Grab 19 f.
Heiliges Jahr 239 f.
s. a. Jubeljahr
Heiliges Land 55, 57, 103, 106

Heiliges Römisches Reich Deutscher
  Nation 31, 33
Heiligkeit des Papstes 92, 125,
  151–153, 156–168
  s. a. Papst, Amtsheiligkeit
Heilsgeschichte s. Weltgeschichte
Heimpel, Hermann, Historiker
  († 1988) 266
Heinrich I., dt. Kg. († 936) 24, 244
Heinrich II., dt. Kg. und K. († 1024)
  114, 242
Heinrich III., dt. Kg. und K. († 1056)
  26, 32, 86f., 98, 140, 243
Heinrich IV., dt. Kg. und K. († 1106)
  17, 23 f., 34, 84, 91, 93–98, 114, 161
Heinrich V., dt. Kg. und K. († 1125)
  24, 76, 102, 111
Heinrich VI., dt. Kg. und K. († 1197)
  24, 58
Heinrich II. Plantagenet, Kg. von
  England († 1189) 108, 110ff.
Heinrich III., Kg. von England
  († 1272) 264
Heinrich IV., Kg. von England
  († 1413) 264
Heinrich V., Kg. von England
  († 1422) 264
Heinrich II., Kg. von Frankreich
  († 1559) 60
Heinrich der Stolze, Hg. von Bayern
  und Sachsen († 1139) 101f., 104f.,
  111f.
Heinrich II. Jasomirgott, Hg. von
  Bayern und Österreich († 1177) 102
Heinrich der Löwe, Hg. von Sachsen
  und Bayern († 1195) 30, 56,
  100–117, 247
– Anekdoten 106
– Bildung 103f.
– Chiavenna (1176) 106f., 109
– Herkunft, Kindheit, Jugend
  101–104, 110f.
– Herrschaftsstil 103, 105
– als Hg. von Sachsen und Bayern
  105ff.
– Löwendenkmal 106, 109
– Pilgerreise (1172) 106, 109f.
– Residenz Braunschweig 106, 109
– herrscherliches Selbstbewußtsein
  106, 109f., 112, 115
– königsgleiche Stellung 109f., 112
– Sturz (1180) 107
  s. a. Braunschweig, Evangeliar
  Heinrichs des Löwen, Welfen, Staufer

Heinrich, Mönch des Kl. Reichenau
  (Anfang des 11. Jh.) 46, 49
Heinrich von Veldeke, Dichter († um
  1190) 248
Helmarshausen, Kl. 101, 110, 116
  s. a. Evangeliar Heinrichs des
  Löwen
Hemmingstedt (Schlacht 1500) 59
Heimpel, Hermann, Historiker
  († 1988) 266
Heraklius I., oström. K. († 641) 244
Hermann, Gf. von Salm, Gegenkönig
  († 1088) 91, 98
Hermann I., Eb. von Köln († 923/24)
  121
Hermann, Mönch des Kl. Helmars-
  hausen (um 1180) 116
Hermann, Gottfried, Philologe
  († 1848) 233f.
Herodes I. der Große, jüd. Kg.
  († 4 v. Chr.) 246
Herrschaftsübertragung s. Translatio
  imperii
Herrscherbild des MA. 66, 113f.
Heuß, Alfred, Historiker († 1995) 268
Hezilo, B. von Hildesheim († 1079)
  53
Hieronymus, Kirchenlehrer († 420)
  31, 129, 225ff., 232
Hilarius, B. von Poitiers († 367) 49
Hildebrand 84, 86ff., 140f.
– Ausbildung und kirchliche Karriere
  86–89
– Deutung seines Namens 84f.
– Herkunft und Familie 84
  s. a. Gregor VII.
Hildesheim 22
Himmelsbriefe 202, 212, 228
  s. a. Teufelsbriefe

Hinkmar, Eb. von Reims († 882) 197, 204f., 215, 229f., 268
Hinschius, Paul, Kirchenrechtler († 1898) 174, 185, 187
Hirsch, Hans, Historiker († 1940) 266
Historische Ausstellungen 278
Historischer Roman 270, 276f.
Historische Zeitschrift 271
Hitler, Adolf († 1945) 15, 61, 135, 220
– gefälschte Tagebücher 9, 198, 211f.
Hitlerjugend 69
Hoffmann, Hartmut, Historiker (* 1930) 90, 114
Hofmeister, Adolf, Historiker († 1956) 265f.
Hofstadter, Douglas R., Physiker (* 1945) 219
Hohes Lied Salomos 111f.
Holocaust (am. Fernsehserie) 265
Holstein 103
Holtei, Karl von, Schriftsteller († 1880) 30
Honorius, weström. K. († 423) 137
Honorius I., P. († 638) 124
Honorius III., P. († 1227) 143
Honorius Augustodunensis, Schriftsteller († um 1130) 103f., 112
Hopfen 29
Horaz, röm. Dichter († 8 v.Chr.) 246
Hosenbandorden 51
Hrabanus Maurus, Abt von Fulda und Eb. von Mainz († 856) 42
Hruodland (Roland), Gf. der bretonischen Mark († 778) 70
Hübner, Kurt, Philosoph (* 1921) 218
Hugo der Weiße, Kardinalpriester († nach 1098) 89, 94
Hugo, B. von Lincoln († 1200) 43
Hugo, Abt von Cluny († 1109) 93, 96
Hugo von St. Viktor, Chorherr in Paris († 1141) 17, 241
Hugo, Victor, Schriftsteller († 1835) 274
Huguccio von Pisa, B. von Ferrara, Kanonist († 1210) 181f., 224
Huizinga, Johan, Kulturhistoriker († 1945) 248

Humanismus, Humanisten 16, 203, 208f., 216f., 224, 228, 231ff.
s.a. Bibel, Text und Bibelkritik, Textkritik
Humbert, Kardinalbischof von Silva Candida († 1061) 83, 88
Humbert, Abt von Igny († nach 1138) 241
Humiliaten 133
Hundertjähriger Krieg (1338–1453) 264
Hungersnöte im MA. 27, 44f., 79
Hunnen 196
Hus, Johann, Kirchenreformer († 1415) 166
Hussiten 216
Hutten, Ulrich von, Humanist († 1523) 133

Iburg, Kl. 49
Illmensee, Karl, Biologe (* 1939) 195
imitatio Christi 20, 112, 249
Index der verbotenen Bücher (1564) 187
Innozenz I., P. († 417) 164
Innozenz II., P. († 1143) 127, 183
Innozenz III., P. († 1216) 32, 39f., 131f., 153, 165, 181, 183f., 190, 199, 206f., 214, 240, 255, 260
– «Über das Elend menschlichen Daseins» 39f.
Innozenz IV., P. († 1254) 260
Innozenz IX., P. († 1591) 147
Inquisition 36, 203f., 220, 271
Investitur 81, 93, 97, 106, 122
Investiturstreit 77, 79, 81, 97, 114, 160, 176, 183
Investiturverbot für Laien 83, 87f., 97
Irland, Iren 75, 264
Irsigler, Franz, Historiker (* 1941) 47
Isar 105
Isidor, Eb. von Sevilla, Kirchenlehrer († 636) 44, 83, 174, 177, 183, 239
Isidorus Mercator 178, 196
s.a. Pseudoisidorische Dekretalen
Italien, Italiener 23, 32, 37, 59, 70, 79, 86, 93, 95, 126, 144ff., 234, 264

Ivo, B. von Chartres († 1116) 156
Iwein, Dichtung Hartmanns v. Aue 48

Jacques Fournier s. Benedikt XII.
Jahn, Otto, Philologe († 1869) 233
Jahreseinteilung, ma. 19f.
Jacobus, Legist (12. Jh.) 254f.
Jakobus, Apostel († um 61) 215
Jakob, Erzvater 199
Jakob von Varazze, Eb. von Genua († 1298) 205
  s.a. Goldene Legende
Jauß, Hans Robert, Literaturwissenschaftler (* 1921) 276
Jedin, Hubert, Kirchenhistoriker († 1980) 189
Jenseitsvisionen im MA. 204, 215
Jenzig (Berg bei Jena) 117
Jerusalem 18, 55, 106, 108f., 245
Jesus Christus 18, 20, 35f., 111f., 249
  s.a. imitatio Christi
Joachim, Abt von Fiore († 1202) 16
Johann, Kg. von Böhmen († 1346) 58
Johann III., Markgraf von Brandenburg († 1268) 60
Johann I., Hg. von Brabant († 1294) 60
Johanna von Orléans (Jeanne d'Arc) († 1431) 154, 264
Johannes VIII. Palaeologus, byz. K. († 1448) 185
Johannes III., P. († 574) 167
Johannes VIII., P. († 882) 127
Johannes X., P. († 928) 121
Johannes XI., P. († 935) 139
Johannes XII., P. († 963) 32, 139, 200
Johannes XV., P. († 996) 155, 158
Johannes XXII., P. († 1334) 146, 273
Johannes XXIII., P. († 1963) 10, 149, 167–171, 187, 196, 261
Johannes Paul II., P. (seit 1978) 135, 149, 153, 261
Johannes Chrysostomus, Patriarch von Konstantinopel, Kirchenlehrer († 407) 134

Johannes Dominici, Eb. von Ragusa († 1419) 203
Johannes Bassianus, Legist († 1197) 254f.
Johannes von Genua, Enzyklopädist († um 1298) 224
Johannes Gerson, Theologe († 1429) 256
Johannes von Salisbury, engl. Staatstheoretiker († 1180) 33
Johannes Teutonicus, Kanonist († nach 1215) 182, 184
Johanniter (Ritterorden) 55
Jorge von Burgos, Romanfigur 241
Joyce, James, irischer Schriftsteller († 1941) 275
Jubel (Jobel) 239
Jubeljahr (Jubiläum, Heiliges Jahr) 239f., 252
Judas Ischarioth 30, 46, 166
Juden 227f., 267f.
Judenpogrome 79
Judith, Gem. K. Ludwigs des Frommen († 843) 101, 105
Judith von Bayern, Mutter K. Friedrich Barbarossas († 1126) 105
Julius II., P. († 1513) 166, 186
Juristen, ma. 80
– als Berufsstand 254ff., 261
Justinian I., oström. K. († 565) 226
Juvenal, röm. Dichter († um 138) 258

Kaiser, Kaisertum 31ff., 36, 121–124, 130f., 137
– Aufgaben 32
– Krone 126
– Krönung 244, (Friedrich Barbarossas) 105, (Karls des Großen) 72f., (Karls des Kahlen) 127, (Ottos des Großen) 31f.
– als Lehnsmann des Papstes 127f.
– in der Spätantike 122ff., 137
  s.a. Konstantinische Schenkung, Stratordienst, Zwei-Gewalten-Theorie
Kaiserliche Herrschaftszeichen 92f., 125ff.

Kaiserchronik (um 1150/52) 104
Kalixt II., P. († 1124) 197, 212
Kalteisen, Heinrich, Theologe und Inquisitor († 1465) 166
Kaltenberg (Ort bei München) 51, 264
Kammeier, Wilhelm, nat. soz. Privatgelehrter († 1959) 197
Kanonisation (Heiligsprechung) s. Heilige
Kant, Immanuel, Philosoph († 1804) 11
Kanzlei
- königliche 19, 130, 257
- päpstliche 126, 206
Kardinal, Kardinalskollegium 98, 135, 139–149, 151, 165f., 187
- Kritik an P. Gregor VII. 162
- Mitgliederzahl des ~ 149
- und Papstwahl 87f., 138, 140–148 s.a. Papstwahl
Karl der Große, Kg. und K. († 814) 16, 31, 52, 65–76, 86, 124, 155, 177, 195, 212, 215, 226f., 245, 257f., 278f.
- Anekdoten 65ff.
- Bildungserneuerung 75, 226f.
- Erscheinungsbild und Lebensgewohnheiten 66ff., 86
- Geburtstag 66, 245
- Kaiserkrönung (800) 31, 71ff.
- Karlsmythos 76
- und die fränkische Kirche 73f., 177, 215
- und das Papsttum 70ff., 258f.
- Regierung 52, 68ff.
- Reiterstatuette 66
- Urkunden 195, 212
s.a. Libri Carolini
Karl II. der Kahle, Kg. und K. († 877) 66, 105, 127
Karl IV., dt. Kg. und K. († 1378) 116, 278
Karl der Kühne, Hg. von Burgund († 1477) 17, 248f.
Karlmann, Kg., Bruder Karls des Großen († 771) 68
Karlshafen 110

Karolingische Renaissance 227
s.a. Karl der Große, Bildungserneuerung
Kartographie, ma. 18
Kassel 222
Katechismus (römischer) 187
Katharer 133
Kehr, Paul Fridolin, Historiker († 1944) 151f.
Kempf, Friedrich, Kirchenhistoriker (* 1908) 78
Kern, Fritz, Historiker († 1950) 200, 202
Ketzer 30, 36, 49f., 87, 122, 133, 189, 196, 216
Kinder im MA. 40–43
- Aufzucht 41f.
- Erziehung im Kloster 43
- Gott dargebrachter Knabe (puer oblatus) 42f.
Kindergräber 40
Kindstötung im MA. 25, 40
Kirche (Ekklesiologie) 18, 35f., 78, 87, 122, 133, 170, 174, 177, 180, 184f., 255, 260f.
- Ausrichtung auf Rom 35, 78, 87, 180
- Institutionalisierung der ~ 122, 133, 255, 260f.
- Kirchenkritik im MA. 36, 133, 204, 208, 216
- Union mit der Ostkirche 185f.
s.a. römischer Zentralismus, Staat und Kirche, Tradition
Kirchenjahr 243f., 247
Kirchenrecht 80, 162f., 181, 196, 208, 215, 258ff.
- Autoritätenreihen im ~ 162, 172
Kirchenrechtssammlungen 90f., 124f., 167, 174f., 178f., 201, 257ff.
- chronologisch geordnete und systematische ~ 259
- Collectio Dionysiana (6. Jh.) 124
- Collectio Dionysio-Hadriana (8. Jh.) 124, 258
- Collectio Hispana (7. Jh.) 124, 258
- Collectio Quesnelliana (6. Jh.) 124

- Summa Coloniensis (um 1169) 121
- Summa Monacensis (um 1176) 181
- Summa Parisiensis (um 1160/70) 121, 181
s.a. Codex Iuris Canonici, Corpus Iuris Canonici, Dekretisten, Gratian

Kirchenstaat 71, 93, 126, 132, 196
Kirchenväter 162, 172
Klauser, Theodor, Theologe († 1984) 247
Kleidung im MA. 29 f.
Kloster 19, 42 f.
- und Armenfürsorge 45 f.
Knowles, David, engl. Historiker († 1974) 235
Knopp, Werner, Jurist (* 1931) 115
Köhler, Oskar, Historiker (* 1909) 202
Kolbe, Maximilian, Pater, Hl. († 1941) 154
Köln 26, 60, 86, 98, 196
Kolonisation 22, 28
s.a. Ostsiedlung im MA.
Komburg (Adelsgrab) 24
Kometen 44
König, Königtum 20, 31–35, 109, 157, 244
- Absetzung durch den Papst 93, 132
- Königsherrschaft 32, 34, 257
- Königshof 34
- Königsstraßen 34 f.
- «Reisekönigtum» 34, 106
- Residenz 34
- Sakralcharakter 78, 96, 114, 128
- Wahl 32, 34
Königin, dt. 34
Konklave s. Papstwahl
Konrad III., dt. Kg. († 1152) 101 ff.
Konrad, Sohn K. Heinrichs IV., dt. Kg. († 1101) 23
Konrad von Megenberg, Domherr in Regensburg († 1374) 41 f.
Konrad von Parzham, Hl. († 1894) 151
Konradin, Hg. von Schwaben († 1268) 57

Konstantin der Große, röm. K. († 337) 16, 125–128, 137, 176, 196, 202, 206
Konstantinische Schenkung (Constitutum Constantini, Donatio Constantini) 125–128, 131 ff., 196, 204, 206 f., 212, 216, 220, 231
Konstantinopel 16, 123 ff., 138, 185 f., 249
Konstanz (Bistum) 83
Koestler, Arthur, Schriftsteller († 1983) 61
Konzil 35 f., 122 f., 169–191, 196, 201, 259
- Arten des ~ 170, 176 f., 181 f.
- Begriff 170 f., 177 f., 184
- ökumenisches
- - Appellation an ein ~ 171, 185 f.
- - Einberufung und Auflösung 171, 173, 176, 178, 191, 196
- - Geschäftsordnung 171, 178, 183, 186
- - Leitung 171, 173, 187, 191
- - kaiserliche Beteiligung 173, 176
- - als päpstliche Generalsynode 175, 180, 182–186, 190
- - Stellung des ~ über dem Papst 184 f., 190
- - Teilnehmer 171, 184, 189
- - Verkündigung der Beschlüsse 171, 173, 175, 186–189, 191
- - Vorstellungen über das ~ 172, 174–177, 179 f., 185 f.
- - Zählung der Konzilien 172 ff.
- - Zustimmung des Papstes 171, 175 f., 178–182, 188 ff.
Konzilien, ökumenische
- Basel (1431–1449) 185 f.
- Chalkedon (451) 172, 174
- Ephesus (431) 172, 174
- Ferrara-Florenz (1438–1442) 185 f.
- Konstantinopel (381) 35, 172 ff.
- Konstantinopel (869/70) 173 f.
- Konstanz (1414–1418) 147, 166, 185 f., 190
- Lateran (1123) 173, 182
- Lateran (1139) 182

- Lateran (1179) 142, 182 f.
- Lateran (1215) 182 ff.
- Lateran (1512–1517) 173, 186, 190
- Lyon (1274) 145
- Nikäa (325) 35, 172, 174, 176
- Nikäa (787) 177
- Trient (1545–1563) 173, 186 ff., 190, 247
- Vatikan (1869/70) 158, 168 f., 173, 185, 187–190
- Vatikan (1962–1965) 131, 152, 168, 170, 172 f., 187, 189 f., 196

Konzilien, nichtökumenische
- Arles (813) 74, 258
- Brixen (1080) 17, 98
- Chalon-sur-Sâone (813) 74
- Ephesus (449) 173
- Hohenaltheim (916) 201, 241
- Konstantinopel (879) 174
- Mainz (813) 74
- Paris (829) 256
- Reims (813) 74
- Rom (501) 159
- Rom (595) 167
- Rom (769) 138
- Rom (826) 243
- Rom (1046) 163
- Rom (1059) 83, 87, 140
- Rom (1075) 92
- Rom (1076) 94
- Rom (1078) 83, 97, 157
- Rom (1080) 97
- Salerno (1085) 99
- Sutri (1046) 163
- Tours (813) 74
- Worms (1076) 93 f.

Konziliarismus 158, 173, 184 ff., 190
Körpergröße im MA. 24
Krankheiten im MA. 24 ff.
Kretschmer, Ernst, Psychologe und Neurologe († 1964) 86
Kreuzfahrerstaaten 81
Kreuzzüge 27, 145, 203, 240, 248, 271
- 1. Kreuzzug (1096–1099) 79, 81, 91
- 3. Kreuzzug (1187–1192) 58, 108, 269
s. a. Wendenkreuzzug
Krim 124

Kritik
- im MA. 203–207, 212–216
- im Humanismus 208 f., 216 f.
- konfessionell gebundene ~ 209, 217
s. a. Fälschungen, Philologie, Textkritik
Kroatien 91
Kroeschell, Karl, Jurist (* 1927) 253
Kugler, Franz, Dichter († 1858) 57
Kujau, Konrad, Militaria-Händler, Fälscher (* 1938) 211, 219
Kümmernis, fiktive Volksheilige 213
Kurfürsten 32 ff., 165
Kurialisten (Anhänger eines päpstlichen Zentralismus) 165

Lachen im MA. 241 f., 246
Lachmann, Karl, Philologe († 1851) 223, 233 f.
Ladner, Gerhart, Historiker († 1993) 132
Laien 78, 261
Laistner, Ludwig, Schriftsteller († 1896) 255
Lampert von Hersfeld, Geschichtsschreiber († nach 1081) 93
Lamprecht, Karl, Historiker († 1915) 271 f.
Landshuter Fürstenhochzeit (1475) 263
Landwirtschaft im MA. 27 f.
Langobarden 70 f., 75
Laplace, Pierre Simon, franz. Astronom († 1827) 217
Lateran, Palast in Rom 125, 127, 182, s. S. Giovanni in Laterano
Laterangemälde 127 f.
Laurentius, Hl. 244
Lausig (Burg bei Leipzig) 117
Lautenbach (Stift im Elsaß) 160
Lavinia (Gem. des Aeneas) 248
Lebensalterlehre, ma. 42
Lebenserwartung im MA. 24, 39, 66, 240
Lebensführung im MA. 21, 35, 39 f., 241
Lechfeld 69, (Schlacht 955) 52, 244

Leclercq, Jean, franz. Historiker († 1993) 23
Legaten, päpstl. 126, 187
Legende 49, 196f., 212f., 215, 228, 244
Legisten (Gelehrte des Römischen Rechts) 80
Le Goff, Jacques, franz. Historiker (* 1924) 272
Leibeigene 54
s. Unfreie
Leisnig (Burg bei Leipzig) 117
Leo I. der Große, P. († 461) 49f., 160, 229
Leo III., P. († 816) 71ff.
Leo IX., P. († 1054) 86, 163, 176, 179f., 189, 191
Leo X., P. († 1521) 166, 186, 208
Leo XIII., P. († 1903) 133
Leopold V., Hg. von Österreich († 1194) 58
Le Roy Ladurie, Emmanuel, franz. Historiker (* 1929) 271f.
Levison, Wilhelm, Historiker († 1947) 130, 213, 267
Lévy-Bruhl, Lucien, franz. Philosoph und Soziologe († 1939) 218
Liber Pontificalis (Papstbuch) 70, 84, 89
Liberius, P. († 366) 137, 162
Libri Carolini (um 790) 73, 177, 179
Liemar, Eb. von Hamburg-Bremen († 1101) 82
Lille 249
Loire 23
Lombardei 95
Longinus, Hl. 244
Lopez, Robert, am. Historiker († 1986) 213
Lot, Neffe Abrahams 164
Lothar II., fränkischer Kg. († 869) 84
Lothar III. von Supplinburg, dt. Kg. und K. († 1137) 101f., 110ff., 127
Lothar von Segni s. Innozenz III.
Lübeck 26, 105
Lucca 213
Lucius III., P. († 1185) 25

Ludwig I. der Fromme, K. († 840) 44, 73, 101, 138
Ludwig IV. der Bayer, dt. Kg. und K. († 1347) 37, 273
Ludwig XIV., Kg. von Frankreich († 1715) 250
Ludwig, Emil, Schriftsteller († 1948) 86
Lüge im MA. 199
Luitpold, Prinz von Bayern (* 1951) 264
Lukas, Evangelist 232
Lüneburg 34, 106f.
Lüneburger Heide 22
Luther, Martin († 1546) 85, 133, 166, 203, 208f., 226, 265
Lüttich 86, 127
Lyon 146
Lyssenko, Trofim, Biologe († 1977) 220

Maas 21
Maassen, Friedrich, Kirchenrechtler († 1900) 181
Machiavelli, Nicolò, Politiker und Schriftsteller († 1527) 256
Magdeburg 41
Magna Carta (1215) 58
Mailand 94, 98, 105
Mainz 98, 178
s.a. Konzil, Mainz (813); Reichstag, Mainz (1184)
Maitland, Frederick William, Rechtshistoriker († 1906) 133
Malik, Charles, libanesischer Politiker († 1960) 169
Manegold von Lautenbach, Magister († nach 1103) 160f.
Mann, Thomas, Schriftsteller († 1955) 197, 276
Mantua 250
Manzù, Giacomo, Bildhauer († 1991) 167
Marcellinus, P. († 304) 162
Marcellus I., P. († 309) 182
Margaretha von York, Gem. Hg. Karls des Kühnen († 1503) 248f.

Maria (Gottesmutter) 110, 116, 244
Maria Theresia, dt. Kaiserin († 1780) 93
Marie-Antoinette von Österreich, Gem. Kg. Ludwigs XVI. († 1793) 60
Mariendichtung 56
Marius Mercator, lat. Kirchenschriftsteller († nach 431) 224
Marozia, röm. Senatorin († um 937) 139
Marsilius von Padua, Staatstheoretiker († 1342/43) 37, 133, 274
Martin I., P. († 653) 124
Martin V., P. († 1431) 185 f.
Martinus Gosia, Legist († nach 1158) 254 f.
Maße im MA. 19
Matthäus, Evangelist 232
Mathilde von England, Gem. K. Heinrichs V. († 1167) 110 ff.
Mathilde von England, Gem. Hg. Heinrichs des Löwen († 1189) 104, 110 ff., 115
Mathilde, Markgräfin von Tuszien († 1115) 95 f.
Matteo Rosso Orsini, röm. Senator († 1246) 143
Maxentius, fiktiver B. 182
Medici 253
- Cosimo III. († 1723) 250
Mecklenburg 103
Mehmed II., osmanischer Sultan († 1481) 186
Meinecke, Friedrich, Historiker († 1954) 265
Meinwerk, B. von Paderborn († 1036) 47, 242
Melchiades, P. († 314) 258
Mentalität, ma. 10, 228 f.
Merlin-Sage 278
Merowinger 195
Methode, historisch-kritische s. Philologie
Ministeriale (Dienstleute) 52–55, 79
Minnesänger 56
s. a. Troubadour-Dichtung

Mirbt, Carl, Kirchenhistoriker († 1929) 151
Mißernten im MA. 27
Mitra 131 f., 134
s. a. Tiara
Mittelalter
- Adel 16, 55, 59, 79
- Anthropologie 20 f., 39 f., 240, 246
- Arbeit 229
- Architektur 19
- Armenfürsorge 45 f.
- Armut 42, 47 f., 49
- Astronomie 22
- Bauer 52 f., 55, 79, 244
- Bevölkerungsdichte 25 f., 28
- Bier 29
- Bücher 113 f., 116 f.
- Deichbau 21 f.
- Dialektik 80
- Ehe 229
- Endzeitberechnungen 19, 166
- Erdbeschreibung 18 f., 205
- Ernährung 20, 27 ff., 47 f.
- Europa 15, 18, 21 f., 25
- Fälscher, Fälschungen 195–205, 212–217, 219 f., 229
- Familiengröße 25
- Feste und Feiertage 242–251
- Frauen 25, 29 f., 40 f., 56
- Geburt 39 ff.
- Gemüseanbau 28
- Gerichtsbarkeit 106, 131, 179
- Getreide 28 f.
- Gottesurteil 52, 200, 214
- Gottesvorstellung 18 f., 44, 200, 205, 214
- Grundherrschaft 78 f.
- Hausbau 29
- Heilige Tage 20, 243 f.
- Herrscherbild 66, 113 f.
- Himmelsbriefe 202, 212, 228
- Hungersnöte 27, 44 f., 79
- Jahreseinteilung 19 f.
- Jenseitsvisionen 204, 215
- Jubeljahr 239 f., 251
- Juristen 80, 254 ff., 261
- Kartographie 18

- Kinder 40–43
- Kleidung 29f.
- Kolonisation 22, 28
- Körpergröße 24
- Krankheiten 24ff.
- Kritik 203–207, 212–216
- Lachen 241f., 246
- Landwirtschaft 27f.
- Lebensalterlehre 42
- Lebenserwartung 24, 39, 66, 240
- Lebensführung 21, 35, 39f., 241
- Lüge 199
- Maße 19
- Ministeriale 52–55, 79
- Mißernten 27
- Ostsiedlung 265–268, 279
- Pest 24, 26, 240, 248
- Pferd 28f., 52f., 126f.
- Pilger 46, 55, 239f.
- Plänterbetrieb 22
- gerechter Preis 101, 115ff.
- Priesterfrauen und -kinder 55, 82f.
- Raumvorstellung 18f.
- Rechtsverständnis 200, 202, 214, 243
- Rechtswissenschaft 80, 117, 254–257, 260f.
- Ritter, Rittertum 51–61, 79, 104, 248f.
- Rodung 22, 28
- Schisma 17f., 123, 183
- Scholastik 36, 80
- Schweinemast 22
- Selbstmord 30
- Siedlungsformen 28
- Simonie 80ff., 93, 166
- Skelettuntersuchungen 24f., 85, 140
- soziale Mobilität 78f.
- Staat 36f., 80, 133, 256f.
- Staat und Kirche 35f., 77, 122f., 130
- Stadt 16, 26, 29, 81, 106
- Strafe 40f., 244
- Sturmfluten 21
- Tageseinteilung 20, 22f.
- Tanz 243
- Taufe 20f., 41, 246
- Tod 24ff., 39ff., 48ff.
- Uhren 22f.
- Unfreie 78f.
- Wahrheitsbegriff 200, 204f., 210, 214f., 228ff.
- Wald 21f.
- Wasser 21
- Wein 29
- Weltgeschichte als Heilsgeschehen 15–19, 37
- Weltreichlehre 31, 129
- Weltverständnis 17ff., 40, 42, 44, 108f., 279f.
- Witterung 21, 23, 95
- Wohnen 29, 40
- Zeitmessung 22f.
- Zeitvorstellung 18ff.
- Zölibat 80–83
- Zwei-Gewalten-Theorie, Zwei-Schwerter-Lehre 121, 123, 128–133
- Zwei-Kaiser-Problem 31
- Zweikampf 52, 55
s. a. Bibel, Heilige, Investitur, Investiturstreit, Kaiser, Kanzlei, Kardinal, Ketzer, Kirche, Kirchenrecht, König, Konstantinische Schenkung, Konzil, Legende, Papst, Papstwahl, Pseudoisidorische Dekretalen, Textkritik, Textverfälschung, Urkunden

Mittelalterforschung im Dritten Reich 267f.

Mohammed († 632) 203

Mohrungen (Schloß in Thüringen) 117

Mommsen, Theodor, Historiker († 1903) 10, 233, 270

Mönchsgelübde 43

Monophysiten 122

Mont Cenis 23

Montaillou (Ort in den Pyrenäen) 271

Montecassino, Kl. 200, 227

Monumenta Germaniae Historica 113, 234ff., 267f.
- Editionen 235, 268
- Editionsschema 234f.

Morgarten (Schlacht 1315) 59

Morrone (Berg) 166

Mörsdorf, Klaus, Kirchenrechtler († 1989) 153
Moses 147
Müller, Max, Philosoph († 1994) 11
München 37, 105, 151
Murten (Schlacht 1476) 59
Mussolini, Benito († 1945) 135, 211

Namenstag 247
Narbonne (Erzbistum) 82
nationale Gedenktage 250
Nationalsozialismus 69, 197f., 265-268
Naturalwirtschaft im MA. 17
Nestorianer (Sekte des 5. Jh.) 122
New-Age-Bewegung 218
Nibelungen 263
Niedersachsen 115
Nietzsche, Friedrich, Philosoph († 1900) 230, 270
Nikolaus I., P. († 867) 175f., 258
Nikolaus II., P. († 1061) 87f.
Nikolaus von Kues, Kardinal († 1464) 207, 216
Nikolaus, Sekretär Bernhards von Clairvaux († um 1170) 129
Nilgen, Ursula, Kunsthistorikerin (* 1931) 114
Nonantola, Kl. 46
Nonnenkonzil von Remiremont (Concilium in Monte Romarici), Parodie (um 1150) 243
Nordsee 21f.
Normannen 44, 98f., 264
«Not kennt kein Gebot» (necessitas non habet legem), Sentenz 256f.
Notker der Stammler, Dichter († 912) 155f.

Octavian s. Johannes XII., Viktor IV.
Ohly, Friedrich, Germanist († 1996) 129
Olifant, Horn des Hruodland (Roland) 70
Oppenheim 95
Orden, geistliche 37
Ordines de celebrando concilio (Anleitungen für die Abhaltung eines Konzils) 178, 183
s. a. Konzil, Geschäftsordnung
Origenes, griech. Kirchenschriftsteller († 254) 246
Orlando Bandinelli s. Alexander III.
Orsini, röm. Adelsgeschlecht 143
Osnabrück (Bistum) 196
Österreich 56, 105, 148, 234
Ostia (Kardinalbistum) 136
Ostrom s. Byzanz, Konstantinopel
Ostpreußen 266
Ostsee 21
Ostsiedlung im MA. 265-268, 279
Otloh von St. Emmeram, Schriftsteller († nach 1070) 44, 228
Otto I. der Große, dt. Kg. und K. († 973) 32, 138, 200, 214, 244
Otto III., dt. Kg. und K. († 1002) 76
Otto IV., dt. Kg. und K. († 1218) 108
Otto I. von Wittelsbach, Pfalzgraf und Hg. von Bayern († 1183) 100, 107
Otto, Kardinalbischof von Ostia s. Urban II.
Otto, B. von Freising, Geschichtsschreiber († 1158) 96, 102, 104f.

Paderborn 72
Palio (Fest in Siena) 263
Pannenberg, Wolfhart, Theologe (* 1928) 218
Panthéon in Paris 196
Pantheon in Rom 212
Papias, it. Lexikograph (11. Jh.) 155, 224
Papst, Papsttum 32, 35ff., 50, 70-73, 78, 121-191, 196f., 201, 208, 246, 257-261
– Amtsheiligkeit 35, 92, 156-160, 162-167
– Amts- und Herrschaftsverständnis 81, 92f., 123, 130ff., 165
– Amtsverzicht 166
– Anrede 152, 164f.
– als Antichrist 166
– Binde- und Lösegewalt 35, 161f.

- Briefe und Dekretalen 80, 89f., 92, 162f., 196, 206, 212, 215f., 260f.
- Einsetzung durch Christus (göttliche Stiftung) 35, 136, 160
- Gesetzgebung 80, 92, 162
- Glaubensbekenntnis 124, 138
- als Häretiker 164f., 184
- heilige Päpste 152f., 157, 167
- juristische Stellung 162
- und Konzil 35f., 171f., 175–189
- und kaiserliche Herrschaftszeichen 92f., 125ff.
- Krone und Krönung 126, 166f.
- Lebensführung 161–166
- Lehensoberhoheit 91, 128
- liturgische Verehrung 157f.
- Name 137
- Primat 35, 136, 160, 185ff.
- Siegel 206f.
- Thron 127
- Titel 131f., 137, 152
- Tod 167, 171
- Unabsetzbarkeit (Nichtjudizierbarkeit) 159, 163f.
- Weihe 136, 156, 160, 167, 246

Papstbuch s. Liber Pontificalis
Papstliste 136
Papstmedaillons 136
Papstpalast 126
s.a. Lateran
Papstrecht 162, 172
Papsturkunden (Pius-Stiftung) 151f.
Papstwahl 10, 87f., 135–150
- Änderung des Namens 139, 150
- Designation des Nachfolgers 137
- und kaiserliche Zustimmung 87f., 138
- Konklave 140, 143–149, 165
- sanior pars der Wähler 142
- Verbot des Ius exclusive 148
- Wahlarten 147f., 150, 166
- Wahlgremium der Kardinäle 140ff.
- Zweidrittelmehrheit der Stimmen 140–144, 146–149, 183
s.a. Kardinal

Papstwahldekret von 1059 87ff., 140ff., 149

Papstwahlkonstitution von 1975 136, 149
Paris 160, 207, 228, 241, 256
Paschasius Radbertus, Abt von Corbie († um 859) 229
Passau (Bistum) 196
Pataria (religiöse Reformbewegung des 11. Jh.) 94
Paul V., P. († 1621) 90
Paul VI., P. († 1978) 133f., 149, 153
Paul von Bernried, Kanoniker († um 1150) 90
Paulus, Apostel 111f., 239f.
Pavia 70, 257
Pelagius I., P. († 561) 167
Pelagius II., P. († 590) 167
Perels, Ernst, Historiker († 1945) 267
Pernoud, Régine, franz. Historikerin († 1998) 271
Pertz, Georg Heinrich, Historiker († 1876) 113, 234
Perugia 143
Pest 24, 26, 240, 248
Peter von Amiens, Kreuzzugsprediger († 1115) 79
Petersfahne 91
Peterskirche in Rom s. S. Pietro in Vaticano
Petrarca, Francesco, Humanist († 1374) 231
Petrus, Apostel 35, 71, 81, 86, 91, 94, 126f., 131, 136, 180, 203, 215, 239f.
- Verdienste 156–162, 164
- Binde- und Lösegewalt 160f.
- Grab 71

Petrus Damiani, Kardinalbischof von Ostia († 1072) 20, 88, 90, 163, 180
Petrus Mezzabarba, B. von Florenz († nach 1068) 82
Petrus Venerabilis, Abt von Cluny († 1156) 46
Petrus Cantor, Lehrer in Paris († 1197) 241
Petrus Diaconus, Bibliothekar von Montecassino († nach 1153) 219

Pfeiffer, Rudolf, Philologe († 1979) 236
Pferd (als Zugtier) 28f., (als Reittier) 52f., 126f.
Pflug 28
Pharao 246
Philadelphia 251
Philipp von Heinsberg, Eb. von Köln und Hg. von Westfalen († 1191) 107
Philipp V., Kg. von Frankreich († 1322) 146
Philipp der Gute, Hg. von Burgund († 1467) 249
Philologie
- in der Antike 223f.
- im MA. 224–231
- humanistische 228, 231ff.
- historisch-kritische (historisch-kritische Methode) 222–224, 228, 230, 232–236
  s. a. Kritik
Photius, Patriarch von Konstantinopel († 891) 174f.
Phrygium (kaiserliche Paradehaube) s. kaiserliche Herrschaftszeichen
Pico della Mirandola, Humanist († 1494) 19
Pierleoni, röm. Familie 84
Pierre d'Ailly, Theologe († 1420) 19
Pilger im MA. 46, 55, 239f.
Pilgrim, B. von Passau († 991) 197
Pippin der Jüngere, Hausmeier und Kg. († 768) 68, 70, 96, 109
Pippinische Schenkung (754) 71
Pirenne, Henri, belg. Historiker († 1935) 272
Pius II., P. († 1464) 147, 186
Pius IV., P. († 1565) 187
Pius V., P. († 1572) 132, 152
Pius IX., P. († 1878) 168
Pius X., P. († 1914) 152
Pius XI., P. († 1939) 152, 261
Pius XII., P. († 1958) 148f. 154, 261
Pius-Stiftung (Edition der älteren Papsturkunden) 151f.
Placentinus, Jurist († 1192) 254f.
Plantagenets, angiovinisch-englisches Herrschergeschlecht 54

Plänterbetrieb 22
Pleißenland 117
Po 23
Poitou 108
Polen 266f.
Pommern 266
Poppo, Eb. von Trier († 1047) 27, 44f.
Prag 112
Preis, gerechter im MA. 101, 115ff.
Pribislaw, Obodritenfürst († 1178) 104
Priesterfrauen 82f.
Priesterkinder 55, 83
Primetshofer, Bruno, Kirchenrechtler (* 1929) 191
Prinz Eisenherz, Comicsfigur 51
Priscillianisten 122
Professio fidei Tridentina (Glaubensbekenntnis des Trienter Konzils 1564) 187
Prüfening, Kl. 103
Pseudo-Clemensbrief 136
s. a. Clemens I.
Pseudoisidorische Dekretalen (Mitte des 9. Jh.) 178ff., 182, 190f., 196, 201–204, 207, 256
puer oblatus (Gott dargebrachter Knabe) s. Kinder
Purpurtunika des Papstes 126, 142
Puzyna, Kniaź, Eb. von Krakau, Kardinal († 1911) 148
Pyrenäen 52

Quaestiones de quolibet (quodlibetales) 100
Queen, Ellery, Pseudonym für die Kriminalautoren Manfred B. Lee (1905–71) u. Frederic Dannay (1905–82) 275
Quirinius (Cyrenius), Landpfleger in Syrien (um Chr. Geburt) 230

Rainald von Dassel, Eb. von Köln, Kanzler K. Friedrich Barbarossas († 1167) 33, 121

Rampolla, Mariano, Kardinal († 1913) 148
Ranke, Leopold, Historiker († 1886) 223, 234f., 276
Ratzeburg (Bistum) 105
Raumvorstellung, ma. 18 f.
Ravensburg 103
Recho, B. von Straßburg (um 800) 156
Rechtssammlungen (kirchliche) s. Kirchenrechtssammlungen
Rechtsverständnis des MA. 200, 202, 214, 243
  s. a. Gottesurteil
Rechtswissenschaft im MA. 80, 117, 254–257, 260 f.
Reconquista 264
Reform des 11./12. Jh. s. Gregorianische Reform
Reform, katholische (Gegenreformation) 247
Reformation 133, 208 f., 217
Reformer, römische des 11./12. Jh. 87, 140, 162, 176, 180 f., 189 f.
  s. a. Gregorianer
Regensburg 41, 43, 103 f.
Reggio nell'Emilia 95
Reichenau, Kl. 196
Reichsgut 34
Reichskanzlei s. Kanzlei
Reichskirche 34
  s. a. Kirche
Reichsrechte 34
Reichstag (-versammlung)
– Gelnhausen (1180) 107
– Ingelheim (789) 69
– Mainz (1184) 247 f., 250
– Worms (1076) 93 f.
Reims (Erzbistum) 205
Reinigungseid 72, 167
Reliquien 110, 115 f., 127, 167, 196 f., 212, 215
Reuchlin, Johannes, Humanist († 1522) 224
Rhein 21, 23
Rheinland 79, 86
Rhône 23

Richard I. Löwenherz, Kg. von England († 1199) 58, 108
Richard II., Kg. von England († 1399) 264
Richard III., Kg. von England († 1485) 264
Richenza von Northeim, Gem. K. Lothars III. († 1141) 102, 111 f.
Rind 28
Ritter, Rittertum 51–61, 79, 104, 248 f.
– Ausrüstung 52 ff.
– militärische Bedeutung 52 f., 56–59
– als Stand 54 f.
– Tugendsystem 56 f., 60 f.
Ritterburg 54, 56 f.
Ritterorden 55
Ritterturnier 51, 54, 59 f., 104, 247
Robert von Genf, Kardinal s. Clemens VII.
Robin Hood 263
Rodung im MA. 22, 28
Rolandsage 70
Rom, Römer 31 f., 35, 70 ff., 84, 86, 90, 93, 98 f., 105, 125 ff., 138, 144, 146, 169 f., 175, 196, 202, 206, 219, 239 f., 246, 258
– als Sitz des Papstes 78, 82, 87, 94, 168, 180, 197, 214
Römisches Recht 80, 184, 207, 255, 259
römischer Zentralismus 35, 78, 87, 176, 180, 190, 260
  s. a. Kirche
Romano, Ruggiero, it. Historiker (* 1923) 10
Romantik 223, 234, 280
Roncalli, Angelo Giuseppe s. Johannes XXIII.
Roncevaux (Schlacht 778) 70
Rösener, Werner, Historiker (* 1944) 271
Rösler, Christian Friedrich, Historiker († 1821) 234
Rudelsburg (Burgruine an der Saale) 57
Rudolf von Rheinfelden, Hg. von

Schwaben, Gegenkönig († 1080) 34, 91, 96f.
Rufinus, Kanonist in Bologna († um 1192) 164
Runciman, Stephan, engl. Historiker (* 1903) 271

Sachbücher 271
Sachsen (Stamm, Land, Herzogtum) 26, 60, 68f., 93, 102, 104ff., 110
Sacra Congregatio pro Causis Sanctorum 153
Salerno 85, 90, 99
Salier (Geschlecht) 102
Salzburg 98, 105
Sánchez de Arévalo, Rodrigo, Theologe und Jurist († 1470) 166
Sancho II., Kg. von Aragon († 1094) 161
Saint-André-lez-Bruges, Kl. bei Brügge 27
St. Blasius, Kirche in Braunschweig 110
St. Emmeram, Kl. in Regensburg 44, 103
St. Gallen 155
S. Giovanni in Laterano, Kirche in Rom 139
S. Maria Maggiore, Kirche in Rom 139
S. Maria in Aventino, Kl. in Rom 84, 86
S. Paolo fuori le mura, Kirche in Rom 86, 136, 139, 169
S. Pietro in Vaticano, Peterskirche in Rom 31f., 71f., 98, 127, 134ff., 139, 154, 168
S. Pietro in Vincoli, Kirche in Rom 89, 141
Santori, Giulio Antonio, Kardinal († 1602) 147f.
Sarazenen 44
Saul, Kg. 157
Savonarola, Girolamo, Bußprediger († 1498) 166
Schelde 21
Schiller, Friedrich, Dichter († 1805) 269

Schisma (Kirchenspaltung) 17f., 123, 183
s. a. Abendländisches Schisma, alexandrinisches Schisma
Schkölen (Ort bei Leipzig) 117
Schlesien 266
Scholastik 36, 80
Schottland 51
Schramm, Percy Ernst, Historiker († 1970) 112, 126f.
Schreiber, Hermann, Sachbuchautor (* 1920) 271
Schulin, Ernst, Historiker (* 1929) 270
Schwaben 102, 105
Schwabenspiegel (1275) 130f.
Schweinemast im MA. 22
Schwerin 105f.
Scott, Walter, schott. Dichter († 1832) 51, 274, 276
Segeberg 196
Selbstmord im MA. 30
Seligsprechung s. Heilige, Kanonisation
Sendgericht 177
Septizonium (antiker Prachtbau in Rom) 144
Septuaginta (griech. Bibelübersetzung) 225
Shakespeare, William, engl. Dichter († 1616) 264
Shaw, Bernard, engl. Dichter († 1950) 219
Sherlock Holmes 273
Siedler, Wolf Jobst, Publizist (* 1926) 280
Siedlungsformen im MA. 28
Silvester I., P. († 335) 125f., 128, 196
Silvester II., P. († 1003) 259
Silvesterlegende 125
Simon Magus 81
Simonie 80ff., 93, 166
Sixtus V., P. († 1590) 147
Sizilien 102
Skelettuntersuchungen 24f., (P. Gregor VII.) 85, (P. Clemens II.) 140
Sotheby's (Auktionshaus in London) 101, 115

Sovana 84
soziale Mobilität 78 f.
Spanien, Spanier 70, 91, 146, 264
Spiritualen 133
Spottgedichte, ma. 27
Sprachen, heilige 225
SS-Ahnenerbe 267 f.
SS-Ordensburgen 267
Staat (weltliche Herrschaft, Herrschaftstheorie) 36 f., 80, 133, 256 f.
Staat und Kirche (regnum und sacerdotium) 35 f., 77, 122 f., 130
s. a. Zwei-Gewalten-Theorie, Zwei-Schwerter-Lehre
Stade 106
Stadt 16, 26, 29, 81, 106
Staufer 54, 101 f., 104 f., 108, 278
Steiermark 107
Steigbügel 53, 66
Stein, Karl Freiherr vom, Staatsmann († 1831) 234
Stephan I., P. († 257) 170
Stephan II., P. († 757) 96, 256
Stephan IX., P. († 1058) 87
Stephan Harding, Abt von Cîteaux († 1134) 227 f.
Stiftungen, fromme 49, 117
Strafe im MA. 40 f., 244
Straßburg 156
Stratordienst (Zügeldienst) des Kaisers 127
Sturmfluten im MA. 21
Sturmi, Abt von Fulda († 779) 49
Stutz, Ulrich, Kirchenrechtler († 1938) 190
Sudetenland 266
Südwestdeutschland (Getreideanbau) 29
Suidger, B. von Bamberg
s. Clemens II.
Summus Pontifex (Papsttitel) 152
Symmachus, P. († 514) 159 f., 162
Symmachianische Fälschungen 159
Synode s. Konzil

Tageseinteilung, ma. 20, 22 f.
Tagliacozzo (Schlacht 1268) 57
Tanz im MA. 243
Tanzlied von Kölbigk (1021) 243
Tardini, Domenico, Kardinal († 1961) 189
Tassilo III., Hg. von Bayern († nach 794) 69 f.
Taufe im MA. 20 f., 41, 246
Tauschhandel 17
Tedald, Eb. von Mailand († 1085) 94
Tegernsee, Kl. 105
Templer (Orden) 55
Tertullian, lat. Kirchenschriftsteller († um 230) 246
Teufel 18, 164
Teufelsbriefe 203, 212
s. a. Himmelsbriefe
Texel 21
Textkritik
– in der Antike 224
– im MA. 207, 215, 224–229
– humanistische 208 f., 216 f., 228, 231 f.
– philologische 223, 228, 233, 235
s. a. Bibel
Textverfälschung, ma. 178 f., 201, 229 f.
Theobald von Lüttich s. Gregor X.
Theoderich der Große, Kg. der Ostgoten († 526) 49, 137, 160
Theodosius I. der Große, röm. K. († 395) 173
Theodosius II., oström. K. († 450) 173
Theodulf, B. von Orléans († 821) 20, 227 f.
Thierry, Augustin, franz. Schriftsteller († 1856) 276
Thiersch, Friedrich Wilhelm, Philologe († 1860) 151
Thomas Becket, Eb. von Canterbury († 1170) 110 f.
Thomas von Aquin, Kirchenlehrer († 1274) 17, 42, 118, 130, 274
Thomas von Evesham, Mönch (13. Jh.) 214
Thron 127
Thudichum, Friedrich, Rechtshistoriker († 1913) 204

Thüringen 56
Tiara 131–134
s. a. Mitra
Tiber 23
Tod 24 ff., 39 ff., 48 ff.
– allegorische Deutung 224 ff.
– ars moriendi (die Kunst des Sterbens) 49
– Totenbücher 114, 245
Todestag 66, 100, 245
Tolkien, John Ronald, Philologe und Schriftsteller († 1972) 278
Tours 74, 82, 227
Toynbee, Arnold, engl. Historiker († 1975) 268
Tradition (Überlieferung) 170 ff., 174, 189, 208 f., 216, 223, 225, 228
Translatio imperii (Übertragung der Herrschaft) 31 f.
Trastevere 84
Treitschke, Heinrich von, Historiker († 1896) 270
Tresckow, Henning von, General († 1944) 61
Trevor-Roper, Hugh Redwald, engl. Historiker (* 1914) 262
Tribur 95
Trier 44, 98, 196, 205
Troeltsch, Ernst, Theologe und Philosoph († 1923) 218
Troubadour-Dichtung 55 f.
Tuchman, Barbara, am. Historikerin († 1989) 271
Türken 16, 185 f., 249
Turnier s. Ritterturnier

Uhland, Ludwig, Dichter († 1862) 269
Uhren, ma. 22 f.
Ulrich, B. von Augsburg († 973) 155, 158
Ulrich von Cluny, Prior von Zell († 1093) 43
Unfehlbarkeit, Unfehlbarkeitsdogma (1870) 158, 187
Unfreie 78 f.
s. a. Leibeigene
Ungarn 52, 79, 128, 144

Universalepiskopat (Dogma von 1870) 188
Universität 36, 228, 257
Urban I., P. († 230) 99
Urban II., P. († 1099) 91, 99
Urban III., P. († 1187) 260
Urban VI., P. († 1389) 146, 240
Urkunden, ma. 10, 15, 196 ff., 200, 204, 212 ff.
– Fälschungen 195 ff., 200, 204
– ma. Kritik an Urkundenfälschungen 206 f.
s. a. Fälschungen, Papsturkunden
Ursulalegende 116, 196 f.

Valentin, Karl, Komiker († 1948) 51
Valla, Lorenzo, Humanist († 1457) 216, 231 f.
Vallombrosa, Kl. 88
Vatikanstaat 152
Venedig 143, 247
Verbrüderungsbücher 114
Verden 69
Vereinigte Staaten von Amerika 273
Vergil, röm. Dichter († 19 v. Chr.) 229
Vesal, Andreas, Anatom († 1564) 60
Vicarius Beati Petri (Papsttitel) 131
Vicarius Christi (Papsttitel) 131 f., 152
Victor III., P. († 1087) 99
Victor IV., Gegenpapst († 1164) 142
Vigilius, P. († 555) 124
Vinzenz von Beauvais, Geschichtsschreiber († 1264) 216
Visio (Navigatio) Brendani, Reiseroman (9. Jh.) 274
Viterbo 144
Vlieland 21
Voigt, Georg, Historiker († 1891) 203
Volksrecht s. friesisches ~
Voltaire, François-Marie, Philosoph († 1778) 16, 217
Vulgata (Bibel) 226 ff., 231

Wagen 28
Wahl, kanonische 136
Wahrheitsbegriff, ma. 200, 204 f., 210, 214 ff., 228 ff.

Waitz, Georg, Historiker († 1886) 234f.
Wald 21f.
Waldenser 133, 216
Walrada, Konkubine Kg. Lothars II. († nach 869) 84
Walther, Abt von Michaelbeuern († 1190) 116
Walther von der Vogelweide, Dichter († um 1230) 56
Wasser 21
Dr. Watson, Romanfigur 273
Weber, Alfred, Soziologe († 1958) 268
Weber, Max, Soziologe († 1920) 217f., 233, 251
Weichsel 23
Weimarer Republik 15
Wein 29
Welf VI., Markgraf von Tuszien und Hg. von Spoleto († 1191) 102
Welfen 101–106, 108, 115
Wells, Herbert George, engl. Schriftsteller († 1946) 230
Weltgeschichte als Heilsgeschichte im MA. 15–19, 37
Weltreichlehre 31, 129
Weltverständnis, ma. 17ff., 40, 42, 44, 108f., 279f.
s.a. Gottesvorstellung
Wendenkreuzzug (1147) 103
Westgoten 75
Westpreußen 266
Wetterphasen 23
White jr., Lynn, am. Historiker († 1987) 28
Wibert, Eb. von Ravenna, Gegenpapst Clemens III. († 1100) 98, 141
Widerad, Abt von Fulda († 1075) 53
Widukind, westfälischer Adliger († nach 785) 69
Wien 41
Wieringen 21
Wilhelm II., dt. K. († 1941) 86
Wilhelm von Holland, dt. Kg. († 1256) 57
Wilhelm I. der Eroberer, Hg. der Normandie und Kg. von England († 1087) 91
Wilhelm IX., Hg. von Aquitanien († 1127) 55f., 108
Wilhelm von Ockham, kirchenpolitischer Schriftsteller († 1349) 37, 133, 273, 275
«Wille stehe für die Vernunft» (sit pro ratione voluntas), Sentenz 257
William von Baskerville, Romanfigur 241, 273, 275
William de Montagu, Earl of Salisbury († 1383) 60
Wipo, Kaplan und Geschichtsschreiber († nach 1046) 214
Wittelsbacher-Ausstellung (1980) 100, 278
Wittenberg 208
Witterung im MA. 21, 23, 95
s.a. Wetterphasen
Wittgenstein, Ludwig, Philosoph († 1951) 275
Wohnen, Wohnung im MA. 29, 40
Wojtyla, Karol s. Johannes Paul II.
Wolff, Hans Julius, Jurist († 1983) 254
Worms 86, 93f., 201
Wormser Konkordat (1122) 83, 197, 212
Wunder 26, 154f.
Würzburg 54

Zacharias, P. († 752) 96, 109
Zacharias, Prophet 111
Zehnt 45
Zeitmessung, ma. 22f.
Zeitvorstellung, ma. 18ff.
Zimmermann, Harald, Historiker (* 1926) 151
Zisterzienser 22
Zölibat 80–83
Zwei-Gewalten-Theorie, Zwei-Schwerter-Lehre 121, 123, 128–133
Zwei-Kaiser-Problem 31
Zweikampf 52, 55
s.a. Gottesurteil
Zwei-Schwerter-Lehre s. Zwei-Gewalten-Theorie